SPSS
统计分析与
行业应用案例详解 （第四版）

杨维忠　张　甜　王国平　编著

清华大学出版社
北京

内 容 简 介

SPSS 软件是美国 SPSS 公司推出的一款优秀、强大的数据统计分析软件,是世界公认的标准统计软件之一。由于其功能强大、操作简便、易学易用,深受广大用户,尤其是在校学生的青睐。本书由于软件版本的升级和功能的变化,在原畅销书的基础上再次更新修订,内容基于 SPSS 24.0,亦适用早期的 17.0~23.0 版本。

本书以案例集的形式介绍了 SPSS 在各行业的应用,共 23 章,分为两部分。第一部分是第 1~11 章,按统计分析类型分别讲述 SPSS 在具体实例中的应用;第二部分是第 12~23 章,分行业讲述 SPSS 的实际应用。本书的特色是非常注重内容的实用性,整篇都在使用案例来讲述 SPSS 的应用。另外,每章的最后都附有不少的上机操作练习题,目的是切实培养读者的动手能力,使读者在练习的过程中能快速提高 SPSS 实际应用水平。

本书面向具备一定统计学基础和计算机操作基础的在校学生,以及企事业单位的相关数据统计分析人员,既可作为数据统计分析的实训教材,也适合作为相关人员的案头参考书。

本书封面贴有清华大学出版社防伪标签,无标签者不得销售。

版权所有,侵权必究。举报:010-62782989,beiqinquan@tup.tsinghua.edu.cn。

图书在版编目(CIP)数据

SPSS 统计分析与行业应用案例详解/杨维忠,张甜,王国平编著. —4 版. —北京:
清华大学出版社,2019(2024.8重印)

ISBN 978-7-302-51456-5

Ⅰ. ①S… Ⅱ. ①杨… ②张… ③王… Ⅲ. ①统计分析-软件包 Ⅳ. ①C819

中国版本图书馆 CIP 数据核字(2018)第 243456 号

责任编辑:夏毓彦
封面设计:王 翔
责任校对:闫秀华
责任印制:杨 艳

出版发行:清华大学出版社
    网   址:https://www.tup.com.cn, https://www.wqxuetang.com
    地   址:北京清华大学学研大厦 A 座   邮   编:100084
    社 总 机:010-83470000   邮   购:010-62786544
    投稿与读者服务:010-62776969, c-service@tup.tsinghua.edu.cn
    质量反馈:010-62772015, zhiliang@tup.tsinghua.edu.cn
印 装 者:三河市君旺印务有限公司
经 销:全国新华书店
开 本:190mm×260mm   印 张:27.25   字 数:698 千字
版 次:2010 年 8 月第 1 版 2019 年 1 月第 4 版 印 次:2024 年 8 月第 9 次印刷
定 价:79.00 元

产品编号:074672-01

前　言

SPSS 是公认的应用最广泛的专业数据分析软件之一，主要针对经济、管理、医学、农学、教育、市场研究、社会调查等多个行业和领域。SPSS 是英文 Statistical Package for the Social Sciences 的缩写，意思是"社会科学统计软件包"，以功能丰富、效率高、操作简便而著称，是非常适合进行数据分析的工具软件。本书以实例集的方式，详细介绍 SPSS 24.0 版本中各种统计分析方法的实现及其应用，亦适用于早期的软件版本。

本书共分为 23 章，编写时采用先讲解 SPSS 的各种操作功能在具体实例中的应用，再通过综合案例讲述 SPSS 在各个行业实际应用的思路和方法。

第 1 章介绍社会科学调查研究与 SPSS 的基础知识，包括研究方案设计、调查问卷的制作以及利用 SPSS 录入数据等。

第 2 章介绍 SPSS 的描述性统计分析功能在具体实例中的应用，包括频数分析、描述性分析、探索分析、列联表分析等。

第 3 章介绍 SPSS 的统计分析报告功能在具体实例中的应用，包括观测量概述、观测量按行概述报告、观测量按列概述报告等。

第 4 章介绍 SPSS 的均值过程和各种 T 检验过程在实例中的应用，包括均值过程、单一样本 T 检验、独立样本 T 检验、成对样本 T 检验等。

第 5 章介绍 SPSS 的非参数检验功能在实例中的应用，包括卡方检验、二项检验、两个独立样本检验、两个关联样本检验、多个独立样本检验、多个关联样本检验、游程检验、单样本 K-S 检验等。

第 6 章介绍 SPSS 的相关分析和回归分析功能在实例中的应用，包括双变量相关性分析、偏相关分析、距离分析、简单线性回归、多重线性回归、曲线回归、非线性回归、加权最小二乘回归、二阶段最小二乘回归、Logistic 回归、最优标度回归、一般对数线性模型等。

第 7 章介绍 SPSS 的方差分析功能在实例中的应用，包括单因素方差分析、多因素方差分析、协方差分析、多元方差分析、重复测量方差分析等。

第 8 章介绍 SPSS 的时间序列分析功能在实例中的应用，包括时间序列的预处理、指数平滑模型、ARIMA 模型、季节分解模型等。

第 9 章介绍 SPSS 的聚类分析功能在实例中的应用，包括二阶段聚类、K 中心聚类和层次聚类等。

第 10 章介绍 SPSS 的主成分分析和因子分析功能在实例中的应用。

第 11 章介绍 SPSS 的信度分析、对应分析和结合分析功能在实例中的应用。

第 12 章介绍 SPSS 在进行新产品上市前市场调研分析中的应用。

第 13 章介绍 SPSS 在高校教师素质与教学效果调查研究中的应用。

第 14 章介绍 SPSS 在产品市场需求调查研究中的应用。

第 15 章介绍 SPSS 在高校本科生就业相关问题调查研究中的应用。

第 16 章介绍 SPSS 在研究城镇居民消费支出结构中的应用。

第 17 章介绍 SPSS 在旅游业中的应用。

第 18 章介绍 SPSS 在医学研究领域中的应用。

第 19 章介绍 SPSS 在农业统计分析中的应用。

第 20 章介绍 SPSS 在研究城市综合经济实力中的应用。

第 21 章介绍 SPSS 在保险业中的应用。

第 22 章介绍 SPSS 在银行业中的应用。

第 23 章介绍 SPSS 在股票市场中的应用。

本书实例典型，内容丰富，有很强的针对性。书中各章不仅详细介绍了实例的具体操作步骤，而且还配有一定数量的练习题供读者学习使用，读者只需要按照书中介绍的步骤一步步地实际操作，就能完全掌握本书的内容。

作者为本书录制了 22 小时可供下载的超大容量视频教学文件，虽以 SPSS 17.0 版本录制，但对 SPSS 18～24.0 版本的所有用户一样有学习和参考价值。

读者可从以下地址下载本书的视频教学（注意区分数字和英文字母大小写），也可扫描二维码进行下载。

https://pan.baidu.com/s/15fHhtv9S7ThSEl0I670UQQ

如果下载有问题，可发送电子邮件至 booksaga@126.com 获得帮助，邮件标题为"SPSS 统计分析与行业应用案例详解（第四版）下载资源"。

本书面向具备一定统计学基础和计算机操作基础的在校学生，以及企事业单位的相关数据统计分析人员，既可作为数据统计分析的实训教材，也适合作为相关人员的案头参考书。

本书主要由杨维忠、张甜和王国平编写，此外，参与图书编写的人员还有王国辉、施妍然、王国春、王然等。

作者力图使本书的知识性和实用性相得益彰，但由于水平有限，书中难免存在错误、纰漏之处，欢迎广大读者、同仁批评斧正。

编　　者

2018 年 12 月

目　录

第 1 章　社会科学调查研究与 SPSS 1

1.1　研究方案设计 1

1.2　调查问卷的制作 2

　　1.2.1　调查问卷的组成 3

　　1.2.2　调查问卷的制作步骤 3

　　1.2.3　制作调查问卷时需要注意的事项 4

1.3　资料的整理与分析 6

　　1.3.1　利用 SPSS 读取现有的数据资料 6

　　1.3.2　利用 SPSS 录入数据资料 9

1.4　本章习题 13

第 2 章　描述性统计分析实例 14

2.1　实例 1——频数分析 14

　　2.1.1　频数分析的功能与意义 14

　　2.1.2　相关数据来源 14

　　2.1.3　SPSS 分析过程 15

　　2.1.4　结果分析 16

2.2　实例 2——描述性分析 17

　　2.2.1　描述性分析的功能与意义 17

　　2.2.2　相关数据来源 18

　　2.2.3　SPSS 分析过程 18

　　2.2.4　结果分析 19

2.3　实例 3——探索分析 20

　　2.3.1　探索分析的功能与意义 20

　　2.3.2　相关数据来源 20

　　2.3.3　SPSS 分析过程 21

　　2.3.4　结果分析 22

2.4　实例 4——列联表分析 26

　　2.4.1　列联表分析的功能与意义 26

　　2.4.2　相关数据来源 27

　　2.4.3　SPSS 分析过程 27

　　2.4.4　结果分析 29

2.5　本章习题 30

第 3 章　统计分析报告实例 **32**

　　3.1　实例 5—— 观测量概述分析 32

　　　　3.1.1　观测量概述分析的功能与意义 32

　　　　3.1.2　相关数据来源 32

　　　　3.1.3　SPSS 分析过程 32

　　　　3.1.4　结果分析 34

　　3.2　实例 6—— 观测量按行概述报告分析 34

　　　　3.2.1　观测量按行概述报告分析的功能与意义 34

　　　　3.2.2　相关数据来源 35

　　　　3.2.3　SPSS 分析过程 35

　　　　3.2.4　结果分析 36

　　3.3　实例 7—— 观测量按列概述报告分析 37

　　　　3.3.1　观测量按列概述报告分析的功能与意义 37

　　　　3.3.2　相关数据来源 37

　　　　3.3.3　SPSS 分析过程 37

　　　　3.3.4　结果分析 39

　　3.4　本章习题 39

第 4 章　均值过程和 T 检验案例研究 **40**

　　4.1　实例 8—— 均值过程分析 40

　　　　4.1.1　均值过程分析的功能与意义 40

　　　　4.1.2　相关数据来源 40

　　　　4.1.3　SPSS 分析过程 41

　　　　4.1.4　结果分析 42

　　4.2　实例 9—— 单一样本 T 检验过程分析 43

　　　　4.2.1　单一样本 T 检验的功能与意义 43

　　　　4.2.2　相关数据来源 43

　　　　4.2.3　SPSS 分析过程 44

　　　　4.2.4　结果分析 45

　　4.3　实例 10—— 独立样本 T 检验过程分析 45

　　　　4.3.1　独立样本 T 检验的功能与意义 45

　　　　4.3.2　相关数据来源 45

　　　　4.3.3　SPSS 分析过程 46

　　　　4.3.4　结果分析 47

　　4.4　实例 11—— 成对样本 T 检验过程分析 48

　　　　4.4.1　成对样本 T 检验的功能与意义 48

　　　　4.4.2　相关数据来源 48

　　　　4.4.3　SPSS 分析过程 48

　　　　4.4.4　结果分析 49

　　4.5　本章习题 50

第 5 章　非参数检验案例研究 51

　　5.1　实例 12—— 卡方检验 51

　　　　5.1.1　卡方检验的功能与意义 51

　　　　5.1.2　相关数据来源 51

　　　　5.1.3　SPSS 分析过程 52

　　　　5.1.4　结果分析 53

　　5.2　实例 13—— 二项检验 54

　　　　5.2.1　二项检验的功能与意义 54

　　　　5.2.2　相关数据来源 54

　　　　5.2.3　SPSS 分析过程 54

　　　　5.2.4　结果分析 55

　　5.3　实例 14—— 两个独立样本检验 56

　　　　5.3.1　两个独立样本检验的功能与意义 56

　　　　5.3.2　相关数据来源 56

　　　　5.3.3　SPSS 分析过程 56

　　　　5.3.4　结果分析 58

　　5.4　实例 15—— 两个关联样本检验 59

　　　　5.4.1　两个关联样本检验的功能与意义 59

　　　　5.4.2　相关数据来源 60

　　　　5.4.3　SPSS 分析过程 60

　　　　5.4.4　结果分析 61

　　5.5　实例 16—— 多个独立样本检验 62

　　　　5.5.1　多个独立样本检验的功能与意义 62

　　　　5.5.2　相关数据来源 62

　　　　5.5.3　SPSS 分析过程 63

　　　　5.5.4　结果分析 64

　　5.6　实例 17—— 多个关联样本检验 65

　　　　5.6.1　多个关联样本检验的功能与意义 65

　　　　5.6.2　相关数据来源 65

　　　　5.6.3　SPSS 分析过程 65

　　　　5.6.4　结果分析 66

　　5.7　实例 18—— 游程检验 67

　　　　5.7.1　游程检验的功能与意义 67

　　　　5.7.2　相关数据来源 67

　　　　5.7.3　SPSS 分析过程 68

　　　　5.7.4　结果分析 69

　　5.8　实例 19—— 单样本 K-S 检验 69

　　　　5.8.1　单样本 K-S 检验的功能与意义 69

　　　　5.8.2　相关数据来源 70

　　　　5.8.3　SPSS 分析过程 70

5.8.4　结果分析 71

5.9　本章习题 72

第 6 章　相关与回归分析案例研究 74

6.1　实例 20——简单相关分析 74

6.1.1　简单相关分析的功能与意义 74

6.1.2　相关数据来源 74

6.1.3　SPSS 分析过程 75

6.1.4　结果分析 76

6.2　实例 21——偏相关分析 77

6.2.1　偏相关分析的功能与意义 77

6.2.2　相关数据来源 77

6.2.3　SPSS 分析过程 77

6.2.4　结果分析 79

6.3　实例 22——距离分析 79

6.3.1　距离分析的功能与意义 79

6.3.2　相关数据来源 80

6.3.3　SPSS 分析过程 80

6.3.4　结果分析 81

6.4　实例 23——简单线性回归 82

6.4.1　简单线性回归分析的功能与意义 82

6.4.2　相关数据来源 82

6.4.3　SPSS 分析过程 83

6.4.4　结果分析 83

6.4.5　模型综述 84

6.5　实例 24——多重线性回归分析 85

6.5.1　多重线性回归分析的功能与意义 85

6.5.2　相关数据来源 85

6.5.3　SPSS 分析过程 85

6.5.4　结果分析 86

6.5.5　模型综述 88

6.6　实例 25——曲线回归分析 88

6.6.1　曲线回归分析的功能与意义 88

6.6.2　相关数据来源 89

6.6.3　SPSS 分析过程 89

6.6.4　结果分析 90

6.6.5　模型综述 91

6.7　实例 26——非线性回归分析 92

6.7.1　非线性回归分析的功能与意义 92

6.7.2　相关数据来源 92

6.7.3　SPSS 分析过程 93

6.7.4　结果分析 94

6.7.5　模型综述 94

6.8　实例 27—— 加权最小二乘回归分析 95

6.8.1　加权最小二乘回归分析的功能与意义 95

6.8.2　相关数据来源 95

6.8.3　SPSS 分析过程 96

6.8.4　结果分析 97

6.8.5　模型综述 97

6.9　实例 28—— 二阶段最小二乘回归分析 98

6.9.1　二阶段最小二乘回归分析的功能与意义 98

6.9.2　相关数据来源 98

6.9.3　SPSS 分析过程 99

6.9.4　结果分析 99

6.9.5　模型综述 100

6.10　实例 29—— 二项分类 Logistic 回归分析 101

6.10.1　二项分类 Logistic 回归分析的功能与意义 101

6.10.2　相关数据来源 101

6.10.3　SPSS 分析过程 102

6.10.4　结果分析 103

6.10.5　模型综述 103

6.11　实例 30—— 多项分类 Logistic 回归分析 104

6.11.1　多项分类 Logistic 回归分析的功能与意义 104

6.11.2　相关数据来源 104

6.11.3　SPSS 分析过程 105

6.11.4　结果分析 106

6.11.5　模型综述 106

6.12　实例 31—— 最优标度回归分析 107

6.12.1　最优标度回归分析的功能与意义 107

6.12.2　相关数据来源 107

6.12.3　SPSS 分析过程 108

6.12.4　结果分析 109

6.12.5　模型综述 111

6.13　实例 32—— 一般对数线性模型分析 111

6.13.1　一般对数线性模型分析的功能与意义 111

6.13.2　相关数据来源 112

6.13.3　SPSS 分析过程 112

6.13.4　结果分析 113

6.13.5　模型综述 114

6.14　本章习题 115

第 7 章　方差分析案例研究 118

　7.1　实例 33——单因素方差分析 118

　　7.1.1　单因素方差分析的功能与意义 118

　　7.1.2　相关数据来源 118

　　7.1.3　SPSS 分析过程 119

　　7.1.4　结果分析 120

　　7.1.5　案例综述 122

　7.2　实例 34——多因素方差分析 122

　　7.2.1　多因素方差分析的功能与意义 122

　　7.2.2　相关数据来源 123

　　7.2.3　SPSS 分析过程 123

　　7.2.4　结果分析 125

　　7.2.5　案例综述 126

　7.3　实例 35——协方差分析 126

　　7.3.1　协方差分析的功能与意义 126

　　7.3.2　相关数据来源 126

　　7.3.3　SPSS 分析过程 127

　　7.3.4　结果分析 128

　　7.3.5　案例综述 129

　7.4　实例 36——多元方差分析 129

　　7.4.1　多元方差分析的功能与意义 129

　　7.4.2　相关数据来源 130

　　7.4.3　SPSS 分析过程 130

　　7.4.4　结果分析 131

　　7.4.5　案例综述 133

　7.5　实例 37——重复测量方差分析 133

　　7.5.1　重复测量方差分析的功能与意义 133

　　7.5.2　相关数据来源 134

　　7.5.3　SPSS 分析过程 134

　　7.5.4　结果分析 135

　　7.5.5　案例综述 137

　7.6　本章习题 138

第 8 章　时间序列分析案例研究 140

　8.1　实例 38——时间序列的预处理 140

　　8.1.1　时间序列预处理的功能与意义 140

　　8.1.2　相关数据来源 140

　　8.1.3　SPSS 分析过程 141

　　8.1.4　结果分析 142

　　8.1.5　案例综述 143

8.2　实例 39—— 指数平滑模型 143
　　8.2.1　指数平滑模型的功能与意义 143
　　8.2.2　相关数据来源 143
　　8.2.3　SPSS 分析过程 143
　　8.2.4　结果分析 144
　　8.2.5　案例综述 145
8.3　实例 40—— ARIMA 模型 146
　　8.3.1　ARIMA 模型的功能与意义 146
　　8.3.2　相关数据来源 146
　　8.3.3　SPSS 分析过程 146
　　8.3.4　结果分析 147
　　8.3.5　案例综述 149
8.4　实例 41—— 季节分解模型 149
　　8.4.1　季节分解模型的功能与意义 149
　　8.4.2　相关数据来源 149
　　8.4.3　SPSS 分析过程 150
　　8.4.4　结果分析 151
　　8.4.5　案例综述 152
8.5　本章习题 152

第 9 章　聚类分析与判别分析案例研究 154
9.1　实例 42—— 二阶段聚类分析 154
　　9.1.1　二阶段聚类分析的功能与意义 154
　　9.1.2　相关数据来源 154
　　9.1.3　SPSS 分析过程 155
　　9.1.4　结果分析 156
　　9.1.5　模型综述 156
9.2　实例 43—— K 中心聚类分析 157
　　9.2.1　K 中心聚类分析的功能与意义 157
　　9.2.2　相关数据来源 157
　　9.2.3　SPSS 分析过程 157
　　9.2.4　结果分析 159
　　9.2.5　模型综述 160
9.3　实例 44—— 层次聚类分析 160
　　9.3.1　层次聚类分析的功能与意义 160
　　9.3.2　相关数据来源 160
　　9.3.3　SPSS 分析过程 161
　　9.3.4　结果分析 162
　　9.3.5　模型综述 165
9.4　实例 45—— 判别分析 165
　　9.4.1　判别分析的功能与意义 165

9.4.2　相关数据来源 ··· 165
9.4.3　SPSS 分析过程 ··· 165
9.4.4　结果分析 ··· 167
9.4.5　模型综述 ··· 169
9.5　本章习题 ··· 170

第 10 章　主成分分析与因子分析案例研究 ··· 171
10.1　实例 46—— 主成分分析 ··· 171
10.1.1　主成分分析的功能与意义 ··· 171
10.1.2　相关数据来源 ··· 171
10.1.3　SPSS 分析过程 ··· 172
10.1.4　结果分析 ·· 173
10.1.5　案例综述 ·· 174
10.2　实例 47—— 因子分析 ··· 175
10.2.1　因子分析的功能与意义 ··· 175
10.2.2　相关数据来源 ··· 175
10.2.3　SPSS 分析过程 ··· 175
10.2.4　结果分析 ·· 177
10.2.5　案例综述 ·· 178
10.3　本章习题 ·· 179

第 11 章　信度分析、对应分析与结合分析案例研究 ····································· 180
11.1　实例 48—— 信度分析 ··· 180
11.1.1　信度分析的功能与意义 ··· 180
11.1.2　相关数据来源 ··· 180
11.1.3　SPSS 分析过程 ··· 181
11.1.4　结果分析 ·· 182
11.1.5　案例综述 ·· 183
11.2　实例 49—— 对应分析 ··· 183
11.2.1　对应分析的功能与意义 ··· 183
11.2.2　相关数据来源 ··· 183
11.2.3　SPSS 分析过程 ··· 184
11.2.4　结果分析 ·· 185
11.2.5　案例综述 ·· 187
11.3　实例 50—— 结合分析 ··· 188
11.3.1　结合分析的功能与意义 ··· 188
11.3.2　相关数据来源 ··· 188
11.3.3　SPSS 分析过程 ··· 188
11.3.4　结果分析 ·· 190
11.3.5　案例综述 ·· 191
11.4　本章习题 ·· 191

第 12 章　关于新产品上市前的调查研究 **193**

　　12.1　研究背景及目的 193

　　　　12.1.1　研究背景 193

　　　　12.1.2　研究目的 194

　　12.2　研究方法 194

　　12.3　研究过程 194

　　　　12.3.1　为结合分析生成计划文件 194

　　　　12.3.2　根据计划文件以及其他相关因素设计调查问卷 199

　　　　12.3.3　发放问卷进行社会调查并将所得数据录入到 SPSS 中 201

　　　　12.3.4　SPSS 分析 201

　　12.4　研究结论 212

　　12.5　本章习题 214

第 13 章　关于高校教师素质与教学效果的调查研究 **217**

　　13.1　研究背景及目的 217

　　　　13.1.1　研究背景 217

　　　　13.1.2　研究目的 217

　　13.2　研究方法 218

　　13.3　问卷调查与数据获取 218

　　　　13.3.1　根据研究需要设计指标体系和调查问卷 218

　　　　13.3.2　发放问卷进行调查并将所得数据录入到 SPSS 中 ...219

　　　　13.3.3　获得教学效果观测的外部统计数据 220

　　13.4　SPSS 分析 221

　　　　13.4.1　因子分析 221

　　　　13.4.2　数据的二次整理 224

　　　　13.4.3　教师素质与教学论文情况的线性回归分析 224

　　　　13.4.4　教师素质与学生评价情况的线性回归分析 225

　　　　13.4.5　教师素质与达标达优情况的 Ordinal 回归分析 226

　　13.5　分析结论 227

　　13.6　本章习题 228

第 14 章　关于产品市场需求的调查研究 **229**

　　14.1　研究背景及目的 229

　　14.2　研究方法 230

　　14.3　研究过程 230

　　　　14.3.1　为结合分析生成计划文件 230

　　　　14.3.2　根据研究需要设计调查问卷 232

　　　　14.3.3　发放问卷进行社会调查并将所得数据录入到 SPSS 中 233

　　　　14.3.4　SPSS 分析 233

　　14.4　研究结论 240

　　14.5　本章习题 240

第 15 章　关于高校本科生就业相关问题的调查研究 242

15.1　研究背景及目的 242

15.2　研究方法 242

15.3　研究过程 243

    15.3.1　根据研究需要设计调查问卷 243

    15.3.2　发放问卷进行调查并将所得数据录入到 SPSS 中 244

    15.3.3　SPSS 分析 246

15.4　研究结论 256

15.5　本章习题 257

第 16 章　SPSS 软件在研究城镇居民消费支出结构中的应用举例 260

16.1　研究背景及目的 260

16.2　研究方法 261

16.3　数据分析与报告 261

    16.3.1　回归分析 262

    16.3.2　相关分析 269

    16.3.3　因子分析 273

    16.3.4　图形分析 282

16.4　研究结论 283

16.5　本章习题 285

第 17 章　SPSS 软件在旅游业中的应用举例 287

17.1　研究背景及目的 287

17.2　研究方法 288

17.3　数据分析与报告 288

    17.3.1　各城市国内旅游出游人均花费按性别和年龄进行的聚类分析 288

    17.3.2　各城市国内旅游出游人均花费按职业进行的聚类分析 292

    17.3.3　各城市国内旅游出游人均花费按文化水平进行的聚类分析 294

    17.3.4　各城市国内旅游出游人均花费按收入水平进行的聚类分析 297

    17.3.5　各城市国内旅游出游人均花费按旅游目的进行的聚类分析 299

    17.3.6　各风景区按其自身特点进行的聚类分析 302

17.4　研究结论 305

17.5　本章习题 306

第 18 章　SPSS 软件在医学研究领域中的应用举例 311

18.1　研究背景及目的 311

18.2　研究方法 312

18.3　数据分析与报告 312

    18.3.1　多重线性回归分析应用举例 312

    18.3.2　二项分类 Logistic 回归分析应用举例 315

    18.3.3　加权最小二乘回归分析应用举例 318

18.3.4　主成分分析应用举例 321

18.3.5　聚类分析应用举例 324

18.4　研究结论 327

18.5　本章习题 327

第 19 章　SPSS 软件在农业统计分析中的应用举例 331

19.1　研究背景及目的 331

19.2　研究方法 332

19.3　数据分析与报告 333

19.4　研究结论 348

19.5　本章习题 348

第 20 章　SPSS 软件在研究城市综合经济实力中的应用举例 350

20.1　研究背景及目的 350

20.2　研究方法 351

20.3　数据分析与报告 351

20.3.1　相关分析 352

20.3.2　回归分析 356

20.3.3　因子分析 359

20.3.4　后续分析 364

20.4　研究结论 365

20.5　本章习题 366

第 21 章　SPSS 软件在保险业中的应用举例 368

21.1　研究背景及目的 368

21.2　研究方法 369

21.3　数据分析与报告 369

21.3.1　相关分析 370

21.3.2　回归分析 375

21.3.3　因子分析 379

21.3.4　聚类分析 385

21.4　研究结论 390

第 22 章　SPSS 软件在银行业中的应用举例 394

22.1　研究背景及目的 394

22.1.1　研究背景 394

22.1.2　研究目的 395

22.2　研究方法 395

22.3　研究过程 395

22.3.1　数据的搜集及 SPSS 数据文件的建立 395

22.3.2　银行业股价及财务指标的描述统计分析 397

22.3.3　银行业上市公司财务指标的因子分析 398

22.3.4 银行业股价与主因子财务指标的回归分析..400

22.4 研究结论..402

22.5 本章习题..403

第 23 章 SPSS 软件在股票市场中的应用举例 404

23.1 研究背景及目的..404

23.1.1 研究背景..404

23.1.2 研究目的..405

23.2 研究方法..405

23.3 研究过程..406

23.3.1 数据的搜集及 SPSS 数据文件的建立......................................406

23.3.2 股票组合收益率序列的计算..409

23.3.3 投资组合和市场组合收益率数据的描述统计分析 411

23.3.4 投资组合收益率的 CAPM 建模..412

23.3.5 投资组合收益率的 FF 建模..415

23.4 研究结论..417

23.5 本章习题..419

第1章 社会科学调查研究与 SPSS

社会科学调查研究是一项很复杂、很系统的工作。从开始确定研究目的和制定研究计划，到搜集相关资料，以及对资料进行科学的分析直至得出研究结论，都离不开科学的指导方法和工具。在现代社会科学调查研究中，调查问卷已成为普遍且有效的搜集资料的方式。SPSS 统计分析软件以其强大的数据分析功能渐渐成为比较流行的处理资料的工具，得到越来越多研究者的青睐。本章我们首先对调研方案设计进行研究，然后介绍调查问卷的制作以及如何在 SPSS 中录入数据，以备后面进行数据分析。

1.1 研究方案设计

任何调查研究都需要一套明确的研究方案，社会科学调查研究也不例外。设计清晰而系统的研究方案是进行调查研究工作的首要任务，也是调查研究工作赖以进行的基础，所以研究方案设计在社会科学调查研究中有着极为重要的地位。那么应该如何设计出一套有效而可行的研究方案呢？

一般情况下，对于大部分案例来说，其思路如下所示。

1. 确定研究目的，制定研究计划

明确研究的目的，从而制定出可行的研究计划是研究方案设计的第一步。这一步做好了，不仅可以节约研究资源，也可以提高研究进度。在现代社会科学调查研究中，很多情况下研究者是由一个或多个团队组成，各个个体研究者之间需要多方面的支持与配合，这样确定研究目的与制定研究计划就显得尤为重要。如果不明确研究目的，大家就不知道应该朝着什么方向去努力，工作没办法进行。如果没有研究计划，大家就不能做到统筹安排，很可能造成一种有的工作没人做，有的工作大家在重复做的局面。

对明确研究目的来说，一定要坚持全面、彻底、及时的原则，意思就是说研究目的一定要及时、清晰、准确地传达给团队内执行相关任务的所有人。在制定研究计划方面，要做到：确定项目的执行期限、建立合适的项目预算、明确各个阶段的任务、确定数据的搜集方法与处理方式、确定数据的研究与分析方法等。

2. 在研究计划的指导下，搜集研究需要的资料

在明确了研究的目的，制定好了研究计划之后，就要开始搜集研究需要的资料了。资料有很多种，包括文字资料、图表资料、影像资料、数据资料等。因为本书中只介绍用 SPSS 来进行社会调查研究，所以我们关注的焦点是数据资料。数据资料的取得方式主要有两种：第一种是利用现成的可用的数据资料，如国家统计部门直接发布的资料、一些中介服务机构发布的资料、前人已经搜集好的资料等；第二种是研究者自己通过各种手段搜集并整理的资料，如通

过实地采访搜集的资料等。

在搜集资料的过程中，对于要搜集的资料应注意三点：第一点是所搜集的资料必须与研究课题相关，能够对研究有所帮助，这一点是前提；第二点是在搜集资料的过程中要有所侧重，应该先搜集有效及相关的资料；第三点是搜集资料的费用要在项目预算范围之内。

3．采用合适的方法和工具对搜集到的资料进行一系列有效的处理

因为不同数据的来源各异、格式各异，所以搜集好数据之后，需要对数据进行适当的处理，以便用相应的统计软件进行分析。

本书介绍的是用 SPSS 这种功能强大的统计分析软件对数据进行处理。

- 对于现成的数据资料：SPSS 可以直接打开多种格式的数据，即便不能直接打开，也可以通过数据库查询等途径导入到 SPSS 中，处理起来很方便。
- 对于研究者自己搜集的资料：因为研究者搜集的数据大部分都是采用调查问卷的形式得到的，即便不是调查问卷形式，也可以仿照处理调查问卷资料的方式对资料进行处理，所以本章我们介绍 SPSS 中调查问卷资料的处理，包括如何设计调查问卷，以及如何对收集的调查问卷进行数据录入。

4．处理完毕后，使用合适的分析方法和工具对资料进行各种分析

根据研究目的和数据特点的不同，我们可以灵活选择不同的分析方法，如描述性分析、回归分析、聚类分析、因子分析等。

本书所有的案例都是采用 SPSS 对数据进行分析的。SPSS 不仅具有强大的数据准备功能，也具备强大的数据分析功能。其不仅囊括了几乎各种已经成熟的统计方法和统计模型，比如相关分析、回归分析、方差分析、时间序列分析、主成分分析、因子分析、聚类分析、判别分析等，还包括自由灵活的表格功能和图形绘制功能，所以使用 SPSS 对社会科学调查数据进行分析，是可以实现研究目的的。

5．分析研究结果，得出研究结论

在进行完数据分析之后，就可以分析研究的结果。如果对研究的结果不是很满意，可以尝试使用别的分析方法，或者重新收集样本数据，改变样本容量重新进行分析，直至得出满意的结果为止。一般来说，最终研究结论的得出都要经过不断地修正、改进，然后成型。

至此，我们了解了研究方案的设计，也就是一般研究的基本思路。下面我们学习调查问卷的制作。

1.2　调查问卷的制作

我们在前一节中提到，采用调查问卷进行调查是一种普遍且有效的搜集资料的方式，所以掌握调查问卷的制作方法是非常重要的。

1.2.1 调查问卷的组成

调查问卷是调查人根据研究目的和要求，参照各个调查项目设计成的调查表。一份调查问卷通常由题目、引言部分、主体部分及结束语几部分组成。

- 题目主要是说明本次调查的核心内容，一般形式为"关于 XX 的调查"。
- 引言部分主要是告诉参与者本次问卷的主要目的与意义、问卷的解答方法以及关于请求参与者认真参与的感谢语。
- 主体部分是问卷的核心部分，一般分为两部分：一部分是被调查者与研究目的相关的基本情况，如性别、年龄、学历等；另一部分是被调查者对相关问题的基本看法和基本做法。主体部分是以后进行数据定量分析的基础。
- 结束语一般都是告诉被调查者调查已经结束以及对于被调查者的参与表示感谢。

1.2.2 调查问卷的制作步骤

调查问卷的制作是一项系统工作，一般可以按以下步骤进行。

1. 确定调研的形式，即用何种方法获取资料

具体的方法有很多，比较常用的有现场调研、电话访问、邮件调查等。

- 现场调研，顾名思义就是找到被调查人群，当面向他们发放调查问卷，请求他们作答，完毕后回收问卷的方式。当参与调查的人群比较集中时，可以优先采用这种方法。
- 电话访问，意思是调查者给被调查者打电话，咨询他们的情况和对所研究问题的看法，然后记录下来。当参与调查的人群比较离散时，可以优先采用这种方法。
- 邮件调查，就是研究者发邮件给被调查者，然后要求被调查者对邮件中的问题给予作答，作答完毕后回复调查者的方式。邮件调查一般不太常用，一方面因为回收率比较低，另一方面因为调查周期相对较长。

对于这三种方法，研究者应该综合考虑各种因素，权衡收益与成本，找出最适合的方式。当然，这些方式也常常被结合起来一起使用。

2. 根据研究目的，设计出合格的样卷

既然是问卷，基本都是采用问题的形式展开调研。调查者根据研究目的设计好问题，被调查者予以作答。问题一般分为以下三种：

- 一种是开放式的，即问题没有固定的选项，参与者可以自由地以自己的语言予以作答，例如"您对 XX 问题有哪些建议"。
- 另一种是封闭式的，即对于每一个问题，调查者都准备好了既定的选项，被调查者只能从选项中选出适合自己的选项来完成对题目的作答，例如"您的性别是：A.男 B.女"。
- 还有一种是半封闭的，即对于一个问题，调查者给出了选项，同时提出如果所有的选项都不适合或者不够全面，被调查者可以提出自己的看法，例如"您认为应届大学生就业难的最大原因是：A.基本素质、能力欠缺 B.缺乏工作经验 C.眼光过高，对自己没

有形成正确的评价，如果这些原因都不妥，请您说明原因"。

设计一份合格的问卷需要注意很多事项，这一点在下一小节中将予以详细说明。

3．在样卷的基础上，准备最后的问卷

如果只采用电话访问的方式，那么把样卷打印出来或者直接用电子版复制给各个调查者，然后他们用得到的问卷去进行电话调查就可以了。如果需要采用现场访问的方式，则有必要确定拟发放问卷的数量，然后根据确定的数量去复制样卷，既要保证最终问卷的数量能够满足本次调查的需要，又要避免出现大幅度的调查资源浪费。采用邮件调查方式时，如果是发放普通邮件，也就是非电子邮件，可仿照现场访问方式。如果是电子邮件，则可仿照电话访问的方式。

准备好最后的问卷后，调查问卷的制作过程就结束了，下一步需要做的是按计划执行调查。

1.2.3　制作调查问卷时需要注意的事项

一个简单的事实是：在问卷调查中，问卷是调查者与被调查者进行沟通交流的唯一途径，所以调查者在制作调查问卷时要在使用科学的调查方法的基础上，注重问卷设计的技巧、方法与策略。下面我们就问卷设计中应该注意的问题作一下介绍。

1．调查者对所设计的每一个问题的表述都必须规范、详细、意义明确

也就是说不能出现歧义或含糊不清的情况，使每一位被调查者对该问题都有清晰一致的理解，进而保证调查的正确性。例如"您是否经常参加体育锻炼"这个问题，调查者必须给出具体的判断标准，如"每周参加体育锻炼的小时数"这个问题，由于每个人对于"经常"的理解是不一样的，如果调查者不给出判断标准，那么就会出现理解不一致的情况，从而影响调查结果。

2．调查者不能使用诱导性的或者带有特定感情色彩的词语

被调查人群往往有"先入为主"的心理效应和"从众心理"。如果调查者在调查中使用诱导性的或者带有感情色彩的词语，被调查者往往会被调查者的诱导所吸引，从而不会形成自己独立的评价，得到的调查结果自然也会有偏差。例如"很多经济学家和政治家认为我国的电信行业因为垄断利润过高，您的看法是……"这个问题，一方面利润过高对被调查者形成"先入为主"效应，另一方面"很多经济学家和政治家认为"使被调查者追随的概率大增，从而大大影响调查结果。

3．对于每一个问题，既不要答案不全，也不要答案重复

答案不全指的是出现了对于研究者所提问题，被调查者无法找到合适选项的情况。例如"你的学历是"这个问题，选项只有"文盲""小学""初中""高中""专科""本科"，如果被调查者是一名研究生，那么他就无法作答。答案重复指的是各个选项之间互相有交集。例如"你希望把该物品设计成"这个问题，选项是"圆形""矩形""菱形""正方形"，这就存在答案重复，因为正方形既是矩形，又是菱形。

4．在设计调查问卷的时候，尽量一个问题一答，不要出现一题多问的情况

一题多问指的是在所设计问题的那句话中包含了多个问题的情况，如"你对下调电信和

电力部门职工工资这件事的看法是"这个问题就属于一题多问。如果有人对下调电信部门职工工资持支持态度，对下调电力部门职工工资持反对态度，那么他就无法作答了。

5. 充分考虑应答者回答问题的能力和应答者回答问题的意愿

考虑应答者回答问题的能力主要体现在对于普通大众，不要问一些专业性很强的东西，即"隔行如隔山"。即便是强行要求被调查者作答，也不会得到一个比较可信的结果。考虑应答者回答问题的意愿体现在不要问一些敏感问题和社会禁忌问题，包括个人隐私问题、涉及个人利害关系的问题、风俗习惯禁忌以及个人经济收入、年龄等。同样的，即使被调查者回答了这些问题，可信度也是比较低的。

6. 在陈述问题时，尽量做到肯定否定一致

尽量全部采用肯定或者全部采用否定，如果有个别情况，最好突出一下，不然就容易得出被调查者完全违背本意的选择。例如一开始的题目是"你认为下面的说法正确的是"，设计下面的题目时最好也是"你认为下面的说法哪些是你赞同的"等。

7. 最后，问卷每一部分的位置安排都要具有一定的逻辑性

不要让被调查者的思维跳跃过大，跳跃过大一方面会加重被调查者的脑力工作量，引起被调查者的反感，另一方面激发不了被调查者对相关问题比较深入的思考，所以对于某一方面的问题，最好是放在一起，从简到繁，从易到难，循序渐进，一步步地激发被调查者的思维，从而使其做出比较符合真实情况的选择。

附 调查问卷样例

本科生电脑需求情况调查问卷

请您如实根据自身情况填写以下内容，谢谢合作！

1. 您的性别？
   A.男　　　　　　B.女
2. 您现在读几年级？
   A.大一　　　　　B.大二　　　　　C.大三　　　　　D. 大四
3. 您现在是否拥有电脑？
   A.是　　　　　　B.否
4. 如果您现在拥有电脑，是何时得到的？如果没有，不必选择
   A.大一　　　　　B.大二　　　　　C.大三　　　　　D.大四
5. 如果您现在没有电脑或者想再买一台，准备何时购买？如果不想买，不必选择
   A.大一　　　B.大二　　　C.大三　　　D.大四　　　E.毕业以后　　　F.不确定
6. 您购买电脑的动机？（可以多选）
   A.学习需要　　　　　　　　B.社会工作需要（学生协会、社团）　　　C.游戏娱乐
   D.别人有了我也应该有　　　E.与家人或者朋友联系方便　　　　　　　F.其他

7. 您购买电脑的主要经济来源？

    A.家人或者朋友专款赞助   B.自己做兼职收入   C.生活费中节省下来的

    D.奖学金或者助学金   E.意外收入

8. 您购买电脑的时候，什么因素会让您优先考虑？

    A.价格   B.功能   C.外形   D.品牌   E.其他

9. 您能接受的价格范围是？

    A.2000 元以下   B.2000~4000 元   C.4000~6000 元

    D.6000~8000 元   E.8000~10000 元   F.10000 元以上

10. 您对电脑硬件配置要求的态度是？

    A.越高越好   B.能满足日常使用即可

    C.比日常使用稍高一些，以防止跟不上软件升级的要求   D.无所谓

11. 如果您打算购买电脑或者推荐同学购买电脑，您会选择的电脑类型？

    A.台式机   B.笔记本电脑   C.两者无差异

12. 如果您打算购买电脑或者推荐同学购买电脑，您会选择的电脑品牌？

    A.国产品牌   B.国外品牌   C.组装机

13. 您能接受每月多少上网费用？

    A.20 元以下   B.20~30 元   C.30~40 元   D.40~50 元   E.50 元以上

14. 您的上网费用由谁支付？

    A.自己   B.父母或者朋友

15. 您的月平均生活费是？

    A. 400 元以下   B.400~500 元   C.500~600 元   D.600~700 元   E.700 元以上

16. 您认为个人电脑需求情况主要受什么因素的影响？

调查结束，再次感谢您的参与！

1.3　资料的整理与分析

采集好数据或收集完调查问卷后，需要用 SPSS 软件对采集的数据或者通过调查问卷搜集的信息进行处理，以便进行后续的数据分析。前面曾提到，数据资料有两种：一种是现成的、可用的数据资料；另一种是研究者自己通过各种手段搜集并整理的资料，需要将其内容录入至 SPSS 软件中。下面将分别介绍这两种资料的 SPSS 处理方法与操作。

1.3.1　利用SPSS读取现有的数据资料

对于 SPSS 格式的数据，可选择"文件"|"打开"|"数据"命令，然后选择文件路径和文件名，就可以打开。对于不是 SPSS 格式的数据，应该怎么操作呢？SPSS 提供了 3 种打开数据文件的方式，都在"文件"菜单中。

SPSS 可以直接读入许多其他格式的数据文件，其操作与打开 SPSS 类型的数据文件相同，选择 "文件"|"打开"|"数据"命令，弹出如图 1.1 所示的对话框。

图 1.1 "打开数据"对话框

单击对话框中的"文件类型"下拉列表框，在里面可以看到能直接被打开的数据文件格式，包括如表 1.1 所示的 11 种类型。

表 1.1 SPSS 可以直接打开的数据文件格式

数据文件格式	说明
SPSS Statistics （*.sav. *.zsav）	SPSS在Windows版本下的数据文件
SPSS/PC+ （*.sys）	SPSS在DOS版本下的数据文件
Systat （*.syd，*.sys）	Systat数据文件
便携 （*.por）	SPSS便携格式的数据文件
Excel （*.xls，*.xlsx，*.xlsm）	Excel数据文件
Lotus （*.w*）	Lotus数据文件
Sylk （*.slk）	Sylk数据文件
dBase （*.dbf）	dBase系列数据文件
SAS （*.sas7bdat，*.sd7，*.sd2，*.ssd01，*.xpt）	SAS软件的数据文件
Stata （*.dta）	Stata软件的数据文件
文本格式 （*.txt，*.dat）	纯文本格式的数据文件

选择好所需要使用文件的数据类型后，再选中需要打开的文件，单击"打开"按钮，SPSS就会打开需要使用的数据文件，并自动转换成 SPSS 数据格式。

对于文本格式的数据文件，除了上面介绍的方式外，还有一种是通过"文件"|"打开文本数据"命令打开的。这两种方式是等价的，之所以存在第二种打开方式，一方面是因为读入纯文本的情况非常普遍，另一方面是为了与 SPSS 的旧版本保持兼容。因为打开文本格式的数据文件需要后续的一些操作，而且使用非常普遍，所以我们有必要详细介绍一下。下面将以SPSS 系统自带的 demo.txt 数据文件（如图 1.2 所示）为例进行说明。

首先选择"文件"|"打开文本数据"命令，弹出"打开数据"对话框，找到需要打开的文件后，单击"打开"按钮，将弹出如图 1.3 所示的对话框。

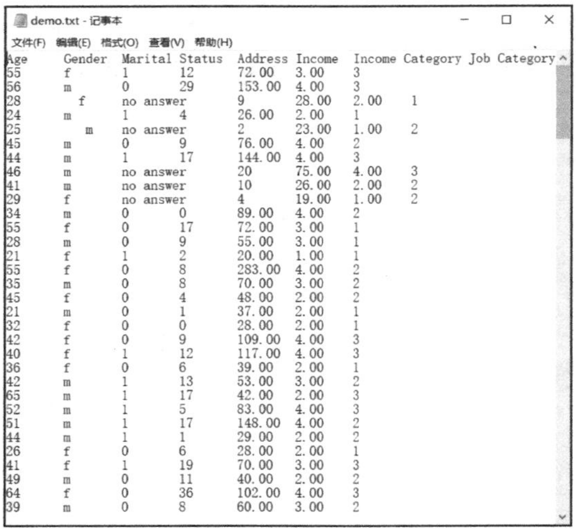

图 1.2　demo.txt 数据文件

对话框下方是按预定义格式读入数据文件的预览，可见本例中 SPSS 的预定义格式并没有正确地对文件进行识别，所以我们选中"否"单选按钮，然后单击"下一步"按钮，弹出如图 1.4 所示的对话框。

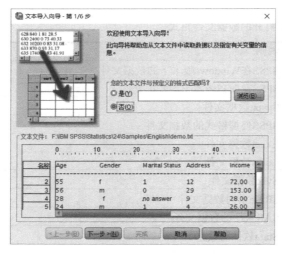

图 1.3　文本导入向导-第 1 步

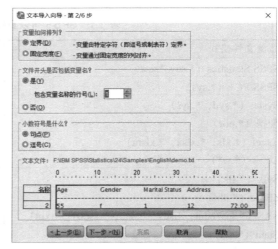

图 1.4　文本导入向导-第 2 步

对话框中有两个问题：第一个问题是"变量如何排列？"，并且有两个选择，一个是"定界"，另一个是"固定宽度"，一般情况下选择"定界"；第二个问题是"文件开头是否包括变量名？"，选中"是"单选按钮，然后单击"下一步"按钮，弹出如图 1.5 所示的对话框。

对话框中有三个问题：第一个问题是"第一个数据个案从哪个行号开始？"，右侧可以输入行数，因为本例中数据的第一行是变量名，所以这里输入 2；第二个问题是"个案的表示方式如何？"，一般情况下选中"每一行表示一个个案"单选按钮；第三个问题是"要导入多少个案？"，此处选中"全部个案"单选按钮，然后单击"下一步"按钮，弹出如图 1.6 所示的对话框。

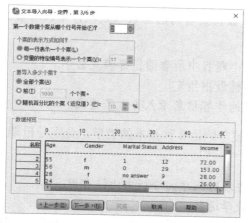

图 1.5 文本导入向导-第 3 步

图 1.6 文本导入向导-第 4 步

本数据中采用的是"制表符"作为定界符，系统对其进行了自动识别。在"文本限定符是什么？"选项组中选中"无"单选按钮，单击"下一步"按钮，弹出如图 1.7 所示的对话框。

在此对话框中，用户可以在"数据预览"列表框中选择列变量，并对其变量名和类型进行修改。本例不做修改，单击"下一步"按钮，弹出如图 1.8 所示的对话框。

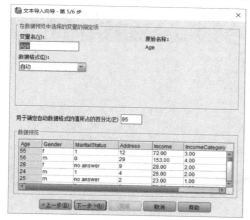

图 1.7 文本导入向导-第 5 步

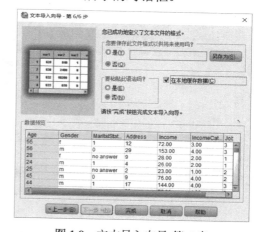

图 1.8 文本导入向导-第 6 步

在此对话框中，可以对是否保存此文件格式以备以后使用以及是否粘贴该语法进行选择。这里我们采用默认设置，单击"完成"按钮，可以看到数据已经被成功地读入到了 SPSS 中。

另一种 SPSS 读取数据的方式是通过数据库查询导入，用于读入一些不能直接识别的数据文件。由于常用的数据文件一般可以直接被 SPSS 所识别，所以这种读取方式很少被应用，限于篇幅，这里不再赘述，有需要或者感兴趣的读者可以查询 SPSS 中的"帮助"菜单，里面有相关介绍。

1.3.2 利用SPSS录入数据资料

下面我们将介绍如何把通过调查途径得到的数据输入到 SPSS 中去。

在讲述如何输入数据之前，我们需要了解一些基本的相关知识。

所谓数据录入就是把通过调查问卷得到的关于被调查者的信息录入到软件中。一般的数据录入过程可以分为三个步骤：

01 定义变量的名称，也就是为调查问卷上各个题目中所含的指标确定名字。

02 指定变量的属性，也就是对各个变量的特性做出指定。

03 录入数据，即把每个被调查者对各个题目的作答信息录入为电子格式。

在 SPSS 中，共有 9 种变量类型。这 9 种又可被归纳为 3 种基本的类型，分别是日期型、字符型、数值型。

- 日期型变量是用来表示日期或时间的，主要在时间序列分析中比较有用。
- 字符型变量区分大小写字母，但不能进行数学运算。
- 数值型包括标准数值型、逗号数值型、圆点数值型、科学计数型、美元数值型、设定货币数值型、受限数值型等 7 种类型。

数值型变量是由 0~9 的阿拉伯数字和其他特殊符号，如逗号、圆点等组成的，是 SPSS 中最常用的变量类型。研究者应该根据变量的特点对变量进行准确定义。

SPSS 的数据录入涉及"数据视图"和"变量视图"两个界面，如图 1.9 和图 1.10 所示。

图 1.9　数据视图　　　　　　　　　　　　图 1.10　变量视图

那么在 SPSS 中定义变量的具体操作是什么呢？很简单，首先在"变量视图"中输入变量的名称，然后根据数据的特性对"类型""宽度""小数位数""标签""值""缺失"等属性进行一一定义即可。

前面我们提到，调查问卷的题目有 3 种：封闭式、开放式和半封闭式。其中封闭式又分为单选题和多选题两种。下面我们将以从易到难的顺序对各种题目的录入方法进行一一介绍。

1．开放题的录入

对于开放题而言，录入非常简单，首先在"变量视图"窗口中定义好该问题涉及的变量，然后切换到"数据视图"中输入变量的具体取值（也就是问题的具体作答）即可。其中需要注意的是，因为开放题的答案一般是字符型变量，所以在定义变量时，变量的"宽度"一定要合适，以确保变量的具体取值能够被完整地录入。

【**例 1.1**】在第 1.2 节所附的调查问卷样例中，第 16 题就是开放题：

---

16. 您认为个人电脑需求情况主要受什么因素的影响？

假设其中 4 份调查问卷关于这道题目的结果分别是价格、价格、个人收入、其他人的需求，请将此结果录入到 SPSS 中。

【**解答过程**】首先在"变量视图"窗口中定义"需求主要的影响因素"为字符型变量，并且将其"宽度"从默认值调整到"20"，然后切换到"数据视图"窗口输入相应的信息即可。最终结果如图 1.11 所示。

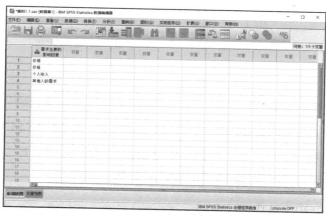

图 1.11　数据录入结果

2．封闭题的录入

（1）单选题的录入

对于单选题，可以采用"字符直接录入""字符代码+值标签""数值代码+值标签" 3 种方式录入数据。最常用的是"数值代码+值标签"，这种方式的本质就是对问题的每一个选项都定义一个数值，然后用输入数值来代替输入特定的选项。下面通过实例来说明一下这种录入方式。

【**例 1.2**】在第 1.2 节所附的调查问卷样例中，第 2 题与第 9 道都是单选题：

---

2. 您现在读几年级？

　A.大一　　　　　B.大二　　　　　C.大三　　　　　D.大四

9. 您能接受的价格范围是？

　A.2000 元以下　B.2000~4000 元　C.4000~6000 元　D.6000~8000 元　E.8000~10000 元

　F.10000 元以上

假设其中 4 份调查问卷关于这两道题目的结果分别是 C，C，B，A 和 C，D，B，D，请将此结果录入到 SPSS 中。

【**解答过程**】首先定义"年级"和"价格范围"两个变量，然后定义值标签。值标签的定义过程是：首先在"变量视图"窗口中找到拟定义的变量，然后单击"值"那一栏，单击右侧的"值标签"按钮，弹出"值标签"对话框，在"值"文本框中输入预定义的数值，在"标签"文本框中输入问题的特定选项，单击"添加"按钮，即可实现"选项"与"值"之间的绑定。例如：在"变量视图"窗口中找到"年级"变量，然后单击"值"那一栏，单击右侧的"值标签"按钮，弹出"值标签"对话框，在"值"文本框中输入"1"，在"标签"文本框中输入"大一"，单击"添加"按钮，即实现"大一"与"1"之间的绑定。其他可参照上述操作进行处理，得到的最终结果如图1.12和图1.13所示。

 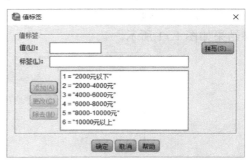

图1.12　对"年级"变量定义值标签　　　　图1.13　对"价格范围"变量定义值标签

返回到"数据视图"窗口，在"年级"中分别输入"3、3、2、1"，在"价格范围"中分别输入"3、4、2、4"，即可完成数据的录入，如图1.14所示。

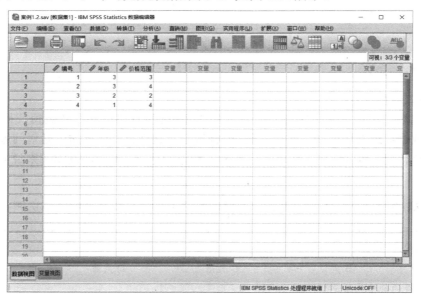

图1.14　数据录入结果

（2）多选题的录入

对于多选题，可以采用"多重二分法"录入数据。所谓多重二分法，是指对每一个选项都要定义一个变量，这些变量只有两个取值，它们各自代表着对一个具体选项的选择结果。下面利用实例来说明一下这种录入方式。

【例1.3】在第1.2节所附的调查问卷样例中，第6题就是多选题：

---

6. 您购买电脑的动机？（可以多选）

    A.学习需要   B.社会工作需要（学生协会、社团）   C.游戏娱乐

    D.别人有了我也应该有   E.与家人或者朋友联系方便   F.其他

假设其中4份调查问卷关于这道题目的结果分别是AD，ABC，BC，AE，请将此结果录入到SPSS中。

【解答过程】首先定义6个变量"学习需要""社会工作需要""游戏娱乐""别人有了我也应该有""与家人或者朋友联系方便""其他"为合适的变量形式，然后定义值标签，操作与单选题相同，这里不再赘述，结果如图1.15所示。

图1.15 数据录入结果

3. 半封闭题的录入

对于半封闭题目，其录入不外乎是单选题与开放题，或者多选题与开放题的结合，做法是把开放部分也定义为一个变量，按照前面介绍的方法录入即可，这里不再赘述。

数据录入完成后，要注意保存，保存的操作很简单，就不再介绍了。这些都完成后，就可以开始进行各种数据的分析，数据分析的内容我们将在后续的章节中依次介绍。

1.4 本章习题

1. 进行社会科学调查研究的一般思路是什么？

2. 设计一份合格的调查问卷时，需要注意的问题有哪些？

3. 试设计一份关于本科生手机需求情况的调查问卷。要求格式正确，而且题目中要包含开放题、封闭题（单选与多选都有）、半封闭题三种题型。

4. 利用第3题得到的调查问卷进行社会调查，并将所得到的结果录入到SPSS中。

第2章 描述性统计分析实例

当进行数据分析时，如果研究者得到的数据量很小，那么就可以通过直接观察原始数据来获得所有的信息；如果得到的数据量很大，那么就必须借助各种描述指标来完成对数据的描述工作。用少量的描述指标来概括大量的原始数据，对数据展开描述的统计分析方法被称为描述性统计分析。常用的描述性统计分析有频数分析、描述性分析、探索分析、列联表分析。下面我们将一一介绍这几种方法在实例中的应用。

2.1 实例1——频数分析

2.1.1 频数分析的功能与意义

SPSS 的频数分析（Frequencies）是描述性统计分析中比较常用的方法之一。通过频数分析，我们可以得到详细的频数表以及平均值、最大值、最小值、方差、标准差、极差、平均数标准误、偏度系数和峰度系数等重要的描述统计量，还可以通过分析得到合适的统计图。所以进行频数分析不仅可以方便地对数据按组进行归类整理，还可以对数据的分布特征形成初步的认识。

2.1.2 相关数据来源

📹	下载资源\video\chap02\...
🖥	下载资源\sample\2\正文\原始数据文件\案例2.1.sav

【例2.1】表 2.1 给出了山东省某学校 50 名高二学生的身高。试分析这 50 名学生的身高分布特征，计算平均值、最大值、最小值、标准差等统计量，并绘制频数表、直方图。

表 2.1 山东省某学校 50 名高二学生的身高

编号	身高（cm）
001	175
002	163
003	156
004	174
005	167
…	…
048	158
049	164
050	163

2.1.3 SPSS分析过程

在用 SPSS 进行分析之前，我们要把数据录入到 SPSS 中。本例中有两个变量，分别是编号和身高。我们把编号定义为字符型变量，把身高定义为数值型变量，然后录入相关数据。录入完成后，数据如图 2.1 所示。

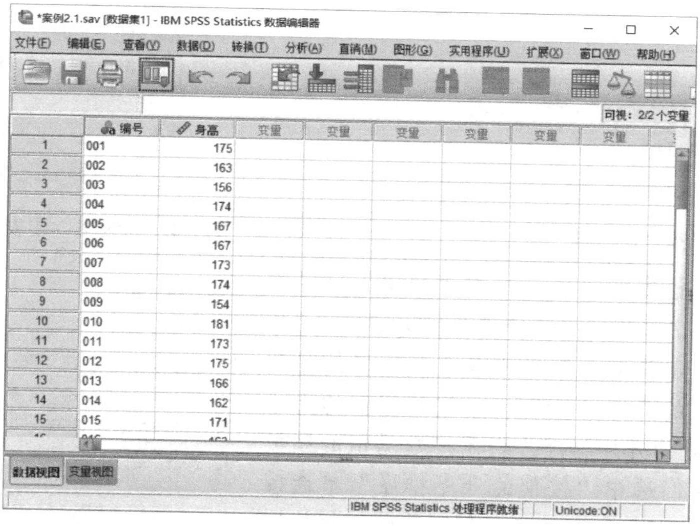

图 2.1 案例 2.1 数据

先做一下数据保存，然后开始展开分析，步骤如下：

01 进入 SPSS 24.0，打开相关数据文件，选择"分析"|"描述统计"|"频率"命令，弹出如图 2.2 所示的对话框。

02 选择进行频数分析的变量。在"频率"对话框的左侧列表框中选择"身高"选项，单击中间的 ➡ 按钮使之进入"变量"列表框。

03 选择是否输出频数表格。选中"频率"对话框左下角的"显示频率表"复选框，要求输出频数表格。

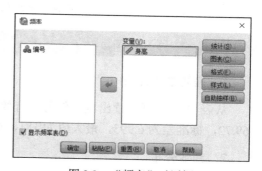

图 2.2 "频率"对话框

04 选择输出相关描述统计量。单击"频率"对话框右上角的"统计"按钮，弹出如图 2.3 所示的对话框，在该对话框中可以设置相关描述统计量。我们在"百分位值"选项组中选中"四分位数""分割点"复选框；在"集中趋势"选项组中选中"平均值""中位数""众数""总和"复选框；在"离散"选项组中选中"标准差""方差""范围""最小值""最大值""标准误差平均值"复选框；在"分布"选项组中选中"偏度""峰度"复选框。设置完毕后，单击"继续"按钮返回"频率"对话框。

05 设置图表的输出。单击"频率"对话框中的"图表"按钮，弹出如图 2.4 所示的对话框，选择有关的图形输出。在此我们选择直方图，并且带正态曲线。

15

图 2.3 "频率：统计"对话框

图 2.4 "频率：图表"对话框

06 设置相关输出的格式。单击"频率"对话框中的"格式"按钮，弹出如图 2.5 所示的对话框。"排序方式"选项组用于设置频数表中各个数据值的排列顺序，其中"按值的升序排序"表示按数据值的大小升序排列；"按计数的升序排序"表示按数据值的频数升序排列。本例我们选中"按值的升序排序"单选按钮。"多个变量"选项组是针对按多个变量进行频数输出的情形，因为本例中我们进行频数输出依据的变量只有"身高"，所以这里选择默认设置。

图 2.5 "频率：格式"对话框

07 设置完毕后，单击"确定"按钮，等待输出结果。

2.1.4 结果分析

1．描述性统计表

从表 2.2 中可以读出以下信息：有效样本数为 50 个，没有缺失值。学生的平均身高为169.72，标准差为 6.993，最大值为 181，最小值为 154。

2．频数分布

表 2.3 给出了学生身高的频数分布。该表从左到右分别是有效的样本值、频率、频率占总数的百分比、有效数占总数的百分比、累计百分比。

3．带正态曲线的直方图

图 2.6 是学生身高的直方图，从图中的正太曲线可以看出学生身高近似服从正态分布，而且集中趋势是集中在 170。

表2.2 描述性统计表

统计

身高

个案数	有效	50
	缺失	0
平均值		169.72
平均值标准误差		.989
中位数		171.50
众数		175
标准差		6.993
方差		48.900
偏度		-.446
偏度标准误差		.337
峰度		-.760
峰度标准误差		.662
范围		27
最小值		154
最大值		181
总和		8486
百分位数	10	158.40
	20	163.20
	25	164.00
	30	165.00
	40	167.40
	50	171.50
	60	174.00
	70	175.00
	75	175.25
	80	176.00
	90	177.90

表2.3 频数分布表

身高

		频率	百分比	有效百分比	累计百分比
有效	154	1	2.0	2.0	2.0
	156	1	2.0	2.0	4.0
	157	2	4.0	4.0	8.0
	158	1	2.0	2.0	10.0
	162	2	4.0	4.0	14.0
	163	3	6.0	6.0	20.0
	164	3	6.0	6.0	26.0
	165	3	6.0	6.0	32.0
	166	1	2.0	2.0	34.0
	167	3	6.0	6.0	40.0
	168	4	8.0	8.0	48.0
	171	1	2.0	2.0	50.0
	172	1	2.0	2.0	52.0
	173	2	4.0	4.0	56.0
	174	4	8.0	8.0	64.0
	175	6	12.0	12.0	76.0
	176	5	10.0	10.0	86.0
	177	2	4.0	4.0	90.0
	178	3	6.0	6.0	96.0
	181	2	4.0	4.0	100.0
	总计	50	100.0	100.0	

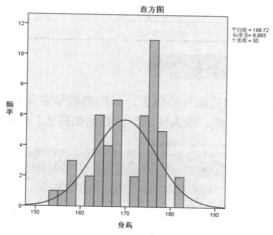

图2.6 带正态曲线的直方图

2.2 实例2——描述性分析

2.2.1 描述性分析的功能与意义

　　SPSS 的描述性分析（Descriptives），其本质就是计算并输出各类相关的描述性统计指标。其特色是通过描述性分析，可以得到由原始数据转化成的标准化取值，并且可以将标准化值以变量的形式存入数据库，以便进一步分析。相关描述统计量主要有平均值、最大值、最小值、方差、标准差、极差、平均数标准误、偏度系数、峰度系数等。

2.2.2　相关数据来源

📹	下载资源\video\chap02\...
🖥️	下载资源\sample\2\正文\原始数据文件\案例2.2.sav

【例2.2】表2.4给出了山东省某高校50名大一入学新生的体重。试对这50名学生的体重进行描述性分析，从而了解这些学生体重的基本特征。

表2.4　山东省某高校50名大一入学新生的体重表

编号	体重（kg）
001	59.3
002	61.2
003	63.4
004	65.2
005	70.1
...	...
048	63.8
049	71.0
050	54.9

2.2.3　SPSS分析过程

本例中也有两个变量，分别是编号和体重。我们把编号定义为字符型变量，把体重定义为数值型变量，然后录入相关数据。录入完成后，数据如图2.7所示。

图2.7　案例2.2

先进行数据保存，然后开始展开分析，步骤如下：

01 进入SPSS 24.0，打开相关数据文件，选择"分析"|"描述统计"|"描述"命令，弹出如图2.8所示的对话框。

02 选择进行描述分析的变量。在"描述"对话框的左侧列表框中选择"体重"，单击 ➡ 按钮，使之进入"变量"列表框。

03 选择是否将标准化值另存为变量。选中"描述"对话框左下角的"将标准化值另存为变量"复选框，系统会将标准化值另存为变量。若不选中此项，则系统不会执行。

04 选择输出相关描述统计量。单击"描述"对话框右上角的"选项"按钮，弹出如图 2.9 所示的对话框，在该对话框中可以设置相关描述统计量。我们选择输出均值，即选中"平均值"复选框。在"离散"选项组中选中"标准差""方差""范围""最小值""最大值""标准误差平均值"复选框；在"分布"选项组中选中"峰度""偏度"复选框；在"显示顺序"选项组中选中"变量列表"单选按钮。设置完毕后，单击"继续"按钮返回"描述"对话框。

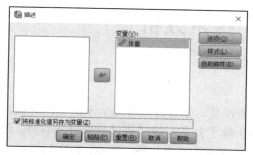

图 2.8 "描述"对话框

图 2.9 "描述：选项"对话框

05 单击"确定"按钮，等待输出结果。

2.2.4 结果分析

如表 2.5 所示，个案数为 50 个，范围为 27.9，最小值为 48.3，最大值为 76.2，平均值为 62.782，标准错误平均值为 0.9506，标准差为 6.7214，方差为 45.177，偏度系数为 0.062，峰度系数是-0.170。

表 2.5 描述性分析结果

	个案数 统计	范围 统计	最小值 统计	最大值 统计	平均值 统计	平均值 标准误差	标准差 统计	方差 统计	偏度 统计	偏度 标准误差	峰度 统计	峰度 标准误差
体重	50	27.9	48.3	76.2	62.782	.9506	6.7214	45.177	.062	.337	-.170	.662
有效个案数（成列）	50											

描述性统计分析有一个特点，即它可以将原始数据转换成标准化的取值并以变量的形式存入当前的数据库，如图 2.10 所示。

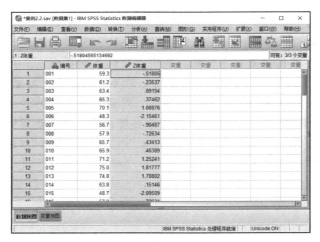

图 2.10　新变量 "Z 体重"

2.3　实例3——探索分析

2.3.1　探索分析的功能与意义

　　SPSS 的探索分析（Explore）是一种在对资料的性质、分布特点等完全不清楚的时候，对变量进行更加深入研究的描述性统计方法。探索分析除了具备一般的描述性统计指标外，还增加了数据文字与图形描述，从而有助于对数据进行更深入地研究分析。此外，相比数据描述性分析，探索分析还可以根据一定的方式分组进行统计。

2.3.2　相关数据来源

	下载资源\video\chap02\...
	下载资源\sample\2\正文\原始数据文件\案例2.3.sav

　　【例 2.3】表 2.6 给出了天津、济南两座城市 2007 年各月份的平均气温。试据此对天津平均气温和济南平均气温进行探索性统计分析，研究天津平均气温和济南平均气温的基本特征。

表 2.6　天津、济南两座城市 2007 年各月份的平均气温（单位：摄氏度）

月份	天津	济南
1	−2.8	0.0
2	3.3	7.0
3	5.9	8.8
4	14.7	16.0
5	22.0	23.3
6	25.8	26.2
7	27.2	26.6

（续表）

月份	天津	济南
8	26.4	25.4
9	22.1	21.8
10	13.2	14.7
11	5.6	8.3
12	0.0	2.3

2.3.3 SPSS分析过程

本例中有 3 个变量，分别是月份、城市和平均气温。我们把城市定义为字符型变量，把月份和平均气温定义为数值型变量，并对变量城市进行值标签操作，用"1"表示"天津"，"2"表示"济南"，然后录入相关数据。录入完成后，数据如图 2.11 所示。

图 2.11　案例 2.3

数据保存后，开始展开分析，步骤如下：

01 进入 SPSS 24.0，打开相关数据文件，选择"分析"|"描述统计"|"探索"命令，弹出如图 2.12 所示的对话框。

02 选择进行探索分析的变量。在"探索"对话框的左侧列表框中，选择"平均气温"并单击➡按钮使之进入"因变量列表"列表框，选择"城市"并单击➡按钮使之进入"因子列表"列表框，选择"月份"并单击➡按钮使之进入"个案标注依据"列表框。

03 选择是否输出统计描述或统计图。此处我们选中"两者"单选按钮。

04 选择输出相关描述统计量。单击"探索"对话框右上角的"统计"按钮，弹出如图 2.13 所示的对话框，在该对话框中可以设置相关描述统计量。我们选中全部复选框。设置完毕后，单击"继续"按钮返回"探索"对话框。

图2.12 "探索"对话框

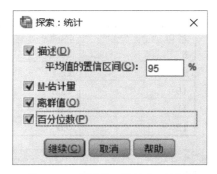
图2.13 "探索：统计"对话框

- "描述"复选框用于输出基本描述统计量，其中系统默认"平均值的置信区间"为95%。
- "M-估计量"复选框用于输出4种权重下的最大似然数，其中Huber的方法比较适合接近于正态分布的数据，其余的方法比较适合数据中有较多极端值的情况。
- "离群值"复选框用于输出5个最大值和最小值。
- "百分位数"复选框用于输出5%、10%、25%、50%、75%、90%以及95%的百分位数。

05 设置统计图的输出。单击"探索"对话框中的"图"按钮，弹出如图2.14所示的对话框，可以设置有关的图形输出。在"箱图"选项组中选中"因子级别并置"单选按钮；在"描述图"选项组中选中"茎叶图""直方图"复选框，然后选择输出带检验的正态图，并且在"含莱文检验的分布-水平图"选项组中选中"无"单选按钮。

06 选项设置。单击"探索"对话框中的"选项"按钮，弹出如图2.15所示的对话框，可以设置对缺失值的处理方法。选中"成列排除个案"单选按钮，即剔除变量中含缺失值的记录后再进行分析。单击"继续"按钮返回"探索"对话框。

07 设置完毕后，单击"确定"按钮，等待输出结果。

图2.14 "探索：图"对话框

图2.15 "探索：选项"对话框

2.3.4 结果分析

（1）数据记录统计表

从表2.7中可以读出以下信息：天津气温组共有12个样本，济南气温组也有12个样本，没有缺失值记录。

表2.7　记录统计表

		个案					
		有效		缺失		总计	
	城市	个案数	百分比	个案数	百分比	个案数	百分比
平均气温	天津	12	100.0%	0	0.0%	12	100.0%
	济南	12	100.0%	0	0.0%	12	100.0%

表中标题：个案处理摘要

（2）城市分组的各组描述统计量

从表2.8中可以看到各组的描述统计量，包括平均值、标准差、最大值、最小值、偏度等。

表2.8　描述统计量

城市			统计	标准误差
平均气温	天津	平均值	13.617	3.1684
		平均值的95%置信区间　下限	6.643	
		上限	20.590	
		5%剪除后平均值	13.774	
		中位数	13.950	
		方差	120.465	
		标准差	10.9757	
		最小值	-2.8	
		最大值	27.2	
		全距	30.0	
		四分位距	21.0	
		偏度	-.117	.637
		峰度	-1.656	1.232
	济南	平均值	15.033	2.7771
		平均值的95%置信区间　下限	8.921	
		上限	21.146	
		5%剪除后平均值	15.226	
		中位数	15.350	
		方差	92.544	
		标准差	9.6200	
		最小值	.0	
		最大值	26.6	
		全距	26.6	
		四分位距	17.6	
		偏度	-.196	.637
		峰度	-1.515	1.232

表中标题：描述

（3）M估计量

M估计量可以用来判别数据中有无明显异常值。SPSS输出的M估计量有4种，分别是Huber、Tukey、Hampel、Andrews提出来的，其区别是使用的权重不同。从表2.9中可以看到4种不同权重下的最大似然数。容易发现，天津和济南平均气温的4个M估计量离平均数和中位数都很近，这就说明数据中应该没有明显的异常值。

（4）分组后的百分位数

百分位数是一种位置指标，它将一组观察值分为两部分，如百分位数5代表的值就表示理论上有5%的观察值比该值小，有95%的观察值比该值大。从表2.10中可以看到分组后的各个百分位数。

表 2.9　M 估计量

		休伯 M 估计量[a]	图基双权[b]	汉佩尔 M 估计量[c]	安德鲁波[d]
	城市				
平均气温	天津	14.013	13.778	13.643	13.778
	济南	15.608	15.287	15.142	15.287

a. 加权常量为 1.339。

b. 加权常量为 4.685。

c. 加权常量为 1.700、3.400 和 8.500

d. 加权常量为 1.340*pi。

表 2.10　百分位数

			百分位数						
	城市	5	10	25	50	75	90	95
加权平均（定义1）	平均气温	天津	-2.800	-1.960	3.875	13.950	24.875	26.960	.
		济南	.000	.690	7.325	15.350	24.875	26.480	.
图基枢组	平均气温	天津			4.450	13.950	23.950		
		济南			7.650	15.350	24.350		

（5）最大最小值（TOP5）

表 2.11 给出了分组后的 5 个最大值和最小值。

表 2.11　最大值和最小值

城市				个案号	月份	值
平均气温	天津	最高	1	7	7	27.2
			2	8	8	26.4
			3	6	6	25.8
			4	9	9	22.1
			5	5	5	22.0
		最低	1	1	1	-2.8
			2	12	12	.0
			3	2	2	3.3
			4	11	11	5.6
			5	3	3	5.9
	济南	最高	1	19	7	26.6
			2	18	6	26.2
			3	20	8	25.4
			4	17	5	23.3
			5	21	9	21.8
		最低	1	13	1	.0
			2	24	12	2.3
			3	14	2	7.0
			4	23	11	8.3
			5	15	3	8.8

（6）正态分布的检验结果

如表 2.12 所示，两组的显著性都很低，正态分布特征不明显。

表 2.12　正态分布的检验结果

		柯尔莫戈洛夫-斯米诺夫[a]			夏皮洛-威尔克		
城市		统计	自由度	显著性	统计	自由度	显著性
平均气温	天津	.194	12	.200[*]	.905	12	.185
	济南	.176	12	.200[*]	.911	12	.218

正态性检验

*. 这是真显著性的下限。

a. 里利氏显著性修正

（7）直方图

两座城市平均气温的直方图如图 2.16 所示，容易发现，两组的各月平均气温都无明显集中趋势。

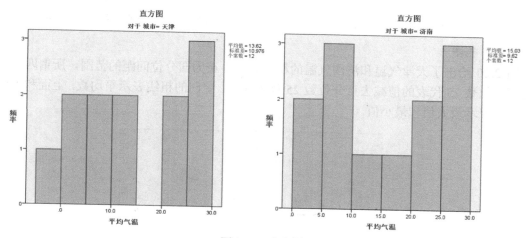

图 2.16　直方图

（8）茎叶图

如图 2.17 所示是两组数据的茎叶图。从左向右分别是频数、茎、叶三部分。其中茎代表数值的整数部分，叶代表数值的小数部分。由每行的茎叶构成的数字再乘以茎宽，则为实际数据的近似值。

（9）正态概率图

图 2.18 是天津气温的正态概率图，其中的斜线表示正态分布的标准线，点表示实际数据的分布，各点越接近于直线，则数据的分布越接近于正态分布。本例中分布拟合度不是很好，说明正态分布并不明显。

平均气温 茎叶图：
城市 = 天津

频率	Stem & 叶
1.00	-0 . 2
4.00	0 . 0355
2.00	1 . 34
5.00	2 . 22567

主干宽度：　　　10.0
每个叶：　　　1 个案

平均气温 茎叶图：
城市 = 济南

频率	Stem & 叶
2.00	0 . 02
3.00	0 . 788
1.00	1 . 4
1.00	1 . 6
2.00	2 . 13
3.00	2 . 566

主干宽度：　　　10.0
每个叶：　　　1 个案

图 2.17　茎叶图

（10）去掉趋势的正态概率图

图 2.19 是去掉趋势的正态概率图。去掉趋势的正态概率图反映的是按正态分布计算的理论值和实际值之差（也就是残差）的分布情况。如果数据服从正态分布，数据点应该均匀地分布在中间标准线的上下。本例中，数据点的分布不仅不均匀，还存在着一定的波动趋势，所以正态分布特征不明显。

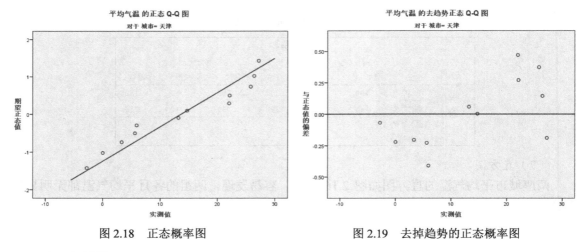

图 2.18 正态概率图　　　　　　　　图 2.19 去掉趋势的正态概率图

（11）箱图

图 2.20 给出了天津气温和济南气温的箱图。其中箱为四分位间距的范围，所谓四分位距就是百分位数 75 代表的值减去百分位数 25 代表的值。中间的粗线表示平均数，上面和下面的细线分别表示最大值和最小值。

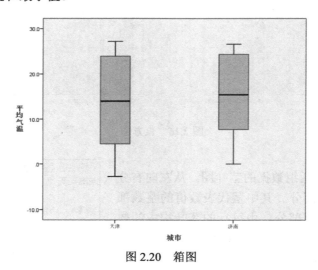

图 2.20 箱图

2.4 实例4——列联表分析

2.4.1 列联表分析的功能与意义

列联表分析（Crosstabs）是通过分析多个变量在不同取值情况下的数据分布情况，从而进一步分析多个变量之间相互关系的一种描述性分析方法。列联表分析至少指定两个变量，分别为行变量和列变量，如果要进行分层分析，则还要规定层变量。通过列联表分析，不仅可以得到交叉分组下的频数分布，还可以通过分析得到变量之间的相关关系。

2.4.2　相关数据来源

📹	下载资源\video\chap02\...
🖥	下载资源\sample\2\正文\原始数据文件\案例2.4.sav

【例2.4】表2.13给出了山东省两所学校的高三毕业生的升学情况。试据此对两所学校学生的升学情况进行列联表分析，研究两所学校的学生升学率之间有无明显的差别。

表2.13　甲乙两所中学高三毕业生的升学情况表

学校	升学人数	未升学人数	合计
甲中学	900	100	1000
乙中学	1400	560	1960

2.4.3　SPSS分析过程

在用SPSS进行分析之前，我们要把数据录入到SPSS中。本例中3个变量分别是学校、升学和计数。我们把学校定义为字符型变量，把升学和计数定义为数值型变量，对学校和升学两个变量进行相应的值标签操作，对学校变量用"1"表示"甲中学"，"2"表示"乙中学"，对升学变量用"1"表示"升学"，"0"表示"未升学"，然后录入相关数据。录入完成后，数据如图2.21所示。

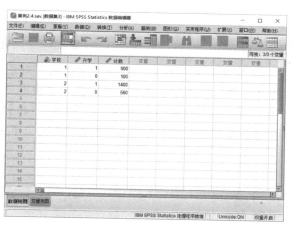

图2.21　案例2.4数据

对数据进行保存，然后展开分析，步骤如下：

01 进入SPSS 24.0，对数据进行预处理，以计数变量对升学变量进行加权。选择"数据"|"个案加权"命令，弹出如图2.22所示的对话框。在"个案加权"对话框中选中"个案加权系数"单选按钮，然后在左侧的列表框中选中"计数"，单击➡按钮，使之进入"频率变量"列表框中。单击"确定"按钮，完成数据预处理。

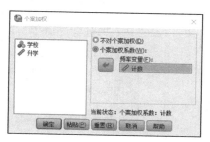

图2.22　"个案加权"对话框

02 选择"分析"|"描述统计"|"交叉表"命令，弹出如图2.23所示的对话框。首先定义行变量，在对话框左侧选择"学校"并单击 ➡ 按钮，使之进入右侧的"行"列表框。然后定义列变量，在左侧的列表中选择"升学"并单击 ➡ 按钮，使之进入右侧的"列"列表框。因为没有别的变量参与列联表分析，所以这里没有层控制变量。最后选中"显示簇状条形图"复选框。

03 选择检验统计量的计算方法。单击"交叉表"对话框右上角的"精确"按钮，弹出如图2.24所示的对话框，选中"仅渐进法"单选按钮，单击"继续"按钮，返回"交叉表"对话框。

04 选择相关统计检验。单击"交叉表"对话框右侧的"统计"按钮，弹出如图2.25所示的对话框，在该对话框中可以设置相关统计检验。选中"卡方"复选框，用于检验学校和升学之间是否相关。

图2.23　"交叉表"对话框

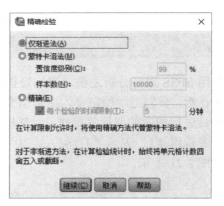

图2.24　"精确检验"对话框

05 选择列联表单元格中需要计算的指标。单击"交叉表"对话框右侧的"单元格"按钮，弹出如图2.26所示的对话框，在该对话框中可以设置相关输出内容。在"计数"选项组中选中"实测"复选框；在"百分比"选项组中选择"行""列""总计"复选框；在"非整数权重"选项组中选中"单元格计数四舍五入"复选框。设置完毕后，单击"继续"按钮返回"交叉表"对话框。

图2.25　"交叉表：统计"对话框

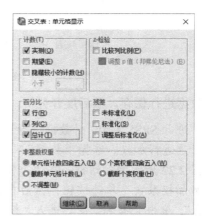

图2.26　"交叉表：单元格显示"对话框

06 最后选择行变量是升序排列还是降序排列。单击"交叉表"对话框右侧的"格式"按钮，弹出如图 2.27 所示的对话框，在该对话框中可以设置行变量的排序方式。这里选中"升序"单选按钮。

07 设置完毕后，单击"确定"按钮，等待输出结果。

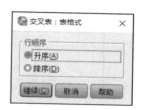

图 2.27 "交叉表：表格式"对话框

2.4.4 结果分析

（1）本例的数据信息

如表 2.14 所示，样本数为 2960，没有缺失值。

表 2.14 样本统计

	个案处理摘要					
	个案					
	有效		缺失		总计	
	N	百分比	N	百分比	N	百分比
学校 * 升学	2960	100.0%	0	0.0%	2960	100.0%

（2）列联表

如表 2.15 所示，甲中学的升学率是 90%，未升学率是 10%；乙中学的升学率是 71.4%，未升学率是 28.6%。甲中学的升学人数占全部升学人数的 39.1%，乙中学的升学人数占全部升学人数的 60.9%；甲中学的未升学人数占全部未升学人数的 15.2%，乙中学的未升学人数占全部未升学人数的 84.8%。

表 2.15 列联表

		学校 * 升学 交叉表	升学		
			0	升学	总计
学校	甲中学	计数	100	900	1000
		占 学校 的百分比	10.0%	90.0%	100.0%
		占 升学 的百分比	15.2%	39.1%	33.8%
		占总计的百分比	3.4%	30.4%	33.8%
	乙中学	计数	560	1400	1960
		占 学校 的百分比	28.6%	71.4%	100.0%
		占 升学 的百分比	84.8%	60.9%	66.2%
		占总计的百分比	18.9%	47.3%	66.2%
总计		计数	660	2300	2960
		占 学校 的百分比	22.3%	77.7%	100.0%
		占 升学 的百分比	100.0%	100.0%	100.0%
		占总计的百分比	22.3%	77.7%	100.0%

（3）卡方检验结果

如表 2.16 所示，卡方检验的结果是非常显著的，说明两个学校的升学率之间有着明显的差别。

表 2.16　卡方检验

卡方检验

	值	自由度	渐进显著性 （双侧）	精确显著性 （双侧）	精确显著性 （单侧）
皮尔逊卡方	131.816[a]	1	.000		
连续性修正[b]	130.746	1	.000		
似然比(L)	146.036	1	.000		
费希尔精确检验				.000	.000
线性关联	131.771	1	.000		
有效个案数	2960				

a. 0 个单元格 (0.0%) 的期望计数小于 5。最小期望计数为 222.97。

b. 仅针对 2x2 表进行计算

（4）频数分布图

分组下的频数分布如图 2.28 所示。

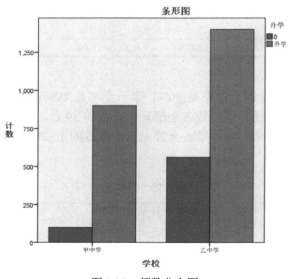

图 2.28　频数分布图

2.5　本章习题

1．试针对第 2.2 节中山东省某高校 50 名大一入学新生的体重数据做频数分析。

2．试针对第 2.1 节中山东省某学校 50 名高二学生的身高数据做描述性分析。

3．表 2.17 给出了广东省东部和西部主要年份的年降雨量。试据此对广东省东部和西部主要年份的年降雨量进行探索性统计分析，研究其基本特征。

表 2.17 广东省东部和西部主要年份年降雨量（单位：毫米）

年份	粤东	粤西
1980	1369.1	2274.0
1985	1481.3	2411.3
1990	2236.9	1510.2
1995	1512.2	2082.9
1996	1409.0	1222.6
1997	2040.9	2344.3
1998	1593.6	1266.4
1999	1517.4	1392.6
2000	1486.7	1762.7
2001	1947.9	2314.5
2002	1409.7	2263.3
2003	1406.6	1372.4

4. 表2.18给出了山东省某两所初中学校（X中学和Y中学）的初三毕业生的升学情况。试据此对两所学校学生的升学情况进行列联表分析，研究两所学校学生的升学率之间有无明显的差别。

表 2.18 X中学和Y中学初三毕业生的升学情况表

学校	升学人数	未升学人数	合计
X中学	900	100	1000
Y中学	1400	560	1960

第 3 章 统计分析报告实例

我们在对数据进行分析处理时，经常需要进行一系列含有多种统计量的报告，以获得一些有价值的信息，从而便于研究者做更加深入地分析。常用的统计报告有观测量概述、观测量按行概述报告、观测量按列概述报告等。下面我们就一一介绍这几种方法在具体实例中的应用。

3.1 实例5——观测量概述分析

3.1.1 观测量概述分析的功能与意义

SPSS 的观测量概述（Case Summaries）功能可将数据的实际统计量以列表的形式显示出来，从而提高统计分析的效能。

3.1.2 相关数据来源

	下载资源\video\chap03\...
	下载资源\sample\3\正文\原始数据文件\案例3.1.sav

【例 3.1】某研究者随机抽取了某小学 106 名学生的肺活量情况，结果如表 3.1 所示。试对被调查学生的肺活量情况进行观测量概述。

表 3.1 某小学 106 名学生的肺活量情况表

编号	年级	性别	肺活量（ml）
001	2	女	800
002	2	女	1100
...	...	...	...
104	1	女	558
105	1	男	1000
106	1	女	883

3.1.3 SPSS分析过程

在用 SPSS 进行分析之前，我们要把数据录入到 SPSS 中。本例中有 3 个变量，分别是年级、性别和肺活量。我们把性别定义为字符型变量，把年级和肺活量定义为数值型变量，然后录入相关数据。录入完成后，数据如图 3.1 所示。

图 3.1 案例 3.1 数据

先做一下数据保存，然后开始展开分析，步骤如下：

01 进入 SPSS 24.0，打开相关数据文件，选择"分析"|"报告"|"个案摘要"命令，弹出如图 3.2 所示的对话框。

02 选择进行观测量概述分析的变量。在"个案摘要"对话框的左侧列表框中，选择"肺活量"并单击 ➡ 按钮使之进入"变量"列表框，选择"年级"和"性别"并单击 ➡ 按钮使之进入"分组变量"列表框。

03 选择输出相关统计量。单击"个案摘要"对话框右上角的"统计"按钮，弹出如图 3.3 所示的对话框，在该对话框中可以选择输出相关统计量。我们在"统计"列表框中依次选择"个案数""平均值""中位数""范围""在总个案数中所占的百分比"，并单击 ➡ 按钮使之进入"单元格统计"列表框。设置完毕后，单击"继续"按钮返回"个案摘要"对话框。

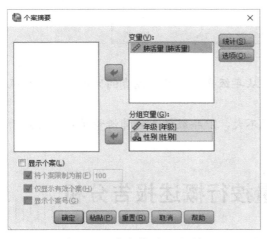

图 3.2 "个案摘要"对话框

图 3.3 "摘要报告：统计"对话框

04 在"个案摘要"对话框中，取消选中"显示个案"复选框。

05 其他采用系统默认设置即可。

06 设置完毕后，单击"确定"按钮，等待输出结果。

3.1.4　结果分析

（1）描述性统计表

从表 3.2 中可以看出，样本共有 106 个，全部参加分析，没有缺失值记录。

表 3.2　记录统计表

个案处理摘要						
	个案					
	包括		排除		总计	
	个案数	百分比	个案数	百分比	个案数	百分比
肺活量 * 年级 * 性别	106	100.0%	0	0.0%	106	100.0%

（2）个案汇总表

表 3.3 按不同年级、不同性别分组给出了学生肺活量的平均值、中值、范围及占总数的百分比。

表 3.3　个案汇总表

				个案摘要		
肺活量						
年级	性别	个案数	平均值	中位数	范围	在总个案数中所占的百分比
1	男	23	773.57	700.00	940	21.7%
	女	53	763.62	700.00	700	50.0%
	总计	76	766.63	700.00	1000	71.7%
2	男	6	958.33	950.00	250	5.7%
	女	24	891.67	900.00	500	22.6%
	总计	30	905.00	900.00	500	28.3%
总计	男	29	811.79	750.00	940	27.4%
	女	77	803.53	800.00	700	72.6%
	总计	106	805.79	800.00	1000	100.0%

综述：

- 从性别来看，参与调查的大部分是女生，从年级来看，参与调查的大部分是 1 年级的学生。
- 男生的肺活量平均值略高于女生，但差距不大，2 年级学生的肺活量平均值远高于 1 年级学生。

3.2　实例6——观测量按行概述报告分析

3.2.1　观测量按行概述报告分析的功能与意义

观测量按行概述功能可以获得变量行形式表达的统计量输出报告，从而为更深入地对数据进行统计分析做好准备。

3.2.2　相关数据来源

	下载资源\video\chap03\...
	下载资源\sample\3\正文\原始数据文件\案例3.2.sav

【例 3.2】某研究者随机抽取了某小学 106 名学生的体重、肺活量情况，结果如表 3.4 所示。试对被调查学生的体重和肺活量情况进行观测量按行概述。

表 3.4　某小学 106 名学生的体重与肺活量情况表

编号	性别	体重（kg）	肺活量（ml）
001	男	13.1	900
002	男	17.0	700
…	…	…	…
104	女	21.2	800
105	女	17.5	558
106	女	19.5	883

3.2.3　SPSS分析过程

先把数据录入到 SPSS 中。本例中有 3 个变量，分别是性别、体重和肺活量。我们把性别定义为字符型变量，把体重和肺活量定义为数值型变量，然后录入相关数据。录入完成后，数据如图 3.4 所示。

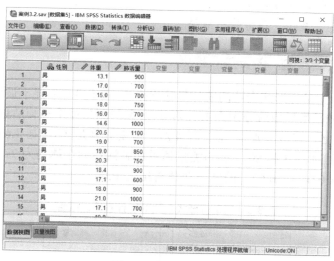

图 3.4　案例 3.2 数据

先做一下数据保存，然后开始展开分析，步骤如下：

01 进入 SPSS 24.0，打开相关数据文件，选择"分析"|"报告"|"按行报告摘要"命令，弹出如图 3.5 所示的对话框。

02 选择进行观测量按行概述分析的变量。在"报告：行摘要"对话框的左侧列表框中，选择"体重""肺活量"并单击 ➡️ 按钮使之进入"数据列变量"列表框，选择"性别"并单击 ➡️ 按钮使之进入"分界列变量"列表框。

03 对分界列变量进行设置。首先在"分界列变量"列表框中选中"性别"，然后单击下方的"摘要"按钮，弹出如图 3.6 所示的对话框。依次选中"值的平均值""个案数""标准差""峰度""偏度"复选框。设置完毕后，单击"继续"按钮返回"报告：行摘要"对话框。继续选中"性别"，单击下方的"选项"按钮，

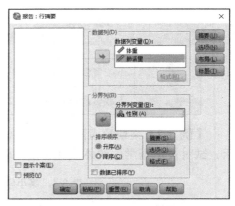

图 3.5 "报告：行摘要"对话框

弹出如图 3.7 所示的对话框。在"页面控制"选项组中选中"开始下一页"单选按钮。设置完毕后，单击"继续"按钮返回"报告：行摘要"对话框。

图 3.6 "报告：性别 的摘要行"对话框

图 3.7 "报告：性别 的分界选项"对话框

04 其他采用系统默认设置即可。

05 单击"确定"按钮，等待输出结果。

3.2.4 结果分析

如表 3.5 所示为变量行形式表达的统计量输出报告。在表 3.5 中样本被按性别分为两部分，男生部分的体重与肺活量平均值分别为 18.1 和 812，参与测量体重和肺活量的个体均为 29 个，标准分别是 2.1 与 195，峰度分别是-0.47 与 4.27，偏度分别是-0.62 与 1.65；女生部分的体重与肺活量平均值分别为 18.3 和 804，参与测量体重和肺活量的个体均为 77 个，标准分别是 1.9 与 162，峰度分别是 0.04 与-0.62，偏度分别是 0.26 与 0.06。

表 3.5 变量行形式表达的统计量输出报告

性别	体重	肺活量	性别	体重	肺活量
男			**女**		
平均	18.1	812	平均	18.3	804
N	29	29	N	77	77
标准	2.1	195	标准	1.9	162
峰度	-.47	4.27	峰度	.04	-.62
偏度	-.62	1.65	偏度	.26	.06

3.3 实例7——观测量按列概述报告分析

3.3.1 观测量按列概述报告分析的功能与意义

观测量按列概述用于生成按列统计量的输出报告。

3.3.2 相关数据来源

	下载资源\video\chap03\...
	下载资源\sample\3\正文\原始数据文件\案例3.3.sav

【例 3.3】某研究者随机抽取了某小学 106 名学生的体重、肺活量等情况，结果如表 3.6 所示。试对被调查学生的体重和肺活量情况进行观测量按列概述。

表 3.6　某小学 106 名学生的体重与肺活量情况表

编号	年级	性别	体重（kg）	肺活量（ml）
001	1	男	17.0	700
002	1	男	15.0	700
...	...	...	...	...
104	2	女	18.1	800
105	2	女	21.0	1000
106	2	女	19.5	900

3.3.3 SPSS分析过程

本例中有 4 个变量，分别是年级、性别、体重和肺活量。我们把性别定义为字符型变量，把年级、体重和肺活量定义为数值型变量，然后录入相关数据。录入完成后，数据如图 3.8 所示。

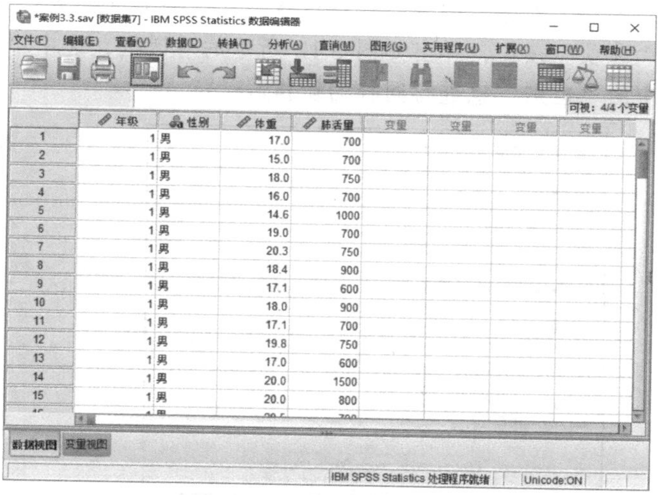

图 3.8　案例 3.3 数据

先做一下数据保存，然后开始展开分析，步骤如下：

01 进入 SPSS 24.0，打开相关数据文件，选择"分析"|"报告"|"按列报告摘要"命令，弹出如图 3.9 所示的对话框。

02 选择进行观测量按列概述分析的变量。在"报告：列摘要"对话框的左侧列表框中，选择"体重""肺活量"并单击 ➡ 按钮使之进入"数据列变量"列表框，选择"年级""性别"并单击 ➡ 按钮使之进入"分界列变量"列表框。

03 对数据列变量进行设置。在"数据列变量"列表框中选中"体重"，然后单击下方的"摘要"按钮，弹出如图 3.10 所示的对话框。这里选中"值的平均值"单选按钮，单击"继续"按钮返回。对"数据列变量"列表框中的"肺活量"也进行同样的操作。利用同样的方法单击下方的"格式"按钮，弹出如图 3.11 所示的对话框。在"列标题"列表中分别输入"体重均值""肺活量均值"，单击"继续"按钮返回。

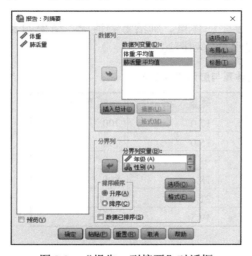

图 3.9 "报告：列摘要"对话框

图 3.10 "报告：体重 的摘要行"对话框

04 对分界列变量进行设置。在"分界列变量"列表框中选中"年级"，然后单击下方的"选项"按钮，弹出如图 3.12 所示的对话框，选中"显示小计"复选框。对"分界列变量"中的"性别"也进行同样的操作。

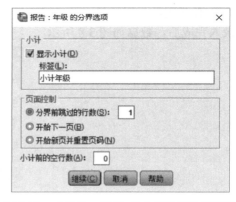

图 3.11 "报告：体重 的数据列格式"对话框   图 3.12 "报告：年级 的分界选项"对话框

05 单击"报告：列摘要"对话框右侧的"选项"按钮，弹出如图3.13所示的对话框。选中"显示总计"复选框，然后单击"继续"按钮返回。

06 其他采用系统默认设置即可。

07 设置完毕后，单击"确定"按钮，等待输出结果。

图3.13 "报告：选项"对话框

3.3.4 结果分析

如表3.7所示，我们可以看到变量列形式表达的统计量输出报告。在表3.7中，样本被先按年级再按性别分为4部分。其中1年级男生的体重均值和肺活量均值分别是17.9与774，1年级女生的体重均值和肺活量均值分别是17.9与764，2年级男生的体重均值和肺活量均值分别是18.8与958，2年级女生的体重均值和肺活量均值分别是19.1与892。

表3.7 变量列形式表达的统计量输出报告

页 1

年级	性别	体重均值	肺活量均值
1	男	17.9	774
1	女	17.9	764
2	男	18.8	958
2	女	19.1	892
总计		18.3	806

3.4 本章习题

1. 某研究者对当地塑料制品厂工人的工龄、性别、年龄和月工资等情况展开了调查，数据如表3.8所示。试以被调查工人的工龄和性别为分组变量，对工人的月工资情况进行观测量概述。

表3.8 某塑料制品厂的工人情况表

编号	工龄（年）	性别	年龄	月工资（元）
001	1	男	20	700
002	1	男	21	700
...	...	...	...	...
104	2	女	22	800
105	2	女	21	1000
106	2	女	20	900

2. 试对被调查工人的年龄和月工资情况进行观测量按行概述。

3. 试对被调查工人的年龄和月工资情况进行观测量按列概述。

第4章 均值过程和T检验案例研究

均值是描述数据特征的一个非常重要的指标。在做数据分析的时候,我们经常根据数据分组分别输出数据的均值等描述性统计量,也经常需要对数据进行均值比较,包括样本均值与总体均值比较、独立的样本之间进行均值比较、成对样本之间进行均值比较等。其中根据数据分组分别输出数据的重要描述性统计量可以通过均值过程来完成,对数据进行均值比较可以通过相应的T检验过程来完成。下面我们将分别介绍均值过程和各种T检验过程在实例中的应用。

4.1 实例8——均值过程分析

4.1.1 均值过程分析的功能与意义

SPSS 的均值过程分析(Means)用于计算数据的各种基本描述统计量。通过均值过程分析,我们可以得到数据的平均值、最大值、最小值、方差、标准差、极差、偏度系数和峰度系数等重要的描述统计量,这与第2章介绍的描述性分析(Descriptives)是类似的。但是均值过程分析(Means)能够对数据分组计算描述性统计量,并可以直接输出不同组的比较结果,从而能够对不同的组进行比较分析,所以均值分析过程属于均值比较(Compare Means)这一体系。

4.1.2 相关数据来源

	下载资源\video\chap04\...
	下载资源\sample\4\正文\原始数据文件\案例4.1.sav

【例 4.1】表 4.1 给出了山东省某学校某班学生的高考数学成绩。试用均值过程比较该班不同性别的学生之间成绩的差异。

表 4.1 山东省某学校某班学生的高考数学成绩表

编号	性别	高考数学成绩
001	男	131
002	男	123
003	女	115
004	男	117
005	女	104

（续表）

编号	性别	高考数学成绩
...	...	...
030	女	124
031	女	125
032	男	129

4.1.3　SPSS分析过程

在用 SPSS 进行分析之前，我们要把数据录入到 SPSS 中。容易发现本例中有 3 个变量，分别是编号、性别和高考数学成绩。我们把编号和性别定义为字符型变量，把高考数学成绩定义为数值型变量，并对性别变量进行值标签操作，用"1"表示"男"，用"2"表示"女"，然后录入相关数据。录入完成后，数据如图 4.1 所示。

图 4.1　案例 4.1 数据

先做一下数据保存，然后开始展开分析，步骤如下：

01 进入 SPSS 24.0，打开相关数据文件，选择"分析"|"比较平均值"|"平均值"命令，弹出如图 4.2 所示的对话框。

图 4.2　"平均值"对话框

02 选择进行描述性统计分析的变量。在"平均值"对话框的左侧列表框中，选择"高考数学成绩"并单击 按钮使之进入"因变量列表"列表框，选择"性别"并单击 按钮使之进入"自变量列表"列表框。

03 选择输出相关描述统计量。单击"平均值"对话框右上角的"选项"按钮，弹出如图 4.3 所示的对话框，在该对话框中可以选择输出的相关描述统计量。我们在"统计"列表框中依次选择"平均值""个案数""标准差"并单击 按钮，使之进入"单元格统计"列表框，单击"继续"按钮返回"平均值"对话框。

04 设置完毕后，单击"确定"按钮，等待输出结果。

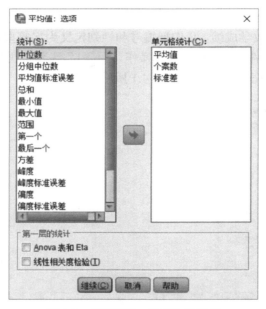

图 4.3 "平均值：选项"对话框

4.1.4 结果分析

（1）记录统计表

从表 4.2 中可以看出，样本共有 32 个，全部参加分析，没有缺失值记录。

表 4.2 记录统计表

个案处理摘要

	包括		个案排除		总计	
	个案数	百分比	个案数	百分比	个案数	百分比
高考数学成绩*性别	32	100.0%	0	0.0%	32	100.0%

（2）变量分组统计结果表

从表 4.3 可以看出，该班共有男生 16 人，其高考数学成绩的平均值是 126.88，标准差是 11.454；共有女生 16 人，其高考数学成绩的平均值是 119.88，标准差是 9.018。本结果说明该班不同性别的学生的高考数学成绩有很大的差异，男生的成绩要明显优于女生。

表 4.3 变量分组统计结果表

报告

高考数学成绩

性别	平均值	个案数	标准差
男	126.88	16	11.454
女	119.88	16	9.018
总计	123.38	32	10.746

4.2 实例9——单一样本T检验过程分析

4.2.1 单一样本T检验的功能与意义

SPSS 的单一样本 T 检验过程（One-Samples T Test）是假设检验中常用的方法之一。与所有的假设检验一样，其依据的基本原理也是统计学中的"小概率反证法"原理。通过单一样本 T 检验，我们可以实现样本均值和总体均值的比较。单一样本 T 检验过程也属于均值比较这一体系。

4.2.2 相关数据来源

	下载资源\video\chap04\...
	下载资源\sample\4\正文\原始数据文件\案例4.2.sav

【例 4.2】山东省某高校 5 年前对大一学生体检时，发现男生的平均体重是 65.6kg。最近又抽查测量了该校 50 名大一学生的体重，如表 4.4 所示。试用单一样本 T 检验方法判断该校大一学生的体重与 5 年前相比是否有显著差异。

表 4.4 山东省某高校 50 名大一学生的体重表

编号	体重（kg）
001	59.3
002	61.2
003	63.4
004	65.2
005	70.1
...	...
048	63.8
049	71.0
050	54.9

4.2.3　SPSS分析过程

本例中有两个变量，分别是编号和体重。我们把编号定义为字符型变量，把体重定义为数值型变量，然后录入相关数据。录入完成后，数据如图4.4所示。

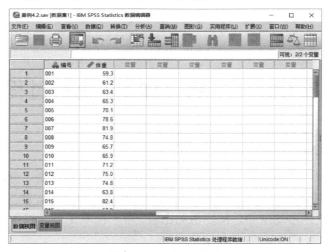

图 4.4　案例 4.2 数据

先进行数据保存，然后展开分析，步骤如下：

01 进入 SPSS 24.0，打开相关数据文件，选择"分析"|"比较平均值"|"单样本 T 检验"命令，弹出如图 4.5 所示的对话框。

02 选择进行单一样本 T 检验的变量。在"单样本 T 检验"对话框的左侧列表框中，选择"体重"并单击 按钮使之进入"检验变量"列表框。

03 设定目标值。在"检验值"文本框中输入 5 年前男生的平均体重"65.6"。

04 设置置信区间和缺失值的处理方法。单击"单样本 T 检验"对话框中的"选项"按钮，弹出如图 4.6 所示的对话框。我们在"置信区间百分比"文本框中输入"95"，即设置显著性水平为 5%。在"缺失值"选项组中选中"按具体分析排除个案"单选按钮，也就是说，只有分析计算涉及该记录缺失的变量时，才删去此记录。设置完毕后，单击"继续"按钮返回"单样本 T 检验"对话框。

图 4.5　"单样本 T 检验"对话框

图 4.6　"单样本 T 检验：选项"对话框

05 设置完毕后，单击"确定"按钮，等待输出结果。

4.2.4　结果分析

（1）数据基本统计量表

从表 4.5 中可以读出以下信息：参与分析的样本共有 50 个，样本平均值是 67.328，标准差是 7.3555，标准误差平均值是 1.0402。

（2）单样本 T 检验结果表

从表 4.6 中可以发现：t 统计量的值是 1.661，自由度是 49，95%的置信区间是（-0.362，3.818），临界置信水平为 0.103，大于 5%，说明该校大一学生的体重与 5 年前相比无显著差别。

表 4.5　数据基本统计量表

		单样本统计		
	个案数	平均值	标准差	标准误差平均值
体重	50	67.328	7.3555	1.0402

表 4.6　单样本 T 检验结果表

		单样本检验			
			检验值 = 65.6		差值 95% 置信区间
	t	自由度	显著性（双尾）	平均值差值	下限	上限
体重	1.661	49	.103	1.7280	-.362	3.818

4.3　实例10——独立样本T检验过程分析

4.3.1　独立样本T检验的功能与意义

SPSS 的独立样本 T 检验过程（Independent-Samples T Test）也是假设检验中常用的方法之一。与所有的假设检验一样，其依据的基本原理也是统计学中的"小概率反证法"原理。通过独立样本 T 检验，我们可以实现两个独立样本的均值比较。独立样本 T 检验过程也属于均值比较这一体系。

4.3.2　相关数据来源

📹	下载资源\video\chap04\...
🖥	下载资源\sample\4\正文\原始数据文件\案例4.3.sav

【例 4.3】表 4.7 给出了甲、乙两所学校各 40 名高三学生的高考数学成绩。试用独立样本 T 检验方法研究两所学校被调查的高三学生的高考数学成绩之间有无明显的差别。

表 4.7　甲、乙两所学校各 40 名高三学生的高考数学成绩

编号	学校	高考数学成绩
001	甲	131
002	甲	123
003	甲	115
004	甲	117

（续表）

编号	学校	高考数学成绩
005	甲	104
...	...	...
078	乙	121
079	乙	101
080	乙	129

4.3.3　SPSS分析过程

在用 SPSS 进行分析之前，我们要把数据录入到 SPSS 中。容易发现本例中有 3 个变量，分别是编号、学校和高考数学成绩。我们把编号和学校定义为字符型变量，把高考数学成绩定义为数值型变量，并对变量学校进行值标签操作，用"1"表示"甲学校"，用"2"表示"乙学校"，然后录入相关数据。录入完成后，数据如图 4.7 所示。

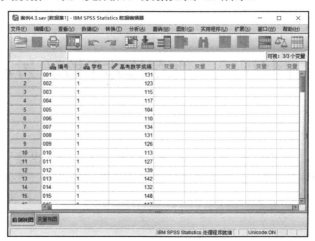

图 4.7　案例 4.3 数据

先做一下数据保存，然后展开分析，步骤如下：

01 进入 SPSS 24.0，打开相关数据文件，选择"分析"|"比较平均值"|"独立样本 T 检验"命令，弹出如图 4.8 所示的对话框。

02 选择进行独立样本 T 检验的变量。在"独立样本 T 检验"对话框的左侧列表框中，选择"高考数学成绩"并单击 ➡ 按钮使之进入"检验变量"列表框。

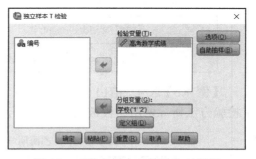

图 4.8　"独立样本 T 检验"对话框

03 选择分组变量。在"独立样本 T 检验"对话框的左侧列表框中，选择"学校"并单击 ➡ 按钮使之进入"分组变量"列表框。然后单击"定义组"按钮，弹出如图 4.9 所示的对话框。其中"组 1""组 2"分别表示第一、二组类别变量的取值。我们在"组 1"中输入 1，在"组 2"中输入 2。

04 置信区间和缺失值的处理方法。单击"独立样本 T 检验"对话框中的"选项"按钮，弹出如图 4.10 所示的对话框。同样，在"置信区间百分比"文本框中输入"95"，即设置显著性水平为 5%。在"缺失值"选项组中选中"按具体分析排除个案"单选按钮，单击"继续"按钮，返回"独立样本 T 检验"对话框。

图 4.9 "定义组"对话框

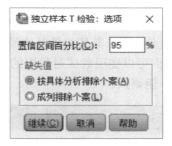

图 4.10 "独立样本 T 检验：选项"对话框

05 设置完毕后，单击"确定"按钮，等待输出结果。

4.3.4 结果分析

（1）数据基本统计量表

从表 4.8 中可以读出以下信息：参与分析的样本中，甲组的样本容量是 40，样本平均值是 119.95，标准差是 12.249，标准误差平均值是 1.937；乙组的样本平均值是 132.65，标准差是 11.263，标准误差平均值是 1.781。

表 4.8 数据基本统计量表

组统计					
	学校	个案数	平均值	标准差	标准误差平均值
高考数学成绩	甲	40	119.95	12.249	1.937
	乙	40	132.65	11.263	1.781

（2）独立样本 T 检验结果表

从表 4.9 中可以发现：F 统计量的值是 0.652，对应的置信水平是 0.422，说明两样本方差之间不存在显著差别，采用的方法是两样本等方差 T 检验。T 统计量的值是-4.827，自由度是 78，95%的置信区间是（-17.938，-7.462），临界置信水平为 0.000，远小于 5%，说明两所学校被调查的高三学生的高考数学成绩之间有着明显的差别。

表 4.9 独立样本 T 检验结果表

独立样本检验									
		莱文方差等同性检验		平均值等同性t检验					差值 95% 置信区间	
		F	显著性	t	自由度	显著性（双尾）	平均值差值	标准误差差值	下限	上限
高考数学成绩	假定等方差	.652	.422	-4.827	78	.000	-12.700	2.631	-17.938	-7.462
	不假定等方差			-4.827	77.456	.000	-12.700	2.631	-17.939	-7.461

4.4 实例11——成对样本T检验过程分析

4.4.1 成对样本T检验的功能与意义

SPSS 的成对样本 T 检验过程（Paired-Samples T Test）也是假设检验中的方法之一。与所有的假设检验一样，其依据的基本原理也是统计学中的"小概率反证法"原理。通过成对样本 T 检验，我们可以实现对成对数据的样本均值比较。其与独立样本 T 检验的区别是两个样本数据的顺序不能调换。

4.4.2 相关数据来源

📹	下载资源\video\chap04\...
🖥	下载资源\sample\4\正文\原始数据文件\案例4.4.sav

【例 4.4】为了研究一种减肥药品的效果，特抽取了 20 名试验者进行试验，其服用该产品一个疗程前后的体重变化如表 4.10 所示。试用成对样本 T 检验的方法判断该药物能否引起试验者体重的明显变化。

表 4.10 试验者服药前后的体重（单位：kg）

编号	服药前体重	服药后体重
001	68.4	67.3
002	67.9	66.9
003	74.3	75.1
004	89.6	90.0
005	76.2	77.9
...	...	...
018	84.3	82.4
019	67.4	70.3
020	73.2	75.1

4.4.3 SPSS分析过程

本例中有 3 个变量，分别是编号、服药前体重和服药后体重。我们把编号定义为字符型变量，把服药前体重和服药后体重定义为数值型变量，然后录入相关数据。录入完成后，数据如图 4.11 所示。

先做一下数据保存，然后展开分析，步骤如下：

01 进入 SPSS 24.0，打开相关数据文件，选择"分析"|"比较平均值"|"成对样本 T 检验"命令，弹出如图 4.12 所示的对话框。

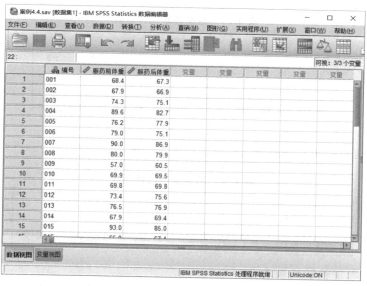

图 4.11　案例 4.4 数据

02 选择进行成对样本 T 检验的变量。在"成对样本 T 检验"对话框的左侧列表框中，同时选中"服药前体重"和"服药后体重"并单击 按钮使之进入"配对变量"列表框。

03 设置置信区间和缺失值的处理方法。单击"成对样本 T 检验"对话框中的"选项"按钮，弹出如图 4.13 所示的对话框。

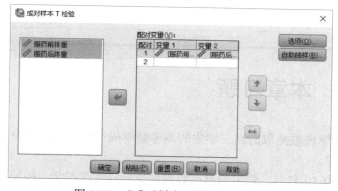

图 4.12　"成对样本 T 检验"对话框

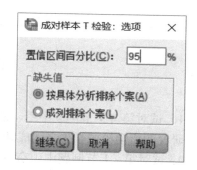

图 4.13　"成对样本 T 检验：选项"对话框

04 在"置信区间百分比"文本框中输入"95"，即设置显著性水平为 5%。选中"按具体分析排除个案"单选按钮，单击"继续"按钮返回"成对样本 T 检验"对话框。

05 设置完毕后，单击"确定"按钮，等待输出结果。

4.4.4　结果分析

（1）数据基本统计量表

从表 4.11 中可以读出以下信息：样本共 20 个，服药前体重测量的样本平均值是 74.540，标准差是 9.2440，标准误差平均值是 2.0670；服药后体重测量的样本平均值是 74.000，略有下降，标准差是 6.9309，标准误差平均值是 1.5498。

表4.11 数据基本统计量表

		成对样本统计			
		平均值	个案数	标准差	标准误差平均值
成对1	服药前体重	74.540	20	9.2440	2.0670
	服药后体重	74.000	20	6.9309	1.5498

(2)成对样本相关系数表

从表4.12中可以看出,服药前后体重的相关系数很高。

表4.12 数据基本统计量表

		成对样本相关性		
		个案数	相关性	显著性
成对1	服药前体重 & 服药后体重	20	.964	.000

(3)成对样本T检验结果表

从表4.13中可以发现:t统计量的值是0.767, 95%的置信区间是(−0.9337,2.0137),临界置信水平为0.453,远大于5%,说明该药物并没有引起试验者体重的明显变化。

表4.13 成对样本T检验结果表

		成对样本检验							
		成对差值							
					差值95%置信区间				
		平均值	标准差	标准误差平均值	下限	上限	t	自由度	显著性(双尾)
成对1	服药前体重 - 服药后体重	.5400	3.1488	.7041	-.9337	2.0137	.767	19	.453

4.5 本章习题

1. 试对第4.3节例题中甲、乙两所学校被抽取的高三学生的高考数学成绩做均值过程分析,研究两所学校的学生之间成绩的差异。

2. 试对第2.1节例题中山东省某学校50名高二学生的身高数据做单一样本T检验,检验其是否与该校全体学生的平均身高170cm有明显的差别。

3. 试对第4.1节例题中山东省某学校某班学生的高考数学成绩做独立样本T检验,研究该班不同性别的学生之间成绩有无明显的差别。

4. 在第2章中,表2.17给出了广东省东部和西部主要年份的年降雨量(单位:毫米)。试用成对样本T检验的方法分别判断广东省东部和西部主要年份的年降雨量在1980~1997和1998~2003这两个时间段是否发生了显著的变化。

第5章 非参数检验案例研究

参数检验方法一般假设统计总体的具体分布为已知，但是我们往往会遇到一些总体分布不能用有限个实参数来描述或者不考虑被研究的对象为何种分布，以及无法合理假设总体分布形式的情形，这时我们就需要放弃对总体分布参数的依赖，去寻求更多的来自样本的信息，基于这种思路的统计检验方法被称为非参数检验。非参数检验（Nonparametric Tests）包括卡方检验、二项检验、两个独立样本检验、两个关联样本检验、多个独立样本检验、多个关联样本检验、游程检验、单样本 K-S 检验等。下面我们将一一介绍这些方法在实例中的应用。

5.1 实例12——卡方检验

5.1.1 卡方检验的功能与意义

SPSS 中的卡方检验（Chi-square Test）是非参数检验方法中的一种，其基本功能是通过样本的频数分布来推断总体是否服从某种理论分布或者某种假设分布。这种检验过程是通过分析实际的频数与理论的频数之间的差别或者说吻合程度来完成的。

5.1.2 相关数据来源

📷	下载资源\video\chap05\...
🖥	下载资源\sample\5\正文\原始数据文件\案例5.1.sav

【例 5.1】表 5.1 给出了随机抽取的 100 名山东省某地区新出生婴儿的性别情况。试用卡方检验方法研究该地区新出生婴儿的男女比例是否存在明显的差别。

表 5.1　性别情况表

编号	性别
001	男
002	男
003	男
004	男
005	女
...	...
098	男
099	男
100	女

5.1.3　SPSS分析过程

在用 SPSS 进行分析之前，我们要把数据录入到 SPSS 中。本例中有两个变量，分别是编号和性别。我们把编号定义为字符型变量，把性别定义为数值型变量，并对变量性别进行值标签操作，用"1"表示"男"，用"2"表示"女"，然后录入相关数据。录入完成后，数据如图 5.1 所示。

先做一下数据保存，然后开始展开分析，步骤如下：

01　进入 SPSS 24.0，打开相关数据文件，选择"分析"|"非参数检验"|"旧对话框"|"卡方"命令，弹出如图 5.2 所示的对话框。

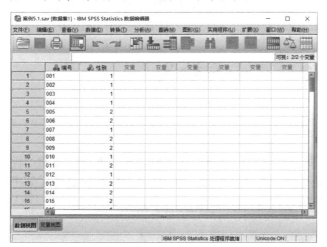

图 5.1　案例 5.1 数据　　　　　　图 5.2　"卡方检验"对话框

02　选择进行卡方检验的变量。在"卡方检验"对话框的左侧列表框中，选择"性别"并单击 按钮使之进入"检验变量列表"列表框。

03　设置期望全距和期望值。在"卡方检验"对话框内的"期望范围"选项组中，选中"从数据中获取"单选按钮，也就是根据数据本身的最大值和最小值来确定检验值范围；在"期望值"选项组中，选中"所有类别相等"单选按钮，因为本例中各类别的构成比相同。

04　设定卡方检验的计算方法。单击"卡方检验"对话框中的"精确"按钮，弹出如图 5.3 所示的对话框。这里我们选中"仅渐进法"单选按钮，单击"继续"按钮返回"卡方检验"对话框。

05　选择相关统计量的输出和缺失值的处理方法。单击"卡方检验"对话框中的"选项"按钮，弹出如图 5.4 所示的对话框。我们在"统计"选项组中选中"描述"复选框，也就是输出变量的描述性统计量，包括平均值、标准差、最大值、最小值等；在"缺失值"选项组中选中"按检验排除个案"单选按钮，即排除掉含有缺失值的记录后再进行卡方检验。设置完毕后，单击"继续"按钮返回"卡方检验"对话框。

06　设置完毕后，单击"确定"按钮，等待输出结果。

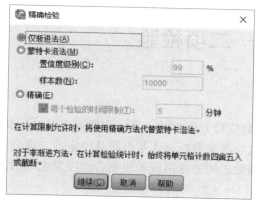

图 5.3　"精确检验"对话框

图 5.4　"卡方检验：选项"对话框

5.1.4　结果分析

（1）描述性统计量表

从表 5.2 中可以读出以下信息：接受检验的样本共 100 个，样本平均值是 1.49，标准差是 0.502，最小值是 1，最大值是 2。

表 5.2　描述性统计量表

描述统计					
	个案数	平均值	标准差	最小值	最大值
性别	100	1.49	.502	1	2

（2）卡方检验频数表

从表 5.3 中可以看出，参与检验的男性婴儿共 51 个，女性婴儿共 49 个，期望数都是 50.0，残差分别是 1.0 和−1.0。

（3）卡方检验统计量表

从表 5.4 中可以发现：卡方值是 0.040，自由度是 1，渐近显著性水平为 0.841，远大于 5%。所以该地区新出生婴儿的男女比例没有明显的差别。

表 5.3　频数表

性别			
	实测个案数	期望个案数	残差
男	51	50.0	1.0
女	49	50.0	−1.0
总计	100		

表 5.4　卡方检验统计量表

检验统计	
	性别
卡方	.040[a]
自由度	1
渐近显著性	.841

a. 0 个单元格 (0.0%) 的期望频率低于 5。期望的最低单元格频率为 50.0。

5.2 实例13——二项检验

5.2.1 二项检验的功能与意义

SPSS 的二项检验（Binomial Test）也是非参数检验方法中的一种，它适用于对二分类变量的拟合优度检验。其基本功能是通过样本的频数分布来推断总体是否服从特定的二项分布。这种检验过程也是通过分析实际的频数与理论的频数之间的差别或者说吻合程度来完成的。

5.2.2 相关数据来源

📹	下载资源\video\chap05\...
💻	下载资源\sample\5\正文\原始数据文件\案例5.2.sav

【例 5.2】 最新医学研究经验表明，目前我国 20 岁以上成人糖尿病患病率达 10%。表 5.5 给出了随机抽取的 200 名山东省某地区 20 岁以上成人的糖尿病患病情况。试用二项检验方法研究该地区 20 岁以上成人糖尿病患病率是否低于一般概率。

表 5.5　糖尿病患病情况表

编号	患病情况
001	患病
002	不患病
003	不患病
004	不患病
005	不患病
...	...
198	不患病
199	患病
200	不患病

5.2.3 SPSS分析过程

在用 SPSS 进行分析之前，我们要把数据录入到 SPSS 中。本例中的两个变量分别是编号和患病情况。我们把编号定义为字符型变量，把患病情况定义为数值型变量，并对患病情况变量进行值标签操作，用 "1" 表示 "患病"，用 "0" 表示 "不患病"，然后录入相关数据。录入完成后，数据如图 5.5 所示。

先做一下数据保存，然后开始展开分析，步骤如下：

01 进入 SPSS 24.0，打开相关数据文件，选择 "分析" | "非参数检验" | "旧对话框" | "二项" 命令，弹出如图 5.6 所示的对话框。

图 5.5　案例 5.2 数据

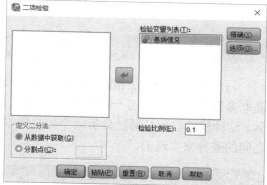

图 5.6　"二项检验"对话框

02 选择进行二项检验的变量。在"二项检验"对话框的左侧列表框中，选择"患病情况"并单击 按钮使之进入"检验变量列表"列表框。

03 设置定义二分值的方法和二项检验的概率值。因为本例中我们进行二项检验的变量只有两个取值，所以在"二项检验"对话框中的"定义二分法"选项组中选中"从数据中获取"单选按钮；又因为本例中第一个数据对应的是"患病"，所以我们在"检验比例"文本框中输入"0.1"。

04 设定检验的计算方法。

05 选择相关统计量的输出和缺失值的处理方法。以上与例 5.1 中的处理方法相同，这里不再赘述。

06 设置完毕后，单击"确定"按钮，等待输出结果。

5.2.4　结果分析

（1）数据基本统计量表

从表 5.6 中可以读出以下信息：接受检验的样本共 200 个，样本平均值是 0.04，标准差是 0.184，最小值是 0，最大值是 1。

（2）二项检验结果表

从表 5.7 中可以发现：患病组的样本个数是 7，观测的概率值是 0.0，期望概率值是 0.1，不患病组的样本个数是 193，观测的概率值是 1.0，渐近显著性水平单侧检验结果为 0.000，所以可以认为该地区 20 岁以上成人糖尿病患病率低于一般概率。

表 5.6　数据基本统计量表

描述统计				
	个案数	平均值	标准差	最小值	最大值
患病情况	200	.04	.184	0	1

表 5.7　二项检验结果表

二项检验					
		类别	个案数	实测比例	检验比例	精确显著性（单尾）
患病情况	组 1	患病	7	.0	.1	.000ª
	组 2	不患病	193	1.0		
	总计		200	1.0		
a. 备用假设指出第一个组中的个案比例 < .1。						

5.3 实例14——两个独立样本检验

5.3.1 两个独立样本检验的功能与意义

与前面的检验方法相同，SPSS 的两个独立样本检验（Two-Independent Samples Test）也是非参数检验方法中的一种，其基本功能是可以判断两个独立的样本是否来自于相同分布的总体。这种检验过程是通过分析两个独立样本的均数、中位数、离散趋势、偏度等描述性统计量之间的差异来实现的。

5.3.2 相关数据来源

📹	下载资源\video\chap05\...
🖥	下载资源\sample\5\正文\原始数据文件\案例5.3.sav

【例 5.3】表 5.8 给出了广东省东北部和西北部主要年份的年降雨量。试用两个独立样本检验方法判断两个地区的年降雨量是否存在显著差异。

表 5.8 广东省东北部和西北部主要年份的年降雨量（单位：毫米）

年份	粤东北	粤西北
1980	1461.7	1586.1
1985	1607.8	1726.9
1990	1709.0	1284.8
1995	1171.0	1766.4
1996	1361.5	1693.1
1997	1847.5	1815.3
1998	1458.2	1737.5
1999	1033.8	1318.7
2000	1850.9	1318.2
2001	1560.3	1889.2
2002	1110.3	1480.9
2003	1415.2	1251.8

5.3.3 SPSS分析过程

在用 SPSS 进行分析之前，我们要把数据录入到 SPSS 中。容易发现本例中有 3 个变量，分别是年份、地区和降雨量。我们把年份、地区和降雨量都定义为数值型变量，并对变量地区进行值标签操作，用"1"表示"粤东北"，用"2"表示"粤西北"，然后录入相关数据。录入完成后，数据如图 5.7 所示。

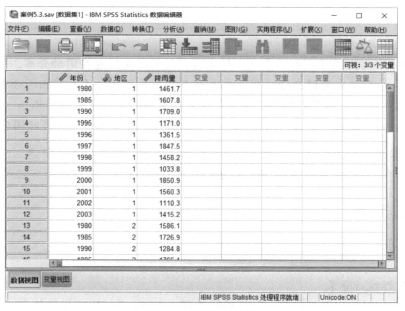

图 5.7 案例 5.3 数据

先做一下数据保存，然后开始展开分析，步骤如下：

01 进入 SPSS 24.0，打开相关数据文件，选择"分析"|"非参数检验"|"旧对话框"|"2 个独立样本"命令，弹出如图 5.8 所示的对话框。

02 选择进行两个独立样本检验的变量。在"双独立样本检验"对话框的左侧列表框中，选择"降雨量"并单击 ➡ 按钮使之进入"检验变量列表"列表框。

03 选择分组变量。在"双独立样本检验"对话框的左侧列表框中，选择"地区"并单击 ➡ 按钮使之进入"分组变量"列表框。然后单击"定义组"按钮，弹出如图 5.9 所示的对话框。我们在"组 1"中输入 1，在"组 2"中输入 2。设置完毕后，单击"继续"按钮返回"双独立样本检验"对话框。

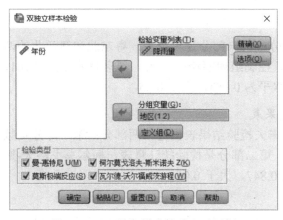

图 5.8 "双独立样本检验"对话框

图 5.9 "双独立样本：定义组"对话框

04 选择检验类型。在"检验类型"选项组中，将 4 种检验方法全部选中。对其中的复选框说明如下。

- 曼-惠特尼 U：用于判断两个独立样本所属的总体是否有相同的分布。
- 柯尔莫戈洛夫-斯米诺夫 Z：用于判断两个样本是否来自于具有相同分布的总体。
- 莫斯极端反应：用于判断两个样本是否来自于具有同一分布的总体。
- 瓦尔德-沃尔福威茨游程：用于判断两个独立样本是否来自于具有相同分布的总体。

05 设置检验的计算方法。与例 5.1 中的处理方法相同，这里不再赘述。

06 选择相关统计量的输出和缺失值的处理方法。与例 5.1 中的处理方法相同，这里不再赘述。

07 设置完毕后，单击"确定"按钮，等待输出结果。

5.3.4 结果分析

（1）描述性统计量表

从表 5.9 中可以读出以下信息：接受检验的样本共 24 个，样本平均值是 1519.004，标准差是 251.0711，最小值是 1033.8，最大值是 1889.2。

表 5.9 描述性统计量表

描述统计

	数字	平均值	标准偏差	最小值	最大值（X）
降雨量	24	1519.004	251.0711	1033.8	1889.2
地址	24	1.50	.511	1	2

（2）曼-惠特尼检验结果表

如表 5.10 所示，曼-惠特尼的检验结果包括两部分：第一部分是秩表，粤东北和粤西北的秩均值分别为 11.17 和 13.83，秩和分别为 134.00 和 166.00；第二部分是检验统计量表，曼-惠特尼 U 为 56.000，渐近显著性为 0.356，大于 0.05。

（3）莫斯检验结果表

如表 5.11 所示，莫斯检验结果也包括两部分：第一部分是频数表，粤东北和粤西北的两组样本个数都是 12；第二部分是检验统计量表，控制组观察跨度是 23，显著性水平为 0.761，远大于 0.05，修整的控制组跨度为 21，显著性水平为 0.953，大于 0.05。

（4）双样本柯尔莫戈洛夫-斯米诺夫检验结果表

如表 5.12 所示，双样本柯尔莫戈洛夫-斯米诺夫检验结果表也包括两部分：第一部分是频数表，粤东北和粤西北的两组样本个数都是 12；第二部分是检验统计量表，柯尔莫戈洛夫-斯米诺夫 Z 统计量值为 0.612，渐近显著性水平为 0.847，大于 0.05。

（5）瓦尔德-沃尔福威茨检验结果表

瓦尔德-沃尔福威茨检验结果如表 5.13 所示，也包括两部分：第一部分是频数表，第二部分是检验统计量表，游程数是 12，Z 值是-0.209，精确显著性水平为 0.421，大于 0.05。

表 5.10 曼-惠特尼检验结果表

曼-惠特尼检验

秩

	地区	个案数	秩平均值	秩的总和
降雨量	粤东北	12	11.17	134.00
	粤西北	12	13.83	166.00
	总计	24		

检验统计[a]

	降雨量
曼-惠特尼 U	56.000
威尔科克森 W	134.000
Z	-.924
渐近显著性（双尾）	.356
精确显著性 [2*(单尾显著性)]	.378[b]

a. 分组变量：地区
b. 未针对绑定值进行修正。

表 5.11 莫斯检验结果表

莫斯检验

频率

	地区	个案数
降雨量	粤东北（控制）	12
	粤西北（实验）	12
	总计	24

检验统计[a,b]

		降雨量
实测控制组范围		23
	显著性（单尾）	.761
剪除后控制组跨度		21
	显著性（单尾）	.953
在两端剪除了离群值		1

a. 莫斯检验
b. 分组变量：地区

表 5.12 双样本柯尔莫戈洛夫-斯米诺夫检验结果表

双样本柯尔莫戈洛夫-斯米诺夫检验

频率

	地区	个案数
降雨量	粤东北	12
	粤西北	12
	总计	24

检验统计[a]

		降雨量
最极端差值	绝对	.250
	正	.250
	负	-.083
柯尔莫戈洛夫-斯米诺夫 Z		.612
渐近显著性（双尾）		.847

a. 分组变量：地区

表 5.13 瓦尔德-沃尔福威茨检验结果表

瓦尔德-沃尔福威茨检验

频率

	地区	个案数
降雨量	粤东北	12
	粤西北	12
	总计	24

检验统计[a,b]

		游程数	Z	精确显著性（单尾）
降雨量	精确游程数	12[c]	-.209	.421

a. 瓦尔德-沃尔福威茨检验
b. 分组变量：地区
c. 未遇到任何组内绑定值。

从以上 4 种检验方法得出的结果可知，显著性均大于 0.05，所以两个地区的年降雨量不存在显著差异。

5.4 实例15——两个关联样本检验

5.4.1 两个关联样本检验的功能与意义

两个关联样本检验（2-Related Samples Test）的基本功能是可以判断两个相关的样本是否来自相同分布的总体。

5.4.2 相关数据来源

📹	下载资源\video\chap05\...
🖥️	下载资源\sample\5\正文\原始数据文件\案例5.4.sav

【例5.4】为分析一种新药的效果，特选取了15名病人进行试验，表5.14给出了试验者服药前后的血红蛋白数量。试用两个关联样本检验方法判断该药能否引起患者体内血红蛋白数量的显著变化。

表5.14　患者服药前后血红蛋白的数量变化

患者编号	服药前血红蛋白数量（g/L）	服药后血红蛋白数量（g/L）
001	14.5	13.6
002	13.8	14.6
003	11.0	11.6
004	14.5	13.4
005	12.4	13.5
006	14.5	14.6
007	13.0	12.5
008	12.6	11.4
009	13.1	12.5
010	12.9	13.9
011	11.5	11.0
012	12.6	12.3
013	13.4	14.1
014	15.2	13.6
015	10.9	11.5

5.4.3 SPSS分析过程

在用SPSS进行分析之前，我们要把数据录入到SPSS中。容易发现本例中有3个变量，分别是编号、服药前血红蛋白数量和服药后血红蛋白数量。我们把编号定义为字符型变量，把服药前血红蛋白数量和服药后血红蛋白数量定义为数值型变量，然后录入相关数据。录入完成后，数据如图5.10所示。

先做一下数据保存，然后开始展开分析，步骤如下：

01 进入SPSS 24.0，打开相关数据文件，选择"分析"|"非参数检验"|"旧对话框"|"2个相关样本"命令，弹出如图5.11所示的对话框。

02 选择进行两个关联样本检验的变量。在"双关联样本检验"对话框的左侧列表框中，同时选中"服药前血红蛋白数量"和"服药后血红蛋白数量"并单击➡按钮使之进入"检验对"列表框。

图 5.10 案例 5.4 数据

图 5.11 "双关联样本检验"对话框

03 选择检验方法。在"双关联样本检验"对话框内的"检验类型"选项组中，我们选中威尔科克森和"符号"复选框。这两种方法都用来检验两个样本是否来自于相同的总体。

04 设置检验的计算方法。与例 5.1 中的处理方法相同，这里不再赘述。

05 选择相关统计量的输出和缺失值的处理方法。与例 5.1 中的处理方法相同，这里不再赘述。

06 设置完毕后，单击"确定"按钮，等待输出结果。

5.4.4 结果分析

（1）描述性统计量表

从表 5.15 中可以读出以下信息：参与服药前血红蛋白数量测量的样本共 15 个，样本平均值是 13.060，标准差是 1.3010，最小值是 10.9，最大值是 15.2；服药后血红蛋白数量的样本平均值是 12.940，最小值是 11.0，最大值是 14.6。

表 5.15 描述性统计量表

描述统计					
	个案数	平均值	标准差	最小值	最大值
服药前血红蛋白数量	15	13.060	1.3010	10.9	15.2
服药后血红蛋白数量	15	12.940	1.1945	11.0	14.6

（2）威尔科克森带符号秩检验结果表

如表 5.16 所示，威尔科克森带符号秩检验结果包括两部分：第一部分是秩表，可知共有 15 对变量参与了检验，服药前比服药后大的共有 8 对，秩均值为 8.31，服药前比服药后小的共有 7 对，秩均值为 7.64；第二部分是检验统计量表，Z 值为-0.370，渐近显著性为 0.712，远大于 0.05。

（3）符号检验结果表

如表 5.17 所示，符号检验结果也包括两部分：第一部分是频数表，内容类似于威尔科克森带符号秩检验结果中的秩表；第二部分是检验统计量表，精确显著性为 1，远大于 0.05。

表 5.16　威尔科克森带符号秩检验结果表　　　　表 5.17　符号检验结果表

威尔科克森符号秩检验

秩

		个案数	秩平均值	秩的总和
服药后血红蛋白数量 - 服药前血红蛋白数量	负秩	8[a]	8.31	66.50
	正秩	7[b]	7.64	53.50
	绑定值	0[c]		
	总计	15		

a. 服药后血红蛋白数量 < 服药前血红蛋白数量

b. 服药后血红蛋白数量 > 服药前血红蛋白数量

c. 服药后血红蛋白数量 = 服药前血红蛋白数量

检验统计[a]

	服药后血红蛋白数量 - 服药前血红蛋白数量
Z	-.370[b]
渐近显著性（双尾）	.712

a. 威尔科克森符号秩检验

b. 基于正秩。

符号检验

频率

		个案数
服药后血红蛋白数量 - 服药前血红蛋白数量	负差值[a]	8
	正差值[b]	7
	绑定值[c]	0
	总计	15

a. 服药后血红蛋白数量 < 服药前血红蛋白数量

b. 服药后血红蛋白数量 > 服药前血红蛋白数量

c. 服药后血红蛋白数量 = 服药前血红蛋白数量

检验统计[a]

	服药后血红蛋白数量 - 服药前血红蛋白数量
精确显著性（双尾）	1.000[b]

a. 符号检验

b. 使用了二项分布。

从以上两种检验方法得出的结果可知，显著性均远大于 0.05，所以该药不能引起患者体内血红蛋白数量的显著变化。

5.5　实例16——多个独立样本检验

5.5.1　多个独立样本检验的功能与意义

顾名思义，多个独立样本检验（K-Independent Samples Test）是可以判断多个独立的样本是否来自于相同分布的总体。

5.5.2　相关数据来源

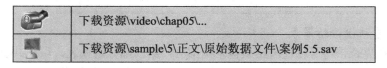

	下载资源\video\chap05\...
	下载资源\sample\5\正文\原始数据文件\案例5.5.sav

【例 5.5】某银行新招聘的一批员工毕业于 4 所不同的高校，来源于 4 所不同高校的员工构成了 4 个独立的样本。待到实习期结束后，高管对这些新员工进行考察打分，结果如表 5.18 所示。试用多独立样本检验方法分析毕业于不同高校的员工在工作上的表现是否存在显著的差异。

表 5.18 员工考核成绩

甲高校	87	79	94	91	89	85	77
乙高校	67	69	72	75	76	69	79
丙高校	58	48	50	49	36	50	42
丁高校	20	29	39	38	29	20	15

5.5.3 SPSS分析过程

本例中有 3 个变量，分别是编号、高校和分数。我们把编号定义为字符型变量，把高校和分数定义为数值型变量，并对高校变量进行值标签操作，用"1"表示"甲高校"，用"2"表示"乙高校"，用"3"表示"丙高校"，用"4"表示"丁高校"，然后录入相关数据。录入完成后，数据如图 5.12 所示。

图 5.12 案例 5.5 数据

先做一下数据保存，然后开始展开分析，步骤如下：

01 进入 SPSS 24.0，打开相关数据文件，选择"分析"|"非参数检验"|"旧对话框"|"K 个独立样本"命令，弹出如图 5.13 所示的对话框。

02 选择进行多个独立样本检验的变量。在"针对多个独立样本的检验"对话框的左侧列表框中，选择"分数"并单击 按钮使之进入"检验变量列表"列表框。

03 选择分组变量。在"针对多个独立样本的检验"对话框的左侧列表框中，选择"高校"并单击 按钮使之进入"分组变量"列表框。然后单击"定义范围"按钮，弹出如图 5.14 所示的对话框。我们在"最小值"文本框中输入 1，在"最大值"文本框中输入 4。设置完毕后，单击"继续"按钮返回"针对多个独立样本的检验"对话框。

04 选择检验类型。在"检验类型"选项组中，我们选中"克鲁斯卡尔-沃利斯 H"复选框。这种方法通过检验多个样本在中位数上是否存在差异来判断它们是否来自于同一总体。

05 设置检验的计算方法。与例 5.1 中的处理方法相同，这里不再赘述。

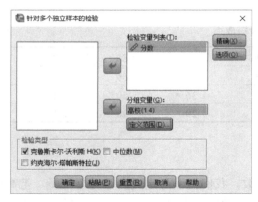

图 5.13 "针对多个独立样本的检验"对话框   图 5.14 "多个独立样本：定义范围"对话框

06 选择相关统计量的输出和缺失值的处理方法。与例 5.1 中的处理方法相同，这里不再赘述。

07 设置完毕后，单击"确定"按钮，等待输出结果。

5.5.4 结果分析

（1）描述性统计量表

从表 5.19 中可以读出以下信息：参与检验的样本共 28 个，样本平均值是 58.29，标准差是 23.974，最小值是 15，最大值是 94。

（2）克鲁斯卡尔-沃利斯检验结果表

如表 5.20 所示，克鲁斯卡尔-沃利斯检验结果包括两部分：第一部分是秩表，可知各组的秩均值分别为 24.79、18.21、10.71、4.29；第二部分是检验统计量表，卡方值为 24.681，自由度为 3，渐近显著性水平为 0.000，远小于 0.05。

表 5.19 描述性统计量表

描述统计

	个案数	平均值	标准差	最小值	最大值
分数	28	58.29	23.974	15	94
高校	28	2.50	1.139	1	4

表 5.20 克鲁斯卡尔-沃利斯检验结果表

克鲁斯卡尔-沃利斯检验

秩

	高校	个案数	秩平均值
分数	甲高校	7	24.79
	乙高校	7	18.21
	丙高校	7	10.71
	丁高校	7	4.29
	总计	28	

检验统计[a,b]

	分数
卡方	24.681
自由度	3
渐近显著性	.000

a. 克鲁斯卡尔-沃利斯检验
b. 分组变量：高校

所以，毕业于不同高校的员工在工作上的表现存在显著的差异。

5.6 实例17——多个关联样本检验

5.6.1 多个关联样本检验的功能与意义

多个关联样本检验（K-Related Samples Test）可以判断多个相关的样本是否来自于相同分布的总体。

5.6.2 相关数据来源

📹	下载资源\video\chap05\...
💻	下载资源\sample\5\正文\原始数据文件\案例5.6.sav

【例5.6】某农药制造厂针对侵害棉花生长的一系列害虫开发出了8种杀虫剂，为判断哪种农药最为有效，特随机选取了10名棉农并把各种药交给他们使用，一段时间后让棉农们对各种药的杀虫效果打分（效果最高为10，最差为0），结果如表5.21所示。试用多相关样本检验的方法判断棉农们对这8种药的评价是否一致。

表5.21 棉农打分表

棉农编号 / 杀虫剂编号	1	2	3	4	5	6	7	8	9	10
1	9	8	10	9	10	8	8	9	10	9
2	7	7	8	9	6	8	6	6	8	9
3	3	2	1	0	5	4	3	2	1	4
4	10	10	9	9	8	10	9	7	8	9
5	8	7	6	6	6	7	7	8	9	7
6	6	6	6	7	7	7	8	5	6	5
7	3	3	2	1	3	4	3	2	1	0
8	5	9	5	7	8	6	8	9	10	4

5.6.3 SPSS分析过程

本例中我们定义8个变量，分别是8种杀虫剂。我们把它们全部定义为数值型变量，然后录入相关数据。录入完成后，数据如图5.15所示。

先做一下数据保存，然后开始展开分析，步骤如下：

01 进入SPSS 24.0，打开相关数据文件，选择"分析"|"非参数检验"|"旧对话框"|"K个相关样本"命令，弹出如图5.16所示的对话框。

02 选择进行多相关样本检验的变量。在"针对多个相关样本的检验"对话框的左侧列表框中，依次选中"杀虫剂1"～"杀虫剂8"并单击➡按钮使之进入"检验变量"列表框。

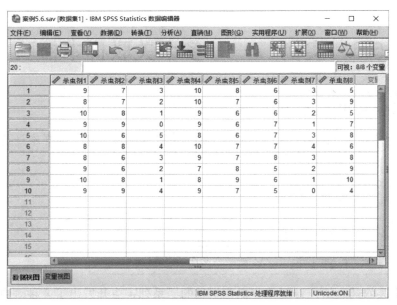

图 5.15　案例 5.6 数据

03 选择检验方法。在"针对多个相关样本的检验"对话框内的"检验类型"选项组中，选中"傅莱德曼"复选框。

04 设置检验的计算方法。与例 5.1 中的处理方法相同，这里不再赘述。

05 选择相关统计量的输出。单击"针对多个相关样本的检验"对话框中的"统计"按钮，弹出如图 5.17 所示的对话框。我们选中"描述"复选框，然后单击"继续"按钮返回"针对多个相关样本的检验"对话框。

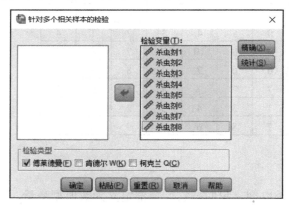

图 5.16　"针对多个相关样本的检验"对话框　　图 5.17　"多个相关样本：统计"对话框

06 设置完毕后，单击"确定"按钮，等待输出结果。

5.6.4　结果分析

（1）描述性统计量表

从表 5.22 中可以看出棉农们对这 8 种杀虫剂打分的均值、标准差、最小值和最大值等。

（2）傅莱德曼检验结果表

如表 5.23 所示，傅莱德曼检验结果包括两部分：第一部分是秩表，从中可以看到各个杀虫剂的秩均值；第二部分是检验统计量表，卡方值为 53.086，自由度是 7，渐近显著性为 0.000，远小于 0.05。

表5.22　描述性统计量表

描述统计

	个案数	平均值	标准差	最小值	最大值
杀虫剂1	10	9.00	.816	8	10
杀虫剂2	10	7.40	1.174	6	9
杀虫剂3	10	2.50	1.581	0	5
杀虫剂4	10	8.90	.994	7	10
杀虫剂5	10	7.10	.994	6	9
杀虫剂6	10	6.30	.949	5	8
杀虫剂7	10	2.20	1.229	0	4
杀虫剂8	10	7.10	2.025	4	10

表5.23　傅莱德曼检验结果表

傅莱德曼检验

秩

	秩平均值
杀虫剂1	7.05
杀虫剂2	5.10
杀虫剂3	1.50
杀虫剂4	6.90
杀虫剂5	4.70
杀虫剂6	4.15
杀虫剂7	1.55
杀虫剂8	5.05

检验统计[a]

个案数	10
卡方	53.086
自由度	7
渐近显著性	.000

a. 傅莱德曼检验

所以，棉农们对这 8 种药的评价不一致，其杀虫效果不一样。

5.7　实例18——游程检验

5.7.1　游程检验的功能与意义

SPSS 的游程检验（Runs Test）也是非参数检验方法中的一种，其基本功能是可以判断样本序列是否为随机序列。这种检验过程是通过分析游程的总个数来实现的。

5.7.2　相关数据来源

	下载资源\video\chap05\...
	下载资源\sample\5\正文\原始数据文件\案例5.7.sav

【例 5.7】表 5.24 给出了某纺织厂连续 15 天试得的 28 号梳棉棉条的棉结杂质粒数的数据。试用游程检验方法研究该纺织厂的生产情况是否正常。

表 5.24　棉结杂质粒数表

天数编号	棉结杂质粒数（粒/g）
001	71
002	69
003	68
004	75
005	74
006	67
007	70
008	76
009	77
010	69
011	68
012	64
013	70
014	63
015	61

5.7.3　SPSS分析过程

在用 SPSS 进行分析之前，我们要把数据录入到 SPSS 中。容易发现本例中有两个变量，分别是天数编号和棉结杂质粒数。我们把天数编号定义为字符型变量，把棉结杂质粒数定义为数值型变量，然后录入相关数据。录入完成后，数据如图 5.18 所示。

先做一下数据保存，然后开始展开分析，步骤如下：

01 进入 SPSS 24.0，打开相关数据文件，选择"分析"|"非参数检验"|"旧对话框"| "游程"命令，弹出如图 5.19 所示的对话框。

图 5.18　案例 5.7 数据

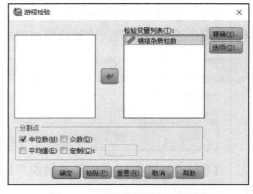

图 5.19　"游程检验"对话框

02 选择进行游程检验的变量。在"游程检验"对话框的左侧列表框中，选择"棉结杂质粒数"并单击 ➡ 按钮使之进入"检验变量列表"列表框。

03 设置分割点。在"游程检验"对话框内的"分割点"选项组中，我们选中"中位数"复选框，也就是以数据的中位数为试算点。

04 设置检验的计算方法。与例 5.1 中的处理方法相同，这里不再赘述。

05 选择相关统计量的输出和缺失值的处理方法。与例 5.1 中的处理方法相同，这里不再赘述。

06 设置完毕后，单击"确定"按钮，等待输出结果。

5.7.4 结果分析

（1）描述性统计量表

从表 5.25 中可以读出以下信息：参与检验的样本共 15 个，样本平均值是 69.47，标准差是 4.688，最小值是 61，最大值是 77。

（2）游程检验结果表

从表 5.26 可以看出：检验的试算点值（本例中为中位数）是 69，小于试算点值的样本有 6 个，大于试算点值的样本有 9 个，总个数为 15，游程数是 8，Z 统计量是 0.000，渐近显著性水平为 1.000，远大于 0.05。

表5.25　描述性统计量表

描述统计					
	个案数	平均值	标准差	最小值	最大值
棉结杂质粒数	15	69.47	4.688	61	77

表5.26　游程检验结果表

游程检验	
	棉结杂质粒数
检验值[a]	69
个案数 < 检验值	6
个案数 >= 检验值	9
总个案数	15
游程数	8
Z	.000
渐近显著性（双尾）	1.000
a. 中位数	

所以，接受样本随机性假设，该纺织厂的生产情况正常。

5.8　实例19——单样本K-S检验

5.8.1 单样本K-S检验的功能与意义

单样本 K-S 检验（One-Sample K-S Test）的基本功能是可以判断一组样本观测结果的经验分布是否服从特定的理论分布。这种检验过程通过分析观测的经验累积频率分布与理论累积频率分布的偏离值来实现。

5.8.2　相关数据来源

📹	下载资源\video\chap05\...
🖥	下载资源\sample\5\正文\原始数据文件\案例5.8.sav

【例 5.8】表 5.27 给出了山东大学某专业 30 名男生的百米速度，试用单样本 K-S 检验方法研究其是否服从正态分布。

表 5.27　百米速度

编号	速度（m/s）
001	12.9
002	13.1
003	14.3
004	13.9
005	14.6
...	...
028	15.1
029	15.2
030	16.2

5.8.3　SPSS分析过程

在用 SPSS 进行分析之前，我们要把数据录入到 SPSS 中。容易发现本例中有两个变量，分别是编号和百米速度。我们把编号定义为字符型变量，把百米速度定义为数值型变量，然后录入相关数据。录入完成后，数据如图 5.20 所示。

图 5.20　案例 5.8 数据

先做一下数据保存，然后开始展开分析，步骤如下：

01 进入 SPSS 24.0，打开相关数据文件，选择"分析"|"非参数检验"|"旧对话框"|"单样本 K-S"命令，弹出如图 5.21 所示的对话框。

02 选择进行单样本 K-S 检验的变量。在"单样本柯尔莫戈洛夫-斯米诺夫检验"对话框左侧的列表框中，选择"百米速度"并单击 按钮使之进入"检验变量列表"列表框。

03 选择所要检验的分布。在"检验分布"选项组中选中"正态"复选框，也就是正态分布。

04 设置检验的计算方法。与例 5.1 中的处理方法相同，这里不再赘述。

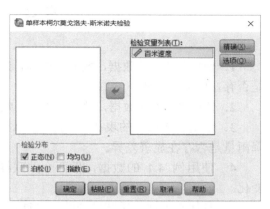

图 5.21 "单样本柯尔莫戈洛夫-斯米诺夫检验"对话框

05 选择相关统计量的输出和缺失值的处理方法。与例 5.1 中的处理方法相同，这里不再赘述。

06 设置完毕后，单击"确定"按钮，等待输出结果。

5.8.4 结果分析

（1）描述性统计量表

从表 5.28 中可以读出以下信息：参与检验的样本共 30 个，样本平均值是 13.940，标准差是 0.8295，最小值是 12.0，最大值是 16.2。

（2）单样本 K-S 检验结果表

从表 5.29 中可以看出：最大差分绝对值为 0.132，正的最大差分为 0.132，负的最大差分是-0.081，渐近显著性水平为 0.192，远大于 0.05。

表5.28 描述性统计量表

描述统计					
	个案数	平均值	标准差	最小值	最大值
百米速度	30	13.940	.8295	12.0	16.2

表5.29 单样本K-S检验结果表

单样本柯尔莫戈洛夫-斯米诺夫检验		
		百米速度
个案数		30
正态参数[a,b]	平均值	13.940
	标准差	.8295
最极端差值	绝对	.132
	正	.132
	负	-.081
检验统计		.132
渐近显著性（双尾）		.192[c]

a. 检验分布为正态分布。
b. 根据数据计算。
c. 里利氏显著性修正。

所以，这 30 名男生的百米速度符合正态分布。

5.9   本章习题

1. 使用例 5.2 的数据，做卡方检验，判断该地区 20 岁以上成人糖尿病患病率和不患病率是否存在明显的差别。

2. 使用例 5.1 的数据，做二项检验，判断该地区新出生的男性婴儿的比例是否低于 50%。

3. 使用第 2 章中的表 2.17 的数据，做两个独立样本检验，判断粤东和粤西两个地区的年降雨量是否存在显著差异。

4. 使用例 4.4 的数据，做两个关联样本检验，判断该药物能否引起试验者体重的明显变化。

5. 参加某足球俱乐部试训的一批球员来自 4 个不同的国家，来源于 4 个不同国家的球员构成了 4 个独立的样本。试训期结束后，教练员对这些球员进行考察打分，结果如表 5.30 所示。试用多个独立样本检验方法分析，来自于不同国家的球员表现是否存在显著的差异。

表 5.30   球员考核成绩

A国	87	79	94	91	89	85	77
B国	67	69	72	75	76	69	79
C国	58	48	50	49	36	50	42
D国	20	29	39	38	29	20	15

6. 某饮料制造商刚刚开发出了一系列新口味的饮料，为判断哪种饮料最受消费者的喜爱，特随机选取了 10 名消费者并把各种饮料交给他们试饮，一段时间后让消费者对各种饮料的喜爱程度打分（最喜欢为 10，最不喜欢为 0），结果如表 5.31 所示。试用多个关联样本检验的方法判断消费者对这 8 种饮料的评价是否一致。

表 5.31   消费者打分表

消费者编号 饮料编号	1	2	3	4	5	6	7	8	9	10
1	9	8	10	9	10	8	8	9	10	9
2	7	7	8	9	6	8	6	6	8	9
3	3	2	1	0	5	4	3	2	1	4
4	10	10	9	9	10	9	7	8	9	
5	8	7	6	6	6	7	7	8	9	7
6	6	6	4	7	7	4	5	5	6	5
7	3	3	2	1	3	4	3	2	1	0
8	5	9	5	7	8	6	8	9	10	4

7. 表 5.32 给出了某汽车连续 15 天每加仑汽油行驶的英里数。试用游程检验方法研究该汽车每加仑汽油行驶英里数是否为随机。

表 5.32 每加仑汽油行驶英里数表

天数编号	每加仑汽油行驶英里数
001	18.4
002	17.5
003	16.0
004	16.9
005	20.5
006	22.4
007	21.4
008	20.6
009	19.5
010	23.1
011	21.3
012	22.9
013	22.5
014	20.1
015	19.1

8. 使用例 2.1 的数据，做单样本 K-S 检验，判断这 50 名高二学生的身高是否服从正态分布。

第6章　相关与回归分析案例研究

在得到相关数据资料后，我们要对这些数据进行分析，研究各个变量之间的关系，相关分析和回归分析是应用非常广泛的两种方法。

- 相关分析是不考虑变量之间的因果关系而只研究分析变量之间的相关关系的一种统计分析方法，包括简单相关分析、偏相关分析、距离分析等。
- 回归分析则是研究分析某一变量受其他变量影响的分析方法，它以被影响变量为因变量，以影响变量为自变量，研究因变量与自变量之间的因果关系，包括简单线性回归、多重线性回归、曲线回归、非线性回归、加权最小二乘回归、二阶段最小二乘回归、Logistic 回归、最优标度回归等。

下面我们将对这些分析方法一一进行实例介绍，最后我们还对一般对数线性模型进行了相应的实例介绍。

6.1　实例20——简单相关分析

6.1.1　简单相关分析的功能与意义

SPSS 的简单相关分析（Bivariate）是常用的一种相关分析（Correlate）方法，其基本功能是可以研究变量间的线性相关程度并用适当的统计指标表示出来。

6.1.2　相关数据来源

📹	下载资源\video\chap06\...
🖼	下载资源\sample \6\正文\原始数据文件\案例6.1.sav

【例 6.1】表 6.1 给出了杭州市 2006 年市区分月统计的平均温度和日照时数。试据此分析平均温度和日照时数的相关性。

表 6.1　杭州市 2006 年市区分月部分气象概况统计

月份	平均气温（摄氏度）	日照时数（小时）
1	5.8	62.1
2	6.2	58.6
3	12.5	137.9
4	18.3	154.8
5	21.5	131.4

（续表）

月份	平均气温（摄氏度）	日照时数（小时）
5	21.5	131.4
6	25.9	119.5
7	30.1	183.8
8	30.6	215.6
9	23.3	96.9
10	21.9	91.9
11	15.2	81.3
12	7.7	89

6.1.3 SPSS分析过程

在用 SPSS 进行分析之前，我们要把数据录入到 SPSS 中，容易发现本例中有 3 个变量，分别是月份、平均气温和日照时数。我们把月份、平均气温和日照时数都定义为数值型变量，然后录入相关数据。录入完成后，数据如图 6.1 所示。

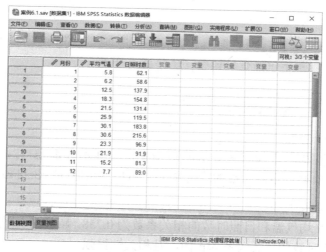

图 6.1　案例 6.1 数据

先做一下数据保存，然后开始展开分析，步骤如下：

01 进入 SPSS 24.0，打开相关数据文件，选择"分析"|"相关"|"双变量"命令，弹出如图 6.2 所示的对话框。

02 选择进行相关分析的变量。在"双变量相关性"对话框的左侧列表框中，同时选中"平均气温"和"日照时数"并单击 ➡ 按钮使之进入"变量"列表框。

03 选择相关系数。因为本例中的变量属于等距变量，所以我们在"双变量相关性"对话框内的"相关系数"选项组中选中"皮尔逊"复选框。

04 设置显著性检验的类型。在"显著性检验"选项组中选中"双尾"单选按钮。

05 选择是否标记显著性相关性，也就是是否在输出结果中把有统计学意义的结果用"*"表示出来。这里我们选中"标记显著性相关性"复选框。

06 选择相关统计量的输出和缺失值的处理方法。单击"双变量相关性"对话框中的"选项"按钮，弹出如图 6.3 所示的对话框。我们在"统计"选项组中首先选中"平均值和标准差"复选框，也就是输出变量的均值、标准差，然后选中"叉积偏差和协方差"复选框，输出各对变量的交叉积以及协方差阵。在"缺失值"选项组中选中"成对排除个案"单选按钮，也就是说，如果我们在分析时遇到缺失值的情况就将缺失值排除在数据分析之外。设置完毕后，单击"继续"按钮返回"双变量相关性"对话框。

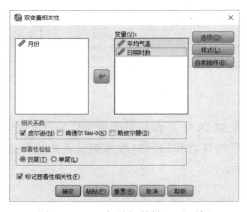 

图 6.2 "双变量相关性"对话框　　　　图 6.3 "双变量相关性：选项"对话框

07 设置完毕后，单击"确定"按钮，等待输出结果。

6.1.4 结果分析

（1）描述性统计量表

从表 6.2 中可以看出参与相关分析的两个变量的样本数都是 12，平均气温的均值是18.250，标准差是 8.8149，日照时数的均值是 118.567，标准差是 48.3840。

（2）相关分析结果表

如表 6.3 所示，平均气温和日照时数的相关系数为 0.758，显著性水平为 0.004，小于 0.01。所以平均气温和日照时数的相关关系为正向，且相关性很强。

表 6.2　描述性统计量表

描述统计

	平均值	标准差	个案数
平均气温	18.250	8.8149	12
日照时数	118.567	48.3840	12

表 6.3　相关分析结果表

相关性

		平均气温	日照时数
平均气温	皮尔逊相关性	1	.758**
	显著性（双尾）		.004
	平方和与叉积	854.730	3555.320
	协方差	77.703	323.211
	个案数	12	12
日照时数	皮尔逊相关性	.758**	1
	显著性（双尾）	.004	
	平方和与叉积	3555.320	25751.087
	协方差	323.211	2341.008
	个案数	12	12

**. 在 0.01 级别（双尾），相关性显著。

6.2 实例21——偏相关分析

6.2.1 偏相关分析的功能与意义

很多情况下，需要进行相关分析的变量取值会同时受到其他变量的影响，这时候就需要把其他变量控制住，然后输出控制其他变量影响后的相关系数。SPSS的偏相关分析（Partial）过程就是为解决这一问题而设计的。

6.2.2 相关数据来源

	下载资源\video\chap06\...
	下载资源\sample \6\正文\原始数据文件\案例6.2.sav

【例6.2】表6.4给出了随机抽取的山东省某学校的12名学生的IQ值、语文成绩和数学成绩。因为语文成绩和数学成绩都受IQ的影响，所以试用偏相关分析研究学生语文成绩和数学成绩的相关关系。

表6.4 12名学生的IQ、语文成绩和数学成绩

IQ	语文成绩	数学成绩
100	86	85
120	93	98
117	91	90
98	82	79
60	43	32
62	45	37
88	60	61
123	99	98
110	88	89
115	86	91
116	90	91
71	67	63

6.2.3 SPSS分析过程

在用SPSS进行分析之前，我们要把数据录入到SPSS中。容易发现本例中有3个变量，分别是IQ、语文成绩和数学成绩。我们把IQ、语文成绩和数学成绩都定义为数值型变量，然后录入相关数据。录入完成后，数据如图6.4所示。

图 6.4　案例 6.2 数据

先做一下数据保存，然后开始展开分析，步骤如下：

01 进入 SPSS 24.0，打开相关数据文件，选择"分析"|"相关"|"偏相关"命令，弹出如图 6.5 所示的对话框。

02 选择进行偏相关分析的变量和控制变量。在"偏相关性"对话框的左侧列表框中，同时选中"语文成绩"和"数学成绩"并单击 ➡ 按钮使之进入"变量"列表框，然后选中 IQ 并单击 ➡ 按钮使之进入"控制"列表框。

03 设置显著性检验的类型。本步操作与例 6.1 中相同，这里不再赘述。

04 选择是否标记显著性相关性。操作同例 6.1，这里不再赘述。

05 选择相关统计量的输出和缺失值的处理方法。单击"偏相关性"对话框中的"选项"按钮，弹出如图 6.6 所示的对话框。与例 6.1 略有不同的是，"统计"选项组中的第二个可选项是"零阶相关性"，也就是输出所有变量的相关系数阵。本例中，我们选择与例 6.1 相同的设置方式。设置完毕后，单击"继续"按钮返回"偏相关性"对话框。

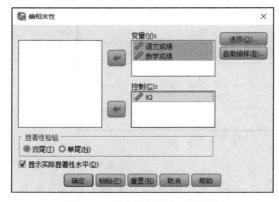

图 6.5　"偏相关性"对话框

图 6.6　"偏相关性：选项"对话框

06 设置完毕后，单击"确定"按钮，等待输出结果。

6.2.4　结果分析

（1）描述性统计量表

从表 6.5 中可以看出参与偏相关分析的两个变量的样本数都是 12，语文成绩的平均值是 77.50，标准差是 19.019，数学成绩的平均值是 76.17，标准差是 22.811，IQ 的平均值是 98.33，标准差是 22.960。

（2）偏相关分析结果表

如表 6.6 所示，不控制 IQ 时语文成绩和数学成绩的相关系数为 0.991，显著性水平为 0.000，小于 0.01，控制 IQ 后语文成绩和数学成绩的相关系数为 0.893，显著性水平也为 0.000，所以语文成绩和数学成绩的相关关系为正向且相关性很强。

表 6.5　描述性统计量表

描述统计			
	平均值	标准差	个案数
语文成绩	77.50	19.019	12
数学成绩	76.17	22.811	12
IQ	98.33	22.960	12

表 6.6　偏相关分析结果表

相关性			语文成绩	数学成绩	IQ
控制变量					
- 无 -[a]	语文成绩	相关性	1.000	.991	.955
		显著性（双尾）	.	.000	.000
		自由度	0	10	10
	数学成绩	相关性	.991	1.000	.968
		显著性（双尾）	.000	.	.000
		自由度	10	0	10
	IQ	相关性	.955	.968	1.000
		显著性（双尾）	.000	.000	.
		自由度	10	10	0
IQ	语文成绩	相关性	1.000	.893	
		显著性（双尾）	.	.000	
		自由度	0	9	
	数学成绩	相关性	.893	1.000	
		显著性（双尾）	.000	.	
		自由度	9	0	

a. 单元格包含零阶（皮尔逊）相关性。

6.3　实例22——距离分析

6.3.1　距离分析的功能与意义

SPSS 的距离分析（Distance）也属于相关分析的范畴，其基本功能是对样本观测值之间差异性或相似程度进行度量，从而对数据形成一个初步的了解。这种分析方法主要应用在分析之前对数据背后的专业知识不够了解，进行探索性研究的情形。

6.3.2 相关数据来源

	下载资源\video\chap06\...
	下载资源\sample \6\正文\原始数据文件\案例6.3.sav

【例6.3】表6.7给出了沈阳、大连和鞍山2006年各月的平均气温情况。试用距离分析方法研究这三个地区月平均气温的相似程度。

表6.7 沈阳、大连、鞍山2006年各月平均气温统计（单位：摄氏度）

月份	沈阳	大连	鞍山
1	-12.7	-2.4	-7.2
2	-8.1	-2.2	-4.8
3	0.5	3.7	3.1
4	8.0	9.2	9.4
5	18.3	16.1	19.5
6	21.6	20.4	23.2
7	24.2	22.6	25.1
8	24.3	25.0	25.5
9	17.6	21.0	20.3
10	11.6	16.4	14.3
11	0.8	7.0	3.3
12	-6.8	-0.2	-3.4

6.3.3 SPSS分析过程

在用SPSS进行分析之前，我们要把数据录入到SPSS中。本例中我们可以设置4个变量，分别是月份、沈阳、大连和鞍山。我们把这4个变量都定义为数值型变量，然后录入相关数据。录入完成后，数据如图6.7所示。

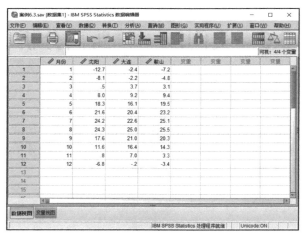

图6.7 案例6.3数据

先做一下数据保存，然后开始展开分析，步骤如下：

01 进入 SPSS 24.0，打开相关数据文件，选择"分析"|"相关"|"距离"命令，弹出如图 6.8 所示的对话框。

02 选择进行距离分析的变量。在"距离"对话框的左侧列表框中，同时选中"沈阳""大连"和"鞍山"并单击➡按钮使之进入"变量"列表框。

03 选择标注个案的变量。这步操作是为了方便数据的查找，本例中我们忽略。

04 选择距离分析的类型。在"距离"对话框内的"计算距离"选项组中选中"变量间"单选按钮，即对变量进行距离分析。

05 选择测量标准。在"测量"选项组中选中"相似性"单选按钮，即对变量进行相似性距离分析。

06 选择具体的距离测量指标。单击"测量"选项组中的"测量"按钮，弹出如图 6.9 所示的对话框。因为本例中我们使用的是等距变量，所以我们在"测量"选项组中选中"区间"单选按钮，并在"测量"下拉列表中选择"皮尔逊相关性"选项。又因为本例中我们不需要进行数据转换，所以在"转换值"选项组中的"标准化"下拉列表中选择"无"选项。"转换测量"是在距离分析之后进行的，用于对距离分析的结果进行转换，本例中我们忽略此项。设置完毕后，单击"继续"按钮返回"距离"对话框。

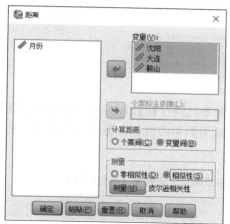

图 6.8 "距离"对话框

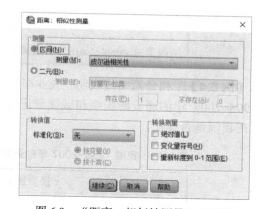

图 6.9 "距离：相似性测量"对话框

07 设置完毕后，单击"确定"按钮，等待输出结果。

6.3.4 结果分析

（1）案例处理摘要表

从表 6.8 中可以看出没有缺失值。

（2）近似值矩阵表

如表 6.9 所示，近似值矩阵是一个 3*3 的矩阵，沈阳和大连的月平均气温的相关系数是 0.982，沈阳和鞍山的月平均气温的相关系数是 0.998，鞍山和大连的月平均气温的相关系数是 0.989。所以，沈阳和鞍山的月平均气温更接近。

表6.8　案例处理摘要表

个案处理摘要

	个案					
	有效		缺失		总计	
个案数	百分比	个案数	百分比	个案数	百分比
12	100.0%	0	0.0%	12	100.0%

表6.9　近似值矩阵表

近似值矩阵

	值 的向量之间的相关性		
	沈阳	大连	鞍山
沈阳	1.000	.982	.998
大连	.982	1.000	.989
鞍山	.998	.989	1.000

这是相似性矩阵

6.4　实例23——简单线性回归

6.4.1　简单线性回归分析的功能与意义

SPSS 的简单线性回归分析也称为一元线性回归分析，是最基本的一种回归分析（Regression）方法。简单线性回归分析的特色是只涉及一个自变量，它主要用来处理一个因变量与一个自变量之间的线性关系，建立变量之间的线性模型并根据模型做出评价和预测。

6.4.2　相关数据来源

📹	下载资源\video\chap06\...
🖥️	下载资源\sample \6\正文\原始数据文件\案例6.4.sav

【例6.4】 菲利普斯曲线表明，失业率和通货膨胀率之间存在替代关系。表 6.10 给出了我国 1998~2007 年的通货膨胀率和城镇登记失业率。试用简单线性回归分析方法研究这种替代关系在我国是否存在。

表 6.10　我国 1998~2007 年的通货膨胀率和城镇登记失业率（单位：%）

年份	通货膨胀率	失业率
1998	-0.84	3.1
1999	-1.41	3.1
2000	0.26	3.1
2001	0.46	3.6
2002	-0.77	4.0
2003	1.16	4.3
2004	3.89	4.2
2005	1.82	4.2
2006	1.46	4.1
2007	4.75	4.0

6.4.3　SPSS分析过程

在用 SPSS 进行分析之前，我们要把数据录入到 SPSS 中。容易发现本例中有 3 个变量，分别是年份、通货膨胀率和失业率。我们把年份、通货膨胀率和失业率都定义为数值型变量，然后录入相关数据。录入完成后，数据如图 6.10 所示。

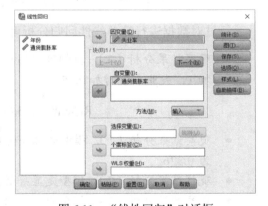

图 6.10　案例 6.4 数据

先做一下数据保存，然后开始展开分析，步骤如下：

01 进入 SPSS 24.0，打开相关数据文件，选择"分析"|"回归"|"线性"命令，弹出如图 6.11 所示的对话框。

02 选择进行简单线性回归分析的变量。在"线性回归"对话框的左侧列表框中，选中"失业率"并单击 ➡ 按钮使之进入"因变量"列表框，选中"通货膨胀率"并单击 ➡ 按钮使之进入"自变量"列表框。

03 其他设置使用系统默认设置即可。

04 设置完毕后，单击"确定"按钮，等待输出结果。

图 6.11　"线性回归"对话框

6.4.4　结果分析

（1）模型拟合情况

如表 6.11 所示。模型的拟合情况反映了模型对数据的解释能力。调整后的 R 平方越大，模型的解释能力越强。

（2）方差分析

如表 6.12 所示。方差分析反映了模型整体的显著性，一般将模型的检验显著性（Sig）与 0.05 进行比较，如果小于 0.05，即为显著。

表 6.11　模型拟合情况表

模型摘要

模型	R	R 方	调整后 R 方	标准估算的误差
1	.633[a]	.401	.326	.4096

a. 预测变量：(常量)，通货膨胀率

表 6.12　方差分析表

ANOVA[a]

模型		平方和	自由度	均方	F	显著性
1	回归	.899	1	.899	5.358	.049[b]
	残差	1.342	8	.168		
	总计	2.241	9			

a. 因变量：失业率

b. 预测变量：(常量)，通货膨胀率

（3）回归方程的系数以及系数的检验结果

如表 6.13 所示。回归方程的系数是各个变量在回归方程中的系数值，显著性表示回归系数的显著性，越小越显著，一般将其与 0.05 进行比较，如果小于 0.05，即为显著。

表 6.13　系数表

系数[a]

模型		未标准化系数		标准化系数	t	显著性
		B	标准误差	Beta		
1	(常量)	3.601	.149		24.205	.000
	通货膨胀率	.157	.068	.633	2.315	.049

a. 因变量：失业率

6.4.5　模型综述

经过对数据进行简单线性回归分析可知：

- 观察结果分析（3），我们可以写出最终模型的如下表达式，这意味着通货膨胀率每增加 1，失业率就增加 0.157 点：

$$R(失业率)=3.601+0.157*I(通货膨胀率)$$

- 观察结果分析（1），模型的拟合优度也就是对数据的解释能力一般，调整后的 R 平方为 0.326。
- 观察结果分析（2），模型是显著的，显著性水平为 0.049，小于 0.05。
- 观察结果分析（3），模型中常数项是 3.601，t 值是 24.205，显著性是 0.000；通货膨胀率的系数是 0.157，t 值是 2.315，显著性是 0.049。所以，两个结果都是显著的。

结论：通过以上的简单线性回归分析可知，通货膨胀和失业的替代关系在我国并不存在。

6.5　实例24——多重线性回归分析

6.5.1　多重线性回归分析的功能与意义

　　SPSS 的多重线性回归分析也称多元线性回归分析，是常用的一种回归分析（Regression）方法。多重线性回归分析涉及多个自变量，它用来处理一个因变量与多个自变量之间的线性关系，建立变量之间的线性模型并根据模型做出评价和预测。

6.5.2　相关数据来源

图标	路径
📹	下载资源\video\chap06\...
💻	下载资源\sample\6\正文\原始数据文件\案例6.5.sav

　　【例 6.5】为了检验美国电力行业是否存在规模经济，特收集了 1955 年 145 家美国电力企业的总成本（TC）、产量（Q）、工资率（PL）、燃料价格（PF）及资本租赁价格（PK）的数据，如表 6.14 所示。试以总成本为因变量，以产量、工资率、燃料价格和资本租赁价格为自变量，用多重线性回归分析方法研究其间的关系。

表 6.14　美国电力企业相关数据

编号	TC（百万美元）	Q（千瓦时）	PL（美元/千瓦时）	PF（美元/千瓦时）	PK（美元/千瓦时）
1	0.082	2	2.1	17.9	183
2	0.661	3	2.1	35.1	174
3	0.990	4	2.1	35.1	171
4	0.315	4	1.8	32.2	166
5	0.197	5	2.1	28.6	233
6	0.098	9	2.1	28.6	195
…	…	…	…	…	…
143	73.050	11796	2.1	28.6	148
144	139.422	14359	2.3	33.5	212
145	119.939	16719	2.3	23.6	162

6.5.3　SPSS分析过程

　　在用 SPSS 进行分析之前，我们要把数据录入到 SPSS 中。容易发现本例中有 5 个变量，分别是总成本（TC）、产量（Q）、工资率（PL）、燃料价格（PF）及资本租赁价格（PK）。我们把这 5 个变量都定义为数值型变量，然后录入相关数据。录入完成后，数据如图 6.12 所示。

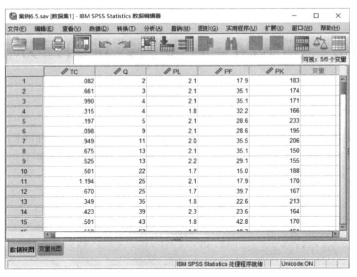

图 6.12　案例 6.5 数据

先做一下数据保存，然后开始展开分析，步骤如下：

01 进入 SPSS 24.0，打开相关数据文件，选择"分析"|"回归"|"线性"命令，弹出如图 6.13 所示的对话框。

02 选择进行多重线性回归分析的因变量以及自变量。在"线性回归"对话框的左侧列表框中，选中 TC 并单击 ➡ 按钮使之进入"因变量"列表框，然后同时选中 Q、PL、PF 和 PK 并单击 ➡ 按钮使之进入"块"列表框，最后在"块"列表框下方的"方法"下拉列表中选择"步进"选项。

03 其他使用系统默认设置即可。

04 设置完毕后，单击"确定"按钮，等待输出结果。

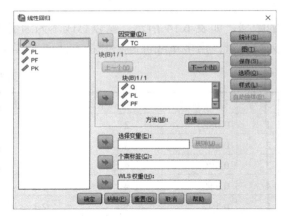

图 6.13　"线性回归"对话框

6.5.4　结果分析

（1）变量输入或除去的情况

表 6.15 给出了变量进入回归模型或者退出模型的情况。因为我们采用的是逐步法，所以本例中显示的是依次进入模型的变量以及变量进入与剔除的判别标准。

（2）模型拟合情况表

表 6.16 给出了随着变量的进入依次形成的 3 个模型的拟合情况。可以发现 3 个模型调整后的 R 平方（修正的可决系数）在依次递增，而且都在 0.9 以上，所以，模型的拟合情况非常好。

表 6.15 变量输入或者除去的情况

输入/除去的变量[a]

模型	输入的变量	除去的变量	方法
1	Q	.	步进（条件：要输入的 F 的概率 <= .050，要除去的 F 的概率 >= .100）。
2	PF	.	步进（条件：要输入的 F 的概率 <= .050，要除去的 F 的概率 >= .100）。
3	PL	.	步进（条件：要输入的 F 的概率 <= .050，要除去的 F 的概率 >= .100）。

a. 因变量：TC

表 6.16 模型拟合情况表

模型摘要

模型	R	R 方	调整后 R 方	标准估算的误差
1	.953[a]	.907	.907	6.049024
2	.959[b]	.919	.918	5.676213
3	.960[c]	.922	.920	5.582419

a. 预测变量：(常量), Q

b. 预测变量：(常量), Q, PF

c. 预测变量：(常量), Q, PF, PL

（3）方差分析表

表 6.17 给出了随着变量的进入依次形成的 3 个模型的方差分解结果。可以发现显著性都为 0.000，所以，模型是非常显著的。

表 6.17 方差分析表

ANOVA[a]

模型		平方和	自由度	均方	F	显著性
1	回归	51190.370	1	51190.370	1399.000	.000[b]
	残差	5232.468	143	36.591		
	总计	56422.838	144			
2	回归	51847.684	2	25923.842	804.604	.000[c]
	残差	4575.154	142	32.219		
	总计	56422.838	144			
3	回归	52028.798	3	17342.933	556.516	.000[d]
	残差	4394.040	141	31.163		
	总计	56422.838	144			

a. 因变量：TC

b. 预测变量：(常量), Q

c. 预测变量：(常量), Q, PF

d. 预测变量：(常量), Q, PF, PL

（4）回归方程的系数以及系数的检验结果

表 6.18 给出了随着变量的进入依次形成的 3 个模型的自变量系数。可以发现第 3 个模型的各个自变量系数是非常显著的。

表 6.18   系数表

系数[a]

模型		未标准化系数		标准化系数	t	显著性
		B	标准误差	Beta		
1	(常量)	-.741	.622		-1.192	.235
	Q	.006	.000	.953	37.403	.000
2	(常量)	-7.984	1.706		-4.679	.000
	Q	.006	.000	.961	40.090	.000
	PF	.272	.060	.108	4.517	.000
3	(常量)	-16.544	3.928		-4.212	.000
	Q	.006	.000	.949	39.384	.000
	PF	.222	.063	.088	3.528	.001
	PL	5.098	2.115	.061	2.411	.017

a. 因变量:TC

6.5.5   模型综述

经过对数据进行多重线性回归分析可知:

- 由结果分析(1)容易发现:我们采用逐步法进行多重线性回归,以 TC 为因变量,依次以 Q,Q 和 PF,Q、PF 和 PL 作为自变量,也就是把 Q、PF、PL 依次加入模型中,从而形成了 3 个模型,最终的模型是模型 3,也就是以 TC 为因变量,以 Q、PF 和 PL 作为自变量。

- 观察结果分析(4),最终模型的表达式(即模型 3)为:

$$TC=-16.544+0.006Q+0.222PF+5.098PL$$

- 观察结果分析(2),最终模型的拟合优度很好,修正的可决系数超过了 0.9。
- 观察结果分析(3),模型是显著的,模型整体的显著性为 0.000。
- 观察分析结果(4),在模型中,常数项和 3 个自变量系数的显著性都小于 0.05,为显著。

结论:经过以上多重线性回归分析可以发现,美国电力企业的总成本(TC)受到产量(Q)、工资率(PL)、燃料价格(PF)及资本租赁价格(PK)的影响,美国电力行业存在规模经济。

6.6   实例25——曲线回归分析

6.6.1   曲线回归分析的功能与意义

我们经常会遇到变量之间的关系为非线性的情况,这时一般的线性回归分析就无法准确地刻画出变量之间的因果关系,需要用其他的回归分析方法来拟合模型。SPSS 的曲线回归分析(Curve Estimation)便是一种简便的处理非线性问题的分析方法,适用于模型只有一个自变量且可以简化为线性形式的情形。其基本过程是先将因变量或者自变量进行变量转换,然后对新变量进行直线回归分析,最后将新变量还原为原变量,得出变量之间的非线性关系。

6.6.2 相关数据来源

🎥	下载资源\video\chap06\...
🖥	下载资源\sample\6\正文\原始数据文件\案例6.6.sav

【例6.6】研究发现，锡克氏试验的阴性率会随儿童年龄的增长而升高。查得山东省某地1~7岁儿童的资料如表6.19所示，试用曲线回归分析方法拟合曲线。

表6.19 儿童锡克氏试验阴性率

年龄（岁）	阴性率（%）
1	56.7
2	75.9
3	90.8
4	93.2
5	96.6
6	95.7
7	96.3

6.6.3 SPSS分析过程

在用SPSS进行分析之前，我们要把数据录入到SPSS中。容易发现本例中有两个变量，分别是儿童年龄和阴性率。我们把儿童年龄和阴性率都定义为数值型变量，然后录入相关数据。录入完成后，数据如图6.14所示。

图6.14 案例6.6数据

先做一下数据保存，然后开始展开分析，步骤如下：

01 进入 SPSS 24.0，打开相关数据文件，选择"分析"|"回归"|"曲线估算"命令，弹出如图 6.15 所示的对话框。

02 选择进行曲线回归分析的变量。在"曲线估算"对话框的左侧列表框中，选中"阴性率"并单击 ➡ 按钮使之进入"因变量"列表框，在"独立"选项组中选中"变量"单选按钮，然后选中"儿童年龄"并单击 ➡ 按钮使之进入该列表框。

03 选择所要使用的曲线类型。在"曲线估算"对话框的"模型"选项组中，选中"线性""对数""三次"复选框。

图 6.15　　"曲线估算"对话框

04 选中"在方程中包括常量"和"模型绘图"两个复选框。这样在拟合的模型中就会包含常数项，而且系统会输出拟合曲线的图形。

05 其他都采取系统默认设置。

06 设置完毕后，单击"确定"按钮，等待输出结果。

6.6.4　结果分析

（1）模型描述

表 6.20 是对模型的描述。我们选择了 3 种模型，所以有 3 个回归方程：线性、对数、三次，分别被定义为方程 1、2、3。三个回归方程的因变量都是阴性率，自变量都是儿童年龄，且都包含常数项。

表 6.20　模型描述

模型描述		
模型名称		MOD_1
因变量	1	阴性率
方程	1	线性
	2	对数
	3	三次
自变量		儿童年龄
常量		包括
值用于在图中标注观测值的变量		未指定
有关在方程中输入项的容差		.0001

（2）模型情况

表 6.21 是对模型情况的概述。可以看出立方曲线模型的 R 平方最高，而且其模型也是很显著的。

表 6.21 模型情况

模型摘要和参数估算值

因变量：阴性率

方程	模型摘要					参数估算值			
	R 方	F	自由度1	自由度2	显著性	常量	b1	b2	b3
线性	.715	12.553	1	5	.017	63.000	5.864		
对数	.914	52.999	1	5	.001	60.990	20.911		
三次	.995	196.221	3	3	.001	24.714	37.999	-6.690	.389

自变量为 儿童年龄。

（3）拟合曲线图形

图 6.16 是三条曲线的拟合情况，图中的圆圈表示实际值，可以发现立方曲线的拟合效果是最好的。

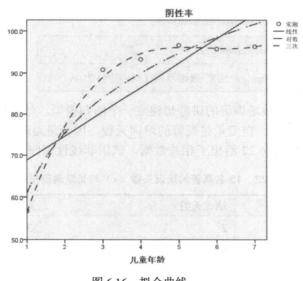

图 6.16 拟合曲线

6.6.5 模型综述

通过对数据进行曲线回归分析可知：

- 观察结果分析（2），发现立方曲线模型的 R 平方最高，也就是模型对数据的解释能力最强，并且模型也是很显著的。
- 观察结果分析（3），也可以发现立方曲线的拟合效果是最好的，所以，最终选择立方曲线模型。
- 根据结果分析（2）中的各变量的系数值，写出模型的如下表达式，模型显著性小于 0.05，为显著，拟合优度很好，可决系数为 0.995。

$$Y（阴性率）=24.714+37.999*X（儿童年龄）-6.690X^2+0.389X^3，$$

结论：锡克氏试验的阴性率与儿童年龄之间的关系是如模型所示的立方曲线关系。

6.7 实例26——非线性回归分析

6.7.1 非线性回归分析的功能与意义

上节讲述的曲线回归分析仅适用于模型只有一个自变量且可以简化为线性形式的情形，并且它只有 11 种固定曲线函数可供选择，而实际问题往往会更复杂，使用曲线回归分析方法便无法做出准确的分析，这时候就需要用到 SPSS 的非线性回归分析。非线性回归分析是一种功能更强大的处理非线性问题的方法，它可以使用户自定义任意形式的函数，从而更加准确地描述变量之间的关系。

6.7.2 相关数据来源

📹	下载资源\video\chap06\...
🖥	下载资源\sample\6\正文\原始数据文件\案例6.7.sav

【例 6.7】某著名总裁培训班的讲师想建立一个回归模型，对参与培训的企业高管毕业后的长期表现情况进行预测。自变量是高管的培训天数，因变量是高管毕业后的长期表现指数，指数越大，表现越好。表 6.22 给出了相关数据，试用非线性回归方法拟合模型。

表 6.22 15 名高管的培训天数（x）与长期表现指数（y）

编号	培训天数	长期表现指数
1	2	53
2	65	6
3	52	11
4	60	4
5	14	34
6	53	8
7	10	36
8	26	19
9	19	26
10	31	16
11	38	13
12	45	8
13	34	19
14	7	45
15	5	51

6.7.3 SPSS分析过程

在用 SPSS 进行分析之前，我们要把数据录入到 SPSS 中。容易发现本例中有 3 个变量，分别是编号、培训天数（x）和长期表现指数（y）。我们把这 3 个变量都定义为数值型变量，然后录入相关数据。录入完成后，数据如图 6.17 所示。

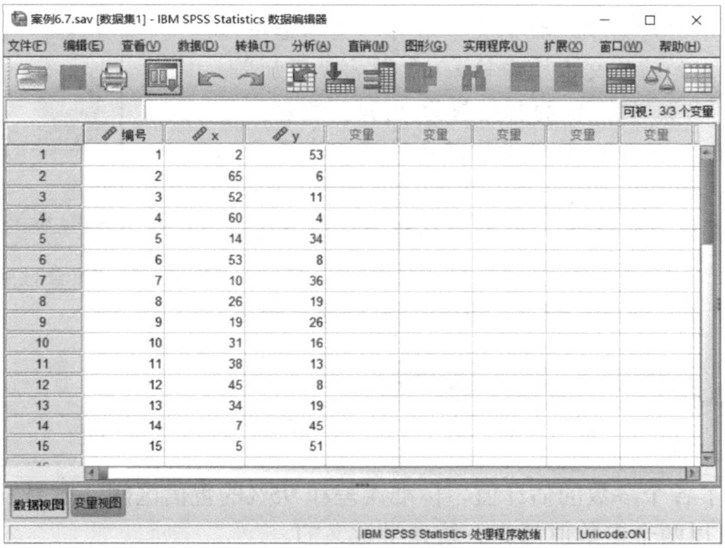

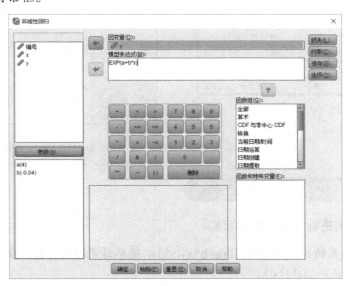

图 6.17 案例 6.7 数据

先做一下数据保存，然后开始展开分析，步骤如下：

01 进入 SPSS 24.0，打开相关数据文件，选择"分析"|"回归"|"非线性"命令，弹出如图 6.18 所示的对话框。

图 6.18 "非线性回归"对话框

02 选择进行非线性回归分析的因变量。在"非线性回归"对话框的左侧列表框中，选中 y 并单击 ➡ 按钮使之进入"因变量"列表框。

03 编辑模型表达式。在"模型表达式"列表框中，用户既可以直接根据自己的需要写出模型的非线性方程，也可以借助系统提供的软键盘和函数列表编辑出方程。本例中我们输入"EXP(a+b*x)"。

04 设置初始参数。单击对话框中的"参数"按钮，弹出如图 6.19 所示的对话框。我们在"名称"文本框中输入 a，然后在"初始值"文本框中输入 4，单击"添加"按钮；利用同样的方法添加 b 的初始值为-0.04。注意：此处的参数初始值 4 与-0.04 是参考的其曲线回归模型的估计值。

05 其他设置都比较简单，这里不再赘述，使用系统默认设置即可。

图 6.19 "非线性回归：参数"对话框

06 设置完毕后，单击"确定"按钮，等待输出结果。

6.7.4 结果分析

（1）参数估计值

表 6.23 给出了各个参数的估计值、标准误差和 95%的置信区间。容易发现，两者的置信区间都不含 0，所以两个参数值都是有统计学意义的。

（2）模型检验结果

表 6.24 给出了非线性回归模型的检验结果。R 方的值是 0.983，表明回归模型的拟合效果很好。

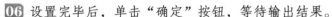

表 6.23　参数估计值

			\multicolumn{2}{} 95% 置信区间	
参数估算值				
参数	估算	标准误差	下限	上限
a	4.063	.029	4.001	4.125
b	-.039	.002	-.044	-.035

表 6.24　方差分析表

ANOVA[a]			
源	平方和	自由度	均方
回归	11946.433	2	5973.216
残差	64.567	13	4.967
修正前总计	12011.000	15	
修正后总计	3890.933	14	
因变量：y			
a. R 方 = 1 - (残差平方和) / (修正平方和) = .983。			

6.7.5 模型综述

通过对以上数据进行非线性回归可知：

- 因为我们设置的公式是 y=EXP(a+b*x)，所以观察结果分析（1），最终模型的表达式为 y=EXP（4.063-0.039*x）。
- 观察结果分析（2），模型的拟合优度很好，可决系数为 0.983。

- 观察结果分析（1），通过分析发现，模型是显著的。

结论：通过非线性回归分析可知，参与培训的天数与长期表现指数之间存在如最终模型所示的非线性关系，企业可以对参与培训的企业高管毕业后的长期表现情况进行预测。

6.8　实例27——加权最小二乘回归分析

6.8.1　加权最小二乘回归分析的功能与意义

在标准的线性回归模型中，有一个基本假设是整个总体同方差也就是因变量的变异不随自身预测值以及其他自变量的值的变化而变动。然而，在实际问题中这一假设条件往往不被满足，如果继续采用标准的线性回归模型，就会使结果偏向于变异较大的数据，从而发生较大的偏差。SPSS 的加权最小二乘回归分析便是为解决这一问题而设计的，其基本原理是为不同的数据赋予不同的权重以平衡不同变异数据的影响。

6.8.2　相关数据来源

📹	下载资源\video\chap06\...
🖥	下载资源\sample\6\正文\原始数据文件\案例6.8.sav

【例 6.8】经过多年监测，发现一条河的河水中某种粒子的年平均质量浓度可能与上游一个造纸厂向河水中排放废水的日平均倾倒量有关，对多年监测数据进行整理后得到如表 6.25 所示的结果。试用加权最小二乘回归方法分析年平均质量浓度（y）和日平均倾倒量（x）之间的关系。

表 6.25　年平均质量浓度（y）和日平均倾倒量（x）数据

年份	年平均质量浓度（μg/L）	日平均倾倒量（L/d）
1998	4.2	0.11
1999	5.2	0.12
2000	9.6	0.21
2001	9.1	0.30
2002	17.4	0.35
2003	13.8	0.E
2004	19.1	0.57
2005	29.5	0.61
2006	22.2	0.70
2007	41.6	0.82

6.8.3　SPSS分析过程

本例中有 3 个变量，分别是年份、年平均质量浓度（y）和日平均倾倒量（x）。我们把这 3 个变量都定义为数值型变量，然后录入相关数据。录入完成后，数据如图 6.20 所示。

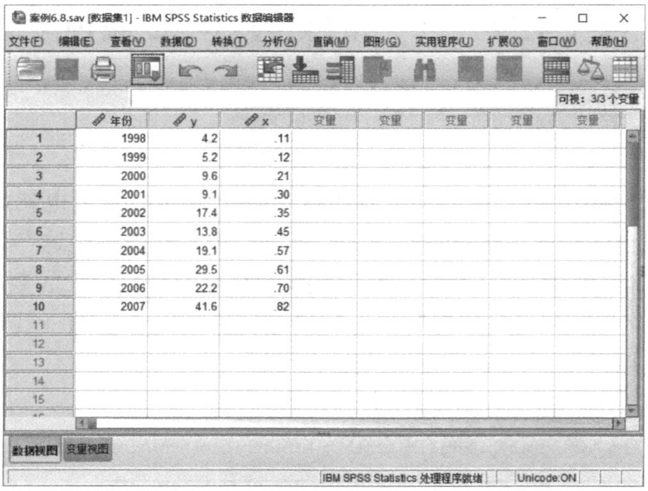

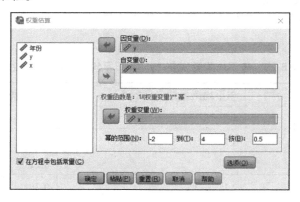

图 6.20　案例 6.8 数据

先做一下数据保存，然后开始展开分析，步骤如下：

01 进入 SPSS 24.0，打开相关数据文件，选择"分析"|"回归"|"权重估算"命令，弹出如图 6.21 所示的对话框。

图6.21　"权重估算"对话框

02 选择进行权重估计的变量。在"权重估算"对话框的左侧列表框中，选中 y 并单击 按钮使之进入"因变量"列表框，选中 x 并单击 按钮使之进入"自变量"列表框。

03 选择权重变量。本例中我们拟采用 x 的幂数作为权重变量。再次选中 x 并单击 按钮使之进入"权重变量"列表框，然后选择幂的范围，我们把范围设置为–2~4 并以 0.5 步进。

04 其他设置都比较简单，这里不再赘述，使用系统默认设置即可。

05 设置完毕后，单击"确定"按钮，等待输出结果。

6.8.4　结果分析

（1）幂摘要

表 6.26 给出了选择的各次数幂对应的对数似然值，可知当幂为 3 的时候对数似然值最大，所以我们应该以 x 的三次幂作为权重变量。

（2）模型概况

从表 6.27 中我们可以知道：

- 最佳模型以 x 的三次幂作为权重变量。
- 调整后的 R 平方是 0.885，说明模型的拟合程度还是不错的。
- 方差分析表中的显著性为 0.000，说明模型的显著性很高。
- 模型中 x 的系数是 39.748，而且很显著，常数项是 0.125，不够显著。

表 6.26　幂摘要

		对数似然值[b]
幂	-2.000	-34.451
	-1.500	-33.015
	-1.000	-31.595
	-.500	-30.194
	.000	-28.825
	.500	-27.514
	1.000	-26.301
	1.500	-25.232
	2.000	-24.359
	2.500	-23.738
	3.000	-23.418[a]
	3.500	-23.437
	4.000	-23.811

a. 选择了相应的幂进行进一步分析，这是因为，它使对数似然函数最大化。

b. 因变量: y, 源变量: x

表 6.27　最佳模型统计量

模型描述

因变量		y
自变量	1	x
权重	源	x
	幂值	3.000

模型: MOD_1.

模型摘要

复 R	.948
R 方	.898
调整后 R 方	.885
估算标准误差	13.541
对数似然函数值	-23.418

ANOVA

	平方和	自由度	均方	F	显著性
回归	12917.014	1	12917.014	70.449	.000
残差	1466.819	8	183.352		
总计	14383.832	9			

系数

	未标准化系数		标准化系数			
	B	标准误差	Beta	标准误差	t	显著性
(常量)	.125	.734			.170	.869
x	39.748	4.736	.948	.113	8.393	.000

6.8.5　模型综述

拿到数据后，经过简单观察，不能确定整个总体同方差（也就是因变量）的变异不随自身预测值以及其他自变量的值的变化而变动这一条件成立，所以我们选择加权最小二乘回归分析。

经过分析处理，观察结果分析（1）中选择的各次数幂对应的对数似然值以及结果分析（2）中的"最佳模型统计量"，最终选择 x 的三次幂作为权重变量进行回归，可知：

- 结果分析（2）中，"系数"表格中的"非标准化系数"就是模型中各变量的系数，所以最终模型的表达式为 y=0.125+39.748*x。
- 结果分析（2）中，"模型摘要"表明模型的拟合优度很好，调整后的 R 平方为 0.885。
- 结果分析（2）中，ANOVA 表中的显著性为 0.000，说明模型的显著性很高。

- 结果分析（2）中，"系数"表格显示模型中 x 的系数是 39.748，而且很显著，常数项是 0.125，不够显著。

结论：综上可知，造纸厂向河水中的日平均倾倒量会造成河水中该粒子的年平均质量浓度的显著提高。

6.9 实例28——二阶段最小二乘回归分析

6.9.1 二阶段最小二乘回归分析的功能与意义

普通最小二乘法有一个基本假设，即自变量取值不受因变量的影响。然而，在很多研究中往往存在着内生自变量问题，如果继续采用普通最小二乘法，就会严重影响回归参数的估计。SPSS 的二阶段最小二乘回归分析便是为解决这一问题而设计的，其基本思路是：首先找出内生自变量，然后根据预分析结果找出可以预测该自变量取值的回归方程并得到自变量预测值，再将因变量对该自变量的预测值进行回归，从而迂回解决内生自变量问题。

6.9.2 相关数据来源

📹	下载资源\video\chap06\...
💻	下载资源\sample\6\正文\原始数据文件\案例6.9.sav

【例 6.9】使用如表 6.28 所示的数据来估计教育投资的回报率。各变量说明如下：lw80（1980 年工人工资的对数值），s80（1980 年时工人的受教育年限），expr80（1980 年时工人的工龄），tenure80（1980 年时工人在现单位的工作年限），iq（智商），med（母亲的教育年限），kww（在 knowledge of the World of Work 测试中的成绩），mrt（婚姻虚拟变量，已婚=1），age（年龄）。模型说明：以 lw80 为因变量，以 s80、expr80、tenure80、iq 为自变量，且 s80、iq 为内生解释变量，以 med、kww、mrt、age 为 iq 和 s80 的工具变量。

表 6.28　二阶段最小二乘回归分析案例数据

mrt	med	iq	kww	age	s80	expr80	tenure80	lw80
0	8	93	35	19	12	10.64	2	6.64
0	14	119	41	23	18	11.37	16	6.69
0	14	108	46	20	14	11.03	9	6.72
0	12	96	32	18	12	13.09	7	6.48
1	6	74	27	26	11	14.40	5	6.33
0	8	91	24	16	10	13.43	0	6.40
...	...	...	...	...	...	...	...	...
1	12	101	38	25	12	10.59	5	6.47
1	7	100	33	23	12	9.00	3	6.17
1	8	102	32	19	13	9.83	3	7.09

6.9.3 SPSS分析过程

在用 SPSS 进行分析之前，我们要把数据录入到 SPSS 中。容易发现本例中有 9 个变量，分别是 mrt、med、iq、kww、age、s80、expr80、tenure80、lw80。我们把这 9 个变量都定义为数值型变量，然后录入相关数据。录入完成后，数据如图 6.22 所示。

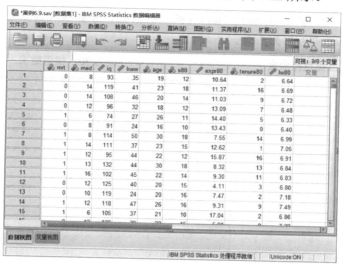

图 6.22 案例 6.9 数据

先做一下数据保存，然后开始展开分析，步骤如下：

01 进入 SPSS 24.0，打开相关数据文件，选择"分析"|"回归"|"二阶最小平方"命令，弹出如图 6.23 所示的对话框。

02 选择进行二阶最小平方估计的变量。在"二阶最小平方"对话框的左侧列表框中，选中"LW80"并单击 按钮使之进入"因变量"列表框，同时选中"IQ""S80""EXPR80""TENURE80"并单击 按钮使之进入"解释变量"列表框，同时选中"MRT""MED""KWW""AGE""EXPR80""TENURE80"并单击 按钮使之进入"工具变量"列表框（注意此处不仅要选入内生自变量的工具变量，非内生自变量也要选入）。

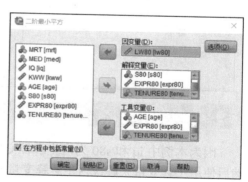

图 6.23 "二阶最小平方"对话框

03 其他设置都比较简单，这里不再赘述，使用系统默认设置即可。

04 设置完毕后，单击"确定"按钮，等待输出结果。

6.9.4 结果分析

（1）变量概况及模型拟合度

表 6.29 的上半部分给出了变量的分类，说明了哪些是因变量、自变量、工具变量。其实

这就是我们在前面对各变量进行的设置；下半部分给出了模型的拟合程度，可以发现 R 平方仅为 0.114，拟合度很低。

（2）模型概况

从表 6.30 中我们可以知道：

- 模型的整体显著性显著性。
- 模型中"iq""s80""expr80""tenure80"的系数、常数项及其显著性显著性。
- 各个自变量之间的相关系数。

表 6.29　变量概况及模型拟合度

模型描述

		变量类型
方程 1	lw80	因变量
	iq	预测变量
	s80	预测变量
	expr80	预测变量和工具变量
	tenure80	预测变量和工具变量
	mrt	工具变量
	med	工具变量
	kww	工具变量
	age	工具变量
MOD_1		

模型摘要

方程 1	复 R	.337
	R 方	.114
	调整后 R 方	.109
	估算标准误差	.410

表 6.30　模型概况

ANOVA

		平方和	自由度	均方	F	显著性
方程 1	回归	16.294	4	4.073	24.183	.000
	残差	126.836	753	.168		
	总计	143.130	757			

系数

		未标准化系数 B	标准误差	Beta	t	显著性
方程 1	(常量)	4.089	.351		11.640	.000
	iq	.018	.006	.582	3.109	.002
	s80	.042	.025	.229	1.706	.088
	expr80	.026	.005	.272	5.383	.000
	tenure80	.005	.003	.058	1.495	.135

系数相关性

			iq	s80	expr80	tenure80
方程 1	相关性	iq	1.000	-.860	-.141	-.127
		s80	-.860	1.000	.449	.025
		expr80	-.141	.449	1.000	-.304
		tenure80	-.127	.025	-.304	1.000

6.9.5　模型综述

因为本例中 iq 和 s80 为内生解释变量，所以我们选择对数据进行二阶最小二乘回归分析，然后使用工具变量来解决内生解释变量的问题，得到：

- 观察结果分析（2）中的"系数"表，发现最终模型的表达式为：

  lw80=4.089+0.018* iq+0.042*s80+0.026*expr80+0.005*tenure80

- 观察结果分析（2）中的"ANOVA"表，说明模型整体显著。
- 观察结果分析（2）中的"系数"表，发现各系数除 s80 和 tenure80 之外，均显著。

结论：综上所述，工龄和智商对工资水平的影响较大，其余解释变量影响较小。

6.10　实例29——二项分类Logistic回归分析

6.10.1　二项分类Logistic回归分析的功能与意义

我们经常会遇到因变量只有两种取值的情况，如是否患病、是否下雨等，这时一般的线性回归分析就无法准确地刻画变量之间的因果关系，需要用其他的回归分析方法来进行拟合模型。SPSS的二项分类 Logistic 回归分析便是一种简便的处理二分类因变量问题的分析方法。

6.10.2　相关数据来源

下载资源\video\chap06\...	
下载资源\sample\6\正文\原始数据文件\案例6.10.sav	

【例 6.10】表 6.31 给出了 20 名肾癌患者的相关数据。试用二项分类 Logistic 回归方法分析患者肾细胞癌转移情况（有转移 y=1、无转移 y=0）与患者年龄、肾细胞癌血管内皮生长因子（其阳性表述由低到高共 3 个等级）、肾癌细胞核组织学分级（由低到高共 4 级）、肾细胞癌组织内微血管数、肾细胞癌分期（由低到高共 4 期）之间的关系。

表 6.31　20 名肾癌患者的相关数据

编号	肾细胞癌转移情况	年龄（岁）	肾细胞癌血管内皮生长因子	肾癌细胞核组织学分级	肾细胞癌组织内微血管数（个/μL）	肾细胞癌分期
1	0	60	3	3	46	1
2	1	35	2	2	60	2
3	1	64	1	1	146	3
4	0	67	2	3	100	2
5	0	54	3	4	92	3
6	0	57	3	3	98	2
7	1	40	1	2	70	1
8	0	41	2	4	202	4
9	0	51	1	1	76	1
10	1	57	3	1	70	2
11	0	66	2	3	123	1
12	1	30	3	4	89	3
13	0	53	1	1	59	1
14	0	34	3	2	49	2
15	1	38	1	4	35	3
16	0	41	1	2	67	2
17	0	16	1	3	134	1
18	1	34	3	2	116	3

（续表）

编号	肾细胞癌转移情况	年龄（岁）	肾细胞癌血管内皮生长因子	肾癌细胞核组织学分级	肾细胞癌组织内微血管数（个/μL）	肾细胞癌分期
19	1	46	1	2	51	3
20	0	72	3	4	180	2

6.10.3　SPSS分析过程

在用 SPSS 进行分析之前，我们要把数据录入到 SPSS 中。容易发现本例中有 7 个变量，分别是编号、肾细胞癌转移情况、年龄、肾细胞癌血管内皮生长因子、肾癌细胞核组织学分级、肾细胞癌组织内微血管数和肾细胞癌分期。我们把所有变量都定义为数值型变量，然后录入相关数据。录入完成后，数据如图 6.24 所示。

图 6.24　案例 6.10 数据

先做一下数据保存，然后开始展开分析，步骤如下：

01 进入 SPSS 24.0，打开相关数据文件，选择"分析"|"回归"|"二元 Logistic"命令，弹出如图 6.25 所示的对话框。

02 选择进行 Logistic 回归的变量。在"Logistic 回归"对话框的左侧列表框中，选中"肾细胞癌转移情况"并单击 按钮使之进入"因变量"列表框，同时选中"年龄""肾细胞癌血管内皮生长因子""肾癌细胞核组织学分级""肾细胞癌组织内微血管数"和"肾细胞癌分期"并单击 按钮使之进入"协变量"列表框。

03 其他采用系统默认设置即可。

图 6.25　"Logistic 回归"对话框

04 设置完毕后，单击"确定"按钮，等待输出结果。

6.10.4 结果分析

（1）案例处理汇总和因变量编码

表 6.32 的上半部分给出了案例处理汇总，无缺失值，所有样本都被选中参与分析；下半部分给出了因变量编码，表明本例拟合的模型是 Logit（P|y=转移）。

表 6.32 案例处理汇总和因变量编码

个案处理摘要

未加权个案数[a]		个案数	百分比
选定的个案	包括在分析中的个案数	20	100.0
	缺失个案数	0	.0
	总计	20	100.0
未选定的个案		0	.0
总计		20	100.0

a. 如果权重处于生效状态，请参阅分类表以了解个案总数。

因变量编码

原值	内部值
0	0
1	1

（2）模型结果（如表 6.33 所示）

表 6.33 模型结果

方程中的变量

		B	标准误差	瓦尔德	自由度	显著性	Exp(B)
步骤 1[a]	年龄	-.085	.085	.999	1	.317	.918
	肾细胞癌血管内皮生长因子	-1.291	1.553	.691	1	.406	.275
	肾癌细胞核组织学分级	-1.626	1.031	2.488	1	.115	.197
	肾细胞癌组织内微血管数	-.050	.042	1.365	1	.243	.952
	肾细胞癌分期	3.897	2.433	2.565	1	.109	49.257
	常量	6.032	5.292	1.299	1	.254	416.681

a. 在步骤 1 输入的变量：年龄, 肾细胞癌血管内皮生长因子, 肾癌细胞核组织学分级, 肾细胞癌组织内微血管数, 肾细胞癌分期。

6.10.5 模型综述

经过对肾癌患者的相关数据进行二项分类 Logistic 回归分析，我们得到：

- 观察结果分析（1）中的"因变量编码"，本例拟合的模型是 Logit（P|y=转移），也就是说因变量表示肾细胞发生癌转移的概率的对数值。

- 观察结果分析（2），最终模型的表达式如下，其中 y、x、z、m、n、p 分别表示肾细胞发生癌转移概率的对数值、年龄、肾细胞癌血管内皮生长因子、肾癌细胞核组织学分级、肾细胞癌组织内微血管数和肾细胞癌分期。

$$y=-0.085x-1.291z-1.626m-0.05n+3.897p+6.032$$

- 观察结果分析（2），各参数的显著性均大于 0.05，不显著。

结论：综上所述，年龄、肾细胞癌血管内皮生长因子、肾癌细胞核组织学分级、肾细胞癌组织内微血管数与肾细胞癌转移呈反向变化，肾细胞癌分期与肾细胞癌转移呈正向变化，但这些变化并不显著。

6.11 实例30——多项分类Logistic回归分析

6.11.1 多项分类Logistic回归分析的功能与意义

我们经常会遇到因变量有多个取值而且无大小顺序的情况，如职业、婚姻情况等，这时一般的线性回归分析无法准确地刻画变量之间的因果关系，需要用其他的回归分析方法来进行拟合模型。SPSS 的多项分类 Logistic 回归分析便是一种简便的处理该类因变量问题的分析方法。

6.11.2 相关数据来源

	下载资源\video\chap06\...
	下载资源\sample\6\正文\原始数据文件\案例6.11.sav

【例 6.11】表 6.34 给出了对山东省某中学 20 名视力低下学生视力监测的结果数据。试用多项分类 Logistic 回归方法分析视力低下程度（由轻到重共 3 级）与年龄、性别（1 代表男性，2 代表女性）之间的关系。

表 6.34 山东省某中学 20 名学生视力监测结果数据

编号	视力低下程度	性别	年龄
1	1	1	15
2	1	1	15
3	2	1	14
4	2	2	16
5	3	2	16
6	3	2	17
7	2	2	17
8	2	1	18
9	1	1	14

（续表）

编号	视力低下程度	性别	年龄
10	3	2	18
11	1	1	17
12	1	2	17
13	1	1	15
14	2	1	18
15	1	2	15
16	1	2	15
17	3	2	17
18	1	1	15
19	1	1	15
20	2	2	16

6.11.3 SPSS分析过程

在用 SPSS 进行分析之前，我们要把数据录入到 SPSS 中。容易发现本例中有 4 个变量，分别是编号、视力低下程度、性别和年龄。我们把所有变量都定义为数值型变量，然后录入相关数据。录入完成后，数据如图 6.26 所示。

先做一下数据保存，然后开始展开分析，步骤如下：

01 进入 SPSS 24.0，打开相关数据文件，选择"分析"|"回归"|"多元 Logistic"命令，弹出如图 6.27 所示的对话框。

02 选择进行 Logistic 回归的变量。在"多元 Logistic 回归"对话框的左侧列表框中，选中"视力低下程度"并单击 按钮使之进入"因变量"列表框，选中"性别"并单击 按钮使之进入"因子"列表框，选中"年龄"并单击 按钮使之进入"协变量"列表框。

03 其他设置使用系统默认值即可。

04 设置完毕后，单击"确定"按钮，等待输出结果。

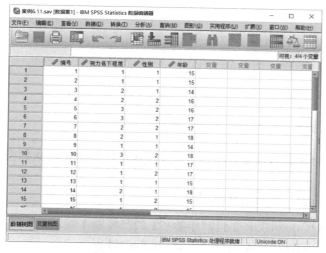

图 6.26 案例 6.11 数据

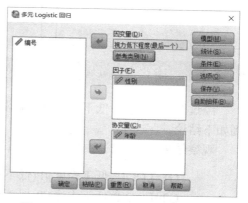

图 6.27 "多元 Logistic 回归"对话框

6.11.4　结果分析

（1）模型拟合信息和伪 R 方

在表 6.35 中，上半部分是模型拟合信息，包括仅截距项的情况和最终的模型情况，可知显著性为 0.008，所以模型还是很显著的；下半部分是三个伪可决系数，这些值都很一般，不算很高或很低。

表 6.35　模型拟合信息和伪 R 方

模型拟合信息				
	模型拟合条件	似然比检验		
模型	-2 对数似然	卡方	自由度	显著性
仅截距	32.633			
最终	18.804	13.828	4	.008

伪 R 方	
考克斯-斯奈尔	.499
内戈尔科	.572
麦克法登	.336

（2）模型引入自变量后的输出结果

表 6.36 给出了模型的似然比检验和参数估计。第一部分是模型的似然比检验，显著性水平都比较高，显著性都小于 0.05；第二部分给出了多项反应 Logit 模型的参数、假设检验结果、优势比置信区间等信息，是多项回归模型的主要结果。

表 6.36　似然比检验和参数估计

似然比检验				
	模型拟合条件	似然比检验		
效应	简化模型的-2 对数似然	卡方	自由度	显著性
截距	18.804[a]	.000	0	.
年龄	25.442	6.638	2	.036
性别	25.306	6.502	2	.039

卡方统计是最终模型与简化模型之间的 -2 对数似然之差。简化模型是通过在最终模型中省略某个效应而形成。原假设是，该效应的所有参数均为 0。

a. 因为省略此效应并不会增加自由度，所以此简化模型相当于最终模型。

参数估算值									
								Exp(B) 的 95% 置信区间	
视力低下程度[a]	B	标准误差	瓦尔德	自由度	显著性	Exp(B)		下限	上限
1　截距	34.338	19.553	3.084	1	.079				
年龄	-2.112	1.181	3.197	1	.074	.121		.012	1.225
[性别=1]	21.272	1.183	323.095	1	.000	1731017176		170201411.1	1.761E+10
[性别=2]	0[b]			0					
2　截距	20.974	19.066	1.210	1	.271				
年龄	-1.277	1.141	1.251	1	.263	.279		.030	2.613
[性别=1]	20.540	.000		1	.	832149832.4		832149832.4	832149832.4
[性别=2]	0[b]			0					

a. 参考类别为: ^1。

b. 此参数冗余，因此设置为零。

6.11.5　模型综述

经过对 20 名视力低下学生视力监测结果的数据进行多项分类 Logistic 回归分析，我们得到如下结论。

观察结果分析（2）中的"参数估计"表，得到最终模型为：

G1=LOG[P(低下轻度)/P(低下重度)]=34.338-2.112*年龄+21.272*性别 1

G2=LOG[P(低下中度)/P(低下重度)]=20.974-1.277*年龄+20.540*性别 1

G3=0，因为重度是因变量中的参考组，其所有系数均为 0。

由这个模型，我们可以估算出某个学生视力低下的概率：如对一个 20 岁的女生来说，

G1=LOG[P(低下轻度)/P(低下重度)]=34.338-2.112*20+21.272*0=-7.902

G2=LOG[P(低下中度)/P(低下重度)]=20.974-1.277*20+20.540*0=-4.566

G3=0

根据公式：P (Y 1) =exp(G1)/[exp (G1)+ exp (G2)+ exp (G3)]

　　　　　P (Y 2) =exp(G2)/[exp (G1)+ exp (G2)+ exp (G3)]

　　　　　P (Y 3) =exp(G3)/[exp (G1)+ exp (G2)+ exp (G3)]

便可计算出该学生视力低下程度为轻度、中度、重度的概率。

通过结果分析（1）中的"伪 R 方"表可以知道，模型的拟合优度一般，可决系数不算很高也不算很低；从结果分析（1）中的"模型拟合信息"表可知，模型整体的显著性较好，因为显著性为 0.008，远小于 0.05。

6.12　实例31——最优标度回归分析

6.12.1　最优标度回归分析的功能与意义

我们经常会遇到自变量为分类变量的情况，如收入级别、学历等，通常的做法是直接将各个类别定义取值为等距连续整数，如将收入级别的高、中、低分别定义为1、2、3，但是这意味着这三档之间的差距是相等的或者说它们对因变量的数值影响程度是均匀的，显然这种假设是有些草率的，基于此的分析有时会得出很不合理的结论。SPSS 的最优标度回归便应运而生，成为了解决这一问题的分析方法。

6.12.2　相关数据来源

下载资源\video\chap06\...	
下载资源\sample \6\正文\原始数据文件\案例6.12.sav	

【例 6.12】某服装制造商为分析目标市场消费者对其生产的 5 种颜色服装的色彩偏好，对山东北部地区的青年消费群展开社会调查，调查采用街头问卷的方式，所得的调查数据资料如表 6.37 所示，试用最优标度回归分析方法研究颜色偏好（1 代表黑色，2 代表白色，3 代表红色，4 代表黄色，5 代表蓝色）与年龄、性别（1 代表男，2 代表女）、职业（1 代表学生，2 代表公务员，3 代表公司职员，4 代表自由职业者，5 代表其他）之间的关系。

表 6.37　调查数据资料

编号	颜色偏好	年龄	性别	职业
1	1	28	1	1
2	2	24	1	2

（续表）

编号	颜色偏好	年龄	性别	职业
3	3	25	2	2
4	1	25	1	1
5	5	27	2	3
…	…	…	…	…
58	1	23	2	2
59	1	26	1	1
60	2	27	1	2

6.12.3 SPSS分析过程

本例中有 5 个变量，分别是编号、颜色偏好、年龄、性别和职业。我们把所有变量都定义为数值型变量，然后录入相关数据。录入完成后，数据如图 6.28 所示。

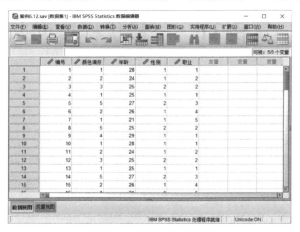

图 6.28 案例 6.12 数据

先做一下数据保存，然后开始展开分析，步骤如下：

01 进入 SPSS 24.0，打开相关数据文件，选择"分析"|"回归"|"最优标度"命令，弹出如图 6.29 所示的对话框。

02 选择进行分类回归的变量并指定变量的度量类别。在"分类回归"对话框的左侧列表框中，选中"颜色偏好"并单击 按钮使之进入"因变量"列表框，再单击本列表框下方的"定义标度"按钮，在弹出的如图 6.30 所示的对话框中选中"数字"单选按钮并单击"继续"按钮返回。然后同时选中"年龄""性别""职业"并单击 按钮使之进入"自变量"列表框，再仿照前面对"颜色偏好"的操作方式，把它们依次指定为"数值""名义""有序"的度量类别。

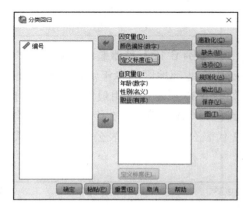

图 6.29 "分类回归"对话框

03 选择输出最优标度变换前后的数值对应图。在"分类回归"对话框中单击"图"按钮，弹出如图 6.31 所示的对话框。在"分类回归：图"对话框的左侧列表框中，选中"颜色偏好"和"职业"并单击 ➡ 按钮使之进入"转换图"列表框。

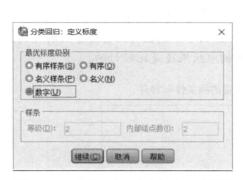

图 6.30 "分类回归：定义标度"对话框

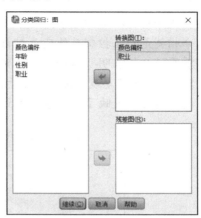

图 6.31 "分类回归：图"对话框

04 其他设置使用系统默认值即可。

05 设置完毕后，单击"确定"按钮，等待输出结果。

6.12.4 结果分析

（1）案例处理汇总、模型汇总和方差分析

表 6.38 的第一部分是案例处理汇总，参与分析的样本数据有 60 个，没有缺失值；第二部分是模型汇总，修整的可决系数是 0.231，模型解释能力差强人意；第三部分是方差分析，显著性为 0.002，非常显著，模型具有统计学意义。

表 6.38 案例处理汇总、模型汇总和方差分析

个案处理摘要

有效活动个案	60
具有缺失值的活动个案	0
补充个案	0
总计	60
在分析中使用的个案	60

模型摘要

	复 R	R 方	调整后 R 方	表观预测误差
标准化数据	.544	.296	.231	.704

因变量：颜色偏好
预测变量：年龄 性别 职业

ANOVA

	平方和	自由度	均方	F	显著性
回归	17.764	5	3.553	4.542	.002
残差	42.236	54	.782		
总计	60.000	59			

因变量：颜色偏好
预测变量：年龄 性别 职业

（2）模型中变量系数、变量的相关性和容差

在表 6.39 中，第一部分是模型的系数及显著性，可以发现各个系数在置信度是 5%的时候都是很显著的；第二部分是相关分析、重要性分析和容差分析。

- 相关分析包括三种结果，其中偏相关是控制了其他变量对所有变量影响后的估计，部分相关是指只控制其他变量对自变量的影响。
- 重要性分析表明年龄和性别对颜色偏好影响大，职业的影响很小。
- 容差（变量容忍度）表示该变量在对因变量的影响中不能被其他自变量所解释的比例，越大越好，反映了自变量的共线性情况，本例中结果还是比较好的。

表 6.39　模型中变量系数、变量的相关性和容差

系数					
	标准化系数				
	Beta	标准误差的自助抽样 (1000) 估算	自由度	F	显著性
年龄	.514	.175	1	8.619	.005
性别	.554	.122	1	20.546	.000
职业	.385	.217	3	3.145	.032

因变量：颜色偏好

相关性和容差					
	相关性			容差	
	零阶	偏	部分	重要性	转换后	转换前
年龄	.179	.432	.402	.311	.611	.732
性别	.356	.510	.497	.667	.805	.940
职业	.016	.342	.305	.020	.627	.768

因变量：颜色偏好

（3）原始变量类别与变换后评分的对应图

原始变量类别与变换后评分的对应图，如图 6.32 和图 6.33 所示。因为我们把颜色偏好设置为等距的数值变量，SPSS 只是对它进行了标准变换，在变换中没有改变各数据间的差异。

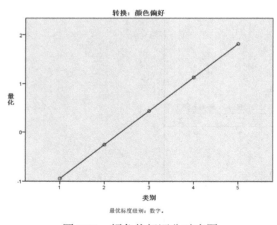

图 6.32　颜色偏好评分对应图

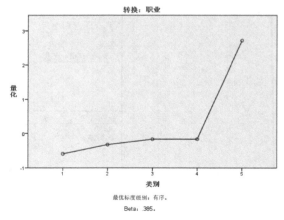

图 6.33　职业评分对应图

由图 6.33 可以发现，公司职员和自由职业者两个等级被赋予了相同的量化评分，在后续分析中，这两个级别就被合并分析了。同时自由职业者和其他职业之间的评分差距非常大。值得一提的是，随后的回归分析是用变换后的分值进行的，相当于评分间为等距变化。

6.12.5　模型综述

因为直接假设职业等级均匀变化或者说各个职业之间的差距为等距过于牵强，所以我们选择对数据进行相应最优标度变换，并进行最优标度回归，经过以上分析我们得到：

- 从结果分析（2）中的"系数"表可知，各变量显著性较好，显著性均小于显著性水平 0.05。值得一提的是，此处各变量的数据应该为标准化的数据。把潜在消费者的年龄、性别、职业等变量的标准化数据代入，即可得出其颜色偏好情况。

颜色偏好=0.514*年龄+0.554*性别+0.385*职业

- 从结果分析（1）中的"模型汇总"表可知，模型的拟合优度差强人意，修正的可决系数为 0.231；但是"ANOVA"表明，模型整体非常显著，显著性为 0.002，模型具有统计学意义。
- 结果分析（2）的"相关性和容差"表中的重要性分析表明：年龄和性别对颜色偏好影响大，职业的影响很小。

结论：综上所述，颜色偏好与年龄和性别的相关性较大，而与职业的相关性较小。

此外，值得一提的是结果分析（3），把颜色偏好设定为等距的数值变量，进行相应变换不会改变各数据间的差异；把职业设定为序数变量，进行相应变换，则改变了数据的初始差异。这就充分体现了最优标度变换这一方法的要义。

6.13　实例32——一般对数线性模型分析

6.13.1　一般对数线性模型分析的功能与意义

前面介绍当我们对列联表资料进行分析的时候，可以使用卡方检验，但是卡方检验有其局限性，因为它既无法系统地评价变量间的联系，也无法估计变量间相互作用的大小，SPSS 的对数线性模型分析过程是处理此类问题的最佳选择。SPSS 中一共提供了对数线性模型的三个过程：General 过程、Logit 过程、Model Selection 过程。这 3 个过程的基本原理都是相同的，限于篇幅，我们仅对一般对数线性模型分析过程（General）做一下实例介绍。General 过程是最简单的一种对数线性模型，其特色是只能拟合全饱和模型，即分类变量的各自效应以及其相互间效应均包含在对数线性模型中，而且不区分自变量和因变量。

6.13.2 相关数据来源

	下载资源\video\chap06\...
	下载资源\sample\6\正文\原始数据文件\案例6.13.sav

【例6.13】表6.40给出了甲、乙两所学校的学生的体育测试过关情况。试用一般对数线性模型分析比较两所学校的学生体测过关情况是否相同。

表6.40 甲、乙两所学校学生的体测过关情况

	甲学校	乙学校
体测过关人数	64	30
体测未过关人数	18	69

6.13.3 SPSS分析过程

在用SPSS进行分析之前，我们要把数据录入到SPSS中。容易发现本例中有3个变量，分别是学校、体测过关情况和频数。我们把它们都定义为数值型变量，并对变量学校和体测过关情况进行值标签操作，对学校用"1"表示"甲学校"，用"2"表示"乙学校"，对体测过关情况用"1"表示"过关"，用"0"表示"不过关"，然后录入相关数据。录入完成后，数据如图6.34所示。

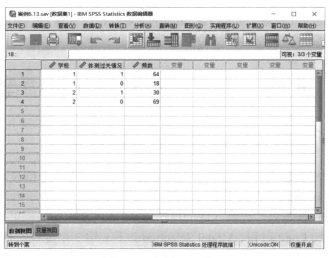

图6.34 案例6.13数据

先做一下数据保存，然后开始展开分析，步骤如下：

01 进入SPSS 24.0，对数据进行预处理，使用加权过程将变量频数指定为频数变量。选择"数据"|"个案加权"命令，弹出如图6.35所示的对话框。首先在"个案加权"对话框中选中"个案加权系数"单选按钮，然后在左侧的列表框中选中"频数"，单击➡按钮，使之进入"频率变量"列表框。单击"确定"按钮，完成数据预处理。

图 6.35 "个案加权"对话框

02 选择"分析"|"对数线性"|"常规"命令，弹出如图 6.36 所示的对话框。

03 选择进行一般对数线性模型分析的变量。在"常规对数线性分析"对话框的左侧列表框中，同时选中"学校"和"体测过关情况"并单击➡按钮使之进入"因子"列表框。

04 选择单元计数服从的分布方式。在如图 6.36 所示对话框的"单元格计数分布"选项组中，选中"多项"单选按钮。

05 进行相关输出设置。单击"常规对数线性分析"对话框右侧的"选项"按钮，弹出如图 6.37 所示的对话框。在"显示"选项组中选中"频率""残差""估算值"复选框，然后单击"继续"按钮返回"常规对数线性分析"对话框。

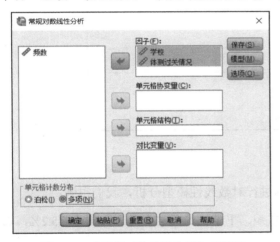

图 6.36 "常规对数线性分析"对话框

图 6.37 "常规对数线性分析：选项"对话框

06 其他设置使用系统默认值即可。

07 设置完毕后，单击"确定"按钮，等待输出结果。

6.13.4 结果分析

在表 6.41 中，上半部分是单元计数和残差，给出了各个单元格的实际频数、理论频数及其占样本总数的比例，本例是饱和模型，所以各个单元格的实际频数和理论频数是完全相同的，各个单元格的残差都是 0；下半部分是模型中各参数的估计值、标准误、服从标准正态分布的 Z 值、显著性、95% 的置信区间等。

表 6.41 单元计数和残差、参数估计

单元格计数和残差[a,b]

学校	体测过关情况	实测		期望		残差	标准化残差	调整后残差	偏差
		计数	%	计数	%				
甲中学	不过关	18.500	10.1%	18.500	10.1%	.000	.000	.000	-.001
	过关	64.500	35.2%	64.500	35.2%	.000	.000	.	.000
乙中学	不过关	69.500	38.0%	69.500	38.0%	.000	.000	.	.000
	过关	30.500	16.7%	30.500	16.7%	.000	.000	.	.000

a. 模型：多项

b. 设计：常量 + 学校 + 体测过关情况 + 学校 * 体测过关情况

参数估算值[c,d]

参数	估算	标准误差	Z	显著性	95% 置信区间	
					下限	上限
常量	3.418[a]					
[学校 = 1]	.749	.220	3.408	.001	.318	1.180
[学校 = 2]	0[b]					
[体测过关情况 = 0]	.824	.217	3.792	.000	.398	1.249
[体测过关情况 = 1]	0[b]					
[学校 = 1] * [体测过关情况 = 0]	-2.072	.342	-6.066	.000	-2.742	-1.403
[学校 = 1] * [体测过关情况 = 1]	0[b]	.	.	.	.	.
[学校 = 2] * [体测过关情况 = 0]	0[b]	.	.	.	.	.
[学校 = 2] * [体测过关情况 = 1]	0[b]	.	.	.	.	.

a. 在多项假设下，常量不是参数。因此，不会计算其标准误差。

b. 此参数冗余，因此设置为零。

c. 模型：多项

d. 设计：常量 + 学校 + 体测过关情况 + 学校 * 体测过关情况

6.13.5 模型综述

经过对两所学校的学生体测过关情况的数据进行对数线性模型分析，我们得到：

- 从结果分析的"单元计数和残差"表中可知，甲学校过关学生所占比例为 35.2%，乙学校过关学生所占比例为 16.7%。
- 从结果分析的"参数估计"表中可以看出最终模型为：

单元格内期望频数的对数值=3.418+0.749*甲学校+0.824*体测不过关
−2.072*甲学校*体测不过关

例如列联表中乙学校不过关这一单元格的期望频数的对数值是：

$$y=3.418+0.749*0+0.824*1-2.072*0=4.242$$

期望频数就是 EXP（4.242）=69.5，与"单元计数和残差"表中相同。

结论：①甲学校的体测过关人数高于乙学校；②乙学校体测不过关的人数多于过关人数。

6.14 本章习题

1. 用例 6.2 的数据，做简单相关分析，分析语文成绩与 IQ 的相关性，以及数学成绩与 IQ 的相关性。

2. 用例 6.5 的数据，在控制产量的基础上，对工资率和资本租赁价格做偏相关分析。

3. 表 6.42 给出了铁岭、朝阳和葫芦岛 2006 年各月的平均气温情况。试用距离分析方法研究这 3 个地区月平均气温的相似程度。

表 6.42 铁岭、朝阳、葫芦岛 2006 年各月平均气温统计（单位：摄氏度）

月份	铁岭	朝阳	葫芦岛
1	−12.3	−8.1	−7.0
2	−8.2	−5.8	−4.3
3	0.8	3.0	2.8
4	7.6	9.4	9.3
5	18.3	19.2	18.3
6	21.3	23.3	21.5
7	24.2	24.5	24.3
8	23.9	24.5	24.3
9	17.9	18.1	20.3
10	11.6	12.1	13.8
11	0.4	1.2	3.1
12	−6.5	−6.5	−3.8

4. 用例 6.5 的数据，以工资率为因变量，以产量为自变量，对工资率和产量做简单线性回归分析。

5. 用例 6.9 的数据，以 lw80 为因变量，以 s80、expr80、tenure80、iq 为自变量做多重线性回归分析。

6. 用例 6.7 的数据，以长期表现指数为因变量，以培训天数为自变量，做曲线回归分析。

7. 用例 6.6 的数据，以锡克氏试验阴性率为因变量，以年龄为自变量，做非线性回归分析。

8. 用例 6.4 的数据，以失业率为因变量，以通货膨胀率为自变量，做加权最小二乘回归分析。

9. 用例 6.9 的数据，以 lw80 为因变量，以 expr80、tenure80、iq 为自变量且 iq 为内生解释变量，以 med、kww、age 为 iq 的工具变量，做二阶最小二乘回归分析。

10. 表 6.43 给出了 20 名前列腺癌患者的相关数据。试用二项分类 Logistic 回归方法分析患者前列腺细胞癌转移情况（有转移 y=1、无转移 y=0）与患者年龄、前列腺细胞癌血管内皮生长因子（其阳性表述由低到高共 3 个等级）、术前探针活检病理分级（从低到高共 4 级）、酸性磷酸酯酶、前列腺细胞癌分期（由低到高共 4 期）之间的关系。

表 6.43   20 名前列腺癌患者的相关数据

编号	前列腺细胞癌转移情况	年龄	前列腺细胞癌血管内皮生长因子	术前探针活检病理分级	酸性磷酸酯酶（个/μL）	前列腺细胞癌分期
1	0	66	3	3	46	1
2	1	45	2	2	60	2
3	1	79	1	1	50	3
4	0	65	2	3	50	2
5	0	55	3	4	60	3
6	0	58	3	3	43	2
7	1	43	1	2	70	1
8	0	45	2	4	56	4
9	0	51	1	1	76	1
10	1	57	3	1	70	2
11	0	66	2	3	50	1
12	1	30	3	4	55	3
13	0	53	1	1	59	1
14	0	34	3	2	49	2
15	1	38	1	4	35	3
16	0	41	1	2	67	1
17	0	16	1	3	68	1
18	1	34	3	2	67	3
19	1	46	1	2	51	3
20	0	72	3	4	72	2

11．表 6.44 给出了山东省某医院 20 名听力低下患者听力监测结果的数据。试用多项分类 Logistic 回归方法分析听力低下程度（由轻到重共 3 级）与年龄、性别（1 代表男性，2 代表女性）之间的关系。

表 6.44   山东省某医院 20 名听力低下患者听力监测结果的数据

编号	听力低下程度	性别	年龄
1	1	1	55
2	3	2	55
3	2	1	54
4	2	2	66
5	3	2	76
6	2	2	47
7	2	2	67
8	2	1	58
9	1	1	34
10	3	2	28

（续表）

编号	听力低下程度	性别	年龄
11	3	1	67
12	2	2	67
13	3	1	75
14	2	1	48
15	1	2	55
16	3	2	75
17	3	2	47
18	1	1	55
19	1	1	65
20	3	2	76

12．饮料制造商为分析目标市场消费者对其生产的 5 种口味的饮料的偏好情况，对山东某地区的青年消费群展开社会调查，调查采用街头问卷的方式，所得的调查数据资料如表 6.45 所示。试用最优标度回归分析方法研究口味偏好（1 代表柠檬，2 代表桔子，3 代表葡萄，4 代表苹果，5 代表薄荷）与年龄、性别（1 代表男，2 代表女）、职业（1 代表学生，2 代表公务员，3 代表公司职员，4 代表自由职业者，5 代表其他）之间的关系。

表 6.45　山东某地区不同口味饮料偏好的调查数据

编号	口味偏好	年龄	性别	职业
1	2	23	2	4
2	2	24	1	2
3	3	26	1	3
4	1	21	1	3
5	5	26	2	3
…	…	…	…	…
58	5	23	1	2
59	1	24	2	1
60	2	27	1	2

13．用例 2.4 的数据，做一般对数线性模型分析，分析两所学校学生的升学情况有无明显的差别。

第7章 方差分析案例研究

前面所介绍的有关统计推断的方法，虽然所涉及的对象不同，但归纳起来都可视为两个平均数间的差异显著性检验。但是当遇到多个平均数间的差异显著性检验时，显然它们是不适用的，我们可以采用方差分析法。方差分析法就是将所要处理的观测值作为一个整体，按照变异的不同来源把观测值总变异的平方和以及自由度分解为两个或多个部分，获得不同变异来源的均方与误差均方；通过比较不同变异来源的均方与误差均方，判断各样本所属总体方差是否相等。方差分析主要包括单因素方差分析、多因素方差分析、协方差分析、多元方差分析、重复测量方差分析等。下面我们将分别介绍这些方法在实例中的应用。

7.1 实例33——单因素方差分析

7.1.1 单因素方差分析的功能与意义

单因素方差分析是方差分析（Analysis of Variance）类型中最基本的一种，研究的是一个因素对于试验结果的影响和作用，这一因素可以有不同的取值或者是分组。单因素方差分析所要检验的问题就是当因素选择不同的取值或者分组时，对结果有无显著的影响。

7.1.2 相关数据来源

📹	下载资源\video\chap07\...
🖥	下载资源\sample\7\正文\原始数据文件\案例7.1.sav

【例7.1】表7.1给出了4种新型药物对白鼠胰岛素分泌水平影响的测量结果，数据为白鼠的胰岛质量。试用单因素方差分析检验4种药物对胰岛素水平的影响是否相同。

表7.1 4种药物刺激下的白鼠的胰岛质量

测量编号	胰岛质量（g）	药物组
1	89.8	1
2	93.8	1
3	88.4	1
4	110.2	1
5	95.6	1
6	84.4	2
...	...	...

（续表）

测量编号	胰岛质量（g）	药物组
16	88.4	4
17	90.2	4
18	73.2	4
19	87.7	4
20	85.6	4

7.1.3 SPSS分析过程

在用 SPSS 进行分析之前，我们要把数据录入到 SPSS 中。容易发现本例中有 3 个变量，分别是测量编号、胰岛质量和药物组。我们把测量编号、胰岛质量和药物组定义为数值型变量，然后录入相关数据。录入完成后，数据如图 7.1 所示。

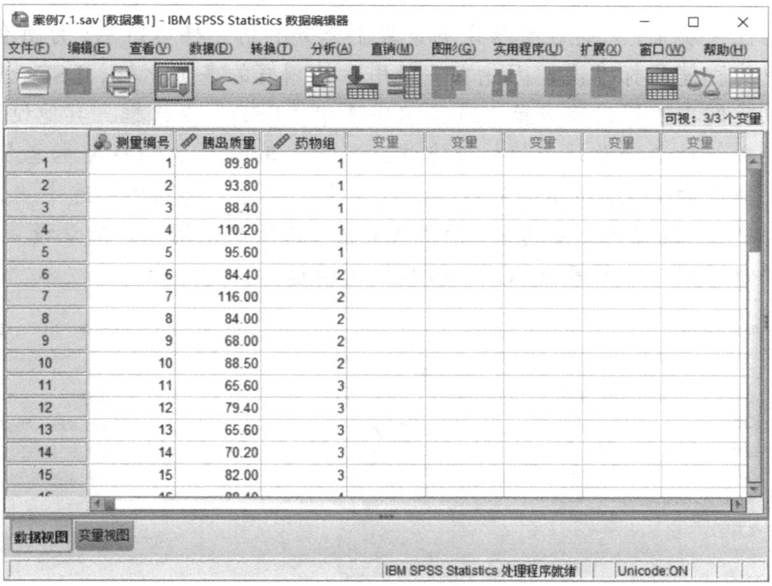

图 7.1 案例 7.1 数据

先做一下数据保存，然后开始展开分析，步骤如下：

01 进入 SPSS 24.0，打开相关数据文件，选择"分析"|"比较平均值"|"单因素 ANOVA 检验"命令，弹出如图 7.2 所示的对话框。

02 选择进行单因素方差分析的变量。在"单因素 ANOVA 检验"对话框的左侧列表框中，选择"胰岛质量"并单击 ➡ 按钮使之进入"因变量列表"列表框，选择"药物组"并单击 ➡ 按钮使之进入"因子"列表框。

03 对组间平方和进行线性分解并检验。单击"单因素 ANOVA 检验"对话框右上角的"对比"按钮，弹出如图 7.3 所示的对话框。选中"多项式"复选框，单击"继续"按钮返回"单因素 ANOVA 检验"对话框。

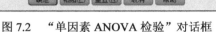

图 7.2　"单因素 ANOVA 检验"对话框　　　图 7.3　"单因素 ANOVA 检验：对比"对话框

04 选择各组间两两比较的方法。单击"单因素 ANOVA 检验"对话框右上角的"事后比较"按钮，弹出如图 7.4 所示的对话框。当各组方差相等时，SPSS 共提供了 14 种两两比较的方法，其中常用的是 LSD 法。LSD 法即最小显著差法，本质上是 T 检验的一个变形，并未对检验水准做出任何矫正，只是在标准误的计算上充分利用了样本信息，为所有组的均数统一估计出了一个更为稳健的标准误，因此它一般用于计划好的多重比较。LSD 法一般被认为是最灵敏的，所以我们在"假定等方差"选项组中选中"LSD"复选框，其他设置采用默认值。

05 定义相关统计选项及缺失值处理方法。单击"单因素 ANOVA 检验"对话框右侧的"选项"按钮，弹出如图 7.5 所示的对话框。我们在"统计"选项组中选中"方差齐性检验"复选框，然后选中"平均值图"复选框，对"缺失值"选项组采用系统默认设置。设置完毕后，单击"继续"按钮返回"单因素 ANOVA 检验"对话框。

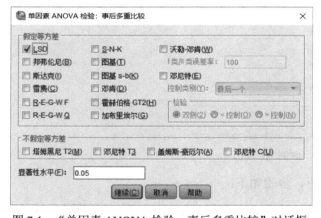

图 7.4　"单因素 ANOVA 检验：事后多重比较"对话框　图 7.5　"单因素 ANOVA 检验：选项"对话框

06 设置完毕后，单击"确定"按钮，等待输出结果。

7.1.4　结果分析

（1）方差齐性检验表

从表 7.2 中可以看出，输出的显著性为 0.504，远大于 0.05，因此我们认为各组的总体方差相等。

（2）方差分析表

从表 7.3 中可以看出，总离差平方和为 3318.482，组间离差平方和为 1379.722，组内离差平方和为 1938.760，在组间离差平方和中可以被线性解释的部分为 557.904；方差检验 F=3.795，对应的显著性为 0.031，小于显著性水平 0.05，因此我们认为 4 组中至少有一组与另外一组存在显著性差异。

表 7.2　方差齐性检验表

方差齐性检验

胰岛质量

莱文统计	自由度 1	自由度 2	显著性
.816	3	16	.504

表 7.3　方差分析表

ANOVA

胰岛质量

		平方和	自由度	均方	F	显著性
组间	（组合）	1379.722	3	459.907	3.795	.031
	线性项　对比	557.904	1	557.904	4.604	.048
	偏差	821.818	2	410.909	3.391	.059
组内		1938.760	16	121.173		
总计		3318.482	19			

（3）多重比较表（LSD 法）

从表 7.4 中可以发现，药物组 4 和其他组之间（药物组 1 和药物组 2 之间）的显著性都大于显著性水平 0.05，说明这几组之间的差异不显著，其他各种组合之间差异显著，表格也已都用"*"标识。

表 7.4　多重比较表

多重比较

因变量：胰岛质量

LSD

(I) 药物组	(J) 药物组	平均值差值 (I-J)	标准误差	显著性	95% 置信区间 下限	95% 置信区间 上限
1	2	7.38000	6.96197	.305	-7.3787	22.1387
	3	23.00000*	6.96197	.004	8.2413	37.7587
	4	10.54000	6.96197	.150	-4.2187	25.2987
2	1	-7.38000	6.96197	.305	-22.1387	7.3787
	3	15.62000*	6.96197	.039	.8613	30.3787
	4	3.16000	6.96197	.656	-11.5987	17.9187
3	1	-23.00000*	6.96197	.004	-37.7587	-8.2413
	2	-15.62000*	6.96197	.039	-30.3787	-.8613
	4	-12.46000	6.96197	.092	-27.2187	2.2987
4	1	-10.54000	6.96197	.150	-25.2987	4.2187
	2	-3.16000	6.96197	.656	-17.9187	11.5987
	3	12.46000	6.96197	.092	-2.2987	27.2187

*. 平均值差值的显著性水平为 0.05。

（4）均值折线图

从图 7.6 可以发现，药物组 3 的均值相对较小。

平均值图

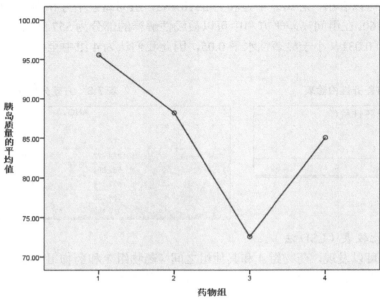

图 7.6　均值折线图

7.1.5　案例综述

通过单因素方差分析，可以得到如下结论：

- 由结果分析（1）可知，在本案例中各组样本所在总体的方差相等。
- 由结果分析（2）可知，4组中至少有一组与其他组之间存在显著性差异。
- 由结果分析（3）可知，药物组1和药物组3之间、药物组2和药物组3之间均值差异显著。
- 由结果分析（4）可知，药物组3的均值相对较小，而且同样说明药物组1和药物组3之间、药物组2和药物组3之间均值差异显著。

综上所述，我们可以知道，4种药物对胰岛素水平的影响不相同。

7.2　实例34——多因素方差分析

7.2.1　多因素方差分析的功能与意义

多因素方差分析的基本思想基本等同于单因素方差分析，不同在于研究的是两个或者两个以上因素对于试验结果的作用和影响，以及这些因素共同作用的影响。多因素方差分析所要研究的就是多个因素的变化是否会导致试验结果的变化。由于三因素以及三因素以上方差分析较少用到，所以下面我们以双因素方差分析作为实例进行介绍。

7.2.2 相关数据来源

📹	下载资源\video\chap05\...
💻	下载资源\sample\7\正文\原始数据文件\案例7.2.sav

【例 7.2】将 20 只大鼠随机等分为 4 组，每组 5 只，进行肌肉损伤后的缝合试验。处理由两个因素组合而成，A 因素为缝合方法，分别为外膜缝合和内膜缝合，记做 a1、a2；B 因素为缝合后的时间，分别为缝合后 1 月和 2 月，记做 b1、b2。试验结果为大鼠肌肉缝合后肌肉力度的恢复度（%），如表 7.5 所示。考察缝合方法和缝合后时间对肌肉力度的恢复度是否有显著影响。

表 7.5 大鼠肌肉缝合后肌肉力度的恢复度测量数据

测量编号	肌肉力度的恢复度（%）	缝合方法	缝合后时间
1	10	a1	b1
2	10	a1	b1
3	40	a1	b1
4	50	a1	b1
5	10	a1	b1
6	30	a1	b2
...	...	...	...
18	70	a2	b2
19	60	a2	b2
20	30	a2	b2

7.2.3 SPSS分析过程

在用 SPSS 进行分析之前，我们要把数据录入到 SPSS 中。容易发现本例中有 4 个变量，分别是测量编号、肌肉力度的恢复度、缝合方法和缝合后时间。我们把所有变量定义为数值型，因此缝合方法变量也取值为 1、2，分别代表 a1、a2；缝合后时间变量定义为数值型，取值为 1、2，分别代表 b1、b2。然后录入相关数据，录入完成后，数据如图 7.7 所示。

先做一下数据保存，然后开始展开分析，步骤如下：

01 进入 SPSS 24.0，打开相关数据文件，选择"分析"|"一般线性模型"|"单变量"命令，弹出如图 7.8 所示的对话框。

02 在"单变量"对话框的左侧列表框中，选择"肌肉力度的恢复度"并单击➡按钮使之进入"因变量"列表框；选择"缝合方法"和"缝合后时间"并单击➡按钮使之进入"固定因子"列表框。

03 设置以图形方式展现多因素之间是否存在交互作用。单击"单变量"对话框右侧的"图"按钮，弹出如图 7.9 所示的对话框。本例要求以图形显示两个变量的交互作用，因此在

"单变量：轮廓图"对话框的左侧列表框中，选择"缝合后时间"并单击 ➡ 按钮使之进入"水平轴"编辑框，选择"缝合方法"并单击 ➡ 按钮使之进入"单独的线条"编辑框。然后单击"添加"按钮，设置进入"图"列表框。设置完毕后，单击"继续"按钮返回"单变量"对话框。

图 7.7　案例 7.2 数据

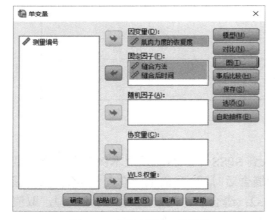

图 7.8　"单变量"对话框

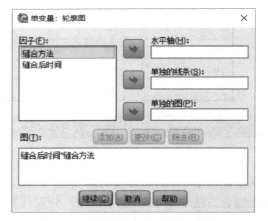

图 7.9　"单变量：轮廓图"对话框

04 设置均值多重比较类型。单击"单变量"对话框右侧的"事后比较"按钮，弹出如图 7.10 所示的对话框。在对话框左侧的"因子"列表框中，选择"缝合后时间"并单击 ➡ 按钮使之进入"下列各项的事后检验"列表框，选择"LSD"法进行比较。

05 设置输出到结果窗口的选项。单击"单变量"对话框右侧的"选项"按钮，弹出如图 7.11 所示的对话框。在"因子与因子交互"列表框中，选择"OVERALL"并单击 ➡ 按钮使之进入"显示下列各项的平均值"列表框，在"显示"选项组中选中"齐性检验"复选框。设置完毕后，单击"继续"按钮返回"单变量"对话框。

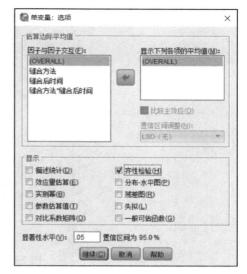

图 7.10 "单变量：实测平均值的事后多重比较"对话框　图 7.11 "单变量：选项"对话框

06 其余设置采用系统默认值即可。

07 设置完毕后，单击"确定"按钮，等待输出结果。

7.2.4 结果分析

（1）误差方差等同性的莱文检验表

从表 7.6 中可以看出，显著性 0.335 大于 0.05，因此认为各组样本来自的总体的方差相等。

（2）方差分析表

从表 7.7 中可以看出，因素缝合方法和缝合后时间的显著性分别为 0.45 和 0.012，分别大于和小于显著性水平 0.05，所以缝合方法对于肌肉力度的恢复度影响不显著，而缝合后时间对于肌肉力度的恢复度影响显著；两因素交互作用的显著性为 0.067，大于显著性水平 0.05，即对肌肉力度的恢复度影响不显著。

表 7.6 误差方差等同性的莱文检验表

误差方差的莱文等同性检验[a]

因变量：肌肉力度的恢复度

F	自由度 1	自由度 2	显著性
1.219	3	.16	.335

检验"各个组中的因变量误差方差相等"这一原假设。

a. 设计：截距 + 缝合方法 + 缝合后时间 + 缝合方法 * 缝合后时间

表 7.7 方差分析表

主体间效应检验

因变量：肌肉力度的恢复度

源	III 类平方和	自由度	均方	F	显著性
修正模型	2620.000[a]	3	873.333	2.911	.067
截距	27380.000	1	27380.000	91.267	.000
缝合方法	180.000	1	180.000	.600	.450
缝合后时间	2420.000	1	2420.000	8.067	.012
缝合方法 * 缝合后时间	20.000	1	20.000	.067	.800
误差	4800.000	16	300.000		
总计	34800.000	20			
修正后总计	7420.000	19			

a. R 方 = .353（调整后 R 方 = .232）

（3）两因素交互影响折线图

从图 7.12 可以看出，两条线近似于平行，说明两因素交互作用不显著。

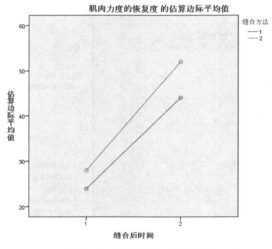

图 7.12　两因素交互折线图

7.2.5　案例综述

通过多因素方差分析，可以得到如下结论。

- 由结果（1）可知：在本案例中各组样本来自的总体的方差相等。
- 由结果（2）可知：缝合方法对于肌肉力度的恢复度影响不显著，缝合后时间对于肌肉力度的恢复度影响显著，两因素的交互作用影响不显著。
- 结果（3）同样说明加入交互作用项后，交互作用并不显著。

综上所述，缝合方法对于肌肉力度的恢复度影响不显著，缝合后时间对于肌肉力度的恢复度影响显著，两因素的交互作用影响不显著。

7.3　实例35——协方差分析

7.3.1　协方差分析的功能与意义

协方差分析是将回归分析同方差分析结合起来，以消除混杂因素的影响，是对试验数据进行分析的一种方法。协方差分析一般研究比较一个或几个因素在不同水平上的差异，但观测量同时还受另一个难以控制的协变量的影响，在分析中剔除其影响，再分析各因素对观测变量的影响。

7.3.2　相关数据来源

📹	下载资源\video\chap07\...
🖥	下载资源\sample\7\正文\原始数据文件\案例7.3.sav

【例 7.3】某学校实施新政策以改善部分年轻教师的生活水平。政策实施后开始对年轻教

师待遇的改善情况进行调查，调查结果如表 7.8 所示。用实施新政策后的工资来反映生活水平的提高，要求剔除实施新政策前的工资差异，试分析教师的级别和该新政策对年轻教师工资的提高是否有显著的影响。

表 7.8　年轻教师工资表（单位：千元）

年龄	原工资	现工资	教师级别	政策实施
26	4	5	2	否
27	3	4	3	否
27	3	5	1	是
29	2	4	2	否
28	5	6	2	是
…	…	…	…	…
29	6	9	3	是
27	8	10	2	否

7.3.3　SPSS分析过程

在用 SPSS 进行分析之前，我们要把数据录入到 SPSS 中。容易发现本例中有 5 个变量，分别为年龄、原工资、现工资、教师级别和政策实施。我们把所有变量定义为数值型，因此变量政策实施也定义为数值型，取值为 0 或 1，分别表示没有实施新政策和已实施新政策。然后录入相关数据，录入完成后，数据如图 7.13 所示。

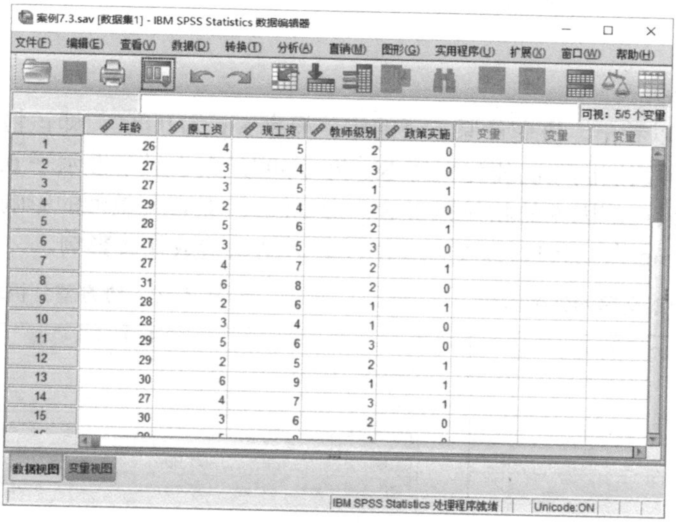

图 7.13　案例 7.3 数据

先做一下数据保存，然后开始展开分析，步骤如下：

01 进入 SPSS 24.0，打开相关数据文件，选择"分析"|"一般线性模型"|"单变量"命令，弹出如图 7.14 所示的对话框。

02 选择进行协方差分析的变量。在"单变量"对话框的左侧列表框中，选择"现工资"并单击 按钮使之进入"因变量"列表框；选择"教师级别"和"政策实施"并单击 按钮使之进入"固定因子"列表框；选择"原工资"并单击 按钮使之进入"协变量"列表框。

03 设置以图形方式展现多因素之间是否存在交互作用。单击"单变量"对话框右侧的"图"按钮，弹出"单变量：轮廓图"对话框（见图7.9）。选择"教师级别"并单击 按钮使之进入"水平轴"编辑框，选择"政策实施"并单击 按钮使之进入"单独的线条"编辑框；然后单击"添加"按钮，设置进入"图"列表框。

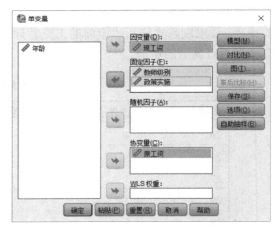

图7.14 "单变量"对话框

04 单击"单变量"对话框右侧的"选项"按钮，在弹出的"单变量：选项"对话框的"输出"选项组中选中"齐性检验"复选框并单击"继续"按钮返回。

05 其余设置采用系统默认值即可。

06 设置完毕后，单击"确定"按钮，等待输出结果。

7.3.4 结果分析

（1）误差方差等同性的莱文检验表

从表7.9中可以看出，显著性0.827大于0.05，因此认为各组样本所来自的总体的方差相等。

（2）协方差分析表

从表7.10中可以看出，协变量原工资的相伴概率Sig为0.000，即该协变量对青年教师工资的影响显著；教师级别因素的相伴概率Sig为0.997，大于显著性水平0.05，即对青年教师的影响不显著；政策实施因素的相伴概率Sig为0.029，对青年教师的影响显著；两因素的交互作用的相伴概率Sig为0.551，即交互作用没有对结果造成显著影响。

表7.9 误差方差的莱文等同性检验表

误差方差的莱文等同性检验[a]

因变量：现工资

F	自由度1	自由度2	显著性
.425	5	24	.827

检验"各个组中的因变量误差方差相等"这一原假设。

a. 设计：截距 + 原工资 + 教师级别 + 政策实施 + 教师级别 * 政策实施

表7.10 协方差分析表

主体间效应检验

因变量：现工资

源	III 类平方和	自由度	均方	F	显著性
修正模型	116.951[a]	6	19.492	22.701	.000
截距	21.994	1	21.994	25.614	.000
原工资	105.101	1	105.101	122.403	.000
教师级别	.005	2	.003	.003	.997
政策实施	4.675	1	4.675	5.445	.029
教师级别 * 政策实施	1.049	2	.525	.611	.551
误差	19.749	23	.859		
总计	1649.000	30			
修正后总计	136.700	29			

a. R 方 = .856（调整后 R 方 = .818）

（3）两因素交互影响折线图

从图 7.15 可以看出，两条折线无相交迹象，说明两因素交互作用不够显著。

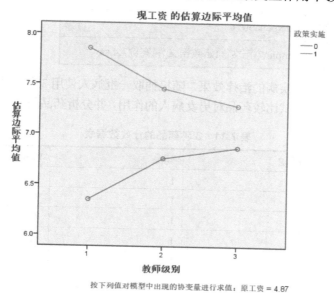

图 7.15　两因素交互折线图

7.3.5　案例综述

通过协方差分析，可以得到如下结论。

- 由结果分析（1）可知：在本案例中各组样本所来自的总体的方差相等。
- 由结果分析（2）、（3）可知：协变量和政策实施因素对青年教师工资的影响显著，教师级别因素对青年教师工资的影响不显著，两因素的交互作用对结果的影响不够显著。

综上所述，教师级别对教师工资影响显著，政策实施与否以及教师级别和政策实施的交互作用对教师工资影响不够显著。

7.4　实例36——多元方差分析

7.4.1　多元方差分析的功能与意义

前面所述的方差分析均为单个因变量，即为一元方差分析，当扩展到多个因变量时，则称之为多元方差分析（Multivariate Analysis of Variance）。多元方差分析的目的在于，检验影响因素或处理因素如何同时影响一组因变量。多元方差分析分为单因素多元方差分析和多因素多元方差分析。由于单因素多元方差分析较为简单且类似于多因素多元方差分析，我们在此只介绍较为复杂的多因素多元方差分析。

7.4.2 相关数据来源

📹	下载资源\video\chap07\...
🖥	下载资源\sample\7\正文\原始数据文件\案例7.4.sav

【例 7.4】为研究某种疾病的治疗效果，随机抽取一批病人使用 3 种不同药品（1、2、3）的情况，结果如表 7.11 所示。试比较药品对男女病人的作用，并分析药品与性别是否存在交互作用。

表 7.11　3 种药品的疗效数据表

疗效1	疗效2	药品	性别
5	6	1	男
5	4	1	男
9	9	1	男
7	6	1	男
4	4	1	女
…	…	…	…
14	13	3	女
12	12	3	女
12	10	3	女
8	7	3	女

7.4.3 SPSS分析过程

在用 SPSS 进行分析之前，我们要把数据录入到 SPSS 中。容易发现本例中有 4 个变量，分别为疗效 1、疗效 2、药品和性别。我们把所有变量定义为数值型，变量性别取值为 0 或 1，分别表示"女"或"男"。录入完成后，数据如图 7.16 所示。

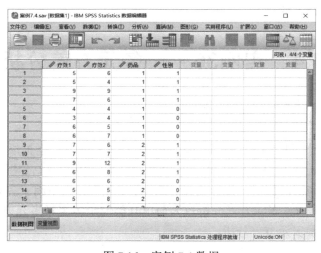

图 7.16　案例 7.4 数据

先做一下数据保存，然后开始展开分析，步骤如下：

01 进入 SPSS 24.0，打开相关数据文件，选择"分析"|"一般线性模型"|"多变量"命令，弹出如图 7.17 所示的对话框。

02 选择进行多因素多元方差分析的变量。在"多变量"对话框的左侧列表框中，选择"疗效 1"和"疗效 2"并单击➡按钮使之进入"因变量"列表框；选择"药品"和"性别"并单击➡按钮使之进入"固定因子"列表框。

03 设置多因素变量的各组差异比较。单击"多变量"对话框右侧的"对比"按钮，弹出如图 7.18 所示的对话框。在"对比"下拉列表中选择"差值"选项。设置完毕后，单击"继续"按钮返回"多变量"对话框。

图 7.17　"多变量"对话框

图 7.18　"多变量：对比"对话框

04 设置以图形方式展现多因素之间是否存在交互作用。单击"图"按钮，弹出"多变量：轮廓图"对话框。在对话框的左侧列表框中，选择"药品"并单击➡按钮使之进入"水平轴"编辑框，选择"性别"并单击➡按钮使之进入"单独的线条"编辑框；然后单击"添加"按钮，设置进入"图"列表框。设置完毕后，单击"继续"按钮返回"多变量"对话框。

05 设置均值多重比较类型。单击"事后比较"按钮，弹出"多变量：实测到的平均值的事后多重比较"对话框。选择"药品"并单击➡按钮使之进入"事后检验"列表框，选择"LSD"法进行比较。

06 单击"多变量"对话框右侧的"选项"按钮，在弹出的"多变量：选项"对话框中的"输出"选项组中选中"齐性检验"复选框并单击"继续"按钮返回。

07 其余设置采用系统默认值即可。

08 设置完毕后，单击"确定"按钮，等待输出结果。

7.4.4　结果分析

（1）误差方差等同性的莱文检验表

从表 7.12 中可以看出，疗效 1 和疗效 2 在各组总体方差相等，满足方差分析的前提条件。

（2）多元方差分析表

从表 7.13 中可以看出，药品与性别两个主效应的 4 种检验统计量的结果都相同（Sig 列，均小于 0.05），显著性分别为 0.000 和 0.013，说明药品与性别两个因素对疗效 1 和疗效 2 两个指标影响显著，但其交互作用的影响不显著，显著性均大于 0.05，说明药品与性别对两个指标的影响不存在协同作用。

表 7.12　误差方差等同性的莱文检验表

误差方差的莱文等同性检验[a]

	F	自由度1	自由度2	显著性
疗效1	1.606	5	18	.209
疗效2	.496	5	18	.775

检验"各个组中的因变量误差方差相等"这一原假设。

a. 设计：截距 + 药品 + 性别 + 药品 * 性别

表 7.13　多元方差分析表

多变量检验[a]

效应		值	F	假设自由度	误差自由度	显著性
截距	比莱轨迹	.965	232.476[b]	2.000	17.000	.000
	威尔克 Lambda	.035	232.476[b]	2.000	17.000	.000
	霍特林轨迹	27.350	232.476[b]	2.000	17.000	.000
	罗伊最大根	27.350	232.476[b]	2.000	17.000	.000
药品	比莱轨迹	.980	8.655	4.000	36.000	.000
	威尔克 Lambda	.139	14.335[b]	4.000	34.000	.000
	霍特林轨迹	5.358	21.432	4.000	32.000	.000
	罗伊最大根	5.193	46.734[c]	2.000	18.000	.000
性别	比莱轨迹	.397	5.606[b]	2.000	17.000	.013
	威尔克 Lambda	.603	5.606[b]	2.000	17.000	.013
	霍特林轨迹	.660	5.606[b]	2.000	17.000	.013
	罗伊最大根	.660	5.606[b]	2.000	17.000	.013
药品 * 性别	比莱轨迹	.129	.622	4.000	36.000	.650
	威尔克 Lambda	.872	.601[b]	4.000	34.000	.664
	霍特林轨迹	.145	.579	4.000	32.000	.680
	罗伊最大根	.132	1.192[c]	2.000	18.000	.327

a. 设计：截距 + 药品 + 性别 + 药品 * 性别

b. 精确统计

c. 此统计是生成显著性水平下限的 F 的上限。

（3）主体间效应的检验

表 7.14 分析了两个因变量在不同因素上的差别。可以看出，疗效 1 在药品与性别两个因素上都有差别（显著性分别为 0.000 和 0.004），而疗效 2 只在药品上有差别（显著性为 0.000），在性别间没有显著性（显著性为 0.056）。药品与性别的交互作用在疗效 1 和疗效 2 上都没有显著性（显著性分别为 0.629、0.893）。

（4）多重比较结果

从表 7.15 中可以知道，疗效 1 和疗效 2 在药物为 1、2 间没有显著性差异（显著性分别为 0.595、0.170），而在 1 与 3、2 与 3 之间有显著性差异（显著性均近似于 0）。

表 7.14　主体间效应的检验表

主体间效应检验

源	因变量	III 类平方和	自由度	均方	F	显著性
修正模型	疗效1	331.833[a]	5	66.367	19.424	.000
	疗效2	161.708[b]	5	32.342	7.346	.001
截距	疗效1	1666.667	1	1666.667	487.805	.000
	疗效2	1552.042	1	1552.042	352.514	.000
药品	疗效1	291.083	2	145.542	42.598	.000
	疗效2	142.333	2	71.167	16.164	.000
性别	疗效1	37.500	1	37.500	10.976	.004
	疗效2	18.375	1	18.375	4.174	.056
药品 * 性别	疗效1	3.250	2	1.625	.476	.629
	疗效2	1.000	2	.500	.114	.893
误差	疗效1	61.500	18	3.417		
	疗效2	79.250	18	4.403		
总计	疗效1	2060.000	24			
	疗效2	1793.000	24			
修正后总计	疗效1	393.333	23			
	疗效2	240.958	23			

a. R 方 = .844（调整后 R 方 = .800）

b. R 方 = .671（调整后 R 方 = .580）

表 7.15　多重比较表

多重比较

LSD

因变量	(I) 药品	(J) 药品	平均值差值 (I-J)	标准误差	显著性	95% 置信区间 下限	上限
疗效1	1	2	-.50	.924	.595	-2.44	1.44
		3	-7.63*	.924	.000	-9.57	-5.68
	2	1	.50	.924	.595	-1.44	2.44
		3	-7.13*	.924	.000	-9.07	-5.18
	3	1	7.63*	.924	.000	5.68	9.57
		2	7.13*	.924	.000	5.18	9.07
疗效2	1	2	-1.50	1.049	.170	-3.70	.70
		3	-5.75*	1.049	.000	-7.95	-3.55
	2	1	1.50	1.049	.170	-.70	3.70
		3	-4.25*	1.049	.001	-6.45	-2.05
	3	1	5.75*	1.049	.000	3.55	7.95
		2	4.25*	1.049	.001	2.05	6.45

基于实测平均值。

误差项是均方（误差）= 4.403。

*. 平均值差值的显著性水平为 .05。

（5）两因素交互影响折线图

从图 7.19 可以看出，两条折线基本平行，说明疗效和药品两因素的交互作用不显著。

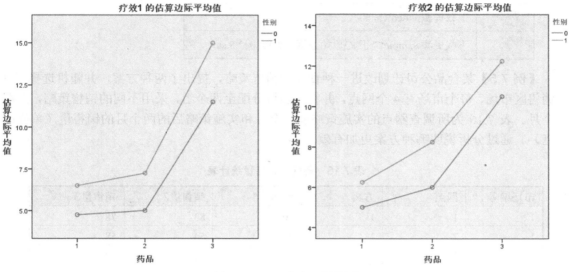

图 7.19　两因素交互折线图

7.4.5　案例综述

通过多因素多元方差分析，我们可以知道：

- 由结果分析（1）可知，在此案例中，疗效 1 和疗效 2 在各组总体方差相等。
- 由结果分析（2）可知，药品与性别两个因素对疗效 1 和疗效 2 两个指标影响显著，而药品与性别的协同作用对两个指标的影响不显著。
- 由结果分析（3）可知，疗效 1 和疗效 2 在药物为 1、2 间没有显著性差异，而在 1 与 3、2 与 3 之间有显著性差异。
- 由结果分析（4）可知，疗效和药品两因素交互作用不显著。

7.5　实例37——重复测量方差分析

7.5.1　重复测量方差分析的功能与意义

在研究中，我们经常需要对同一个观察对象重复进行多次观测，这样得到的数据称为重复测量资料；而对于重复测量资料进行方差分析就需要采用重复测量方差分析。重复测量方差分析与前述的方差分析最大的差别在于，它可以考察测量指标是否会随着测量次数的增加而变化，以及是否会受时间的影响。

7.5.2 相关数据来源

📹	下载资源\video\chap07\...
💻	下载资源\sample\7\正文\原始数据文件\案例7.5.sav

【例 7.5】某食品公司计划改进一种食品的销售策略，提出了两种方案，并随机选择了 3 个销售区市场，每个市场有 4 个网点，并将其随机分配至两个组，采用不同的销售策略，为期两个月。表 7.16 为所调查网点的实施策略前一个月和实施策略后的两个月的销售量（单位：千克）。通过分析说明哪种方案更加有效。

表 7.16　各网点销售量统计表

市场编号	网点	方案	销售量1	销售量2	销售量3
1	1	1	70	83	78
1	2	1	48	54	58
1	3	2	34	60	68
1	4	2	56	65	79
2	5	1	36	45	68
...	...	...	...	...	...
3	11	2	83	87	96
3	12	2	57	78	89

7.5.3 SPSS分析过程

在用 SPSS 进行分析之前，我们要把数据录入到 SPSS 中。容易发现本例中有 6 个变量，分别为市场编号、网点、方案和 3 个销售量，把所有变量定义为数值型。录入相关数据，录入完成后，数据如图 7.20 所示。

图 7.20　案例 7.5 数据

先做一下数据保存，然后开始展开分析，步骤如下：

01 进入 SPSS 24.0，打开相关数据文件，选择"分析"|"一般线性模型"|"重复测量"命令，弹出如图 7.21 所示的对话框。

02 定义重复测量因子。在"主体内因子名"中输入"月份"，在"级别数"中输入"3"，然后单击"添加"按钮；在"测量名称"中输入"销售量"，单击"添加"按钮；单击"定义"按钮，弹出如图 7.22 所示的对话框。

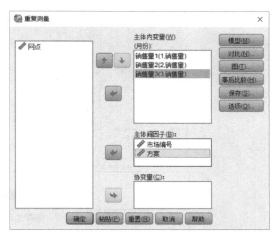

图 7.21　"重复测量定义因子"对话框　　　　图 7.22　"重复测量"对话框

03 定义内部变量。在"重复测量"对话框的左侧列表框中，选择"销售量 1""销售量 2"和"销售量 3"并单击 ➡ 按钮使之进入"主体内变量"列表框；选择"市场编号"和"方案"并单击 ➡ 按钮使之进入"主体间因子"列表框。

04 重复测量方差分析的模型，设置与前述方差分析类似，这里不再说明。

05 设置完毕后，单击"确定"按钮，等待输出结果。

7.5.4　结果分析

（1）多变量检验表

比莱轨迹的跟踪统计量最为稳健，因此检验结果以此为准。从表 7.17 可以看出，由于效应"月份"的显著性为 0.012，小于显著性水平 0.05，显著性较好，即说明各网点 3 个月的销售量不同；但是其他各个效应的显著性均大于 0.05，因此不显著，即不同市场的网点、实施不同方案的网点以及不同市场和实施策略的网点在这 3 个月的销售情况均相似。

（2）重复测量单因素的分析结果

首先我们来看一下莫奇来球对称检验结果，如表 7.18 所示。可以发现，统计量的显著性 0.557 大于显著性水平 0.05，因变量的协方差阵满足"球形"假设，因此，我们在进行重复测量单因素分析时，采用莫奇来球对称检验。从表 7.19 中可以看出，"月份*市场编号"和"月份*方案"统计量的显著性均大于显著性水平 0.05，因此不显著，没有统计学意义，而"月份*市场编号*方案"的显著性为 0.006，具有统计学意义。

表 7.17 多变量检验表

效应		值	F	假设自由度	误差自由度	显著性	偏 Eta 平方
月份	比莱轨迹	.831	12.326[b]	2.000	5.000	.012	.831
	威尔克 Lambda	.169	12.326[b]	2.000	5.000	.012	.831
	霍特林轨迹	4.931	12.326[b]	2.000	5.000	.012	.831
	罗伊最大根	4.931	12.326[b]	2.000	5.000	.012	.831
月份 * 市场编号	比莱轨迹	.191	.316	4.000	12.000	.862	.095
	威尔克 Lambda	.809	.279[b]	4.000	10.000	.885	.100
	霍特林轨迹	.235	.235	4.000	8.000	.911	.105
	罗伊最大根	.235	.705[c]	2.000	6.000	.531	.190
月份 * 方案	比莱轨迹	.266	.907[b]	2.000	5.000	.461	.266
	威尔克 Lambda	.734	.907[b]	2.000	5.000	.461	.266
	霍特林轨迹	.363	.907[b]	2.000	5.000	.461	.266
	罗伊最大根	.363	.907[b]	2.000	5.000	.461	.266
月份 * 市场编号 * 方案	比莱轨迹	.875	2.335	4.000	12.000	.115	.438
	威尔克 Lambda	.150	3.964[b]	4.000	10.000	.035	.613
	霍特林轨迹	5.518	5.518	4.000	8.000	.020	.734
	罗伊最大根	5.488	16.464[c]	2.000	6.000	.004	.846

a. 设计：截距 + 市场编号 + 方案 + 市场编号 * 方案
主体内设计：月份
b. 精确统计
c. 此统计是生成显著性水平下限的 F 的上限。

表 7.18 莫奇来对称检验表

莫奇来球形度检验[a]

测量：销售量

主体内效应	莫奇来 W	近似卡方	自由度	显著性	Epsilon[b] 格林豪斯-盖斯勒	辛-费德特	下限
月份	.791	1.169	2	.557	.827	1.000	.500

检验"正交化转换后因变量的误差协方差矩阵与恒等矩阵成比例"这一原假设。

a. 设计：截距 + 市场编号 + 方案 + 市场编号 * 方案
主体内设计：月份
b. 可用于调整平均显著性检验的自由度。修正检验将显示在"主体内效应检验"表中。

表 7.19 主体内效应的检验表

主体内效应检验

测量：销售量

源		III 类平方和	自由度	均方	F	显著性	偏 Eta 平方
月份	假设球形度	1172.520	2	586.260	21.290	.000	.780
	格林豪斯-盖斯勒	1172.520	1.655	708.527	21.290	.000	.780
	辛-费德特	1172.520	2.000	586.260	21.290	.000	.780
	下限	1172.520	1.000	1172.520	21.290	.004	.780
月份 * 市场编号	假设球形度	47.989	4	11.997	.436	.781	.127
	格林豪斯-盖斯勒	47.989	3.310	14.499	.436	.749	.127
	辛-费德特	47.989	4.000	11.997	.436	.781	.127
	下限	47.989	2.000	23.994	.436	.666	.127
月份 * 方案	假设球形度	85.763	2	42.881	1.557	.250	.206
	格林豪斯-盖斯勒	85.763	1.655	51.824	1.557	.255	.206
	辛-费德特	85.763	2.000	42.881	1.557	.250	.206
	下限	85.763	1.000	85.763	1.557	.259	.206
月份 * 市场编号 * 方案	假设球形度	676.789	4	169.197	6.144	.006	.672
	格林豪斯-盖斯勒	676.789	3.310	204.484	6.144	.011	.672
	辛-费德特	676.789	4.000	169.197	6.144	.006	.672
	下限	676.789	1.000	338.394	6.144	.035	.672
误差 (月份)	假设球形度	330.444	12	27.537			
	格林豪斯-盖斯勒	330.444	9.929	33.280			
	辛-费德特	330.444	12.000	27.537			
	下限	330.444	6.000	55.074			

（3）主体间效应的检验

从表 7.20 可以看出，市场的显著性较小，且对模型的贡献度为 52%，具有一定的统计学意义，但是其他因素以及它们的交互作用没有显著统计学意义。

表 7.20 主体间效应的检验表

测量: 销售量					
转换后变量: 平均					
源	III 类平方和	自由度	均方	F	显著性	偏 Eta 平方
截距	140873.639	1	140873.639	307.020	.000	.981
市场编号	2988.436	2	1494.218	3.256	.110	.520
方案	307.578	1	307.578	.670	.444	.100
市场编号 * 方案	106.436	2	53.218	.116	.892	.037
误差	2753.056	6	458.843			

（4）两因素交互折线图

从图 7.23 可以看出，方案 1 效果较好，且月份和方案的交互作用不显著。

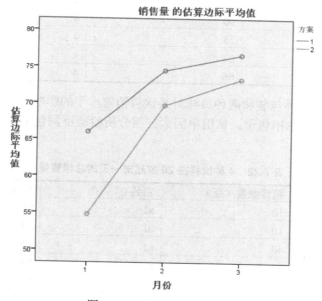

图 7.23 两因素交互折线图

7.5.5 案例综述

通过重复测量方差分析，我们可以知道：

- 在本案例中，各网点 3 个月的销售量不同，说明实施策略具有一定的效果。
- 不同市场的网点、实施不同方案的网点以及不同市场和实施策略的网点 3 个月的销售情况均相似。
- 从结果分析（4）中可以看出，方案 1 对于销售量的增加更有效。

7.6 本章习题

1．表 7.21 给出了 4 种包装对某饮料销售水平的影响的测量结果，数据为各大超市 20 天的每日总销售量。试用单因素方差分析检验 4 种包装对饮料销售水平的影响是否相同。

表 7.21　4 种包装下的饮料销售水平

测量编号	总销售量（瓶）	包装类别
1	90	1
2	94	1
3	88	1
4	110	1
5	96	1
6	84	2
…	…	…
16	88	4
17	90	4
18	73	4
19	88	4
20	86	4

2．表 7.22 给出了两种包装和两种口味对某饮料销售水平的影响的测量结果，数据为 4 种饮料在 20 家超市一天的总销售量。试用单因素方差分析检验不同包装及口味对饮料销售水平的影响是否相同。

表 7.22　4 种饮料在 20 家超市一天的总销售量

超市编号	销售数量（瓶）	包装	口味
1	10	a1	b1
2	10	a1	b1
3	40	a1	b1
4	50	a1	b1
5	10	a1	b1
6	30	a1	b2
…	…	…	…
18	70	a2	b2
19	60	a2	b2
20	30	a2	b2

3．某医院实施新政策以改善部分年轻医生的生活水平。政策实施后开始对年轻医生待遇的改善情况进行调查，调查结果如表 7.23 所示。用实施新政策后的工资来反映生活水平的提高，要求剔除实施新政策前的工资差异，试分析医生的级别和该新政策对年轻医生工资的提高是否有显著的影响。

表 7.23　年轻医生工资表（单位：千元）

年龄	原工资	现工资	教师级别	政策实施
27	4	4	2	否
26	2	5	3	否
26	3	4	1	是
28	3	5	2	否
29	4	5	2	是
…	…	…	…	…
29	6	9	3	是
27	8	10	2	否

4．为研究某系列杀虫剂的杀虫效果，随机抽取一批标准试验田分别使用该系列的 3 种不同杀虫剂（1、2、3），结果如表 7.24 所示。试比较杀虫剂对玉米和棉花的作用，并分析杀虫剂与农作物是否存在交互作用。

表 7.24　3 种杀虫剂的效果数据表

效果1	效果2	杀虫剂	农作物
6	6	1	玉米
4	4	1	玉米
8	9	1	玉米
5	5	1	玉米
4	4	1	棉花
…	…	…	…
14	13	3	棉花
12	12	3	棉花
12	10	3	棉花
8	7	3	棉花

5．某建材公司计划改进一种材料的销售策略，提出了两种方案，并随机选择了 3 个销售区市场，每个市场有 4 个网点，并将其随机分配至两个组，采用不同的销售策略，为期两个月。表 7.25 为所调查网点的实施策略前一个月和实施策略后的两个月的销售量（单位：千克）。通过分析说明哪种方案更加有效。

表 7.25　各网点销售量统计表

市场编号	网点	方案	销售量1	销售量2	销售量3
1	1	1	70	84	79
1	2	1	49	56	57
1	3	2	35	61	68
1	4	2	56	65	79
2	5	1	36	45	68
…	…	…	…	…	…
3	11	2	83	87	96
3	12	2	57	76	90

第8章　时间序列分析案例研究

时间序列分析是一种动态数据处理的统计方法。该方法基于随机过程理论和数理统计学方法，研究随机数据序列所遵从的统计规律，以此来解决实际问题。时间序列是随时间而变化，具有动态性和随机性的数字序列。在现实中，许多统计资料都是按照时间进行观测记录的，因此时间序列分析在实际分析中具有广泛的应用。

时间序列模型不同于一般的经济计量模型，其不以经济理论为依据，而是依据变量自身的变化规律，利用外推机制描述时间序列的变化。时间序列模型在处理的过程中必须明确考虑时间序列的非平稳性。本章我们就来对 SPSS 中提供的多种时间序列分析方法进行一系列的实例分析。

8.1　实例38——时间序列的预处理

8.1.1　时间序列预处理的功能与意义

时间序列的预处理是指定义时间序列和对时间序列平稳化处理。它是进行时间序列分析前必须进行的一个环节，因为 SPSS 无法自动识别时间序列数据，而且在处理的过程中必须明确考虑时间序列的非平稳性，所以在进行时间序列分析前，我们必须对时间序列进行预处理。

8.1.2　相关数据来源

下载资源\video\chap08\...
下载资源\sample\8\正文\原始数据文件\案例8.1.sav

【例 8.1】表 8.1 给出了从 1960 年~2008 年某国的工业生产总值数据、某国 10 年期国库券利率与该国联邦基金利率差额。试据此对该组数据进行时间序列的预处理操作。

表 8.1　某国工业生产总值、利率差额等指标统计

时间	工业生产总值（万亿元）	利率差额（%）
1960M01	26.41	0.73
1960M02	26.17	0.52
1960M03	25.94	0.41
1960M04	25.73	0.36
1961M01	25.70	0.50
1961M02	25.38	0.83
1961M03	25.29	0.67

（续表）

时间	工业生产总值（万亿元）	利率差额（%）
1961M04	25.26	0.82
1962M01	25.00	1.20
1962M02	24.97	1.42
1962M03	24.61	1.49
1962M04	24.14	1.86
1963M01	24.17	2.39
...	...	...

8.1.3 SPSS分析过程

在用 SPSS 进行分析之前，我们要把数据录入到 SPSS 中。容易发现本例中有两个变量，分别是工业生产总值和利差（利率差额）。我们把工业生产总值和利差都定义为数值型变量，然后录入相关数据。录入完成后，数据如图 8.1 所示。

图 8.1　案例 8.1 数据

先做一下数据保存，然后开始展开分析，步骤如下：

01 进入 SPSS 24.0，打开相关数据文件，选择"数据"|"定义日期和时间"命令，打开如图 8.2 所示的"定义日期"对话框。

02 在"个案是"列表框中选择"年季度"，然后在"第一个个案是"选项组中的"年"和"季度"文本框中输入数据开始的具体年份 1960 和季度 1，然后单击"确定"按钮，完成时间变量的定义。

03 选择"转换"|"创建时间序列"命令，打开如图 8.3 所示的"创建时间序列"对话框，将"工业生产总值"变量选入"变量->新名称"列表框中，在"函数"下拉列表中选中"季节性差异"选项，单击"确定"按钮。

04 设置完毕后，单击"确定"按钮，等待输出结果。

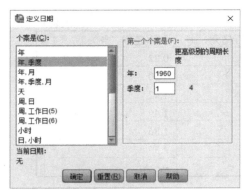

图 8.2 "定义日期"对话框

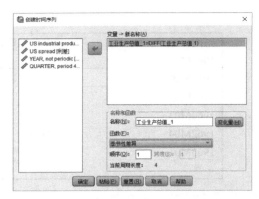

图 8.3 "创建时间序列"对话框

8.1.4 结果分析

（1）SPSS 创建序列信息表

从表 8.2 中可以看出对"工业生产总值"序列进行平稳处理的信息。从该图可以知道平稳处理后的新序列名称为"工业生产总值_1"，该序列含有 3 个缺失值，有效个案为 587 个，平稳处理的方法是 DIFF，即季节差分方法。

表 8.2 SPSS 创建序列信息表

创建的序列				
		非缺失值的个案编号		
	序列名称	第一个	最后一个	有效个案数	创建函数
1	工业生产总值_1	2	588	587	DIFF(工业生产总值,1)

（2）时间序列预处理结果图

图 8.4 给出了时间变量定义和对"工业生产总值"季节差分在 SPSS Statistics 数据视图中的处理结果。从该图可以看到，"DATE_"序列是新定义的时间变量序列，"工业生产总值_1"序列就是对"工业生产总值"序列进行季节差分平稳处理后新生成的序列。

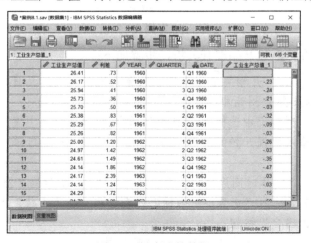

图 8.4 新生成的数据

8.1.5 案例综述

通过分析，我们成功地对案例时间序列进行了定义，另外结果分析（1）显示我们对时间序列进行了平稳化处理，这为进行后续的时间序列模型的建模拟合和预测做好了准备。

8.2 实例39——指数平滑模型

8.2.1 指数平滑模型的功能与意义

指数平滑模型可以对不规则的时间序列数据加以平滑，从而获得其变化规律和趋势，以此对未来的经济数据进行推断和预测。指数平滑模型的思想是对过去值和当前值进行加权平均以及对当前的权数进行调整，以期抵消统计数值的摇摆影响，得到平滑的时间序列。指数平滑法不舍弃过去的数据，但是对过去的数据给予逐渐减弱的影响程度（权重）。

8.2.2 相关数据来源

🎥	下载资源\video\chap08\...
🖥	下载资源\sample\8\正文\原始数据文件\案例8.2.sav

【例8.2】由于时间序列的分析必须建立在预处理的基础上，因此本节沿用第一节的案例，对数据文件不再赘述。本节利用指数平滑模型对联邦基金利率差额进行拟合，以消除非正常波动得到联邦基金利率差额在48年中稳定长期的走势。

8.2.3 SPSS分析过程

在用SPSS进行分析之前，我们要把数据录入到SPSS中。本节沿用第一节对时间序列预处理的结果，数据如图8.5所示。

先做一下数据保存，然后开始展开分析，步骤如下：

01 进入SPSS 24.0，打开相关数据文件，选择"分析"|"时间序列预测"|"创建传统模型"命令，打开如图8.6所示的"时间序列建模器"对话框。

02 选择进行时间序列分析的变量。在"时间序列建模器"对话框的左侧列表框中，将"利差"变量选入"因变量"列表框中，在"方法"下拉列表中选择"指数平滑"选项。

03 设置指数平滑模型的类型。单击"条件"按钮，打开"时间序列建模器：指数平滑条件"对话框，选中"简单季节性"，单击"继续"按钮，返回"时间序列建模器"对话框。

04 选择是否显示参数估计值。打开"统计"选项卡，选中"参数估算"复选框，然后单击"继续"按钮。

05 设置完毕后，单击"确定"按钮，等待输出结果。

图 8.5　案例 8.2 数据

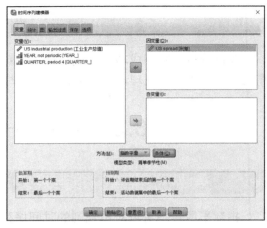

图 8.6　"时间序列建模器"对话框

8.2.4　结果分析

（1）模型拟合结果表

从表 8.3 中可以看出模型的 8 个拟合优度指标，包括这些指标的平均值、最小值、最大值以及百分位数。其中，平稳 R 方值为 0.571，而 R 方值为 0.897，这是由于因变量数据为季节性数据，因此平稳 R 方更具有代表性。从两个 R 方值来看，该指数平滑模型的拟合情况比较良好。

表 8.3　模型拟合结果表

					百分位数						
模型拟合度											
拟合统计	平均值	标准误差	最小值	最大值	5	10	25	50	75	90	95
平稳 R 方	.571	.	.571	.571	.571	.571	.571	.571	.571	.571	.571
R 方	.897	.	.897	.897	.897	.897	.897	.897	.897	.897	.897
RMSE	.542	.	.542	.542	.542	.542	.542	.542	.542	.542	.542
MAPE	65.212	.	65.212	65.212	65.212	65.212	65.212	65.212	65.212	65.212	65.212
MaxAPE	3881.586	.	3881.586	3881.586	3881.586	3881.586	3881.586	3881.586	3881.586	3881.586	3881.586
MAE	.316	.	.316	.316	.316	.316	.316	.316	.316	.316	.316
MaxAE	5.309	.	5.309	5.309	5.309	5.309	5.309	5.309	5.309	5.309	5.309
正态化 BIC	-1.204	.	-1.204	-1.204	-1.204	-1.204	-1.204	-1.204	-1.204	-1.204	-1.204

（2）模型统计量结果表

表 8.4 给出了模型的拟合统计量和杨-博克斯 Q 统计量。平稳 R 方值为 0.571，与模型拟合图中的平稳 R 方一致。杨-博克斯 Q 统计量值为 121.541，显著水平为 0.000，因此拒绝残差序列为独立序列的原假设，说明模型拟合后的残差序列是存在自相关的，因此建议采用 ARIMA 模型继续拟合。

表 8.4　模型统计结果表

		模型拟合度统计	杨-博克斯 Q(18)			
模型统计						
模型	预测变量数	平稳 R 方	统计	DF	显著性	离群值数
US spread-模型_1	0	.571	121.541	16	.000	0

（3）指数平滑法模型参数表

表 8.5 给出了指数平滑法模型参数估计值列表。本实验拟合的指数平滑模型的水平 Alpha 值为 0.999，显著性为 0.000，不仅作用很大，而且非常显著。SPREAD 尽管为季节性数据，但该序列几乎没有任何季节性特征。

表 8.5 指数平滑法模型参数表

指数平滑法模型参数					
模型			估算	标准误差	t	显著性
US spread-模型_1	不转换	Alpha（水平）	.999	.041	24.091	.000
		Delta（季节）	.000	6.970	5.900E-5	1.000

（4）指数平滑模型拟合图

图 8.7 给出了"利差"的指数平滑模型的拟合图和观测值。"利差"序列整体上呈波动状态，拟合值和观测值曲线在整个区间中几乎重合，因此可以说明指数平滑模型对"利差"的拟合情况良好。通过指数平滑模型的拟合图我们可以发现，联邦基金利率差额在 48 年中出现过两次剧烈波动下行，并且从总体上讲，前 20 年的波动较为剧烈，而最近 20 年波动相对平缓。

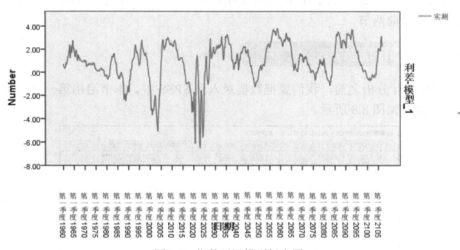

图 8.7 指数平滑模型拟合图

8.2.5 案例综述

通过指数平滑模型分析，我们发现：

- 由结果分析（1）可知，从拟合的 R 方值来看，该指数平滑模型的拟合情况比较良好。
- 由结果分析（2）可知，模型拟合后的残差序列是存在自相关的，因此建议采用 ARIMA 模型继续拟合。
- 结果分析（4）可知，"利差"序列整体上呈波动状态，拟合值和观测值曲线在整个区间中几乎重合，因此可以说明指数平滑模型对"利差"的拟合情况良好。

8.3 实例40——ARIMA模型

8.3.1 ARIMA模型的功能与意义

ARIMA 模型是时间序列分析中常用的模型之一，ARIMA 模型提供了一套有效的预测技术，在时间序列预测中具有广泛的应用。

8.3.2 相关数据来源

📹	下载资源\video\chap08\...
💻	下载资源\sample\8\正文\原始数据文件\案例8.3.sav

【例 8.3】在上一节我们提到建议采用 ARIMA 模型对联邦基金利率差额继续拟合，那么本节就利用 ARIMA 模型对美国 10 年期国库券利率与联邦基金利率差额的走势进行分析与预测。数据文件参见前两节。

8.3.3 SPSS分析过程

在用 SPSS 进行分析之前，我们要把数据录入到 SPSS 中。本节沿用第一节对时间序列预处理的结果，数据如图 8.8 所示。

图 8.8 案例 8.3 数据

先做一下数据保存，然后开始展开分析，步骤如下：

01 进入 SPSS 24.0，打开相关数据文件，选择"分析"|"时间序列预测"|"创建传统模型"命令，打开如图 8.9 所示的"时间序列建模器"对话框。

图8.9 "时间序列建模器"对话框

02 选择进行分析的变量。在"时间序列建模器"对话框的左侧列表框中，将"利差"变量选入"因变量"列表框中，在"方法"下拉列表中选择"ARIMA"选项。

03 设置ARIMA模型的形式。单击"条件"按钮，打开"时间序列建模器：ARIMA条件"对话框，打开"模型"选项卡，在"自回归"的"季节性"列中输入"3"，在"差值"的"季节性"列中输入"1"，在"移动平均值"的"季节性"列中输入"2"，单击"继续"按钮，保存设置。

04 选择是否显示参数估计值。打开"统计"选项卡，选中"参数估算值"和"显示预测值"复选框，然后单击"继续"按钮，保存设置。

05 设置完毕后，单击"确定"按钮，等待输出结果。

8.3.4 结果分析

（1）模型描述表

表8.6给出了模型的基本描述。从该表可以看出，所建立的ARIMA模型的因变量标签是"US spread"，模型名称为"模型_1"，模型的类型为ARIMA(3,1,2)。

表8.6 模型描述表

模型描述			
			模型类型
模型ID	US spread	模型_1	ARIMA(0,0,0)(3,1,2)

（2）模型拟合表

表8.7给出了模型的8个拟合优度指标，包括这些指标的平均值、最小值、最大值以及百分位数。其中，平稳R方值为0.160，而R方值为0.573，由于因变量数据为季节性数据，因此平稳R方更具有代表性。从两个R方值来看，ARIMA(3,1,2)的拟合情况良好。

表 8.7　模型拟合表

模型拟合度

拟合统计	平均值	标准误差	最小值	最大值	5	10	25	50	75	90	95
平稳 R 方	.160	.	.160	.160	.160	.160	.160	.160	.160	.160	.160
R 方	.573	.	.573	.573	.573	.573	.573	.573	.573	.573	.573
RMSE	1.110	.	1.110	1.110	1.110	1.110	1.110	1.110	1.110	1.110	1.110
MAPE	149.223	.	149.223	149.223	149.223	149.223	149.223	149.223	149.223	149.223	149.223
MaxAPE	6054.065	.	6054.065	6054.065	6054.065	6054.065	6054.065	6054.065	6054.065	6054.065	6054.065
MAE	.752	.	.752	.752	.752	.752	.752	.752	.752	.752	.752
MaxAE	7.435	.	7.435	7.435	7.435	7.435	7.435	7.435	7.435	7.435	7.435
正态化 BIC	.274	.	.274	.274	.274	.274	.274	.274	.274	.274	.274

（3）模型拟合表

表 8.8 给出了 ARIMA(3,1,2)模型参数估计值。ARIMA(3,1,2)中有两部分：AR 和 MA。其中 AR 自回归部分的三项的显著性水平分别为 0.549、0.000 和 0.033，而 MA 移动平均部分的两项的显著性水平为 0.607 和 0.160。因此，ARIMA(3,1,2)比较适合。

表 8.8　模型参数表

ARIMA 模型参数

					估算	标准误差	t	显著性
US spread-模型_1	US spread	不转换	常量		.009	.004	2.198	.028
			AR，季节性	延迟 1	.072	.119	.600	.549
				延迟 2	.620	.076	8.174	.000
				延迟 3	-.111	.052	-2.133	.033
			季节性差异		1			
			MA，季节性	延迟 1	.340	.661	.514	.607
				延迟 2	.659	.468	1.408	.160

（4）模型预测与拟合图

图 8.10 给出了 SPREAD 的 ARIMA(3,1,2)模型的拟合图和观测值。SPREAD 序列整体上呈波动状态，拟合值和观测值曲线在整个区间的拟合情况良好，明显可以看出拟合值的波动性非常接近实际观察值的波动性。因此可以说明 ARIMA(3,1,2)模型对 SPREAD 的拟合情况还是非常不错的。

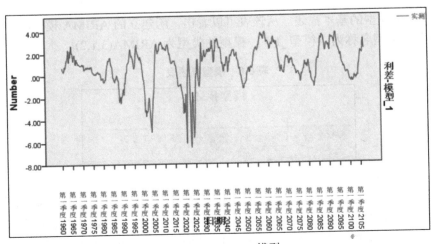

图 8.10　SPREAD 模型

8.3.5 案例综述

通过 ARIMA 模型分析，我们发现：

- 由结果分析（1）、（2）可知，从拟合的 R 方值来看，ARIMA(3,1,2)的拟合情况良好。
- 由结果分析（3）可知，从图像来看 ARIMA(3,1,2)模型对 SPREAD 的拟合情况一般，需要进一步探索其他的 ARIMA 模型。
- 由结果分析（4）可知，ARIMA(3,1,2)模型对 SPREAD 的拟合值和观测值曲线在整个区间整体上的拟合情况差强人意。

8.4 实例41——季节分解模型

8.4.1 季节分解模型的功能与意义

季节变动趋势是时间序列的 4 种主要变动趋势之一，所谓季节性变动是指由于季节因素导致的时间序列的有规则变动。引起季节变动的除自然原因外，还有人为原因，如节假日、风俗习惯等。季节分解的主要方法包括按月（季）平均法和移动平均趋势剔除法。

8.4.2 相关数据来源

🎥	下载资源\video\chap08\...
💻	下载资源\sample\8\正文\原始数据文件\案例8.4.sav

【例 8.4】表 8.9 记录了从 1995 年~1999 年中国某城市的月度平均气温。试利用季节变动分解模型对该城市气温进行分析，分析气温除去季节因素影响外的内在规律。

表 8.9 我国某城市的月度平均气温

年份	月份	气温（摄氏度）
1995	1	−0.70
1995	2	2.10
1995	3	7.70
1995	4	14.70
1995	5	19.80
1995	6	24.30
1995	7	25.90
1995	8	25.40
1995	9	19.00
1995	10	14.50
1995	11	7.70

（续表）

年份	月份	气温（摄氏度）
1995	12	−0.40
1996	1	−2.20
...	...	...

8.4.3　SPSS分析过程

本例中只定义一个变量，即气温。我们把气温定义为数值型变量，然后录入相关数据。录入完成后，数据如图8.11所示。

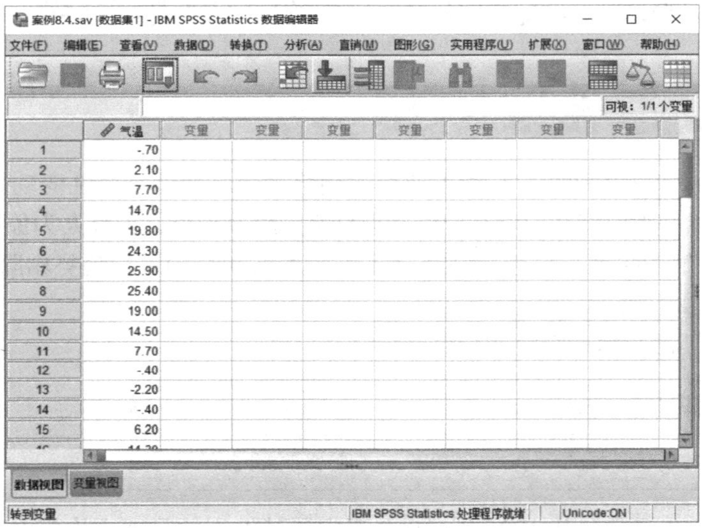

图8.11　案例8.4数据

先做一下数据保存，然后开始展开分析，步骤如下：

01 对时间变量进行定义。进入SPSS 24.0，打开相关数据文件，选择"数据"|"定义日期和时间"命令，打开"定义日期"对话框，在"个案是"列表框中选择"年、月"，然后在"第一个个案是"选项组中的"年"和"月份"文本框中输入数据开始的具体年份1995和月份1，单击"确定"按钮，完成时间变量的定义。

02 选择"分析"|"时间序列预测"|"季节性分解"命令，弹出如图8.12所示的"季节性分解"对话框。

03 选择进行分析的变量。在"季节性分解"对话框的左侧列表框中，将"气温"变量选入"变量"列表框中，在"模型类型"中选择"加性"，并选中"端点按0.5加权"单选按钮。

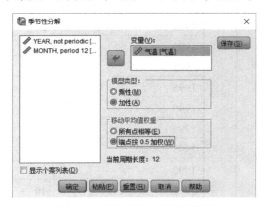

图8.12　"季节性分解"对话框

150

04 其他设置使用系统默认值即可。

05 设置完毕后，单击"确定"按钮，等待输出结果。

8.4.4 结果分析

（1）模型描述表

表 8.10 给出了模型的基本描述。从该表可以看出，模型的名称为 MOD_1，模型的类型为"加性"，以及移动平均数的计算方法。

（2）季节性因素表

表 8.11 给出了对"气温"序列进行季节性分解后的季节性因素。因为季节性因素的存在使得气温在不同的月份呈现出相似的性质，因此该季节性因素相当于周期内季节性影响的相对数。可见，在每年的 1、2、3、11、12 月份的季节性因素为负值，使得这 5 个月份的气温相对较低。

表 8.10　模型描述表

模型描述

模型名称	MOD_1
模型类型	加性
序列名称　　1	气温
季节性周期长度	12
移动平均值的计算方法	跨度等于周期长度加 1，且端点按 0.5 加权

正在应用来自 MOD_1 的模型指定项

表 8.11　季节性因素表

季节因子

序列名称: 气温

周期	季节因子
1	-15.86007
2	-11.63507
3	-6.20694
4	1.51389
5	7.24826
6	11.76910
7	13.50556
8	12.23889
9	7.14306
10	1.07639
11	-7.61736
12	-13.17569

（3）数据文件的变量视图

图 8.13 给出了"气温"序列进行季节性分解后的数据文件的变量视图。从该图可以看到数据文件中增加了 4 个序列：ERR_1、SAS_1、SAF_1 和 STC_1。其中，ERR_1 表示"气温"序列进行季节性分解后的不规则或随机波动序列；SAS_1 表示"气温"序列进行季节性分解除去季节性因素后的序列；SAF_1 表示"气温"序列进行季节性分解产生的季节性因素序列；STC_1 表示"气温"序列进行季节性分解出来的序列趋势和循环成分。

图 8.13　数据文件的变量视图

8.4.5　案例综述

通过季节分解模型分析，我们发现：

- 由结果分析（1）、（2）可知，每年的 1、2、3、11、12 月份的季节性因素为负值，使得这 5 个月份的气温相对较低。
- 由结果分析（3）可知，在季节性分解后的数据文件的变量视图中增加了 4 个序列：ERR_1、SAS_1、SAF_1 和 STC_1，分别表示随机波动序列、去除季节性因素后的序列、季节性因素序列、序列趋势和循环成分。

8.5　本章习题

1. 某调查者记录了某公园从 1999 年 1 月～2002 年 12 月的门票收入数据，如表 8.12 所示。试据此对该组数据进行时间序列的预处理操作。

表 8.12　某公园门票收入数据

年份	月份	门票收入（万元）
1999	1	70
1999	2	93
1999	3	60
1999	4	72
…	…	…
2002	11	100
2002	12	101

2. 表 8.13 给出了 1978 年~1998 年我国钢铁产量的数据。试用指数平滑的方法分析拟合我国钢铁产量的稳定长期的走势。

表 8.13 我国钢铁产量的数据

年份	钢铁产量（万吨）
1978	676
1979	825
1980	774
1981	716
...	...
1996	3514
1997	3770
1998	4107

3. 表 8.14 给出了某种粒子不同时间的相对位置的数据。试建立 ARIMA 模型，并对该粒子的位置进行分析与预测。

表 8.14 某种粒子不同时间的相对位置的数据

观测标号	粒子位置（mm）
1	0.874703053557
2	0.120875517627
3	0.098626037369
...	...
498	2.277213110270
499	2.651313652500
500	2.048141044897

4. 请使用第 1 题的数据，利用季节变动分解分析门票收入除去季节因素影响外的内在规律。

第 9 章　聚类分析与判别分析案例研究

聚类分析和判别分析都是研究事物分类的基本方法，通常我们所研究的指标或数据之间存在不同程度的相似性，聚类分析是采用定量数学方法，根据样品或指标的数值特征，对样品进行分类，从而辨别各样品之间的亲疏关系，是一种使用简单但却粗糙的分析方法；判别分析则是在已有分类结果的基础上提取信息，构造判别函数，然后根据判别函数对为之分类样本进行分类的一种方法。聚类分析主要有二阶段聚类、K 中心聚类和层次聚类。本章将逐一介绍这3 种分析方法及判别分析在实例中的应用。

9.1　实例42——二阶段聚类分析

9.1.1　二阶段聚类分析的功能与意义

二阶段聚类分析是一种新型的分层聚类方法，主要用于一般的数据挖掘和多元统计的交叉领域-模式分类，其算法适用于任何尺度的变量。

9.1.2　相关数据来源

📹	下载资源\video\chap09\...
💻	下载资源\sample\9\正文\原始数据文件\案例9.1.sav

【例 9.1】表 9.1 是美国 22 个公共团体的数据。其中，1 代表该团体使用了核能源，0 代表没有使用。试进行聚类分析，并观测这两类企业所属类别的情况。

表 9.1　美国 22 家公共团体统计表

公司编号	公司	固定支出综合率（%）	资产收益率（%）	每千瓦容量成本（美元）	每年使用的能源（万千瓦时）	是否使用核能源
1	亚利桑那公共服务公司	1.06	9.2	351	9077	0
2	波士顿爱迪生公司	0.89	16.3	202	5088	1
...	...	...	...	...	...	...
21	联合装饰公司	1.04	8.4	442	6650	0
22	维吉尼亚电力公司	0.36	16.3	184	1093	1

9.1.3　SPSS分析过程

在用 SPSS 进行分析之前，我们要把数据录入到 SPSS 中。容易发现本例中有 6 个变量，将这 6 个变量均定义为数值型，然后录入相关数据。录入完成后，数据如图 9.1 所示。

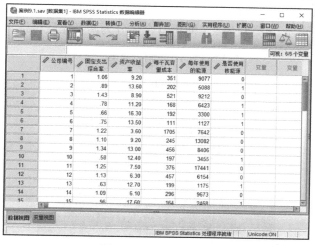

图 9.1　案例 9.1 数据

先做一下数据保存，然后开始展开分析，步骤如下：

01 进入 SPSS 24.0，打开相关数据文件，选择"分析"|"分类"|"二阶聚类"命令，弹出如图 9.2 所示的对话框。

02 选择进行聚类分析的变量。在"二阶聚类分析"对话框的左侧列表框中，选择"是否使用核能源"并单击 按钮使之进入"分类变量"列表框；同时选择除"公司编号"外的其余 4 个变量并单击 按钮使之进入"连续变量"列表框。

03 设置输出结果。单击"二阶聚类分析"对话框右侧的"输出"按钮，弹出如图 9.3 所示的对话框。在"工作数据文件"选项组中，选中"创建聚类成员变量"复选框。

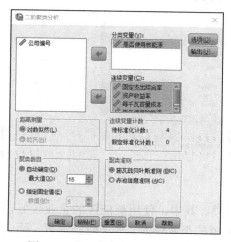

图 9.2　"二阶聚类分析"对话框

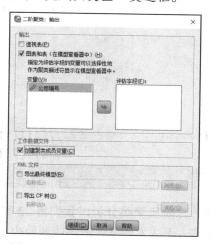

图 9.3　"二阶聚类：输出"对话框

04 其他设置采用系统默认值即可。

05 设置完毕后，单击"确定"按钮，等待输出结果。

9.1.4 结果分析

（1）模型概要表

从表9.2中可以看出，聚类数为2，即所有个体分为两类比较合适，聚类质量比较不错。

表9.2 模型概要表

（2）分类情况表

具体的分类情况如表9.3所示。

表9.3 分类情况表

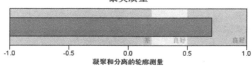

9.1.5 模型综述

通过二阶段聚类分析，我们将22家企业分为两类。其中，使用核能源的企业较好，资产收益率高，而成本较低，消耗能源较少；不使用核能源的企业较差，资产收益率低，而成本较高，消耗能源较多。因此，我们可以知道，使用核能源对企业有很大的益处。

9.2 实例43——K中心聚类分析

9.2.1 K中心聚类分析的功能与意义

K 中心聚类又称作 K 均值聚类，由研究者事先指定类别数 K，然后不断调整分类中心，直至收敛，初始类中心的选择可以由研究者指定，也可以由程序自动给出。K 中心聚类是一种快速聚类方法，适合处理大样本数据。值得注意的是，在运用 K 均值聚类方法对数据进行分析时，要考虑到数据的量纲差异，如果不同变量的数量级相差太大，就要先对数据进行标准化处理，然后进行分析。

9.2.2 相关数据来源

📷	下载资源\video\chap09\...
🖥	下载资源\sample\9\正文\原始数据文件\案例9.2.sav

【例 9.2】表 9.4 是我国 2006 年各地区能源消耗的情况。根据不同省市的能源消耗情况，对其进行分类，分析我国不同地区的能源消耗情况。

表 9.4　2006 年各地区能源消耗统计表

地区	单位地区生产总值煤消耗量（吨）	单位地区生产总值电消耗量（千瓦时）	单位工业增加值煤消耗量（吨）
北京	0.8	828.5	1.5
天津	1.11	1040.8	1.45
河北	1.96	1487.6	4.41
山西	2.95	2264.2	6.57
内蒙古	2.48	1714.1	5.67
...	...	...	...
青海	3.07	3801.8	3.44
宁夏	4.14	4997.7	9.03
新疆	2.11	1190.9	3.00

9.2.3 SPSS分析过程

在用 SPSS 进行分析之前，我们要把数据录入到 SPSS 中。容易发现本例中有 4 个变量，我们把"地区"定义为字符型变量，其余 3 个变量均定义为数值型，然后录入相关数据。录入完成后，数据如图 9.4 所示。

因为观察到不同变量的数量级相差太大，所以要先对数据进行标准化处理，然后进行分析。处理方法可参见第 2.2 节—— 描述性分析。

图 9.4　案例 9.2 数据

处理完成后，先做一下数据保存，然后开始展开分析，步骤如下：

01 进入 SPSS 24.0，打开相关数据文件，选择"分析"|"分类"|"K-均值聚类"命令，弹出"K 均值聚类分析"对话框。

02 选择进行聚类分析的变量。在对话框的左侧列表框中，选择"地区"并单击 按钮使之进入"个案标注依据"列表框，选择"Zscore（单位地区生产总值煤消耗量）""Zscore（单位地区生产总值电消耗量）""Zscore（单位工业增加值煤消耗量）"3 个变量并单击 按钮使之进入"变量"列表框；在"聚类数"中，输入聚类分析的类别数 3，如图 9.5 所示。

03 设置输出及缺失值处理方法。单击"K 均值聚类分析"对话框中的"选项"按钮，弹出如图 9.6 所示的对话框。在"统计"选项组中，选中全部的 3 个复选框；"缺失值"选择默认值。设置完毕后，单击"继续"按钮返回"K 均值聚类分析"对话框。

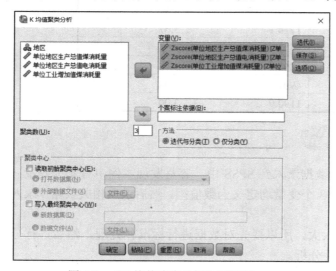

图 9.5　"K 均值聚类分析"对话框

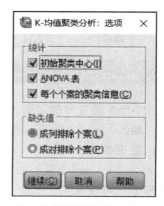

图 9.6　"K-均值聚类分析：选项"对话框

04 其他设置采用系统默认值即可。

05 设置完毕后，单击"确定"按钮，等待输出结果。

9.2.4　结果分析

（1）初始聚类中心

从表9.5中可以知道初始聚类中心。

（2）聚类成员分析

从表 9.6 中不权可以知道每个地区属于哪一类，还可以知道每个地区到最终聚类中心的距离。

表9.5　初始聚类中心表

	初始聚类中心		
	聚类		
	1	2	3
Zscore(单位地区生产总值煤消耗量)	-1.05438	1.72586	3.03062
Zscore(单位地区生产总值电消耗量)	-.36423	2.52429	3.84959
Zscore(单位工业增加值煤消耗量)	-1.28178	.07920	3.30288

表9.6　聚类成员分析表

个案号	地区	聚类	距离
	聚类成员		
1	北京	1	.991
2	天津	1	.756
3	河北	1	1.328
4	山西	2	.867
5	内蒙古	2	1.045
6	辽宁	1	.724
7	吉林	1	.548
8	黑龙江	1	.313
9	上海	1	1.021
10	江苏	1	.749
11	浙江	1	.847
12	安徽	1	.308
13	福建	1	.836
14	江西	1	.456
15	山东	1	.334
16	河南	1	.795
17	湖北	1	.540
18	湖南	1	.217
19	广东	1	1.115
20	广西	1	.336
21	海南	1	.793
22	重庆	1	.145
23	四川	1	.573
24	贵州	2	.565
25	云南	1	.870
26	陕西	1	.337
27	甘肃	2	.673
28	青海	2	1.749
29	宁夏	3	.000
30	新疆	1	.992

（3）最终聚类中心表

从表9.7中可以看出，3类的中心位置同初始位置相比，均发生了变化。

（4）每个聚类中的样本数

从表9.8中可以知道，聚类1所包含样本数最多，聚类3所包含样本数最少。

表9.7　最终聚类中心表

最终聚类中心

	聚类		
	1	2	3
Zscore(单位地区生产总值煤消耗量)	-.41775	1.39906	3.03062
Zscore(单位地区生产总值电消耗量)	-.39829	1.14186	3.84959
Zscore(单位工业增加值煤消耗量)	-.36677	1.09993	3.30288

表9.8　每个聚类的样本数统计表

每个聚类中的个案数目		
聚类	1	24.000
	2	5.000
	3	1.000
有效		30.000
缺失		.000

9.2.5　模型综述

通过 K 中心聚类分析，可以对我国不同地区的能源消耗情况有一个基本的了解。我们可以将不同地区的能源消耗情况分成 3 类；其中，第一类地区包含的省市最多，有 24 个，其他两类包含省市较少。通过分析也可以知道每个地区属于哪一类。

9.3　实例44——层次聚类分析

9.3.1　层次聚类分析的功能与意义

层次聚类分析又叫做系统聚类分析，是目前使用最多的一种聚类方法。层次聚类分析是先将每一个样本看作一类，然后逐渐合并，直至合并为一类的一种合并法。层次聚类分析的优点很明显，它可对样品进行聚类，样品可以为连续或分类变量，还可以提供多种距离测量方法和结果表示的方法。

9.3.2　相关数据来源

📷	下载资源\video\chap09\...
💻	下载资源\sample\9\正文\原始数据文件\案例9.3.sav

【例 9.3】表 9.9 是我国 2005 年各地城镇居民平均每人全年家庭收入统计表。试对全国各地区的收入来源结构进行分类。

表 9.9　2005 年各地区城镇居民每人全年家庭收入统计表（单位：元）

地区	工薪收入	经营净收入	财产性收入	转移性收入
北京	13666.34	213.7	190.44	5462.85
天津	8174.64	665.53	148.15	4574.99
河北	6346.53	643.84	117.46	2508.96
山西	7103.45	350.96	136.38	1947.77
...	...	...	...	...

（续表）

地区	工薪收入	经营净收入	财产性收入	转移性收入
甘肃	6486.84	373.84	39.58	1837.84
青海	5613.79	513.41	62.08	2577.4
宁夏	5771.58	956.65	64.44	1952.2
新疆	6553.47	522.14	54.51	1563.54

9.3.3　SPSS分析过程

在用 SPSS 进行分析之前，我们要把数据录入到 SPSS 中。本例中有 5 个变量，将"地区"定义为字符型变量，其余 4 个变量均定义为数值型，然后录入相关数据。录入完成后，数据如图 9.7 所示。

图 9.7　案例 9.3 数据

先做一下数据保存，然后开始展开分析，步骤如下：

01 进入 SPSS 24.0，打开相关数据文件，选择"分析"|"分类"|"系统聚类"命令，弹出如图 9.8 所示的对话框。

02 选择进行聚类分析的变量。在"系统聚类分析"对话框的左侧列表框中，选择"地区"并单击 按钮使之进入"个案标注依据"列表框，选择其他 4 个变量并单击 按钮使之进入"变量"列表框。

03 设置层次聚类的统计量输出。单击"系统聚类分析"对话框右上角的"统计"按钮，弹出如图 9.9 所示的对话框。在"聚类成员"选项组中，选中"解的范围"单选按钮，并在"最小聚类数"和"最大聚类数"中分别输入 3 和 5，其他选择默认值。设置完毕后，单击"继续"按钮返回"系统聚类分析"对话框。

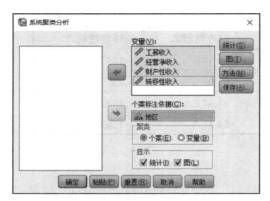

图 9.8　"系统聚类分析"对话框　　　　图 9.9　"系统聚类分析：统计"对话框

04 设置层次聚类的统计图输出。单击"图"按钮，弹出如图 9.10 所示的对话框。选中"谱系图"复选框，其他选择默认值。

05 设置输出到数据编辑窗口的结果。单击"系统聚类分析"对话框中的"保存"按钮，弹出如图 9.11 所示的对话框，在"聚类成员"选项组中选中"解的范围"单选按钮，并在"最小聚类数"和"最大聚类数"中分别输入 3 和 5。

图 9.10　"系统聚类分析：图"对话框　　　　图 9.11　"系统聚类分析：保存"对话框

06 其他设置采用系统默认值即可。

07 设置完毕后，单击"确定"按钮，等待输出结果。

9.3.4　结果分析

（1）聚类表

从表 9.10 中可以知道聚类的具体过程。以第一步为例，样品 14 和样品 16 合并成一类，距离系数为 40508.871，在"首次出现聚类阶段"里显示为 0，因此合并两项都是第一次出现，合并结果取 6，即归为第 6 类。

（2）集群成员表

从表 9.11 中可以知道，当划分为 3~5 类时，每一样品都分别属于哪一类。

表 9.10　聚类表

	组合聚类			首次出现聚类的阶段		
阶段	聚类1	聚类2	系数	聚类1	聚类2	下一个阶段
1	14	16	40508.871	0	0	6
2	7	23	60828.655	0	0	7
3	24	30	94655.632	0	0	10
4	28	31	101895.842	0	0	11
5	17	27	112931.825	0	0	12
6	3	14	115410.224	0	1	12
7	7	29	120554.413	2	0	17
8	5	12	135731.591	0	0	11
9	18	20	167471.291	0	0	15
10	8	24	168928.065	0	3	17
11	5	28	213940.110	8	4	14
12	3	17	220310.717	6	5	18
13	6	25	271799.069	0	0	21
14	5	21	304649.784	11	0	18
15	4	18	327291.142	0	9	19
16	10	13	346706.154	0	0	23
17	7	8	361805.974	7	10	21
18	3	5	441178.767	12	14	19
19	3	4	599283.474	18	15	22
20	1	9	782505.788	0	0	28
21	6	7	919333.053	13	17	22
22	3	6	1102291.908	19	21	27
23	2	10	1537167.906	0	16	26
24	15	22	1764453.615	0	0	26
25	11	19	1773548.376	0	0	28
26	2	15	3556491.040	23	24	27
27	2	3	7290330.277	26	22	29
28	1	11	10695080.35	20	25	30
29	2	26	20612868.36	27	0	30
30	1	2	47318309.81	28	29	0

表 9.11　群集成员表

个案	5个聚类	4个聚类	3个聚类
1:北京	1	1	1
2:天津	2	2	2
3:河北	3	2	2
4:山西	3	2	2
5:内蒙古	3	2	2
6:辽宁	3	2	2
7:吉林	3	2	2
8:黑龙江	3	2	2
9:上海	1	1	1
10:江苏	2	2	2
11:浙江	4	3	1
12:安徽	3	2	2
13:福建	2	2	2
14:江西	3	2	2
15:山东	3	2	2
16:河南	3	2	2
17:湖北	3	2	2
18:湖南	3	2	2
19:广东	4	3	1
20:广西	3	2	2
21:海南	3	2	2
22:重庆	2	2	2
23:四川	3	2	2
24:贵州	3	2	2
25:云南	3	2	2
26:西藏	5	4	3
27:陕西	3	2	2
28:甘肃	3	2	2
29:青海	3	2	2
30:宁夏	3	2	2
31:新疆	3	2	2

（3）分类结果的垂直冰柱图

从图 9.12 中可以看出聚合的具体过程。看图时应该从下往上看，两个省份之间的黄柱所对应的聚类数，即为两个省份在划分为此聚类数时属于同一类，并且在此以后一直属于同一类。

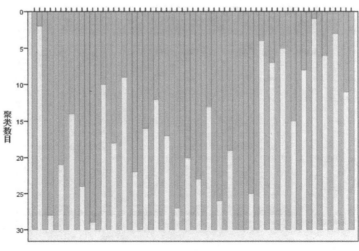

图 9.12　垂直冰柱图

（4）聚类分析树状图

图 9.13 直观地反映了样品逐步合并的过程。

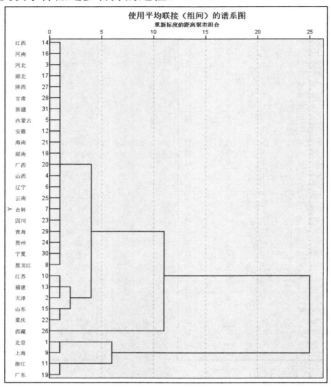

图 9.13 聚类分析树状图

图 9.14 为层次聚类在数据编辑窗口的输出结果。从图中可以看到，在数据编辑窗口中新生成了 3 个变量。通过新的变量，我们可以知道当划分为 3~5 类时，每一样本所属的类别。

	地区	工薪收入	经营净收入	财产性收入	转移性收入	CLU5_1	CLU4_1	CLU3_1
1	北京	13666.34	213.70	190.44	5462.85	1	1	1
2	天津	8174.64	665.53	148.15	4574.99	2	2	2
3	河北	6346.53	643.84	117.46	2508.96	3	2	2
4	山西	7103.45	350.96	136.38	1947.77	3	2	2
5	内蒙古	6669.48	857.63	161.25	1876.78	3	2	2
6	辽宁	6103.41	486.03	65.60	3152.17	3	2	2
7	吉林	5905.86	712.86	80.70	2423.57	3	2	2
8	黑龙江	5478.03	858.68	72.97	2312.80	3	2	2
9	上海	14280.65	798.07	292.17	5232.00	1	1	1
10	江苏	8397.15	1028.69	240.40	3663.68	2	2	2
11	浙江	11941.09	1921.75	552.94	3461.58	4	3	1
12	安徽	6425.54	620.71	124.59	2013.71	3	2	2
13	福建	8791.56	839.36	447.98	3328.70	2	2	2
14	江西	6222.55	532.56	81.19	2206.16	3	2	2
15	山东	9026.55	492.12	151.86	1937.29	2	2	2

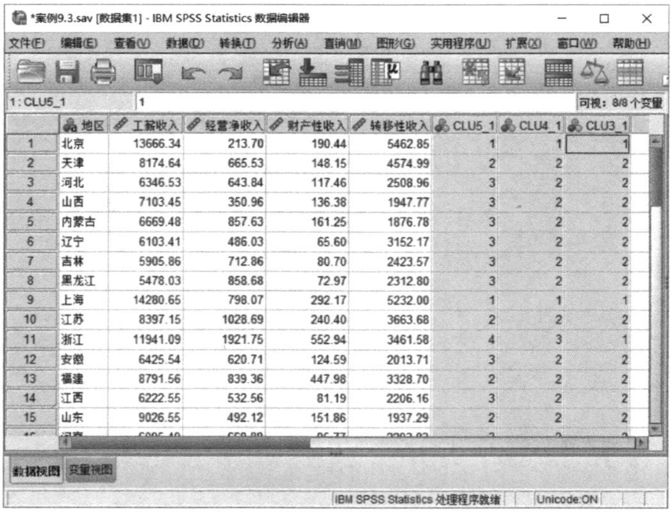

图 9.14 层次聚类在数据编辑窗口的输出

9.3.5　模型综述

在本案例中，我们将各地城镇居民平均每人全年家庭收入来源分别分为 3、4、5 类进行分析。通过分析，我们知道了每一个地区属于哪一类，并对我国不同地区的城镇居民平均每人全年家庭收入来源情况有了基本的了解。

9.4　实例45——判别分析

9.4.1　判别分析的功能与意义

与前面所讲述的聚类分析不同，判别分析是在已知研究对象分成若干类型，并已知各种类型的样品观测数据的基础上，根据某些准则建立判别方程，然后根据判别方程对位置所属类别的事物进行分类的一种分析方法。判别分析的意义在于可以根据已知样本的分类情况来判断未知样本的归属问题。

9.4.2　相关数据来源

📹	下载资源\video\chap09\…
🖥	下载资源\sample\9\正文\原始数据文件\案例9.4.sav

【例 9.4】表 9.12 为 3 种不同种类豇豆豆荚的质量、宽度和长度的统计表，每种类型都为 20 个样本，共 60 个样本。根据不同种类豇豆豆荚的特征，建立鉴别不同种类豇豆的判别方程。

表 9.12　3 种不同种类豇豆豆荚特征统计表

编号	质量（g）	宽度（mm）	长度（mm）	类型
1	30	3	23	1
2	45	5	36	2
3	42	4.5	34	2
4	70	1	70	3
5	44	4.9	36	2
…	…	…	…	…
58	66	1.3	61	3
59	42	5.1	32	2
60	47	4.9	34	2

9.4.3　SPSS分析过程

在用 SPSS 进行分析之前，我们要把数据录入到 SPSS 中。容易发现本例中有 5 个变量，将所有变量均定义为数值型，然后录入相关数据。录入完成后，数据如图 9.15 所示。

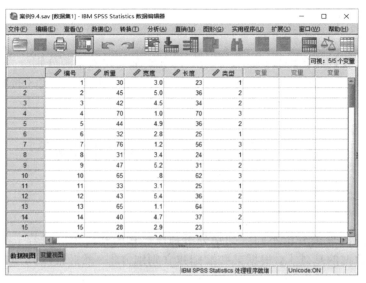

图 9.15　案例 9.4 数据

先做一下数据保存，然后开始展开分析，步骤如下：

01 进入 SPSS 24.0，打开相关数据文件，选择"分析"|"分类"|"判别式"命令，弹出如图 9.16 所示的对话框。

02 选择进行判别分析的变量。在"判别分析"对话框的左侧列表框中，选择"类型"并单击 按钮使之进入"分组变量"列表框。单击"定义范围"按钮，弹出如图 9.17 所示的对话框，在"最小值"和"最大值"中分别输入 1 和 3，单击"继续"按钮返回"判别分析"对话框。分别选择"质量""宽度""长度" 3 个变量并单击 按钮使之进入"自变量"列表框，选中"使用步进法"单选按钮。

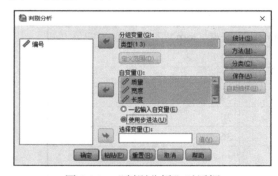

图 9.16　"判别分析"对话框

图 9.17　"判别分析：定义范围"对话框

03 设置判别分析的统计输出结果。单击"判别分析"对话框中的"统计"按钮，弹出如图 9.18 所示的对话框。在"函数系数"选项组中，选中"费希尔"和"未标准化"复选框；在"矩阵"选项组中，选中"组内协方差"复选框。设置完毕后，单击"继续"按钮返回"判别分析"对话框。

04 设置输出到数据编辑窗口的结果。单击"保存"按钮，弹出如图 9.19 所示的对话框，选中"预测组成员"复选框。

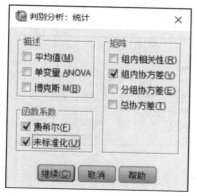

图 9.18　"判别分析：统计"对话框

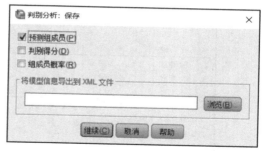

图 9.19　"判别分析：保存"对话框

05 其他设置采用系统默认值。

06 设置完毕后，单击"确定"按钮，等待输出结果。

9.4.4　结果分析

（1）组统计量表

从表 9.13 中可以看出，每一种豇豆豆荚的质量、宽度和长度的均值和标准差，也可以知道总样本的均值和标准差。

（2）汇聚的组内矩阵表

从表 9.14 中可以知道，各因素之间的协方差和相关系数。可以发现，各因素之间的相关性都较小，因此在判别方程中不需要剔除变量。

（3）输入和删除变量情况统计表

从表 9.15 中可以知道，第一步纳入的变量是质量，到第三步所有变量全部纳入，且从显著性值均为 0 可以看出，逐步判别没有剔除变量。

表 9.13　组统计量表

组统计

类型		有效个案数（成列）	
		未加权	加权
1	质量	20	20.000
	宽度	20	20.000
	长度	20	20.000
2	质量	20	20.000
	宽度	20	20.000
	长度	20	20.000
3	质量	20	20.000
	宽度	20	20.000
	长度	20	20.000
总计	质量	60	60.000
	宽度	60	60.000
	长度	60	60.000

表 9.14　共享的组内矩阵表

汇聚组内矩阵[a]

		质量	宽度	长度
协方差	质量	10.501	.224	-.011
	宽度	.224	.120	.149
	长度	-.011	.149	10.838

a. 协方差矩阵的自由度为 57。

表 9.15　输入和删除变量情况统计表

输入/除去的变量[a,b,c,d]

步骤	输入	威尔克 Lambda					精确 F			
		统计	自由度 1	自由度 2	自由度 3	统计	自由度 1	自由度 2	显著性
1	质量	.038	1	2	57.000	725.274	2	57.000	.000
2	宽度	.002	2	2	57.000	562.115	4	112.000	.000
3	长度	.001	3	2	57.000	499.711	6	110.000	.000

在每个步骤中，将输入可以使总体威尔克 Lambda 最小化的变量。

　a. 最大步骤数为 6。

　b. 要输入的最小偏 F 为 3.84。

　c. 要除去的最大偏 F 为 2.71。

　d. F 级别、容差或 VIN 不足，无法进行进一步计算。

（4）典型判别方程的特征值

从表 9.16 中可以知道，特征根数为 2，其中第一个特征根为 77.318，能够解释所有变异的 89.4%。

（5）判别方程的有效性检验

从表 9.17 中可以看出，显著性均为 0，因此两个典型方程的判别能力都是显著的。

表 9.16　特征值表

特征值

函数	特征值	方差百分比	累计百分比	典型相关性
1	77.318[a]	89.4	89.4	.994
2	9.195[a]	10.6	100.0	.950

a. 在分析中使用了前 2 个典则判别函数。

表 9.17　典型方程有效性检验表

威尔克 Lambda

函数检验	威尔克 Lambda	卡方	自由度	显著性
1 直至 2	.001	374.230	6	.000
2	.098	130.026	2	.000

（6）标准化的典型判别方程

从表 9.18 可以知道，本例中的两个标准化的典型判别方程表达式分别为：

$$Y1=0.681*质量-0.674*宽度+0.612*长度$$
$$Y2=0.363*质量+0.777*宽度+0.302*长度$$

（7）未标准化的典型判别方程

从表 9.19 可以知道，本例中的两个未标准化的典型判别方程表达式为：

$$Y1=-11.528+0.210*质量-1.950*宽度+0.186*长度$$
$$Y2=-15.935+0.112*质量+2.246*宽度+0.092*长度$$

表 9.18　标准化的典型方程判别式函数系数表

标准化典则判别函数系数

	函数	
	1	2
质量	.681	.363
宽度	-.674	.777
长度	.612	.302

表 9.19　未标准化的典型方程判别式函数系数表

典则判别函数系数

	函数	
	1	2
质量	.210	.112
宽度	-1.950	2.246
长度	.186	.092
(常量)	-11.528	-15.935

未标准化系数

（8）贝叶斯的费希尔线性判别方程

从表9.20可以得到3个分类方程。在这里我们只写出第一个分类方程。

$$Y1=-90.708+2.557*质量+18.166*宽度+1.922*长度$$

表9.20 贝叶斯的费希尔线性方程判别式函数系数表

分类函数系数			
	类型		
	1	2	3
质量	2.557	3.589	6.851
宽度	18.166	32.357	-10.855
长度	1.922	2.780	5.697
(常量)	-90.708	-212.439	-404.182
费希尔线性判别函数			

（9）判别分析在数据编辑窗口的输出结果

图9.20中新产生的变量记录是每一样品的判别分类结果，可以看出，样品判别分类结果与实际类别是一致的。

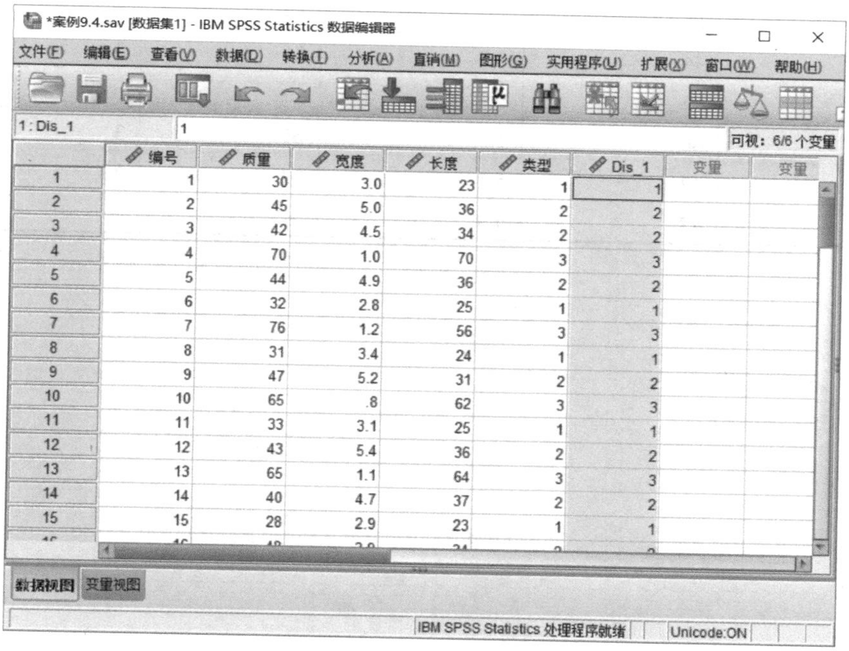

图9.20 判别在数据编辑窗口的输出

9.4.5 模型综述

通过判别分析可以知道，在本案例中，3种豇豆豆荚的样品判别分类结果与实际类别是一致的。另外，我们可以得到不同的判别方程，分别包括标准化的典型判别方程、未标准化的典型判别方程和贝叶斯的费希尔线性判别方程，方程的表达式见结果分析。

9.5　本章习题

1．使用例 9.3 的数据，做二阶段聚类分析。

2．使用例 9.1 的数据，做 K 中心聚类分析。

3．使用例 9.2 的数据，做层次聚类分析。

4．表 9.21 为某豆腐干制造厂 3 种不同种类豆腐干的质量、宽度和长度的统计表，每种类型都为 20 个样本，共 60 个样本。根据不同种类豆腐干的特征，建立鉴别不同种类豆腐干的判别方程。

表 9.21　3 种不同种类豆腐干特征统计表

编号	质量（g）	宽度（cm）	长度（mm）	类型
1	31	4	22	1
2	44	5.5	34	2
3	43	4.5	34	2
4	68	1	67	3
5	44	4.9	36	2
…	…	…	…	…
58	66	1.3	61	3
59	42	5.1	32	2
60	47	4.9	34	2

第10章 主成分分析与因子分析案例研究

我们在进行数据统计分析时，往往会遇见变量特别多的情况，而且很多时候这些变量之间还存在着很强的相关关系或者说变量之间存在着很强的信息重叠,如果我们直接对数据进行分析，一方面会带来工作量的无谓加大，另一方面还会出现一些模型应用的错误,于是主成分分析与因子分析应运而生。这两种分析方法的基本思想都是在不损失大量信息的前提下,用较少的独立变量来替代原来的变量进行进一步的分析。下面我们将分别介绍这两种方法在实例中的应用。

10.1 实例46——主成分分析

10.1.1 主成分分析的功能与意义

在实际工作中，往往会出现所搜集的变量间存在较强相关关系的情况。如果直接利用数据进行分析，不仅会使模型变得很复杂，而且会带来多重共线性等问题。主成分分析提供了解决这一问题的方法，其基本思想是将众多的初始变量整合成少数几个相互无关的主成分变量，而这些新的变量尽可能地包含了初始变量的全部信息,然后用这些新的变量来代替以前的变量进行分析。

10.1.2 相关数据来源

📹	下载资源\video\chap10\...
💻	下载资源\sample\10\正文\原始数据文件\案例10.1.sav

【例 10.1】表 10.1 给出了中国历年国民经济主要指标统计（1998~2005）。试用主成分分析对这些指标提取主成分并写出提取的主成分与这些指标之间的表达式。

表 10.1　中国历年国民经济主要指标统计（1998~2005）

年份	全国人口（万人）	农林牧渔业总产值（亿元）	...	粮食（万吨）	棉花（万吨）	油料（万吨）
1998	124810.0	24516.7	...	51230.0	450.1	2313.9
1999	125909.0	24519.1	...	50839.0	382.9	2601.2
2000	126743.0	24915.8	...	46218.0	442.0	2955.0
2001	127627.0	26179.6	...	45264.0	532.4	2864.9
2002	128453.0	27390.8	...	45706.0	491.6	2897.2
2003	129227.0	29691.8	...	43069.5	486.0	2811.0

（续表）

年份	全国人口（万人）	农林牧渔业总产值（亿元）	…	粮食（万吨）	棉花（万吨）	油料（万吨）
2004	229988.0	36239.0	…	46946.9	632.4	3065.9
2005	130756.0	39450.9	…	48402.2	571.4	3077.1

10.1.3　SPSS分析过程

在用 SPSS 进行分析之前，我们要把数据录入到 SPSS 中。本例中有 19 个变量，分别是年份、全国人口（万人）、农林牧渔业总产值（亿元）、工业总产值（亿元）、国内生产总值（亿元）、全社会投资总额（亿元）、货物周转量（亿吨公里）、社会消费品零售总额（亿元）、进出口贸易总额、原煤（亿吨）、发电量（亿千瓦时）、原油（万吨）、钢（万吨）、汽车（万辆）、布（亿米）、糖（万吨）、粮食（万吨）、棉花（万吨）和油料（万吨）。我们把所有变量都定义为数值型变量，然后录入相关数据。录入完成后，数据如图 10.1 所示

图 10.1　案例 10.1 数据

先做一下数据保存，然后开始展开分析，步骤如下：

01 进入 SPSS 24.0，打开相关数据文件，选择"分析"|"降维"|"因子"命令，弹出如图 10.2 所示的对话框。

02 选择进行因子分析的变量。在"因子分析"对话框的左侧列表框中，依次选择全国人口、农林牧渔业总产值、工业总产值、国内生产总值、全社会投资总额、货物周转量、社会消费品零售总额、进出口贸易总额、原煤、发电量、原油、钢、汽车、布、糖、粮食、棉花和油料并单击➡按钮使之进入"变量"列表框。

03 选择输出系数相关矩阵。单击"因子分析"对话框右上角的"描述"按钮，弹出如图 10.3 所示的对话框。在"相关性矩阵"选项组中选中"系数"复选框，单击"继续"按钮返回"因子分析"对话框。

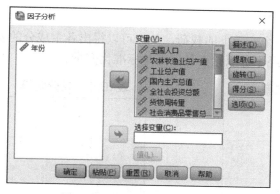

图 10.2　"因子分析"对话框

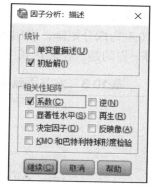

图 10.3　"因子分析：描述"对话框

04 其余设置采用系统默认值即可。

05 设置完毕后，单击"确定"按钮，等待输出结果。

10.1.4　结果分析

（1）系数相关矩阵

因为本表特别大，所以截取了一部分供读者参照。从表 10.2 中可以看出，各个变量之间都具有一定的相关关系而且有些相关系数还比较大，接近于 1，所以本例很适合使用主成分分析。

表 10.2　相关矩阵

		全国人口	农林牧渔业总产值	工业总产值	国内生产总值	全社会投资总额	货物周转量	社会消费品零售总额	进出口贸易总额
相关性	全国人口	1.000	.541	.458	.342	.454	.492	.401	.494
	农林牧渔业总产值	.541	1.000	.949	.972	.991	.991	.977	.990
	工业总产值	.458	.949	1.000	.914	.930	.912	.898	.914
	国内生产总值	.342	.972	.914	1.000	.988	.985	.994	.980
	全社会投资总额	.454	.991	.930	.988	1.000	.990	.993	.997
	货物周转量	.492	.991	.912	.985	.990	1.000	.992	.991
	社会消费品零售总额	.401	.977	.898	.994	.993	.992	1.000	.990
	进出口贸易总额	.494	.990	.914	.980	.997	.991	.990	1.000
	原煤	.493	.970	.939	.939	.971	.943	.948	.964
	发电量	.469	.975	.883	.974	.992	.983	.991	.994
	原油	.446	.985	.905	.987	.995	.991	.995	.994
	钢	.422	.985	.927	.991	.999	.987	.995	.993
	汽车	.497	.954	.865	.940	.975	.952	.965	.979
	布	.469	.985	.900	.985	.996	.994	.996	.997
	糖	.422	.530	.558	.454	.554	.468	.501	.555
	粮食	-.067	-.130	.141	-.186	-.212	-.202	-.253	-.249
	棉花	.714	.824	.661	.747	.789	.825	.785	.806
	油料	.422	.675	.451	.702	.694	.753	.740	.728

（2）各成分的方差贡献率和累计贡献率

由表 10.3 可知，只有前两个特征值大于 1，所以 SPSS 只选择了前两个主成分。第一个主成分的方差贡献率是 80.233%，第二个主成分的方差贡献率是 7.884%，前两个主成分的方差占所有主成分方差的 88.118%。由此可见，选择前两个主成分已足够替代原来的变量。

（3）成分矩阵

表 10.4 为成分矩阵，表明各个成分在各个变量上的载荷，从而可以得出各主成分的表达式。值得一提的是，在表达式中各个变量已经不是原始变量，而是标准化变量。

表10.3　方差贡献率和累计贡献率

总方差解释

成分	初始特征值			提取载荷平方和		
	总计	方差百分比	累积 %	总计	方差百分比	累积 %
1	14.442	80.233	80.233	14.442	80.233	80.233
2	1.419	7.884	88.118	1.419	7.884	88.118
3	.990	5.498	93.616			
4	.871	4.840	98.457			
5	.242	1.344	99.800			
6	.027	.151	99.951			
7	.009	.049	100.000			
8	4.782E-16	2.657E-15	100.000			
9	3.887E-16	2.159E-15	100.000			
10	2.270E-16	1.261E-15	100.000			
11	1.831E-16	1.017E-15	100.000			
12	2.470E-17	1.372E-16	100.000			
13	-3.632E-17	-2.018E-16	100.000			
14	-1.678E-16	-9.325E-16	100.000			
15	-2.016E-16	-1.120E-15	100.000			
16	-3.709E-16	-2.061E-15	100.000			
17	-5.652E-16	-3.140E-15	100.000			
18	-1.059E-15	-5.885E-15	100.000			

提取方法：主成分分析法。

表10.4　成分矩阵

成分矩阵[a]

	成分	
	1	2
全国人口	.523	-.025
农林牧渔业总产值	.990	.110
工业总产值	.908	.405
国内生产总值	.973	.055
全社会投资总额	.995	.055
货物周转量	.991	.011
社会消费品零售总额	.988	-.008
进出口贸易总额	.998	.009
原煤	.969	.174
发电量	.996	-.054
原油	.993	.010
钢	.992	.059
汽车	.983	-.052
布	.997	-.018
糖	.571	.196
粮食	-.258	.892
棉花	.831	-.205
油料	.727	-.565

提取方法：主成分分析法。
a. 提取了 2 个成分。

其中：

$F1 = 0.523*$全国人口$+0.990*$农林牧渔业总产值$+0.908*$工业总产值$+0.973*$国内生产总值
$+0.995*$全社会投资总额$+0.991*$货物周转量$+0.988*$社会消费品零售总额
$+0.998*$进出口贸易总额$+0.969*$原煤$+0.996*$发电量$+0.993*$原油$+0.992*$钢
$+0.983*$汽车$+0.997*$布$+0.571*$糖$-0.258*$粮食$+0.831*$棉花$+0.727*$油料

$F2 = -0.025*$全国人口$+0.110*$农林牧渔业总产值$+0.405*$工业总产值$+0.055*$国内生产总值
$+0.055*$全社会投资总额$+0.011*$货物周转量$-0.008*$社会消费品零售总额
$+0.009*$进出口贸易总额$+0.174*$原煤$-0.054*$发电量$+0.01*$原油$+0.059*$钢
$-0.052*$汽车$-0.018*$布$+0.196*$糖$+0.892*$粮食$-0.205*$棉花$-0.565*$油料

在第一主成分中，除粮食以外，变量的系数都比较大，可以看成是反映那些变量方面的综合指标；在第二主成分中，粮食变量的系数比较大，可以看成是反映粮食的综合指标。

因为主成分分析只不过是一种矩阵变换，所以各个主成分并不一定有实际意义，本例中各个主成分的内在含义就不是很明确。

10.1.5　案例综述

综上分析，可以得出如下结论：

- 由结果分析（1）可知，各个变量之间都具有一定的相关关系，而且有些相关系数还比较大，接近于 1，所以本例很适合使用主成分分析。

- 由结果分析（2）可知，本例适合选择前两个主成分进行分析，因为这已足够替代原来的变量，它们几乎涵盖了原变量的全部信息。
- 结果分析（3）给出了主成分与标准化形式的变量之间的表达式。

10.2　实例47——因子分析

10.2.1　因子分析的功能与意义

因子分析在一定程度上可被视作是主成分分析的深化和拓展，它对相关问题的研究更为深入透彻。因子分析的基本原理是将具有一定相关关系的多个变量综合为数量较少的几个因子，研究一组具有错综复杂关系的实测指标是如何受少数几个内在的独立因子所支配的，所以它属于多元分析中处理降维问题的一种常用的统计方法。

10.2.2　相关数据来源

🎥	下载资源\video\chap10\...
💻	下载资源\sample\10\正文\原始数据文件\案例10.2.sav

【例 10.2】表 10.5 给出了中国历年国民经济主要指标统计（1992~2000）数据。试用因子分析对这些指标提取公因子并写出提取的公因子与这些指标之间的表达式。

表 10.5　中国历年国民经济主要指标统计（1992~2000）

年份	工业总产值（亿元）	国内生产总值（亿元）	货物周转量（亿吨公里）	原煤（亿吨）	发电量（亿千瓦时）	原油（万吨）
1992	37066.0	26638.1	29218.0	11.2	7539.0	14210.0
1993	52692.0	34634.4	30510.0	11.5	8394.0	14524.0
1994	76909.0	46759.4	33261.0	12.4	9281.0	14608.0
1995	91893.8	58478.1	35730.0	13.6	10077.0	15005.0
1996	99595.3	67884.6	36454.0	14.0	10813.0	15733.0
1997	113732.7	74462.6	38368.0	13.7	11356.0	16074.0
1998	119048.0	78345.0	38046.0	12.5	11670.0	16100.0
1999	126111.0	82067.0	40496.0	10.5	12393.0	16000.0
2000	85673.7	89403.5	44452.0	10.0	13556.0	16300.0

10.2.3　SPSS分析过程

在用 SPSS 进行分析之前，我们要把数据录入到 SPSS 中。本例中有 7 个变量，分别是年份、工业总产值、国内生产总值、货物周转量、原煤、发电量、原油。我们把所有变量都定义为数值型变量，然后录入相关数据。录入完成后，数据如图 10.4 所示。

先做一下数据保存，然后开始展开分析，步骤如下：

01 进入 SPSS 24.0，打开相关数据文件，选择"分析"|"降维"|"因子"命令，弹出"因子分析"对话框。

02 选择进行因子分析的变量。在对话框的左侧列表框中，依次选择"工业总产值""国内生产总值""货物周转量""原煤""发电量""原油"并单击 ➡ 按钮使之进入"变量"列表框。

03 选择输出系数相关矩阵。单击"因子分析"对话框中的"描述"按钮，弹出"因子分析：描述"对话框。在"相关性矩阵"选项组中选中"KMO 和巴特利特的球形度检验"复选框，单击"继续"按钮返回"因子分析"对话框。

04 设置对提取公因子的要求及相关输出内容。单击"因子分析"对话框中的"提取"按钮，弹出如图 10.5 所示的对话框，在"输出"选项组中选中"碎石图"复选框。

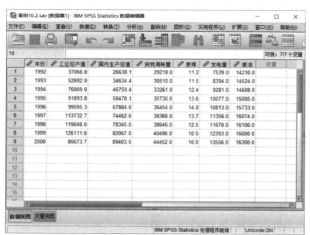

图 10.4　案例 10.2 数据　　　　　　　图 10.5　"因子分析：抽取"对话框

05 设置因子旋转方法。单击"因子分析"对话框中的"旋转"按钮，弹出如图 10.6 所示的对话框。在"方法"选项组中选中"最大方差法"单选按钮。

06 设置有关因子得分的选项。单击"得分"按钮，弹出如图 10.7 所示的对话框，选中"显示因子得分系数矩阵"复选框。

图 10.6　"因子分析：旋转"对话框　　　图 10.7　"因子分析：因子得分"对话框

07 其余设置采用系统默认值即可。

08 设置完毕后，单击"确定"按钮，等待输出结果。

10.2.4　结果分析

（1）KMO 检验和巴特利特检验结果

KMO 检验是为了看数据是否适合进行因子分析，其取值范围是 0~1。其中 0.9~1 表示极好，0.8~0.9 表示可奖励的，0.7~0.8 表示还好，0.6~0.7 表示中等，0.5~0.6 表示糟糕，0~0.5 表示不可接受。如表 10.6 所示，本例中 KMO 的取值为 0.657，表明可以进行因子分析。巴特利特检验是为了看数据是否来自于服从多元正态分布的总体。本例中显著性值为 0.000，说明数据来自正态分布总体，适合进一步分析。

（2）变量共同度

变量共同度表示的是各变量中所含原始信息能被提取的公因子所解释的程度。如表 10.7 所示，因为本例中所有变量共同度都在 85%以上，所以提取的这几个公因子对各变量的解释能力很强。

表 10.6　KMO 检验和巴特利特检验结果

KMO 和巴特利特检验		
KMO 取样适切性量数。		.657
巴特利特球形度检验	近似卡方	84.177
	自由度	15
	显著性	.000

表 10.7　变量共同度

公因子方差		
	初始	提取
工业总产值	1.000	.888
国内生产总值	1.000	.998
货物周转量	1.000	.967
原煤	1.000	.975
发电量	1.000	.991
原油	1.000	.958
提取方法：主成分分析法。		

（3）解释的总方差

由表 10.8 可知，"初始特征值"一列显示只有前两个特征值大于 1，所以 SPSS 只选择了前两个主成分；"提取载荷平方和"一列显示第一主成分的方差贡献率是 77.049%，前两个主成分的方差占所有主成分方差的 96.305%，由此可见，选前两个主成分已足够替代原来的变量，几乎涵盖了原变量的全部信息；"旋转载荷平方和"一列显示的是旋转以后的因子提取结果，与未旋转之前差别不大。

表 10.8　解释的总方差

	总方差解释								
	初始特征值			提取载荷平方和			旋转载荷平方和		
成分	总计	方差百分比	累积 %	总计	方差百分比	累积 %	总计	方差百分比	累积 %
1	4.623	77.049	77.049	4.623	77.049	77.049	4.622	77.028	77.028
2	1.155	19.256	96.305	1.155	19.256	96.305	1.157	19.278	96.305
3	.165	2.742	99.048						
4	.054	.899	99.947						
5	.002	.041	99.988						
6	.001	.012	100.000						
提取方法：主成分分析法。									

（4）碎石图

如图 10.8 所示，有两个成分的特征值超过了 1，只考虑这两个成分即可。

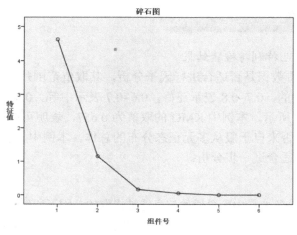

图 10.8　碎石图

（5）旋转成分矩阵

如表 10.9 所示，第一个因子在工业总产值、国内生产总值、货物周转量、发电量及原油上有较大的载荷，所以其反映的是除原煤以外的其他变量的信息，第二个因子在原煤这一变量上有较大的载荷，反映的是原煤这一变量的信息。

（6）成分得分系数矩阵

表 10.10 给出了成分得分系数矩阵，据此可以直接写出各公因子的表达式。值得一提的是，在表达式中各个变量已经不是原始变量而是标准化变量。

表 10.9　旋转成分矩阵

旋转后的成分矩阵[a]

	成分	
	1	2
工业总产值	.876	.347
国内生产总值	.999	-.017
货物周转量	.964	-.192
原煤	-.042	.987
发电量	.983	-.157
原油	.979	.028

提取方法：主成分分析法。
旋转方法：凯撒正态化最大方差法。
a. 旋转在 3 次迭代后已收敛。

表 10.10　成分得分系数矩阵

成分得分系数矩阵

	成分	
	1	2
工业总产值	.194	.311
国内生产总值	.216	-.002
货物周转量	.206	-.154
原煤	.003	.853
发电量	.211	-.124
原油	.212	.036

提取方法：主成分分析法。
旋转方法：凯撒正态化最大方差法。

表达式如下：

$F_1 = 0.194 \times$工业总产值$+0.216 \times$国内生产总值$+0.206 \times$货物周转量$+0.003 \times$原煤$+0.211 \times$发电量$+0.212 \times$原油

$F_2 = 0.311 \times$工业总产值$-0.002 \times$国内生产总值$-0.154 \times$货物周转量$+0.853 \times$原煤$-0.124 \times$发电量$+0.036 \times$原油

10.2.5　案例综述

通过分析，我们可以知道：

- 由结果分析（1）可知，本例很适合使用因子分析。
- 由结果分析（2）、（3）、（4）可知，本例适合选前两个公因子进行分析，因为这已足够替代原来的变量，它们几乎涵盖了原变量的全部信息。
- 结果分析（5）给出了本例中的两个公因子及其所反映的变量。
- 结果分析（6）给出了公因子与标准化形式的变量之间的表达式。

10.3 本章习题

1. 表10.11给出了中国历年国民经济主要指标统计（1996~2003）。试对这些指标进行主成分分析。

表10.11 中国历年国民经济主要指标统计（1996~2003）

年份	工业总产值（亿元）	国内生产总值（亿元）	货物周转量（亿吨公里）	原煤（亿吨）	发电量（亿千瓦时）	原油（万吨）
1996	99595.3	67884.6	36590.0	14.0	10813.0	15733.0
1997	113732.7	74462.6	38385.0	13.7	11356.0	16074.0
1998	119048.0	78345.0	38089.0	12.5	11670.0	16100.0
1999	126111.0	82067.0	40568.0	10.5	12393.0	16000.0
2000	85673.7	89442.0	44321.0	10.0	13556.0	16300.0
2001	95449.0	97315.0	47710.0	11.6	14808.0	16396.0
2002	110776.0	105172.0	50686.0	13.8	16540.0	16700.0
2003	142271.0	117251.9	53859.0	16.7	19106.0	16960.0

2. 对表10.11所给出的资料进行因子分析。

第 11 章　信度分析、对应分析与结合分析案例研究

信度分析、对应分析与结合分析都是在实际应用中很常见的统计方法。其中信度分析主要用来考察调查问卷的可信度；对应分析是以图形的形式来展现行列表的数据资料，结合分析是进行市场调研时非常实用的一种定量分析方法。本章我们来一一介绍这三种方法在实例中的应用。

11.1　实例48——信度分析

11.1.1　信度分析的功能与意义

第 1 章中提到，我们在进行社会调查研究时，一般采用调查问卷的形式进行。在对调查问卷的结果展开统计分析之前，必须对其信度加以分析，只有信度在相关研究可以接受的范围之内时，问卷统计结果才是有价值的，才有进一步进行分析的必要，所以，信度分析对于调查研究的意义是非常重大的。SPSS 提供了多种信度分析的系数，这些系数都立足于相同的理论。限于篇幅，我们只介绍 Alpha 系数在实例中的应用。

11.1.2　相关数据来源

🎥	下载资源\video\chap11\...
💻	下载资源\sample\11\正文\原始数据文件\案例11.1.sav

【例 11.1】表 11.1 给出了某调查问卷的测量数据。该调查问卷共有 10 道题目，均为 10 分量表，高分代表同意题目代表的观点，共测量了 102 人。试考察此问卷的信度。

表 11.1　调查数据

	问题1	问题2	问题3	…	问题9	问题10
1	4	1	6	…	6	6
2	5	1	6	…	6	5
3	6	1	6	…	6	5
…	…	…	…	…	…	…
101	5	1	7	…	7	7
102	5	2	7	…	7	7

11.1.3 SPSS分析过程

在用 SPSS 进行分析之前，我们要把数据录入到 SPSS 中。容易发现本例中有 10 个变量，分别是题目 1~题目 10。我们把所有变量都定义为数值型变量，然后录入相关数据。录入完成后，数据如图 11.1 所示。

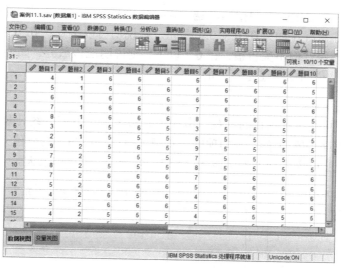

图 11.1　案例 11.1 数据

先做一下数据保存，然后开始展开分析，步骤如下：

01 进入 SPSS 24.0，打开相关数据文件，选择"分析"|"标度"|"可靠性分析"命令，弹出如图 11.2 所示的对话框。

02 选择进行可靠性分析的变量。在"可靠性分析"对话框的左侧列表框中，依次选择题目 1~题目 10 并单击 ➡ 按钮使之进入"项"列表框。

03 设置相关统计量输出。单击"可靠性分析"对话框右上角的"统计"按钮，弹出如图 11.3 所示的对话框。选中"描述"和"摘要"两个选项组中的全部复选框，单击"继续"按钮返回"可靠性分析"对话框。

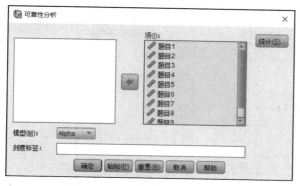

图 11.2　"可靠性分析"对话框

图 11.3　"可靠性分析：统计"对话框

04 其余设置采用系统默认值即可。

05 设置完毕后，单击"确定"按钮，等待输出结果。

11.1.4 结果分析

（1）信度系数

Alpha 系数是衡量信度的一种指标，越大表示信度越高。一般而言，信度系数如果在 0.9 以上，则说明信度非常好；如果在 0.8~0.9 之间，则说明可以接受；在 0.7~0.8 之间，则说明该量表需要进行重大修订但不失价值；在 0.7 以下，则说明应该放弃。如表 11.2 所示，本例中 Alpha 系数是 0.881，说明信度还是不错的。

（2）摘要项统计量

表 11.3 给出了问卷中各题目的均数、最小值、最大值、方差等统计量。容易发现各道题目之间的得分差距还是比较大的。例如项的平均值（题目各自的平均分值）的最小值为 1.196，最大值为 6.304，跨度很大；项方差范围为 2.557，大于 2，差异也很大。

表 11.2 信度系数

可靠性统计

克隆巴赫 Alpha	基于标准化项的克隆巴赫 Alpha	项数
.881	.920	10

表 11.3 摘要项统计量

摘要项统计

	平均值	最小值	最大值	全距	最大值 / 最小值	方差	项数
项平均值	5.624	1.196	6.304	5.108	5.270	2.531	10
项方差	1.263	.377	2.934	2.557	7.782	.704	10
项间协方差	.539	-.289	2.551	2.840	-8.838	.279	10
项间相关性	.534	-.286	1.000	1.286	-3.492	.209	10

（3）项总计统计量

表 11.4 给出了如果将相应的变量（题目）删除，则试卷总的信度如何改变的统计量。依次为总分的平均值改变、方差改变、该题与总分的相关系数和 Alpha 系数的改变情况（多相关的平方一栏不予考虑）。其中重要的是后两项，如果相关系数太低，则说明该题的应答分值与总分的高低相关性不强，可考虑删除或改进该题。例如删除本例中的题目 1、2、6 之后，Alpha 系数还会上升，信度将提高。

表 11.4 项总计统计量

项总计统计

	删除项后的标度平均值	删除项后的标度方差	修正后的项与总计相关性	平方多重相关性	删除项后的克隆巴赫 Alpha
题目1	50.84	50.609	.311	.	.909
题目2	55.04	59.226	.162	.	.892
题目3	49.94	48.214	.888	.	.852
题目4	49.93	48.520	.871	.	.854
题目5	49.94	48.214	.888	.	.852
题目6	50.63	54.117	.179	.	.918
题目7	49.94	48.214	.888	.	.852
题目8	49.94	48.214	.888	.	.852
题目9	49.94	48.214	.888	.	.852
题目10	49.97	48.148	.869	.	.853

11.1.5　案例综述

通过分析，我们可以知道：

- 由结果分析（1）可知，本例中 Alpha 系数是 0.881，说明信度比较好。
- 由结果分析（2）可知，各道题目之间的得分差距比较大。
- 由结果分析（3）可知，题目 1、2、6 应答分值与总分的高低相关性不强，如果将之删除，试卷总的信度会提高。

11.2　实例49——对应分析

11.2.1　对应分析的功能与意义

在统计分析工作中，我们常常需要研究分类变量间的联系。当所涉及的分类变量类别较多或者分类变量的个数较多的时候，我们就需要用到对应分析。对应分析的本质就是将行列变量的交叉表变换为一张散点图，从而将表格中包含的类别关联信息用各散点空间位置关系的形式表现出来。值得一提的是，这种方法没有涉及假设检验，因而无法得到确切的统计结论，但是由于其操作简单、结果直观并容易被解释，很受研究者的欢迎。

11.2.2　相关数据来源

📷	下载资源\video\chap11\...
💻	下载资源\sample\11\正文\原始数据文件\案例11.2.sav

【例 11.2】费希尔在 1940 年首次介绍列联表资料时使用的是一份关于眼睛颜色与头发颜色的调查研究数据。该研究数据包含了 5387 名苏格兰北部的凯斯纳斯郡的小学生的眼睛颜色与头发颜色，如表 11.5 所示。试用对应分析方法研究眼睛颜色与头发颜色之间的对应关系。

表 11.5　小学生眼睛颜色与头发颜色的调查数据

眼睛的颜色	头发的颜色					合计
	金色	红色	棕色	深色	黑色	
深色	98	48	403	681	85	1315
棕色	343	84	909	412	26	1774
蓝色	326	38	241	110	3	718
浅色	688	116	584	188	4	1580
合计	1455	286	2137	1391	118	5387

11.2.3　SPSS分析过程

在用 SPSS 进行分析之前，我们要把数据录入到 SPSS 中。本例中有 3 个变量，分别是眼睛颜色、头发颜色、频数，将所有变量都定义为数值型变量。然后我们对变量进行值标签操作："眼睛颜色"用"1"表示"深色眼睛"，用"2"表示"棕色眼睛"，用"3"表示"蓝色眼睛"，用"4"表示"浅色眼睛"；用"头发颜色"用"1"表示"金色头发"，用"2"表示"红色头发"，用"3"表示"棕色头发"，用"4"表示"深色头发"，用"5"表示"黑色头发"，录入相关数据。录入完成后，数据如图 11.4 所示。

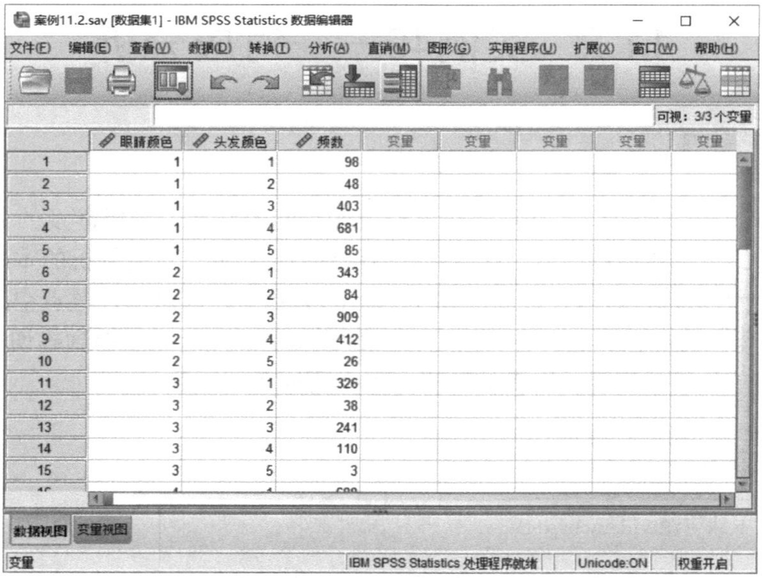

图11.4　案例11.2数据

先做一下数据保存，然后开始展开分析，步骤如下：

01 因为本例中是以频数格式录入数据的（相同取值的观测只录入一次，另加一个频数变量用于记录该数值共出现了多少次），所以我们在进入 SPSS 24.0 后，首先要对数据进行预处理，以频数变量进行加权，从而将数据指定为该种格式。选择"数据"|"个案加权"命令，弹出如图 11.5 所示的对话框。首先在"个案加权"对话框的右侧选中"个案加权系数"单选按钮，然后在左侧的列表框中选择"频数"，单击⏩按钮，使之进入"频率变量"列表框。单击"确定"按钮，完成数据预处理。

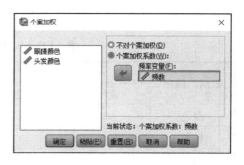

图11.5　"个案加权"对话框

02 选择"分析"|"降维"|"对应分析"命令，弹出如图 11.6 所示的对话框。先定义行变量及其取值范围，即在"对应分析"对话框的左侧选择"眼睛颜色"并单击⏩按钮使之进入右侧的"行"列表框，然后单击下方的"定义范围"按钮，弹出如图 11.7 所示的对话框，

在"最小值"中输入"1","最大值"输入"4",单击"更新"按钮,最后单击"继续"按钮
返回"对应分析"对话框。利用同样的方法定义列变量及其取值范围。列变量选择"头发颜色",
设置"最小值"为"1","最大值"为"5"。

03 其他设置采用系统默认值即可。

04 设置完毕后,单击"确定"按钮,等待输出结果。

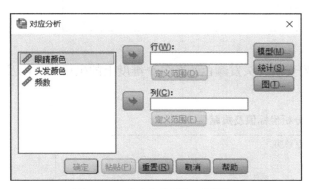

图 11.6 "对应分析"对话框

图 11.7 "对应分析:定义行范围"对话框

11.2.4 结果分析

（1）对应分析表

表 11.6 是按照原始数据整理而成的行列表,反映的是眼睛颜色和头发颜色不同组合下的
实际样本数。

表 11.6 对应分析表

			对应表			
			头发颜色			
眼睛颜色	金色头发	红色头发	棕色头发	深色头发	黑色头发	活动边际
深色眼睛	98	48	403	681	85	1315
棕色眼睛	343	84	909	412	26	1774
蓝色眼睛	326	38	241	110	3	718
浅色眼睛	688	116	584	188	4	1580
活动边际	1455	286	2137	1391	118	5387

（2）对应分析摘要

在表 11.7 中,第一列是维度,其个数等于变量的最小分类数减 1,本例中的最小分类数
是眼睛颜色的种类（为 4 类）,所以维度是 3;第 2~5 列分别表示奇异值、惯量、卡方值和显
著性;随后的列给出了各个维度所能解释的两个变量关系的百分比,容易发现,前两个维度就
累计解释了 **99.6%** 的信息。

表 11.7　对应分析摘要

维	奇异值	惯量	卡方	显著性	惯量比例		置信度奇异值	相关性 2
					占	累积	标准差	
1	.446	.199			.866	.866	.012	.274
2	.173	.030			.131	.996	.013	
3	.029	.001			.004	1.000		
总计		.230	1240.039	.000ᵃ	1.000	1.000		

摘要

a. 12 自由度

（3）对应分析坐标值及贡献值

表 11.8 给出了行变量（眼睛颜色）和列变量（头发颜色）在各个维度上的坐标值，以及各个类别对各维数的贡献值。

表 11.8　对应分析坐标值及贡献值

行点总览ᵃ

眼睛颜色	数量	维得分		惯量	贡献			
		1	2		点对维的惯量		维对点的惯量	
					1	2	1	2	总计
深色眼睛	.244	1.052	-.322	.125	.605	.145	.965	.035	1.000
棕色眼睛	.329	.050	.588	.020	.002	.657	.018	.981	.999
蓝色眼睛	.133	-.599	-.397	.026	.107	.121	.836	.143	.979
浅色眼睛	.293	-.660	-.212	.060	.286	.076	.956	.039	.995
活动总计	1.000			.230	1.000	1.000			

a. 对称正态化

列点总览ᵃ

头发颜色	数量	维得分		惯量	贡献			
		1	2		点对维的惯量		维对点的惯量	
					1	2	1	2	总计
金色头发	.270	-.814	-.417	.088	.401	.271	.907	.093	1.000
红色头发	.053	-.349	-.116	.004	.014	.004	.770	.033	.803
棕色头发	.397	-.063	.500	.018	.004	.572	.039	.961	1.000
深色头发	.258	.881	-.250	.092	.449	.093	.969	.030	1.000
黑色头发	.022	1.638	-.688	.028	.132	.060	.934	.064	.998
活动总计	1.000			.230	1.000	1.000			

a. 对称正态化

以本表上部分概述行点为例，对表中各列含义做一下简要说明。

- "数量"列表示各种类别的构成比，如深色眼睛的人占总数的构成比例是 0.244。
- "维得分"列表示各类别在相关维数上的评分，首先给出的是默认提取的两个维数上各类别的因子负荷值。
- "惯量"列给出了总惯量（0.23）在行变量中的分解情况，数值越大表示该类别对惯量的贡献越大。

- "点对维的惯量"表示在各个维数上，信息量在各类别间的分解状况，本例中第一维数主要被深色、蓝色、浅色所携带，也就是说这 3 个类别在第一维数上的区分比较好，第二维数主要被深色、棕色、蓝色所携带，说明这 3 个类别在第二维数上的区分比较好。
- "维对点的惯量"表示各类别的信息在各维数上的分布比例，本例中深色、蓝色、浅色都主要分布在第一维数上，棕色主要分在第二维数上。
- "总计"表示各维数的信息比例之和，可见红色这一类别在前两位中只提出了 80.3% 的信息，效果最差。

（4）对应分析图

图 11.8 是对应分析图，是对应分析中最主要的结果，从图中可以看出两个变量不同类别之间的关系。我们可以从两个方面来阅读本图：一方面可以分别从横坐标和纵坐标方向考察变量不同类别之间的稀疏，如果靠得近，则说明在该维数上这些类别之间差别不大；另一方面可以把平面划分为以(0,0)为原点的 4 个象限，位于相同象限的不同变量的分类点之间的关联较强。

容易发现本例中：棕色头发和棕色眼睛，深色头发、黑色头发和深色眼睛，金色头发和蓝色眼睛、浅色眼睛存在着比较强的联系。

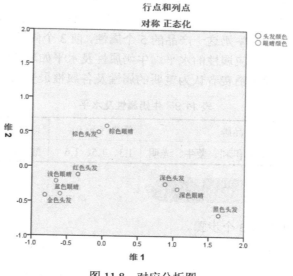

图 11.8　对应分析图

11.2.5　案例综述

通过分析，我们可以知道：

- 由结果分析（1）可知，眼睛颜色和头发颜色在不同组合下的实际样本数。
- 由结果分析（2）可知，提取的前两个维数累计就已解释了 99.6% 的信息。
- 由结果分析（3）可知，眼睛颜色和头发颜色在各个维数上的坐标值，以及各个类别对各个维数的贡献值。
- 由结果（4）可知，棕色头发和棕色眼睛，深色头发、黑色头发和深色眼睛，金色头发和蓝色眼睛、浅色眼睛存在着比较强的联系。

11.3 实例50——结合分析

11.3.1 结合分析的功能与意义

我们在进行市场营销研究时，常常会遇到下面的问题：产品的属性对消费者的重要程度如何？或者说消费者更在乎产品的哪方面特征，是功能、价格、品牌还是其他？具有哪些属性的产品更受消费者的欢迎？如手机外形，是直板、翻盖、滑盖还是其他？SPSS的结合分析便是这一研究的强大工具，也是一种定量化的市场分析方法。

11.3.2 相关数据来源

📹	下载资源\video\chap11\...
💻	下载资源\sample\11\正文\原始数据文件\案例11.3A.sav

【例 11.3】某研究者欲研究消费者对不同种类牛奶的喜好程度，进行了相关调查。调查问卷中共有5个问题分别针对牛奶这一产品的5个属性，前3个问题有3个选项，后两个问题有两个选项，各选项都代表相应属性的水平。牛奶属性及水平如表11.9所示。试用结合分析对消费者偏好展开分析，找出消费者认为重要的属性及各属性最受欢迎的属性水平。

表 11.9 牛奶属性及水平

属性	外形	品牌	价格（元）	口感	保质期
属性水平	瓶装、盒装、袋装	伊利、蒙牛、光明	1.3、1.5、1.6	酸、原味	30天以上、30天以下

11.3.3 SPSS分析过程

用SPSS做结合分析共分3个步骤。

步骤1：生成计划文件

01 打开数据文件"案例11.3A"，选择"数据"|"正交设计"|"生成"命令，弹出如图11.9所示的对话框。在"因子名称"文本框中输入"WAIXING"，然后单击"添加"按钮，即完成"外形"这一属性的添加。然后依次输入"PINPAI""JIAGE""KOUGAN""BAOZHIQI"完成"品牌""价格""口感""保质期"这4个属性的添加。

02 定义各个因子的取值。仍以"外形"为例进行说明，选中"WAIXING"并单击"定义值"按钮，弹出如图11.10所示的对话框。在"1"行的"值"列输入"1"，在"1"行的"标签"列输入"瓶装"；在"2"行的"值"列输入"2"，在"2"行的"标签"列输入"袋装"；在"3"行的"值"列输入"3"，在"3"行的"标签"列输入"盒装"，然后单击"继续"按钮返回对话框为其他变量进行设置。

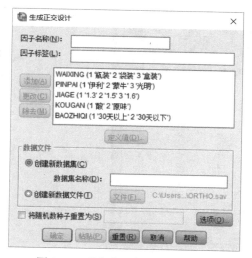

图 11.9 "生成正交设计"对话框

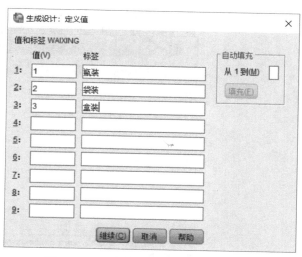

图 11.10 "生成设计：定义值"对话框

03 单击"生成正交设计"对话框右下方的"选项"按钮，弹出如图 11.11 所示的对话框。在"要生成的最小个案数"中输入"18"，选中"坚持个案数"复选框并在文本框中输入"4"，返回"生成正交设计"对话框。

图 11.11 "生成正交设计：选项"对话框

04 选中"数据文件"选项组中的"创建新数据文件"单选按钮，并单击"文件"按钮进行相关文件保存。

05 最后单击"确定"按钮，完成计划文件的生成。

步骤2：展开社会调查，搜集相关数据

在生成的文件里，可以看到有 22 个卡片，每张卡片分别代表一种包含各个属性的组合。我们将调查问卷发放给被调查者，让他们对这些卡片所代表的组合进行一下偏好排序，把最喜欢的排到第一位，次喜欢的排到第二位，依次类推。调查完成后，把数据录入到 SPSS 中。在这里我们采用的是 10 位消费者的数据。容易发现本例中有 23 个变量，分别是 ID、PREF1~PREF22。我们把所有变量都定义为数值型变量，然后录入相关数据。录入完成后，数据如图 11.12 所示。

步骤3：进行结合分析

目前 SPSS 没有提供专门的菜单和图形对话框来进行结合分析，只有通过在程序编辑窗口中输入相应命令并运行，才能完成结合分析。

下面说一下操作过程及相关程序。

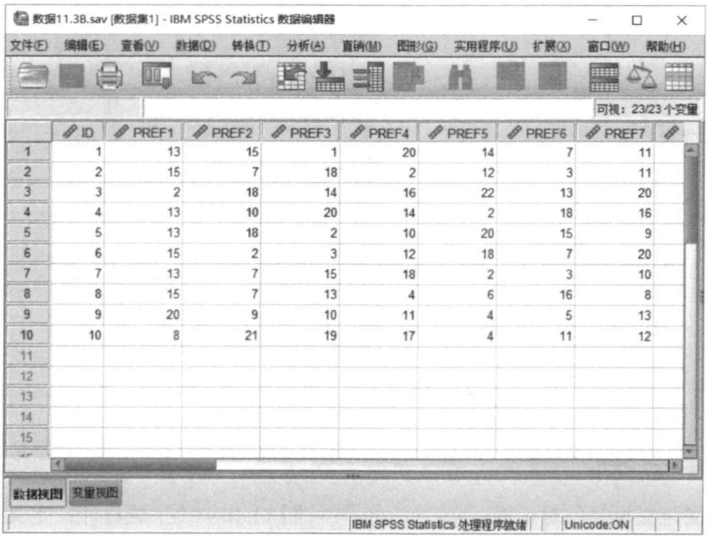

图 11.12　数据 11.3B

01 选择"文件"|"新建"|"语法"命令，弹出程序编辑窗口。

02 在窗口中依次输入以下命令：

```
CONJOINT
 PLAN='E:\数据 11.3A.SAV'
 /DATA='E:\数据 11.3B.SAV'
 /SEQUENCE=PREF1 TO PREF22
 /SUBJECT=ID
 /FACTORS=WAIXING PINPAI(DISCRETE) JIAGE(LINEAR LESS)  KOUGAN(LINEAR MORE)
 BAOZHIQI(LINEAR LESS)
 /PRINT=ALL
 /UTILITY='E:\RUGUTIL.SAV'
 /PLOT=SUMMARY.
```

03 单击工具栏中的 ▶ 按钮，运行该程序，即可完成结合分析。

需要说明的是，在上面的命令中，**PINPAI**（**DISCRETE**）表示品牌是离散型的分类变量；**JIAGE**（**LINEAR LESS**）表示价格是属于线性类型（**LINEAR**）的属性，而且价格越低消费者越喜欢（**LESS**）。

11.3.4　结果分析

（1）重要性水平

表 11.10 表示的是消费者群体对各个属性的重要性所做的评价，其中品牌和外形是最重要的，也就是消费者最为看重的。

（2）结果总结

表 11.11 表示的是消费者群体对每个属性的各个属性水平所做的评价。容易发现，对外形而言，消费者最喜欢盒装的，其次是瓶装的、袋装的；对品牌而言，消费者偏好的依次是蒙牛、

伊利、光明；对价格而言，消费者喜欢的依次是 1.3 元、1.5 元、1.6 元（因为在命令中假定的值越小，越受消费者喜爱）；对口感而言，消费者更倾向于喜欢酸牛奶；对保质期要求来说，消费者希望保质期更长一些。

表 11.10 重要性值

重要性值	
WAIXING	26.473
PINPAI	30.678
JIAGE	16.713
KOUGAN	14.447
BAOZHIQI	11.689
平均重要性得分	

表 11.11 结果总结

实用程序(U)		实用程序估算	标准误差
WAIXING	瓶装	-.183	.684
	袋装	-1.317	.684
	盒装	1.500	.684
PINPAI	伊利	-.467	.684
	蒙牛	1.550	.684
	光明	-1.083	.684
JIAGE	1.3元	.550	.593
	1.5元	1.100	1.185
	1.6元	1.650	1.778
KOUGAN	酸	-.225	1.026
	原味	-.450	2.053
BAOZHIQI	30天以上	.400	1.026
	30天以下	.800	2.053
(常量)		8.167	2.320

说 明　上面给出的是整体统计量，也就是针对整个消费者群体而言的。SPSS 不仅给出了整体统计量，还给出了每个个体也就是单一消费者对各个属性的看重程度以及对各个属性下不同属性水平的偏好，其各个指标的含义跟总体是一样的。限于篇幅，这里不再赘述。

此外，SPSS 还输出了上面两种分析结果的图形解释。它们是以图形的形式来展示与上面相同的内容，这里不再赘述。

11.3.5 案例综述

通过分析，我们可以知道：

- 由结果分析（1）可知，在牛奶的各个属性中，消费者最为看重的是牛奶品牌和外部包装。
- 由结果分析（2）可知，消费者最喜欢保质期长、盒装的、蒙牛品牌的、1.3 元的酸牛奶。

11.4 本章习题

1. 表 11.12 给出的是某调查问卷的测量数据。该调查问卷共有 10 道题目，均为 10 分量表，高分代表同意题目代表的观点，共调查了 100 人。试考察此问卷的信度。

表 11.12　调查数据

	问题1	问题2	问题3	…	问题9	问题10
1	6	1	5	…	5	7
2	5	1	7	…	7	7
3	6	1	6	…	6	5
…	…	…	…	…	…	…
99	5	1	7	…	7	7
100	6	1	6	…	6	5

2．使用表 6.45 所示资料做对应分析，研究口味偏好和职业之间的对应关系。

3．某研究者欲研究消费者对不同种类碳酸饮料的喜好程度，并进行了相关调查。调查问卷中共有 5 个问题分别针对碳酸饮料的 5 个属性，前 3 个问题都有 3 个选项，后两个问题有两个选项，各选项都代表相应属性的水平。碳酸饮料属性及水平如表 11.13 所示。

表 11.13　碳酸饮料属性及水平

属性	外形	品牌	价格（元）	饮用温度	保质期
属性水平	塑料瓶装、玻璃瓶装、易拉罐装	可乐、雪碧芬达	1.5、2.0、2.5	常温、冷藏	90天以上、90天以下

假设生成的计划文件和相应的社会调查得到的数据文件如下载文件中"习题 11.3A"和"习题 11.3B"所示，试用结合分析对消费者偏好展开分析，找出消费者认为重要的属性及各属性最受欢迎的属性水平。

第12章 关于新产品上市前的调查研究

在将一种新产品正式推向市场之前，必须进行相应的市场调查研究，才能降低贸然进入市场而遭受无谓损失的风险。通过对不同的消费群体进行市场调查研究，一方面可以挖掘出消费者的潜在购买欲望，从而可以大致了解整个市场的容量；另一方面可以找出相应消费群体对本产品感兴趣的元素，从而在市场开拓的过程中加以显著突出，并且在后续产品的设计中针对这些特点加以进一步强化。所以，市场调研对于一种即将上市的新产品而言，意义是非常重大的。

12.1 研究背景及目的

12.1.1 研究背景

作为千元内性价比较高的诺基亚手机之一，NOKIA 3110C 自上市以来，受到了广大消费者尤其是高校学生的热烈欢迎。出于市场追随的目的，某手机制造商也开发出了一部新款的手机，该款手机来自于对 NOKIA 3110C 手机的仿制。

在功能方面，该款手机与 NOKIA 3110C 完全相同。具体而言包括：

- 通话、短信和彩信等基本通信功能。
- 内置摄像头，130 万像素的拍照及摄像功能。
- 支持 MP4、H.264 格式的视频播放功能。
- 支持 MP3、MP4、AAC、AAC+、eAAC+等格式的音乐播放功能。
- 支持 Java MIDP 2.0 的 Java 功能。
- Macromedia Flash Lite 2.0，为用户提供视频、音频和图案交互式体验的 Flash 功能。
- 收音机、录音、小游戏等娱乐功能。
- 蓝牙、红外传输、USB 连接等数据传输功能。
- 手机上网、电子邮件、QQ 等网络功能。
- 飞行模式、语音拨号、日程表等商务功能。
- 闹钟、计算器、JAR 格式电子书阅读、阳历农历转换、字典等其他功能等。

此外，通话时间上限约为 3.5 小时，待机时间上限约为 15 天。

在外形方面，与 NOKIA 3110C 相似，也是采用传统的直板设计以及方便易用的大键盘和清楚易读的超大屏幕，并且机身主色调以黑色为主，给人一种成熟而稳重的感觉。

在品牌方面，因为该手机制造商进入手机市场时间很短，所以并没有很大的市场占有率和忠诚的用户群。无论是与遍布全球的国外名牌手机，还是雄霸一方的国内品牌机相比，都没有竞争优势。

在价格方面，因为现在 NOKIA 3110C 的市场价是 650 元左右，考虑到在品牌和售后服务方面的劣势，并参照相应档次的其他手机价格，所以其拟定价是 300 元。

12.1.2　研究目的

本例中，虽然这部新款手机是在 NOKIA 3110C 取得成功以后不久，迅速模仿复制推出的，但是能不能复制 NOKIA 3110C 的成功，甚至把被复制品牌 NOKIA 3110C 逐出市场，却是一个未知数。一方面，NOKIA 3110C 的成功究竟有多少是因为其外形或者功能，又有多少是因为诺基亚这一"金字招牌"？如果大部分顾客只是把决策集合限定在诺基亚这个品牌，然后在这个集合中选择了 NOKIA 3110C，那么该新款手机上市遭遇的打击是可想而知的。另一方面，市场是否已经饱和？该种档次的手机市场是否已经被 NOKIA 3110C 全部占领？很简单的事实就是对于普通消费者而言，刚买了一部新手机然后接着购买下一部新手机的概率是很小的。还有，对于这种新产品而言，潜在消费者究竟愿意为之付出怎样的价格？拟定的价格是不是合理的，会不会高估？

我们在搜集资料的过程中要做到有的放矢，要把主要精力和时间花费在调查购买潜力最大的群体上。手机行业的经验表明，这种新款手机的最大潜在消费群体有两个：一个是高校学生，另一个是农民工，所以我们把调查问卷主要发放到这两部分人手中。我们的研究目的就是：一方面要判断出潜在消费群体对手机的需求欲望；另一方面，要找出消费群体对本款手机感兴趣的元素。

12.2　研究方法

经济学原理告诉我们，影响某产品需求的因素有产品价格、消费者的收入、产品本身的使用价值（包括品牌、外形、功能等）、替代品的价格及使用价值、互补品的价格及使用价值，以及消费者对产品价格的预期、销售方式等。但是其中最为主要的是产品本身所具有的属性，包括价格、品牌、外形、功能等，我们应该把重点放在消费者对产品本身所具有的属性的评价上面。

因为是新产品的上市，所以只依靠现有的行业内的相关资料并不能比较好地对本款手机的相关需求做出一个比较好的预测，况且只是静态地根据既有数据就草率做出结论是很不负责任的，所以我们采用的研究方法是根据经济学的基本原理，并参照行业内的调查经验，设计出合格有效地调查问卷，直接到潜在消费者人群中进行现场访问，然后对回收上来的调查问卷做相关的统计分析，提取出相关信息，从而达到研究的目的。

采用的数据分析方法主要有结合分析、列联表分析。

12.3　研究过程

12.3.1　为结合分析生成计划文件

1. 生成手机特征属性的计划文件

我们选取手机这一产品的 5 个最重要的属性，这 5 个属性完全可以概括一部手机的特征，包括价格、品牌、功能、外形、售后服务等。其中"价格"属性有 0~200 元、200~500 元、500~1000 元、1000 元以上 4 个属性水平；"品牌"属性有国外品牌、国产品牌、仿制机 3 个属性水平；"功能"属性有很少、较少、较多、很多 4 个属性水平；"外形"属性有直板、翻盖、滑盖 3 个属性水平；"售后服务"属性包括售后服务好和售后服务差两个属性水平。

手机的属性和属性水平如表 12.1 所示。

表 12.1 手机属性及水平

属性	价格	品牌	功能	外形	售后服务
属性水平	0~200 元 、200~500元、500~1000元、1000元以上	国外品牌、国产品牌、仿制机	很少、较少、较多、很多	直板、翻盖、滑盖	售后服务好、售后服务差

根据前面介绍的结合分析的基本步骤，首先生成计划文件。

01 进入 SPSS 24.0，选择"数据"|"正交设计"|"生成"命令，弹出"生成正交设计"对话框，如图 12.1 所示。在"因子名称"文本框中输入"JIAGE"，然后单击"添加"按钮，即完成"价格"这一属性的添加。然后依次输入"PINPAI""GONGNENG""WAIXING""SHOUHOU"完成"品牌""功能""外形""售后服务"这 4 个属性的添加。

02 定义各个因子的取值。以"价格"为例进行说明，选中"JIAGE"并单击下面的"定义值"按钮，弹出"生成设计：定义值"对话框，如图 12.2 所示。在该对话框中的"1"行的"值"列输入"1"，在"1"行的"标签"列输入"0~200 元"；在"2"行的"值"列输入"2"，在"2"行的"标签"列输入"200~500 元"；在"3"行的"值"列输入"3"，在"3"行的"标签"列输入"500~1000 元"；在"4"行的"值"列输入"4"，在"4"行的"标签"列输入"1000 元以上"，然后单击"继续"按钮返回对话框为其他变量进行设置。

图 12.1 "生成正交设计"对话框

图 12.2 "生成设计：定义值"对话框

03 单击"生成正交设计"对话框右下方的"选项"按钮，弹出"生成正交设计：选项"对话框，如图 12.3 所示，在"要生成的最小个案数"中输入"32"，然后单击"继续"按钮返回"生成正交设计"对话框。

> **说 明**　"32"这个数字是根据研究需要确定的，我们知道各个属性水平的组合共有 4*3*4*3*2=288 种，但是我们不可能、也没有必要生成 288 种选择，然后让消费者对这 288 种选择进行排序，我们认为设置 32 种组合供消费者选择足以代表消费者的偏好。如果研究者根据具体的实际情况认为 32 种选择过少或者过多，可以进行调整。

04 选中"数据文件"选项组中的"创建新数据文件"单选按钮，并单击"文件"按钮进行相关文件的保存。

05 最后单击"确定"按钮，完成计划文件的生成。

生成数据如图 12.4 所示。其中，对"PINPAI"而言，"1"表示"国外品牌"，"2"表示"国产品牌"，"3"表示"仿制机"；对"GONGNENG"而言，"1"表示"很少"，"2"表示"较少"，"3"表示"较多"，"4"表示"很多"；对"WAIXING"而言，"1"表示"直板"，"2"表示"翻盖"，"3"表示"滑盖"；对"SHOUHOU"而言，"1"表示"售后服务好"，"2"表示"售后服务差"。

图 12.3　"生成正交设计：选项"对话框　　　　图 12.4　数据 12-1A

另外，为了能更加充分有效地找出消费者的潜在兴趣，我们有必要对"功能"这一属性进一步细分，从"娱乐功能"和"数据功能"的角度详加研究。

2．生成手机娱乐功能的计划文件

首先研究"娱乐功能"，可以选取其 5 个属性，分别是收音机、音乐、游戏、电子书、拍照。这 5 个属性都具有两个属性水平：有此项功能、无此项功能。"娱乐功能"的属性和属性水平如表 12.2 所示。

表 12.2　"娱乐功能"属性及水平

属性	收音机	音乐	游戏	电子书	拍照
属性水平	有此项功能、无此项功能	有此项功能、无此项功能	有此项功能、无此项功能	有此项功能、无此项功能	有此项功能、无此项功能

根据结合分析的基本步骤，生成计划文件。步骤如下：

01 进入 SPSS 24.0，选择"数据"|"正交设计"|"生成"命令，弹出"生成正交设计"对话框。在"因子名称"文本框输入"SHOUYINJI"，然后单击"添加"按钮，即可完成"收音机"这一属性的添加。依次输入"YINYUE""YOUXI""DIANZISHU""PAIZHAO"完成"音乐""游戏""电子书""拍照"这 4 个属性的添加。

02 定义各个因子的取值。分别选中各属性因子并单击"定义值"按钮，弹出"生成设计：定义值"对话框，在"1"行的"值"列输入"1"，在"1"行的"标签"列输入"有此项功能"，在"2"行的"值"列输入"0"，在"2"行的"标签"列输入"无此项功能"。

03 单击"生成正交设计"对话框右下方的"选项"按钮，弹出"生成设计：选项"对话框，如图 12.3 所示，"要生成的最小个案数"中输入"16"，然后单击"继续"按钮返回"生成正交设计"对话框。我们知道各个属性水平的组合共有 2*2*2*2*2=32 种，但是没有必要生成全部 32 种选择，当然也可以进行调整。

04 选中"数据文件"选项组中的"创建新数据文件"单选按钮，并单击"文件"按钮进行相关文件的保存。

05 最后单击"确定"按钮，完成计划文件的生成。

最终生成的数据计划文件如图 12.5 所示。

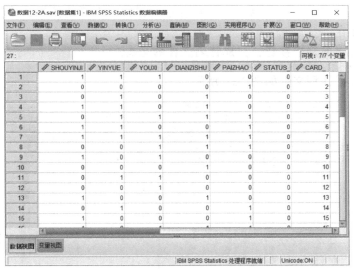

图 12.5　数据 12-2A

 对所有变量而言，都是用"1"表示"有此项功能"，用"0"表示"无此项功能"。

3. 生成数据功能的计划文件

把"数据功能"作为研究对象，也可以选取 5 个属性，分别是蓝牙、红外、USB 数据传输、GPRS、移动 QQ。这 5 个属性也都具有两个属性水平：有此项功能、没有此项功能。"数据功能"的属性和属性水平如表 12.3 所示。

表 12.3　"数据功能"属性及水平

属性	蓝牙	红外	USB数据传输	GPRS	移动QQ
属性水平	有此项功能、无此项功能	有此项功能、无此项功能	有此项功能、无此项功能	有此项功能、无此项功能	有此项功能、无此项功能

根据前面介绍的结合分析的基本步骤，生成计划文件。

01 进入 SPSS 24.0，选择"数据"|"正交设计"|"生成"命令，弹出"生成正交设计"对话框。在"因子名称"文本框中输入"LANYA，然后单击"添加"按钮，即可完成"蓝牙"这一属性的添加。依次输入"HONGWAI""USB""GPRS""QQ"完成"红外""USB 数据传输""GPRS""移动 QQ"这 4 个属性的添加。

02 定义各个因子的取值。以"蓝牙"为例进行说明，选中"LANYA"并单击"定义值"按钮，弹出"生成设计：定义值"对话框。在"1"行的"值"列输入"1"，在"1"行的"标签"列输入"有此项功能"，在"2"行的"值"列输入"0"，在"2"行的"标签"列输入"无此项功能"，然后单击"继续"按钮返回对话框为其他变量进行设置。

03 单击"生成正交设计"对话框右下方的"选项"按钮，弹出"生成设计：选项"对话框，在"要生成的最小个案数"中输入"16"，然后单击"继续"按钮返回"生成正交设计"对话框。

04 选中"数据文件"选项组中的"创建新数据文件"单选按钮，并单击"文件"按钮进行相关文件的保存。

05 最后单击"确定"按钮，完成计划文件的生成。

最终生成的数据计划文件如图 12.6 所示。

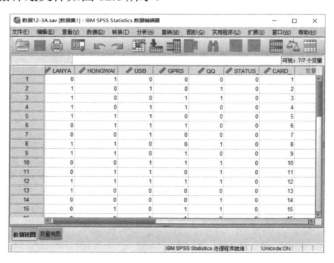

图 12.6　数据 12-3A

需要说明的是，以上生成的计划文件是 SPSS 随机生成的各个属性不同属性水平的组合，所以读者在操作的时候，有可能出现与作者所提供数据并不完全一致的情况，这是一种正常情况。

12.3.2 根据计划文件以及其他相关因素设计调查问卷

最终设计成的调查问卷如下所示：

手机需求情况调查问卷
请您如实根据自身情况填写以下内容，谢谢合作！

1. 您的性别是_____
   A.男　　　　　　　B.女

2. 您拥有几部手机? _____
   A.0 部　　　　　B.1 部　　　　　C.2 部　　　　　D.3 部或 3 部以上

3. 如果您想购买一部新的手机，你准备在? _____如果不想，不必选择
   A.半年内　　B.半年后，一年内　　C.一年后，两年内　　D.两年后

4. 请您对下列不同属性水平组合的手机进行偏好排序：1~最偏好，32~最不偏好

价格	品牌	功能	外形	售后服务	偏好次序
200~500元	国外品牌	较少	翻盖	售后服务差	
200~500元	国外品牌	很少	滑盖	售后服务好	
1000元以上	国产品牌	很少	直板	售后服务差	
0~200元	国外品牌	较少	直板	售后服务差	
500~1000元	国外品牌	较少	直板	售后服务差	
500~1000元	国外品牌	很少	直板	售后服务好	
200~500元	仿制机	很多	直板	售后服务好	
500~1000元	国产品牌	很多	滑盖	售后服务好	
500~1000元	国产品牌	较少	滑盖	售后服务好	
1000元以上	仿制机	较少	直板	售后服务好	
200~500元	国外品牌	很多	滑盖	售后服务好	
0~200元	国产品牌	较少	翻盖	售后服务好	
1000元以上	国外品牌	较多	翻盖	售后服务好	
0~200元	国产品牌	很多	翻盖	售后服务好	
200~500元	国外品牌	很多	翻盖	售后服务差	
1000元以上	国外品牌	很少	翻盖	售后服务好	
500~1000元	国外品牌	很多	直板	售后服务差	
0~200元	仿制机	很少	滑盖	售后服务差	
1000元以上	国产品牌	较多	直板	售后服务差	
200~500元	国产品牌	较多	直板	售后服务差	
0~200元	国外品牌	很多	直板	售后服务差	
1000元以上	国外品牌	较少	滑盖	售后服务差	
500~1000元	仿制机	很少	翻盖	售后服务差	
1000元以上	仿制机	很多	直板	售后服务差	
500~1000元	仿制机	较多	翻盖	售后服务差	
200~500元	仿制机	较少	直板	售后服务好	
0~200元	国外品牌	很少	直板	售后服务好	

（续表）

价格	品牌	功能	外形	售后服务	偏好次序
500~1000元	国外品牌	较多	直板	售后服务好	
1000元以上	国外品牌	很多	滑盖	售后服务差	
0~200元	仿制机	较多	滑盖	售后服务差	
0~200元	国外品牌	较多	直板	售后服务好	
200~500元	国产品牌	很少	直板	售后服务差	

5. 您对仿制机的最大印象是_____。

　　A.价格便宜，且功能不逊品牌机　　　　　　　B.劣质产品，不耐用，售后服务差

　　C.是一种时尚和潮流，深受欢迎　　　　　　　D.没有什么印象

6. 请您对下列不同娱乐功能组合的手机进行偏好排序：1~最偏好，16~最不偏好

收音机	音乐	游戏	电子书	拍照	偏好次序
有	有	无	无	有	
无	无	无	无	有	
无	有	无	有	有	
有	有	无	有	有	
无	有	无	有	有	
有	有	无	有	有	
有	有	无	有	有	
无	无	有	有	有	
有	无	有	有	有	
无	无	有	有	有	
无	有	有	有	有	
无	无	有	有	有	
有	无	有	有	有	
无	有	有	有	有	
有	无	有	无	有	
有	无	有	有	有	

7. 请您对下列不同数据功能组合的手机进行偏好排序：1~最偏好，16~最不偏好

蓝牙	红外	USB数据传输	GPRS	移动QQ	偏好次序
无	有	无	无	无	
有	无	有	无	有	
有	无	无	有	有	
有	无	有	有	无	
无	有	有	有	无	
无	有	有	无	无	
无	无	有	无	无	
有	无	无	无	有	
有	无	有	无	无	
无	无	有	有	无	
无	有	无	无	有	
有	有	有	有	有	
有	无	有	无	无	
无	有	有	无	有	
无	有	有	有	有	
无	无	无	有	无	

8. 您一般是去什么地方或者想要去什么地方购买手机？_____

　　A.手机大卖场　　　　B.购物商场或超市　　　　　　C.网上购物　　　　　　D.其他

调查结束，感谢您的参与！

12.3.3 发放问卷进行社会调查并将所得数据录入到SPSS中

我们将设计好的 120 份调查问卷，随机发放到高校学生和一些农民工手中，回收 108 份，回收率为 108/120*100%=90%。回收效果还是很不错的。

我们把回收上来的问卷进行一系列的整理，并做成了 4 个 SPSS 格式的文件，分别是针对计划文件 1 调查的偏好次序数据、针对计划文件 2 调查的偏好次序数据、针对计划文件 3 调查的偏好次序数据、其他数据。关于各数据录入的具体介绍及最终结果在下一节中说明。

12.3.4 SPSS分析

本节我们分 4 个部分进行。

1. 关于手机的结合分析

🎥	下载资源\video\chap12\...
💻	下载资源\sample\12\正文\原始数据文件\数据12-1A.sav、数据12-1B.sav、12-1程序.sps

首先我们进行关于手机的结合分析，过程如下。

01 用第 1 章和第 11 章介绍的录入数据的方法录入数据。录入完成后，数据如图 12.7 所示。本文件中共有 33 个变量，包括 "ID" "PREF1~PREF32"，均为数值型变量。其中 "ID" 表示被调查者或者采集的样本编号，"PREF1~PREF32" 表示偏好顺序，如 PREF1 表示被调查者认为 "…" 是其第一偏好，依次类推。

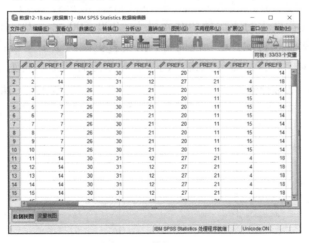

图 12.7 数据 12-1B

02 将数据移到 E 盘（或其他硬盘），然后选择 "文件" | "新建" | "语法" 命令，弹出程序编辑窗口。然后在窗口中依次输入以下命令：

```
CONJOINT
 PLAN='E:\数据 12-1A.SAV'
  /DATA='E:\数据 12-1B.SAV'
```

```
/SEQUENCE=PREF1 TO PREF32
/SUBJECT=ID
/FACTORS=WAIXING PINPAI(DISCRETE MORE ) JIAGE(LINEAR MORE) GONGNENG
(LINEAR MORE) SHOUHOU(LINEAR MORE)
/PRINT=SUMMARYONLY
/UTILITY='E:\RUGUTIL.SAV'
/PLOT=SUMMARY.
```

03 单击工具栏中的 ▶ 按钮，运行该程序，即可完成结合分析。

 需要说明的是，在上面的命令中，WAIXING PINPAI(DISCRETE MORE)表示的是外形、品牌是离散型的分类变量，最终结果中的数值越大消费者越喜欢；JIAGE(LINEAR MORE)表示价格是属于线性类型（LINEAR）的属性，最终结果中的数值越大消费者越喜欢。

下面对结果进行分析。

（1）重要性水平

表 12.4 表示的是消费者群体（108 个样本）对手机各个属性的重要性所做的评价，其中价格是最重要的，也就是消费者最为看重的，占到了近 75%；其次是功能和售后服务；最不被重视的或者说消费者最不在乎的是品牌和外形，两者之和不过 5%左右。

（2）结果总结

表 12.5 表示的是消费者群体（108 个样本）对手机每个属性的各个属性水平所做的评价。因为之前对模型的设置都是数值越大表示消费者效用越高，所以容易发现，对品牌而言，消费者最喜欢仿制机，其次是国外品牌、国产品牌；对外形而言，消费者偏好的依次是翻盖、滑盖、直板；对价格而言，消费者喜欢的依次是 200 元以下、200~500 元、500~1000 元、1000 元以上，也就是说价格越低消费者越喜欢；对功能而言，消费者更倾向于多多益善，偏好次序依次是很多、较多、较少、很少；对售后服务来说，消费者希望选择售后服务好的。

表 12.4　重要性值

重要性值	
PINPAI	3.007
WAIXING	2.161
JIAGE	74.829
GONGNENG	11.113
SHOUHOU	8.890
平均重要性得分	

表 12.5　结果总结

实用程序(U)		实用程序估算	标准误差
PINPAI	国外品牌	-.200	.833
	国产品牌	-.325	.976
	仿制机	.525	.976
WAIXING	直板	-.316	.833
	翻盖	.345	.976
	滑盖	-.029	.976
JIAGE	0~200元	-7.343	.559
	200~500元	-14.686	1.117
	500~1000元	-22.029	1.676
	1000元以上	-29.372	2.234
GONGNENG	很少	1.081	.559
	较少	2.161	1.117
	较多	3.242	1.676
	很多	4.322	2.234
SHOUHOU	售后服务好	-2.601	1.249
	售后服务差	-5.201	2.498
(常量)		36.186	2.808

（3）图形展示

图 12.8 是"品牌"的摘要实用程序，从其中可以看出：仿制机的值最大，最受消费者欢迎，其次是国外品牌、国产品牌。

图 12.9 是"外形"的摘要实用程序，从其中可以看出：翻盖的值最大，最受消费者欢迎，其次是滑盖、直板。

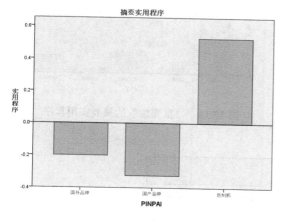

图 12.8 "品牌"的摘要实用程序

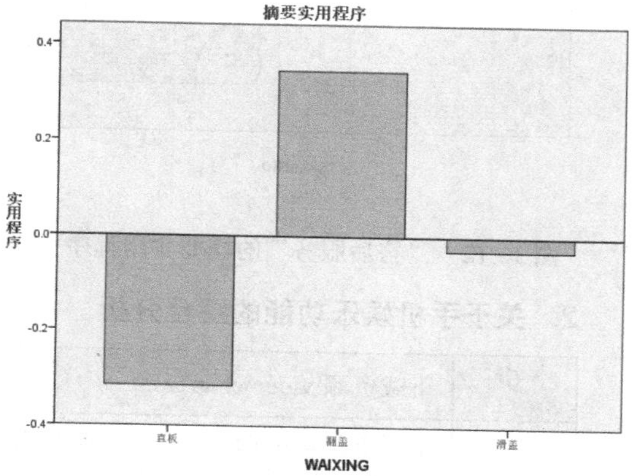

图 12.9 "外形"的摘要实用程序

图 12.10 是"价格"的摘要实用程序，从其中可以看出：价格越低，越受消费者欢迎。

图 12.11 是"功能"的摘要实用程序，从其中可以看出：很多的值最大，最受消费者欢迎，其次是较多、较少，最后是很少。

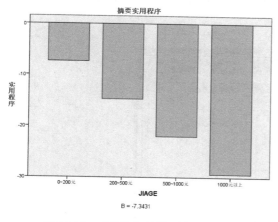
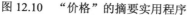
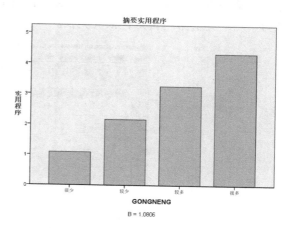

图 12.10 "价格"的摘要实用程序

图 12.11 "功能"的摘要实用程序

图 12.12 是"售后服务"的摘要实用程序，从其中可以看出：售后服务好的值更大一些，更受消费者的欢迎。

图 12.13 是"重要性"的摘要实用程序，从其中可以看出：价格重要性最大。

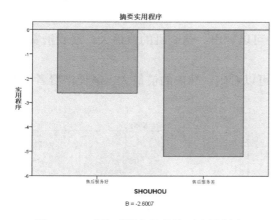

图 12.12　"售后服务"的摘要实用程序　　　　图 12.13　"重要性"的摘要实用程序

2. 关于手机娱乐功能的结合分析

📹	下载资源\video\chap12\...
🖥	下载资源\sample\12\正文\原始数据文件\数据12-2A.sav、数据12-2B.sav、12-2程序.sps

下面进行关于手机娱乐功能的结合分析,步骤如下。

01 用第 1 章和第 11 章介绍的录入数据的方法录入数据。录入完成后,数据如图 12.14 所示。本文件中共有 17 个变量,包括"ID""PREF1~PREF16",均为数值型变量。其中"ID"表示被调查者或采集的样本编号,"PREF1~PREF16"表示偏好顺序,如 PREF1 表示被调查者认为"…"是其第一偏好,依次类推。

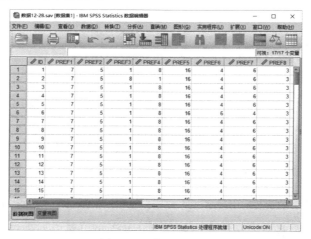

图 12.14　数据 12-2B

02 将数据移到 E 盘(或其他硬盘),然后选择"文件"|"新建"|"语法"命令,弹出程序编辑窗口。然后在窗口中依次输入以下命令:

```
CONJOINT
  PLAN='E:\数据 12-2A.SAV'
```

```
/DATA='E:\数据12-2B.SAV'
/SEQUENCE=PREF1 TO PREF16
/SUBJECT=ID
/FACTORS=SHOUYINJI YINYUE YOUXI DIANZISHU PAIZHAO(DISCRETE MORE )
/PRINT=SUMMARYONLY
/UTILITY='E:\RUGUTIL.SAV'
/PLOT=SUMMARY.
```

03 然后单击工具栏中的 ▶ 按钮，运行该程序，即可完成结合分析。

 需要说明的是，在上面的命令中，"SHOUYINJI YINYUE YOUXI DIANZISHU PAIZHAO (DISCRETE MORE)"表示收音机、音乐、游戏、电子书和拍照均是离散型的分类变量，最终结果中的数值越大消费者越喜欢。

对结果分析如下。

（1）重要性水平

表 12.6 表示的是消费者群体（108 个样本）对手机娱乐功能各个属性的重要性所做的评价，其中游戏和音乐是最重要的，两者之和超过了 50%；其次是电子书和收音机，分别为 18.399% 和 15.792%；最不重要的是拍照，为 13.172%。

（2）结果总结

表 12.7 表示的是消费者群体（108 个样本）对手机娱乐功能每个属性的各个属性水平所做的评价。因为之前对模型的设置都是数值越大表示消费者效用越高，所以容易发现，对收音机这一功能而言，消费者希望手机能含有此功能；对音乐、游戏、电子书、拍照这几个功能而言，消费者也希望手机能含有此功能。一言蔽之，对于手机的全部娱乐功能，消费者都认为有比没有强。

表 12.6　重要性值

重要性值

SHOUYINJI	15.792
YINYUE	26.307
YOUXI	26.331
DIANZISHU	18.399
PAIZHAO	13.172
平均重要性得分	

表 12.7　结果总结

实用程序(U)

		实用程序估算	标准误差
SHOUYINJI	没有	-1.500	.433
	有	1.500	.433
YINYUE	没有	-2.499	.433
	有	2.499	.433
YOUXI	没有	-2.501	.433
	有	2.501	.433
DIANZISHU	没有	-1.748	.433
	有	1.748	.433
PAIZHAO	没有	-1.251	.433
	有	1.251	.433
(常量)		8.500	.433

（3）图形展示

图 12.15~图 12.19 分别是各个属性的摘要实用程序，从其中也可以看出：消费者对有这些项功能的手机比没有此项功能的手机更加偏好。

图 12.20 是"重要性"的摘要实用程序，从其中可以看出：音乐和游戏的重要性最大。

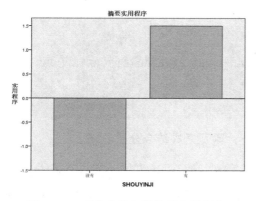

图 12.15 "收音机"的摘要实用程序

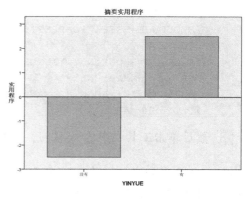

图 12.16 "音乐"的摘要实用程序

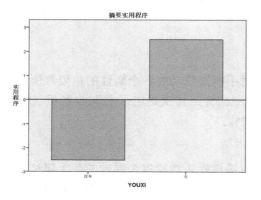

图 12.17 "游戏"的摘要实用程序

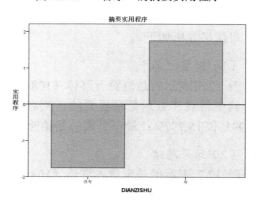

图 12.18 "电子书"的摘要实用程序

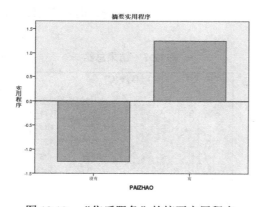

图 12.19 "售后服务"的摘要实用程序

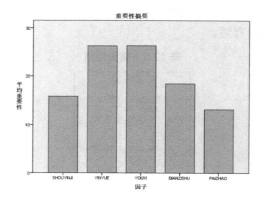

图 12.20 "重要性"的摘要实用程序

3. 关于手机数据功能的结合分析

📹	下载资源\video\chap12\...
🖥️	下载资源\sample\12\正文\原始数据文件\数据12-3A.sav、数据12-3B.sav、12-3程序.sps

下面对关于手机数据功能的调研数据进行结合分析，步骤如下。

01 用第 1 章和第 11 章介绍的录入数据的方法录入数据。录入完成后，数据如图 12.21 所示。本文件中共有 17 个变量，包括“ID”“PREF1~PREF16”，均为数值型变量。其中“ID”表示被调查者或采集的样本编号，“PREF1~PREF16”表示偏好顺序，如 PREF1 表示被调查者认为“…”是其第一偏好，依次类推。

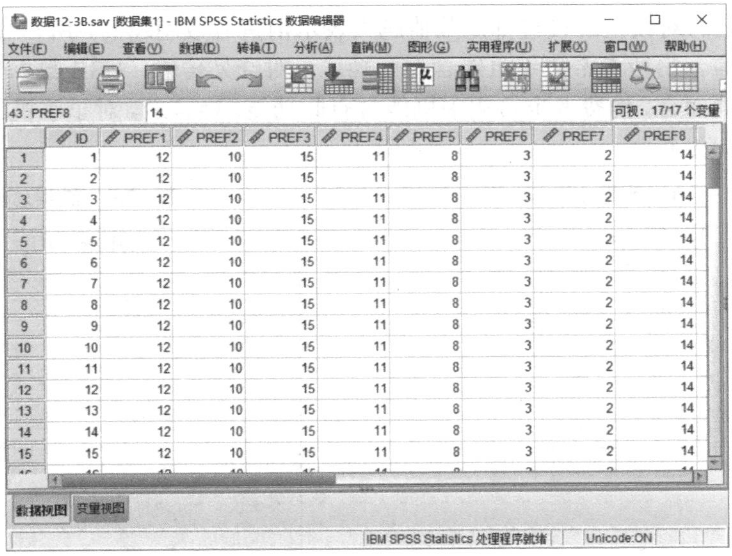

	ID	PREF1	PREF2	PREF3	PREF4	PREF5	PREF6	PREF7	PREF8
1	1	12	10	15	11	8	3	2	14
2	2	12	10	15	11	8	3	2	14
3	3	12	10	15	11	8	3	2	14
4	4	12	10	15	11	8	3	2	14
5	5	12	10	15	11	8	3	2	14
6	6	12	10	15	11	8	3	2	14
7	7	12	10	15	11	8	3	2	14
8	8	12	10	15	11	8	3	2	14
9	9	12	10	15	11	8	3	2	14
10	10	12	10	15	11	8	3	2	14
11	11	12	10	15	11	8	3	2	14
12	12	12	10	15	11	8	3	2	14
13	13	12	10	15	11	8	3	2	14
14	14	12	10	15	11	8	3	2	14
15	15	12	10	15	11	8	3	2	14

图 12.21 数据 12-3B

02 将数据移到 E 盘（或其他硬盘），然后选择“文件”|“新建”|“语法”命令，弹出程序编辑窗口。然后在窗口中依次输入以下命令：

```
CONJOINT
 PLAN='E:\数据 12-3A.SAV'
  /DATA='E:\数据 12-3B.SAV'
  /SEQUENCE=PREF1 TO PREF16
  /SUBJECT=ID
  /FACTORS=LANYA HONGWAI USB GPRS QQ(DISCRETE MORE)
  /PRINT=SUMMARYONLY
  /UTILITY='E:\RUGUTIL.SAV'
  /PLOT=SUMMARY.
```

03 单击工具栏中的 ▶ 按钮，运行该程序，即可完成结合分析。

> 说明
> 需要说明的是，在上面的命令中，“LANYA HONGWAI USB GPRS QQ(DISCRETE MORE)”表示蓝牙传输、红外、USB 数据传输、GPRS 和移动 QQ 均是离散型的分类变量，最终结果中的数值越大消费者越喜欢。

对结果分析如下。

（1）重要性水平

表 12.8 表示的是消费者群体（108 个样本）对手机数据功能各个属性的重要性所做的评

价，其中移动 QQ 是最重要的，超过了 50%；其次是 GPRS、红外和 USB 数据传输，分别为 19.355%、14.337%和 12.903%；最不重要的是蓝牙传输，仅为 1.792%。

（2）结果总结

表 12.9 表示的是消费者群体（108 个样本）对手机数据功能每个属性的各个属性水平所做的评价。因为之前对模型的设置都是数值越大表示消费者效用越高，所以容易发现，对蓝牙传输这一功能而言，消费者希望手机能含有此功能；对红外传输、USB 数据传输、GPRS、移动 QQ 这几个功能而言，消费者也希望手机能含有此功能。换言之，对于手机的全部数据功能，消费者都认为有比没有强。

表 12.8 重要性值

重要性值	
LANYA	1.792
HONGWAI	14.337
USB	12.903
GPRS	19.355
QQ	51.613
平均重要性得分	

表 12.9 结果总结

实用程序(U)		实用程序估算	标准误差
LANYA	没有	-.139	.271
	有	.139	.271
HONGWAI	没有	-1.111	.271
	有	1.111	.271
USB	没有	-1.000	.271
	有	1.000	.271
GPRS	没有	-1.500	.271
	有	1.500	.271
QQ	没有	-4.000	.271
	有	4.000	.271
(常量)		8.500	.271

（3）图形展示

图 12.22~图 12.26 是各数据功能属性的摘要实用程序，从其中可以看出：消费者对有这些数据功能的手机比没有此项功能的手机更加偏好。

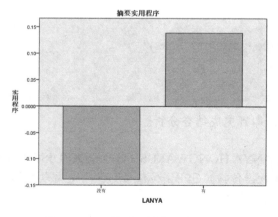

图 12.22 "蓝牙"的摘要实用程序

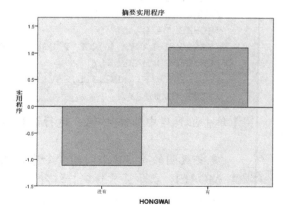

图 12.23 "红外"的摘要实用程序

图 12.27 是"重要性"的摘要实用程序，从其中可以看出：QQ 的重要性最大。

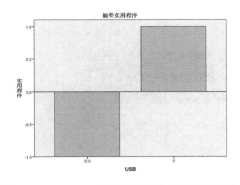

图 12.24　"USB 数据传输"的摘要实用程序

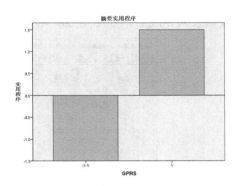

图 12.25　"GPRS"的摘要实用程序

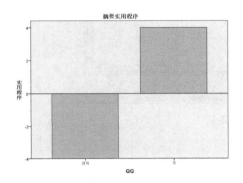

图 12.26　"移动 QQ"的摘要实用程序

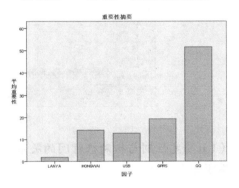

图 12.27　"重要性"的摘要实用程序

4．列联表分析

📹	下载资源\video\chap12\...
🖼️	下载资源\sample\12\正文\原始数据文件\数据12-4.sav

最后我们进行相关变量的列联表分析。把通过调查问卷的 1、2、3、5、8 这 5 个问题得到的资料按照第 1 章所述方法整理成 SPSS 数据资料。

我们选取了 5 个变量，分别对应 5 个问题。

- 第 1 个变量是"性别"，把其设置为数值型变量并进行值标签操作，用"1"表示"男"，用"2"表示"女"。
- 第 2 个变量是"拥有手机数"，用"0"表示"拥有 0 部手机"，用"1"表示"拥有 1 部手机"，用"2"表示"拥有 2 部手机"，用"3"表示"拥有 3 部或 3 部以上手机"。
- 第 3 个变量是"拟购机时间"，用"1"表示"半年内购机"，用"2"表示"半年后，一年内购机"，用"3"表示"一年后，两年内购机"，用"4"表示"两年后购机"。
- 第 4 个变量是"对仿制机印象"，用"1"表示"价格便宜且功能不逊品牌机"，用"2"表示"劣质产品不耐用且售后服务差"，用"3"表示"时尚潮流很受欢迎"，用"4"表示"没有什么印象"。
- 第 5 个变量是"拟购机地点"，用"1"表示"手机大卖场"，用"2"表示"购物商场或超市"，用"3"表示"网上购物"，用"4"表示"其他"。

数据录入完成后，如图 12.28 所示。

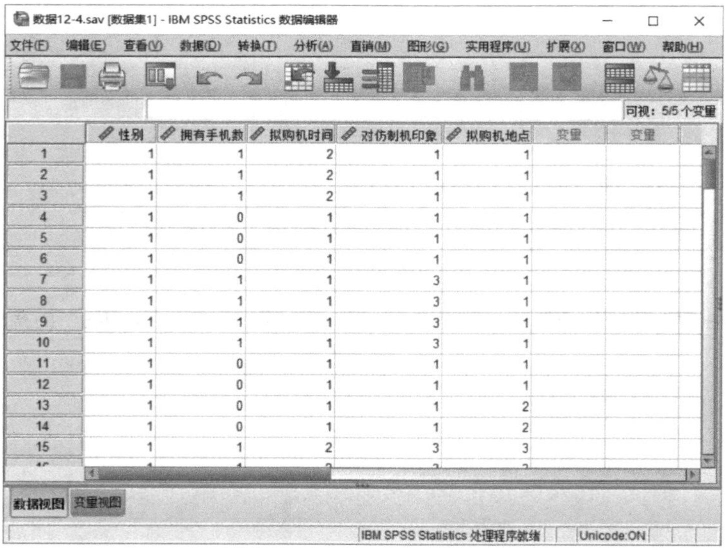

图 12.28　数据 12-4

（1）研究性别与拟购机时间的关系

操作如下：

`01` 选择"分析"|"描述统计"|"交叉表"命令，弹出"交叉表"对话框。在对话框左侧选择"性别"并单击 按钮，使之进入右侧的"行"列表框，选择"拟购机时间"并单击 按钮，使之进入右侧的"列"列表框。

`02` 单击"交叉表"对话框右侧的"单元格"按钮，弹出"交叉表：单元格显示"对话框，然后在"计数"指标处选择"实测"，在"百分比"指标处选择"行""列""总计"，单击"继续"按钮返回"交叉表"对话框并单击"确定"按钮输出分析结果。

结果如表 12.10 所示。

表 12.10　性别*拟购机时间交叉表格

<table>
<tr><td colspan="3">性别 * 拟购机时间 交叉表</td><td colspan="5"></td></tr>
<tr><td colspan="3"></td><td colspan="4">拟购机时间</td><td rowspan="2">总计</td></tr>
<tr><td colspan="3"></td><td>半年内</td><td>半年后，一年内</td><td>一年后，两年内</td><td>两年后</td></tr>
<tr><td rowspan="8">性别</td><td rowspan="4">男</td><td>计数</td><td>23</td><td>20</td><td>11</td><td>3</td><td>57</td></tr>
<tr><td>占 性别 的百分比</td><td>40.4%</td><td>35.1%</td><td>19.3%</td><td>5.3%</td><td>100.0%</td></tr>
<tr><td>占 拟购机时间 的百分比</td><td>82.1%</td><td>36.4%</td><td>68.8%</td><td>33.3%</td><td>52.8%</td></tr>
<tr><td>占总计的百分比</td><td>21.3%</td><td>18.5%</td><td>10.2%</td><td>2.8%</td><td>52.8%</td></tr>
<tr><td rowspan="4">女</td><td>计数</td><td>5</td><td>35</td><td>5</td><td>6</td><td>51</td></tr>
<tr><td>占 性别 的百分比</td><td>9.8%</td><td>68.6%</td><td>9.8%</td><td>11.8%</td><td>100.0%</td></tr>
<tr><td>占 拟购机时间 的百分比</td><td>17.9%</td><td>63.6%</td><td>31.3%</td><td>66.7%</td><td>47.2%</td></tr>
<tr><td>占总计的百分比</td><td>4.6%</td><td>32.4%</td><td>4.6%</td><td>5.6%</td><td>47.2%</td></tr>
<tr><td colspan="2" rowspan="4">总计</td><td>计数</td><td>28</td><td>55</td><td>16</td><td>9</td><td>108</td></tr>
<tr><td>占 性别 的百分比</td><td>25.9%</td><td>50.9%</td><td>14.8%</td><td>8.3%</td><td>100.0%</td></tr>
<tr><td>占 拟购机时间 的百分比</td><td>100.0%</td><td>100.0%</td><td>100.0%</td><td>100.0%</td><td>100.0%</td></tr>
<tr><td>占总计的百分比</td><td>25.9%</td><td>50.9%</td><td>14.8%</td><td>8.3%</td><td>100.0%</td></tr>
</table>

从表 12.10 中可得到如下信息：参与调查的男女比例大致相同，男性为 52.8%，女性为 47.2%；参与调查的大部分人都打算在一年之内购机，其中打算半年内购机的为 25.9%，半年后一年内购机的有 50.9%，两者总计为 76.8%；打算半年内购机的大部分是男性，比例为 82.1%；打算半年后一年内购机的大部分是女性，比例为 63.6%。

（2）研究性别与拥有手机数量之间的关系

操作与上面相似，结果如表 12.11 所示。

表 12.11　性别*拥有手机数交叉表格

			拥有手机数				
			0部	1部	2部	3部及以上	总计
性别	男	计数	27	27	2	1	57
		占 性别 的百分比	47.4%	47.4%	3.5%	1.8%	100.0%
		占 拥有手机数 的百分比	48.2%	60.0%	33.3%	100.0%	52.8%
		占总计的百分比	25.0%	25.0%	1.9%	0.9%	52.8%
	女	计数	29	18	4	0	51
		占 性别 的百分比	56.9%	35.3%	7.8%	0.0%	100.0%
		占 拥有手机数 的百分比	51.8%	40.0%	66.7%	0.0%	47.2%
		占总计的百分比	26.9%	16.7%	3.7%	0.0%	47.2%
总计		计数	56	45	6	1	108
		占 性别 的百分比	51.9%	41.7%	5.6%	0.9%	100.0%
		占 拥有手机数 的百分比	100.0%	100.0%	100.0%	100.0%	100.0%
		占总计的百分比	51.9%	41.7%	5.6%	0.9%	100.0%

从表 12.11 中可得到如下信息：参与调查的绝大部分人没有手机或只有 1 部手机，其中没有手机的为 51.9%，只有 1 部手机的为 41.7%，两者总计为 93.6%；没有手机或只有 1 部手机的被调查者男女比例分布大致相等，其中没有手机的人中男性占 48.2%，只有 1 部手机的人中，男性占 60%。

（3）研究性别与对仿制机印象之间的关系

操作与上面相似，结果如表 12.12 所示。

表 12.12　性别*对仿制机印象交叉表格

			对仿制机印象				
			价格便宜且功能不逊品牌机	劣质产品不耐用且售后服务差	时尚潮流很受欢迎	没有什么印象	总计
性别	男	计数	24	5	24	4	57
		占 性别 的百分比	42.1%	8.8%	42.1%	7.0%	100.0%
		占 对仿制机印象 的百分比	55.8%	50.0%	55.8%	33.3%	52.8%
		占总计的百分比	22.2%	4.6%	22.2%	3.7%	52.8%
	女	计数	19	5	19	8	51
		占 性别 的百分比	37.3%	9.8%	37.3%	15.7%	100.0%
		占 对仿制机印象 的百分比	44.2%	50.0%	44.2%	66.7%	47.2%
		占总计的百分比	17.6%	4.6%	17.6%	7.4%	47.2%
总计		计数	43	10	43	12	108
		占 性别 的百分比	39.8%	9.3%	39.8%	11.1%	100.0%
		占 对仿制机印象 的百分比	100.0%	100.0%	100.0%	100.0%	100.0%
		占总计的百分比	39.8%	9.3%	39.8%	11.1%	100.0%

从表 12.12 中可得到如下信息：参与调查的绝大部分人对仿制机的印象是价格便宜且功能不逊品牌机，或者时尚潮流很受欢迎，其中认为价格便宜且功能不逊品牌机的为 39.8%，认为时尚潮流很受欢迎的也有 39.8%，两者总计 79.6%；男女比例分布也大致相等，其中男性占 55.8%；仅有 9.3% 的人认为仿制机是"劣质产品不耐用且售后服务差"的代名词。

（4）研究性别与拟购机地点之间的关系

操作与上面相似，结果如表 12.13 所示。

表 12.13　性别*拟购机地点交叉表格

			拟购机地点				
			手机大卖场	购物商场或超市	网上购物	其他	总计
性别	男	计数	39	8	10	0	57
		占 性别 的百分比	68.4%	14.0%	17.5%	0.0%	100.0%
		占 拟购机地点 的百分比	55.7%	42.1%	62.5%	0.0%	52.8%
		占总计的百分比	36.1%	7.4%	9.3%	0.0%	52.8%
	女	计数	31	11	6	3	51
		占 性别 的百分比	60.8%	21.6%	11.8%	5.9%	100.0%
		占 拟购机地点 的百分比	44.3%	57.9%	37.5%	100.0%	47.2%
		占总计的百分比	28.7%	10.2%	5.6%	2.8%	47.2%
总计		计数	70	19	16	3	108
		占 性别 的百分比	64.8%	17.6%	14.8%	2.8%	100.0%
		占 拟购机地点 的百分比	100.0%	100.0%	100.0%	100.0%	100.0%
		占总计的百分比	64.8%	17.6%	14.8%	2.8%	100.0%

从表 12.13 中可得到如下信息：参与调查的绝大部分人希望在手机大卖场或购物商场、超市购买手机，其中希望在手机大卖场购机的为 64.8%，希望在购物商场或超市购机的有 17.6%，两者总计为 82.4%。

12.4　研究结论

根据以上所做的分析，我们可以比较有把握地得出以下结论。

（1）潜在消费群体对于手机的需求远远没有饱和

从列联表分析可以看出：参与调查的绝大部分人没有手机或只有 1 部手机，其中没有手机的为 51.9%，只有 1 部手机的有 41.7%，两者总计为 93.6%；参与调查的大部分人都打算在一年之内购机，其中打算半年内购机的为 25.9%，半年后一年内购机的有 50.9%，两者总计为 76.8%。这些足够说明，近期内需求是大大存在的，只要产品对路，不存在供过于求的问题。

（2）男性和女性对于手机这一产品的消费和看法渐趋于一致

列联表分析表明：打算半年内购机的大部分是男性，比例为 82.1%，打算半年后一年内购机的大部分是女性，比例为 63.6%；没有手机或只有 1 部手机的被调查者男女比例分布大致相等，其中没有手机的人中男性占 48.2%，只有 1 部手机的人中，男性占 60%；对仿制机印象是价格便宜且功能不逊品牌机或者时尚潮流很受欢迎的被调查者的男女比例相等，其中男性占 55.8%。

以前那种只有男性消费手机或者男性的消费数量远远大于女性的看法已经过时，现在无论是女学生还是女民工对于手机的需求都已经成为市场上绝不容忽视的拉动力量，而且这种力量已足以和男性对手机的需求分庭抗礼，构成半壁江山。这个简单却又必须重视的事实带给我们至少两方面的启示：一方面，在一开始设计手机的时候就需要考虑到这一点，如在手机的颜色方面、图案方面，要充分考虑女性消费者的喜好；另一方面，在生产完手机进行市场推广的时候，对女性消费者这一群体要引起足够的重视，加大对女性消费者的宣传力度，探索针对女性消费者的创新营销方式。

（3）过去那种对仿制机或者山寨机的不好看法已大大转变

列联表分析表明：参与调查的绝大部分人对仿制机的印象是价格便宜且功能不逊品牌机或者时尚潮流很受欢迎，其中认为价格便宜且功能不逊品牌机的为 39.8%，认为时尚潮流很受欢迎的也有 39.8%，两者总计 79.6%，仅有 9.3% 的人认为仿制机是"劣质产品不耐用且售后服务差"的代名词，所以那些国内外的名牌手机的"金字招牌"并没有预期的那么坚固，消费者进行选择依赖的主要还是产品本身的因素。只要仿制机本身能不断改进，不断与时俱进地满足消费者的相关需求，是很容易得到消费者的认可的。

（4）该款手机将会很有竞争力

前面结合分析提到：在手机这一产品的各个属性中，价格是最重要的，也就是消费者最为看重的，占到了 74.829%，而且价格越低消费者越喜欢。这或许是因为随着生活节奏的加快和人民生活水平的上升，手机已成为一种生活必需品而且更换速度明显加快，从而消费者对价格变得越来越敏感起来。本章一开始提到 NOKIA 3110C 的市场价是 650 元左右，本款手机拟定价是 300 元，所以这 350 元的差距必定可以创造极大的竞争优势，得到消费者的青睐。结合分析还提到：消费者认为第二重要的是功能而且多多益善，本款手机完全复制 NOKIA3110C 的功能，功能很全，所以在与众多的手机竞争中并不落下风。手机的其他属性并不被消费者所重视，诸如售后、品牌、外形等，而售后和品牌恰是本产品的薄弱环节，所以这些方面带来的竞争劣势微乎其微。综上可知，该款手机很可能在上市的时候一炮走红，创出上佳业绩。

（5）关于营销策略

第一，也是最重要的，根据前面的分析，扮演好"价格杀手"的角色，用一种不可思议的低价格迅速占领市场。速度也是一种关键，最好在竞争对手未做出反应之前就抢占先机甚至直接将之逐出市场。

第二，市场的主攻点应该是手机大卖场，其次是购物商场和超市。根据列联表分析，参与调查的绝大部分人希望在手机大卖场或购物商场、超市购买手机，其中希望在手机大卖场购机的为 64.8%，希望在购物商场或超市购机的有 17.6%，两者总计 82.4%。所以要选对阵地，集中优势兵力，方能立于不败之地。

第三，在进行宣传的时候，对于手机的功能一定要报告到位，让消费者清楚。关于手机娱乐功能和数据功能的结合分析表明：

- 所有功能对于消费者来说都是有正效用的，或者说有就比没有好。
- 在娱乐功能方面，游戏和音乐是最重要的，两者之和超过了 50%；其次是电子书和收音机，分别为 18.399% 和 15.792%；最不重要的是拍照，为 13.172%。

- 在数据功能方面，移动 QQ 是最重要的，超过了 50%；其次是 GPRS、红外和 USB 数据传输，分别为 19.355%、14.337%和 12.903%；最不重要的是蓝牙传输，仅为 1.792%。

所以，首先如果在时间允许的情况下，最好让消费者清楚其所有功能；其次如果时间不够的时候，一定要区分主次，挑消费者最感兴趣的功能进行介绍；如果在不能确定时间是否充足的时候，按照功能的重要顺序依次介绍，直至时间结束。

根据研究结论，总结如下：

- 整个手机需求市场并未饱和，存在很大缺口。
- 该款手机竞争力强大，可以推向市场。
- 在推广的过程中要遵循相应的策略。

12.5　本章习题

A 公司生产出了一种新型电脑，其市场部工作人员进行了市场调研，调研过程及资料如下所示：

（1）选取了电脑这一产品的5个最重要的属性，这5个属性完全可以概括一台电脑的特征，包括价格、品牌、配置、外形、售后服务。其中"价格"属性有0~2000元、2000~5000元、5000~10000元、10000元以上4个属性水平；"品牌"属性有国外品牌、国产品牌、组装机三个属性水平；"配置"属性有很低、较低、较高、很高4个属性水平；"外形"属性有台式（液晶显示器）、手提、台式（普通显示器）3个属性水平；"售后服务"属性包括售后服务好和售后服务差两个属性水平，如表12.14所示。

表 12.14　电脑属性及水平

属性	价格	品牌	配置	外形	售后服务
属性水平	0~2000 元 、2000~5000元、5000~10000 元、10000元以上	国外品牌、国产品牌、组装机	很低、较低、较高、很高	台式（液晶显示器）、手提、台式（普通显示器）	售后服务好、售后服务差

 已知该电脑的拟定价是 3000 元，属于国产品牌，配置较高，手提式，售后服务差。试根据所提供资料在 SPSS 中生成计划文件（组合数可设定为"32"）。

（2）假定生成的计划文件如下载文件中的"数据12习题-A"所示，则调研者根据生成的计划文件并考虑其他因素，最终设计成的调查问卷如下所示：

电脑需求情况调查问卷

请您如实根据自身情况填写以下内容，谢谢合作！

1. 您的性别是

　　A.男　　　　　　　B.女

2. 您拥有几台电脑？

　　A.0 台　　　　　B.1 台　　　　　　C.2 台　　　　　　　D.3 台或 3 台以上

3. 如果您想购买一台新的电脑，你准备在？　＿＿＿＿　如果不想，不必选择

　　A.半年内　　　B.半年后，一年内　　C.一年后，两年内　　D.两年后

4. 请您对下列不同属性水平组合的电脑进行偏好排序：1~最偏好，32~最不偏好

价格	品牌	配置	外形	售后服务	偏好次序
2000~5000元	国外品牌	较低	手提	售后服务差	
2000~5000元	国外品牌	很低	台式（普通显示器）	售后服务好	
10000元以上	国产品牌	很低	台式（液晶显示器）	售后服务差	
0~2000元	国外品牌	较低	台式（液晶显示器）	售后服务差	
5000~10000元	国外品牌	较低	台式（液晶显示器）	售后服务差	
5000~10000元	国外品牌	很低	台式（液晶显示器）	售后服务好	
2000~5000元	仿制机	很高	台式（液晶显示器）	售后服务好	
5000~10000元	国产品牌	很高	台式（普通显示器）	售后服务好	
5000~10000元	国产品牌	较低	台式（普通显示器）	售后服务好	
10000元以上	仿制机	较低	台式（液晶显示器）	售后服务好	
2000~5000元	国外品牌	很高	台式（普通显示器）	售后服务好	
0~2000元	国产品牌	较低	手提	售后服务好	
10000元以上	国外品牌	较高	手提	售后服务好	
0~2000元	国产品牌	很高	手提	售后服务好	
2000~5000元	国外品牌	很高	手提	售后服务差	
10000元以上	国外品牌	很低	手提	售后服务差	
5000~10000元	国外品牌	很高	台式（液晶显示器）	售后服务差	
0~2000元	仿制机	很低	台式（普通显示器）	售后服务差	
10000元以上	国产品牌	较高	台式（液晶显示器）	售后服务差	
2000~5000元	国产品牌	较高	台式（液晶显示器）	售后服务差	
0~2000元	国外品牌	很高	台式（液晶显示器）	售后服务差	
10000元以上	国外品牌	较低	台式（普通显示器）	售后服务差	
5000~10000元	仿制机	很低	手提	售后服务差	
10000元以上	仿制机	很高	台式（液晶显示器）	售后服务差	
5000~10000元	仿制机	较高	手提	售后服务差	
2000~5000元	仿制机	较低	台式（液晶显示器）	售后服务好	
0~2000元	国外品牌	很低	台式（液晶显示器）	售后服务好	
5000~10000元	国外品牌	较高	台式（液晶显示器）	售后服务好	

（续表）

价格	品牌	配置	外形	售后服务	偏好次序
10000元以上	国外品牌	很高	台式（普通显示器）	售后服务差	
0~2000元	仿制机	较高	台式（普通显示器）	售后服务差	
0~2000元	国外品牌	较高	台式（液晶显示器）	售后服务好	
2000~5000元	国产品牌	很低	台式（液晶显示器）	售后服务差	

5. 您对国产品牌机的最大印象是？

    A.价格便宜，且功能不逊国外品牌机　　　　　B.劣质产品，不耐用，售后服务差

    C.是一种时尚和潮流，深受欢迎　　　　　　　D.没有什么印象

6. 您一般是去什么地方或者想去什么地方购买电脑？

    A.电脑专卖店　　　　B.购物商场或超市　　　　C.网上购物　　　　D.其他

调查结束，感谢您的参与！

（3）利用此问卷展开社会调查，搜集资料并整理，然后录入到SPSS中（其中针对问题"4"建立一个文件，针对其他问题也建立一个文件，共两个）。

（4）假设调查数据中，针对问题"4"建立的文件如下载文件中的"数据12习题-B"所示，试在SPSS中编制程序结合"数据12习题-A"所示计划文件进行结合分析。

（5）假设调查数据中，针对其他问题建立的文件如"数据12习题-C"所示，试对相关变量（性别与准备购买电脑的时间、性别与拥有的电脑台数、性别与对国产机的看法、性别与准备购买电脑的地点等）展开列联表分析，并写出相应结论。

第 13 章 关于高校教师素质与
教学效果的调查研究

目前在国内已经有对高校教师素质结构、素质评价体系的初步探索,对高校教师素质的现状分析和对策解决也进行了深入的探讨,但是对于高校教师素质对教学效果的影响还没有详细的研究,两者之间的关系也没有建立相关的数学模型。因此,针对高校教师素质与教学成果之间的内部联系,从质量管理的角度,运用系统的理论,建立两者间的数学模型,更加直白地认识并运用这一规律,是十分必要的,能够更好地为提高教师素质、取得教学成果服务。

13.1 研究背景及目的

13.1.1 研究背景

近年来,随着高校连续大规模扩招,高等教育的质量问题也引起了广泛关注。高等教育发展不仅仅是量的发展,更要注重质的提高,而质的提高关键在于高校教师素质的提高。高校教师队伍的整体素质是高校的核心竞争力。教师是所有教学资源中最宝贵的资源,因而高校发展必须重视高校教师素质的培养与提高。教师是所有教学资源中最宝贵的资源,教师的素质直接影响着教学效果。

随着知识经济的来临,人才要求也越来越高。高校是高级人才的"摇篮",高校教师的职业素质直接决定了所培养人才的质量。高校教师作为教育理念的载体,是教育教学活动的主导,是知识创新的重要力量,也是实施大学素质教育的主导力量。高校教师素质的高低直接影响着大学生的素质,从而关系到全民族的整体素质、创新精神和创新能力。提高高校教师的素质与水平,是实现大学素质教育的保证,也是取得更多、更高的教学成果的最根本、最有效的途径。

13.1.2 研究目的

本研究通过分析关于素质方面的影响教学效果的主要因子,建立起高校教师素质与教学效果间的模型,并对学生进行教师素质的评价问卷调查,利用统计分析得出有效的评价。目的是探讨教师素质各因子对教学效果的影响,希望在提高教师素质问题方面给予有效的指导,以帮助取得更好的教学效果,希望这些探讨能给教师、学院管理人员、高校管理人员在提高教师素质问题上提供有价值的参考。

13.2　研究方法

基本思路是：首先根据研究需要设计出调查问卷，然后使用设计好的调查问卷对面临毕业的本科生展开调查，再使用 SPSS 的相关数据处理方法对收集上来的问卷进行处理，提取有效信息，分析变量之间的联系与区别，最后写出研究结论。

采用的数据分析方法主要有因子分析、回归分析等。

13.3　问卷调查与数据获取

13.3.1　根据研究需要设计指标体系和调查问卷

针对目前高校教师队伍的素质现状提出一些教师素质的主要影响因子,藉此来建立一个教师素质的评价指标体系。本研究构建的指标评价体系如表13.1所示。

表 13.1　教师素质调查问卷涉及的因素

一级指标	二级指标	三级指标
高校教师素质综合评价	职业意识	A1道德修养
		A2政治觉悟
		A3教育观念
		A4合作精神
	知识水平	B1专业知识
		B2教育学知识
		B3综合知识
	能力素质	C1创新精神
		C2科研能力
		C3教学监控能力与引导能力
		C4教学设备使用熟练程度
		C5组织管理能力
	身心素质	D1心理承受能力
		D2身体素质

通过阅读相关文献，把指标规范成一张问卷，设计完成的调查问卷如下：

教师素质调查表

教师姓名：＿＿＿＿＿＿　　所教课程：＿＿＿＿＿＿＿＿＿＿＿＿

评价人年级：＿＿＿＿　　专业：＿＿＿＿＿＿＿＿＿＿＿＿＿＿

根据你的理解对该教师所具备的一些素质进行评分（5分最高，1分最低）。

1. 良好的道德修养和情操
   □1 □2 □3 □4 □5

2. 较高的政治觉悟
   □1 □2 □3 □4 □5

3. 以学生为中心，以自己为向导的教育观念
   □1 □2 □3 □4 □5

4. 精深的专业知识
   □1 □2 □3 □4 □5

5. 科学的教育学知识
   □1 □2 □3 □4 □5

6. 综合化知识全面扎实
   □1 □2 □3 □4 □5

7. 具有创新精神
   □1 □2 □3 □4 □5

8. 具有较高的科研能力
   □1 □2 □3 □4 □5

9. 卓越的课堂教学监控能力
   □1 □2 □3 □4 □5

10. 能够熟练使用多媒体教学
    □1 □2 □3 □4 □5

11. 较强的组织管理能力
    □1 □2 □3 □4 □5

12. 有合作精神
    □1 □2 □3 □4 □5

13. 对学生的科研活动的指导与科研积极性的调动能力
    □1 □2 □3 □4 □5

14. 交往、沟通能力
    □1 □2 □3 □4 □5

15. 心理承受能力
    □1 □2 □3 □4 □5

16. 健康的身体素质
    □1 □2 □3 □4 □5

调查结束，感谢您的参与！

13.3.2　发放问卷进行调查并将所得数据录入到SPSS中

利用随机抽样的方法抽取某高校不同年级的学生进行调查，要求学生对自己所选课程任课教师进行评价。样本容量为300人，其中男生256人，女生44人。问卷回收率为100%。根据问卷回答情况，将明显有问题的问卷剔除，回收的有效问卷为277份（由于一名学生有多门课程，所以每份问卷涉及多名教师），有效回收率为92.3%。从这样的回收率来看，这一调查结果是值得分析的。

　　我们把回收上来的问卷进行一系列的整理，这些问卷涉及了对32名教师的评价。每位教师平均有33.7名学生对其进行评价（每个班级中的学生人数不同），我们选取了32位教师作为研究对象，并做成了一个SPSS格式的文件，其中一共设置了16个变量，分别是"道德修养""政治觉悟""教育观念""专业知识""教育学知识""综合知识""创新精神""科研能力""教学能力""身体素质""组织管理能力""多媒体""合作精神""心理""指导能力"和"沟通能力"，全部设置为数值型变量。将32位教师在这16个变量上的得分的平均值作为观测量输入SPSS。作为评价教学效果的指标，数据录入完成后如图13.1所示。

图 13.1　案例 13.1 数据

13.3.3　获得教学效果观测的外部统计数据

　　在教学效果方面，我们选取了 3 个不同指标——教学论文发表情况、教师所教课程达标达优情况和学生评价分数。这些数据可以通过学校的相关职能部门获得，我们建立"教学论文发表数""达标达优情况"和"学生评价分数" 3 个字段，将教师所教课程达标赋值为 1，教师所教课程达优赋值为 2，教师无任何达标达优课程赋值为 0，数据录入完成后如图 13.2 所示。

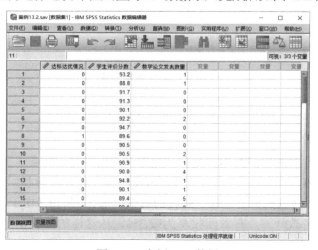

图 13.2　案例 13.2 数据

13.4 SPSS分析

本节我们分为以下部分进行分析：首先我们对衡量教师素质的15个变量进行因子分析，找出影响教学水平的最重要因素；然后对数据进行整理，建立用于分析的数据文件；最后利用线性回归和有序回归方法对影响教学水平的这些重要因素和反映教师教学成果的变量进行回归分析，得出教师素质对教学结果影响的分析结论。

13.4.1 因子分析

	下载资源\video\chap13\...
	下载资源\sample\13\正文\原始数据文件\案例13.1.sav

操作步骤如下：

01 打开数据文件"案例 13.1"，选择"分析"|"降维"|"因子"命令，弹出如图 13.3 所示的对话框。

02 选择"道德修养""政治觉悟""教育观念""专业知识""教育学知识""综合知识""创新精神""科研能力""教学能力""多媒体""组织管理能力""合作精神""身体素质""心理""指导能力"和"沟通能力"变量，单击➡按钮将其选入"变量"列表框。

03 单击"描述"按钮，弹出如图 13.4 所示的对话框，选中"初始解"和"KMO 和巴特利特球形度检验"复选框，单击"继续"按钮，保存设置结果。

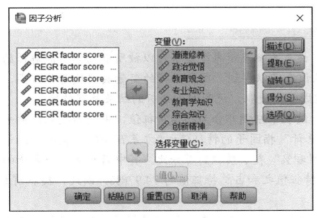

图 13.3　"因子分析"对话框　　　　图 13.4　"因子分析：描述"对话框

04 单击"旋转"按钮，弹出如图 13.5 所示的对话框，选中"最大方差法"单选按钮，其他为系统默认选择。

05 单击"得分"按钮，弹出如图 13.6 所示的对话框，选中"保存为变量"复选框。

06 设置完毕后，单击"确定"按钮，等待输出结果。

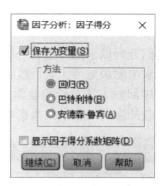

图 13.5　"因子分析：旋转"对话框　　　图 13.6　"因子分析：因子得分"对话框

结果分析如下：

- 表 13.2 给出了 KMO 和巴特利特的检验结果，其中 KMO 值越接近 1 表示越适合做因子分析，从该表可以得到 KMO 的值为 0.416，表示较适合做因子分析。巴特利特球形度检验的原假设为：相关系数矩阵为单位阵，显著性值为 0.000，小于显著水平 0.05，因此拒绝原假设，表示变量之间存在相关关系，适合做因子分析。

表 13.2　KMO 和巴特利特的检验结果

KMO 和巴特利特检验		
KMO 取样适切性量数。		.416
巴特利特球形度检验	近似卡方	211.745
	自由度	120
	显著性	.000

- 表 13.3 给出了变量共同度的结果。该表左侧表示每个变量可以被所有因素所能解释的方差，右侧表示变量的共同度。从该表可以得到，因子分析的变量共同度都非常高，表明变量中的大部分信息均能够被因子所提取，说明因子分析的结果是有效的。
- 表 13.4 给出了因子贡献率的结果。该表中左侧部分为初始特征值，中间为提取载荷平方和，右侧为旋转载荷平方和。"总计"指因子的特征值；"方差百分比"表示该因子的特征值占总特征值的百分比；"累积%"表示累积的百分比。其中只有前 6 个因子的特征值大于 1，并且前 6 个因子的特征值之和占总特征值的 74.978%，因此，提取前 6 个因子作为主因子。
- 由表 13.5 可以看出，主成分 1 相关度最高的是"教学能力""多媒体"和"身体"三项指标，因此将成分 1 规定为"包含教学能力、多媒体使用熟练程度、身体素质的主要因素"。同理可以将其余 5 种主要成分一一定义。
- 表 13.6 给出了由成分得分系数矩阵计算的因子得分数据，反映了各个观测量在不同因子上的得分。

表 13.3 公因子方差表

公因子方差		
	初始	提取
道德修养	1.000	.826
政治觉悟	1.000	.892
教育观念	1.000	.826
专业知识	1.000	.543
教育学知识	1.000	.895
综合知识	1.000	.658
创新精神	1.000	.720
科研能力	1.000	.781
教学能力	1.000	.726
多媒体	1.000	.734
组织管理能力	1.000	.787
合作精神	1.000	.702
指导能力	1.000	.753
沟通能力	1.000	.830
心理	1.000	.583
身体	1.000	.742
提取方法: 主成分分析法。		

表 13.4 解释的总方差表

		总方差解释								
		初始特征值			提取载荷平方和			旋转载荷平方和		
成分	总计	方差百分比	累积 %	总计	方差百分比	累积 %	总计	方差百分比	累积 %
1	2.946	18.415	18.415	2.946	18.415	18.415	2.618	16.360	16.360
2	2.621	16.382	34.797	2.621	16.382	34.797	2.617	16.354	32.714
3	2.188	13.675	48.472	2.188	13.675	48.472	2.305	14.408	47.122
4	1.548	9.677	58.149	1.548	9.677	58.149	1.622	10.140	57.262
5	1.474	9.211	67.360	1.474	9.211	67.360	1.569	9.807	67.069
6	1.219	7.618	74.978	1.219	7.618	74.978	1.265	7.908	74.978
7	.928	5.801	80.779						
8	.823	5.144	85.923						
9	.663	4.146	90.069						
10	.467	2.916	92.985						
11	.374	2.337	95.322						
12	.225	1.405	96.727						
13	.221	1.378	98.105						
14	.132	.826	98.931						
15	.092	.573	99.504						
16	.079	.496	100.000						
提取方法: 主成分分析法。									

表 13.5 旋转后的成分矩阵表

旋转后的成分矩阵[a]						
	成分					
	1	2	3	4	5	6
道德修养	.050	-.005	-.030	-.110	.894	.103
政治觉悟	-.063	.266	.665	-.059	.551	-.262
教育观念	-.096	.019	-.054	-.012	.051	.900
专业知识	-.054	.670	.234	.121	.094	-.113
教育学知识	.121	.069	.148	.910	-.150	-.056
综合知识	-.012	.698	-.081	-.282	-.201	.210
创新精神	-.164	.541	-.404	-.163	-.214	-.406
科研能力	-.489	.352	-.554	.055	.330	-.018
教学能力	.716	.066	.251	-.213	-.092	.304
多媒体	.792	.018	-.249	.040	.125	-.163
组织管理能力	-.439	.275	.623	.327	-.149	.043
合作精神	-.549	-.211	-.041	.575	.067	.138
指导能力	.059	.846	.127	.038	.125	-.010
沟通能力	.105	.582	-.428	.352	.411	.067
心理	-.081	.044	.755	.063	-.001	.018
身体	.815	-.085	-.149	.205	.040	-.075

提取方法: 主成分分析法。
旋转方法: 凯撒正态化最大方差法。
a. 旋转在 8 次迭代后已收敛。

表 13.6 因子得分数据

	FAC1_1	FAC2_1	FAC3_1	FAC4_1	FAC5_1
1	.93472	-.41348	.63734	1.91415	-.68687
2	-1.39020	-.07016	-.73732	.06314	.69053
3	.14329	-.34598	.13409	-.43775	-.64223
4	1.14861	1.01901	1.13341	-.73404	-2.37175
5	.43976	.68393	.01608	1.30755	.01274
6	-.21545	-.44965	-.15731	-.12571	-1.15181
7	-.19116	-.39492	.29531	.03001	.59103
8	-.49477	-.17663	-.41268	-.31046	-1.78765
9	-.04165	.14549	-.49870	.02630	.01908
10	-.11400	-.23444	.41788	-.09900	-.90273
11	.17961	.21526	.09024	1.04256	1.08739
12	-.51976	-.18705	-.21531	-.70798	.07211
13	.06896	-.25333	-.77385	.79721	-1.42757
14	1.51097	-.25629	-.22754	1.86938	.27661
15	-1.55230	.31313	-.44510	-.36923	1.04108

13.4.2　数据的二次整理

📷	下载资源\video\chap13\...
💻	下载资源\sample\13\正文\原始数据文件\案例13.2.sav

操作步骤如下：

01 打开数据文件"案例 13.2"，进入 SPSS Statistics 数据编辑器窗口，建立变量 FAC1~FAC6。

02 将因子分析的得分分别输入上述变量，得到如图 13.7 所示的新数据文件"案例 13.3"。

图 13.7　案例 13.3

13.4.3　教师素质与教学论文情况的线性回归分析

📷	下载资源\video\chap13\...
💻	下载资源\sample\13\正文\原始数据文件\案例13.3.sav

操作步骤如下：

01 打开数据文件"案例 13.3"，选择"分析"|"回归"|"线性"命令，弹出如图 13.8 所示的对话框。

02 选择"教学论文发表数量"变量并单击 ➡ 按钮，使之进入"因变量"列表框；选择 FAC1~FAC6 这 6 个变量并单击 ➡ 按钮，使之进入"自变量"列表框。

03 单击"选项"按钮，弹出如图 13.9 所示的对话框。选中"在方程中包括常量"复选框，然后单击"继续"按钮，保存设置。

04 设置完毕后，单击"确定"按钮，等待输出结果。

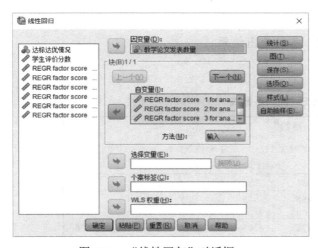

图 13.8 "线性回归"对话框   图 13.9 "线性回归：选项"对话框

结果分析如表 13.7 所示。

表 13.7 回归系数表

系数ᵃ

模型		未标准化系数 B	标准误差	标准化系数 Beta	t	显著性
1	(常量)	1.344	.220		6.122	.000
	REGR factor score 1 for analysis 1	.022	.223	.017	.099	.922
	REGR factor score 2 for analysis 1	.365	.223	.279	1.637	.114
	REGR factor score 3 for analysis 1	.006	.223	.005	.029	.977
	REGR factor score 4 for analysis 1	-.335	.223	-.256	-1.502	.146
	REGR factor score 5 for analysis 1	.465	.223	.355	2.083	.048
	REGR factor score 6 for analysis 1	.108	.223	.082	.483	.633

a. 因变量：教学论文发表数量

从分析结果来看，系数显著的只有变量 FAC5，表示对教学论文发表数量影响最大的因素是教师的道德修养。

13.4.4 教师素质与学生评价情况的线性回归分析

📹	下载资源\video\chap13\...
🖥	下载资源\sample\13\正文\原始数据文件\案例13.3.sav

操作步骤如下：

01 打开数据文件"案例 13.3"，选择"分析"|"回归"|"线性"命令，弹出如图 13.8 所示的对话框。

02 选择"学生评价分数"变量并单击 ➡ 按钮，使之进入"因变量"列表框；选择 FAC1~FAC6 这 6 个变量并单击 ➡ 按钮，使之进入"自变量"列表框。

03 其他设置采用系统默认值即可。

04 设置完毕后，单击"确定"按钮，等待输出结果。

结果分析如表 13.8 所示。

表 13.8　回归系数表

系数ᵃ

模型		未标准化系数		标准化系数	t	显著性
		B	标准误差	Beta		
1	(常量)	91.286	.337		270.637	.000
	REGR factor score 1 for analysis 1	-.158	.343	-.085	-.460	.649
	REGR factor score 2 for analysis 1	-.120	.343	-.064	-.349	.730
	REGR factor score 3 for analysis 1	.399	.343	.215	1.163	.256
	REGR factor score 4 for analysis 1	-.286	.343	-.154	-.834	.412
	REGR factor score 5 for analysis 1	-.452	.343	-.244	-1.318	.199
	REGR factor score 6 for analysis 1	.142	.343	.076	.413	.683

a. 因变量：学生评价分数

从表 13.8 可以看出，无任何一个主因子的回归系数显著，即表示教师的各项素质对学生评价分数无显著影响。

13.4.5　教师素质与达标达优情况的Ordinal回归分析

📹	下载资源\video\chap13\...
💻	下载资源\sample\13\正文\原始数据文件\案例13.3.sav

操作步骤如下：

01 打开数据文件"案例 13.3"，选择"分析"|"回归"|"有序"命令，弹出如图 13.10 所示的对话框。

02 选择"达标达优情况"变量并单击 ➡ 按钮，使之进入"因变量"列表框；选择 FAC1~FAC6 这 6 个变量并单击 ➡ 按钮，使之进入"协变量"列表框。

03 设置完毕后，单击"确定"按钮，等待输出结果。

结果分析如表 13.9 所示。

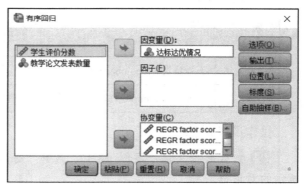

图 13.10　"有序回归"对话框

表 13.9 参数估计值表

		估算	标准误差	瓦尔德	自由度	显著性	95% 置信区间	
							下限	上限
阈值	[达标达优情况 = 0]	-.153	.401	.146	1	.702	-.940	.633
	[达标达优情况 = 1]	1.795	.530	11.475	1	.001	.756	2.834
位置	FAC1	-.994	.417	5.674	1	.017	-1.813	-.176
	FAC2	-.202	.419	.233	1	.629	-1.024	.620
	FAC3	.646	.432	2.237	1	.135	-.201	1.492
	FAC4	-.333	.381	.766	1	.381	-1.080	.413
	FAC5	-.229	.368	.385	1	.535	-.951	.494
	FAC6	.294	.412	.509	1	.476	-.514	1.102

关联函数：分对数。

从分析结果来看，系数显著的只有变量 FAC1，即对教师所教课程达标达优影响最为显著的因素是教师的教学监控能力、多媒体使用的熟练程度以及教师的身体素质。

13.5 分析结论

通过以上分析，结论如下：

- 学生评教时没有客观评价，而是根据个人的喜好或纯粹应付打分，故无法体现出教师素质对学生评教的影响。或者该校的学生评教系统不够完善，存在着严重漏洞，影响了回归结果。
- 教师的道德修养水平影响着教师与学生之间的关系。具有较高道德修养的教师，能够顺利地取得良好的课堂教学效果，从而为其教学论文的撰写提供保证，反之，教师的道德修养较低，身为人师的资格令学生质疑，则无法进行正常的教学。
- 教师的道德修养高低决定着教师如何看待教学这项工作，道德修养高的教师对待教学也会一丝不苟，精益求精，不断地总结自己的教学经验，完成教学论文的数量和质量也都远远高于那些道德修养较低的教师。
- 首先可以判断出教师高超的教学监控能力是取得良好的课堂学习效果的保证；其次熟练地使用多媒体等教学设备则显示出该教师能够熟练运用现代化教学手段，这些都是大多数学校评定课程是否达标达优时的重要指标；最后，教师的身体素质决定着教师所能同时教授课程的多少，在一定程度上也影响着课堂效果，最终影响课程能否达标达优。
- 精深的专业知识和广泛的综合知识是顺利发表科研论文、完成研究项目的基础，良好的心理承受能力能够使教师有恒心和毅力去完成论文的调研与书写，最终一个先进的教育观念是高校教师在科研领域不断进取的保证。同时，高尚的道德修养促使教师对待教学一丝不苟，精益求精，不断地总结自己的教学经验，从而提高教学监控能力、教学手段，能够取得更好的教学效果。

13.6　本章习题

　　某公司为了调研消费者对其旗下某品牌的忠诚度的影响因素（如该品牌发布的一些个性广告、性感明星的广告、促销手段等），设计了一份相应的调查问卷，调查结束后具体的部分调研数据统计如表 13.10 所示。其中，"忠诚度"这一变量通过消费者的购买意愿来衡量，忠诚度中的"1""2""3""4""5"分别表示"一定再次购买""购买""不确定""不购买""一定不会再次购买"。其他调研数据（个性广告1、个性广告2、个性广告3、性感广告1）中的"1""2""3""4""5"分别表示"非常喜欢""喜欢""一般""不喜欢""完全不喜欢"。

表 13.10　调研数据统计

忠诚度	个性广告1	个性广告2	个性广告3	性感广告1
3	1	2	3	3
2	2	1	5	4
4	2	1	3	3
3	2	1	2	2
5	3	2	4	3
2	1	1	2	1
3	1	1	2	3
2	2	2	4	2
3	2	2	3	2
1	2	1	3	2
5	1	2	3	1
3	1	4	5	3
3	1	1	2	2
3	1	2	3	3
2	2	1	5	4
3	2	3	4	2
2	2	2	2	2
4	2	2	1	3
3	1	1	4	3
2	2	2	1	3

　　（1）首先对该数据文件的"个性广告"组的"1""2""3"3 个变量进行可靠性分析。

　　（2）从影响消费者品牌忠诚的变量中提取主要影响因素。

　　（3）分析品牌忠诚度与消费者品牌忠诚的主要影响因素之间的关系（提示：进行回归分析）。

第 14 章 关于产品市场需求的调查研究

改革开放以来，我国经济发展极为迅速，各种商品的品种、数量都急剧增加，消费者的选择范围也越来越大。这种快速发展一方面带来了我国居民的生活水平的迅速提高，另一方面也带来了生产者市场竞争压力的加大，所以一个有作为的厂商必须要随时关注市场动向，不断研究市场需求，这样才能在激烈的市场竞争中立于不败之地。SPSS 作为一种功能强大的统计分析软件，完全可以用来进行产品市场需求的相关调查研究，定量分析变量之间的联系与区别。下面我们就来介绍一下 SPSS 在产品市场需求调查研究中的应用。

14.1 研究背景及目的

可口可乐公司（Coca-Cola Company）是全球最大的饮料公司，成立于 1892 年，目前总部设在美国乔亚州亚特兰大，拥有全球近 50%的市场占有率，其公司商标如图 14.1 所示。

图 14.1 可口可乐公司商标

20 世纪初，"可口可乐"开始在亚洲出现，首先在菲律宾生产，并运来我国在上海等城市销售。1927 年"可口可乐"开始在上海及天津设厂生产。经过几十年的发展，可口可乐公司已经在我国建立了近 30 家罐装饮料厂，形成了辐射全国的生产基地和销售网，年销售额近百亿元。

虽然可口可乐公司在我国已经取得了巨大的成功，但是近些年来，又强烈感受到了我国饮料市场的强烈竞争压力。问题的主要原因是我国的本土饮料工业企业生产的具有民族特色的诸如健力宝、娃哈哈、椰树、乐百氏、露露等品牌经过自身的不懈努力，已经成长壮大起来了。

在这种大背景下，可口可乐公司驻我国的某代理商出于一种危机感，决定针对其代理的可口可乐碳酸饮料系列产品展开市场调研，研究消费者对该系列产品的需求特点和需求偏好，从而为后续的市场战略制定提供相关支持。

14.2　研究方法

该代理商代理的可口可乐碳酸饮料系列产品有 20 种，如表 14.1 所示。

表 14.1　可口可乐碳酸饮料系列产品

品牌	价格（元）	包装方式
可乐	1.5	小纸杯散装
	2.0	大纸杯散装
		易拉罐装
	2.5	塑料瓶装
	1.0	玻璃瓶装
雪碧	1.5	小纸杯散装
	2.0	大纸杯散装
		易拉罐装
	2.5	塑料瓶装
	1.0	玻璃瓶装
芬达	1.5	小纸杯散装
	2.0	大纸杯散装
		易拉罐装
	2.5	塑料瓶装
	1.0	玻璃瓶装
醒目	1.5	小纸杯散装
	2.0	大纸杯散装
		易拉罐装
	2.5	塑料瓶装
	1.0	玻璃瓶装

我们的调查研究将围绕着这 20 种饮料的需求而展开。

基本思路是：首先根据研究需要设计出调查问卷；然后使用设计好的调查问卷对消费者群体展开调查，再使用 SPSS 的相关数据处理方法对收集上来的问卷进行处理，提取有效信息，分析变量之间的联系与区别；最后写出研究结论。

采用的数据分析方法主要有回归分析、结合分析、列联表分析等。

14.3　研究过程

14.3.1　为结合分析生成计划文件

我们选取该代理商代理的可口可乐碳酸饮料系列产品的3个最重要的属性来研究，这3个属性完全可以概括一种产品的特征，包括品牌、价格、包装方式。其中"品牌"属性有可乐、雪碧、芬达、醒目4个属性水平；"价格"属性有1.5元、2.0元、2.5元和1.0元4个属性水平；"包装方式"属性有小纸杯散装、大纸杯散装、易拉罐装、塑料瓶装、玻璃瓶装5个属性水平，如表14.2所示。

表14.2 可口可乐碳酸饮料系列产品属性及水平

属性	品牌	价格	包装方式
属性水平	可乐、雪碧、芬达、醒目	1.5元、2.0元、2.5元和1.0元	小纸杯散装、大纸杯散装、易拉罐装、塑料瓶装、玻璃瓶装

根据前面介绍的结合分析的基本步骤，首先生成计划文件。

01 进入 SPSS 24.0，选择"数据"|"正交设计"|"生成"命令，弹出"生成正交设计"对话框，如图 14.2 所示。在"因子名称"文本框中输入"PINPAI"，然后单击"添加"按钮，即可完成"品牌"这一属性的添加。依次输入"JIAGE""BAOZHUANG"完成"价格""包装方式"这两个属性的添加。

02 定义各个因子的取值。以"品牌"为例进行说明，结果如图 14.3 所示。

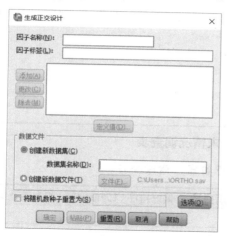

图 14.2 "生成正交设计"对话框

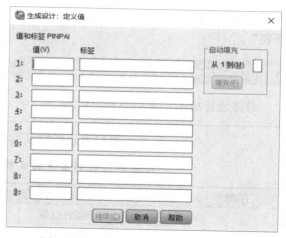

图 14.3 "生成设计：定义值"对话框

03 单击如图 14.2 所示的对话框右下方的"选项"按钮，弹出"生成正交设计：选项"对话框，如图 14.4 所示。因为该代理商代理的可口可乐碳酸饮料系列产品只有 20 种，所以在"要生成的最小个案数"中输入"20"。

04 选中"数据文件"选项组中的"创建新数据文件"单选按钮，进行相关文件的保存。

05 最后单击"确定"按钮，完成计划文件的生成。

图14.4 "生成正交设计：选项"对话框

生成完毕后，研究者需要根据研究需要对数据进行修改。因为计划文件的生成是随机组合排列的，共有 4*4*5=80 种可能，所以系统是从这 80 种之中随机选出 20 种，显然不一定恰好符合我们的研究需要。我们需要整理成以下 20 种，如图 14.5 所示。整理方法是直接在数据文件之中修改并保存即可。

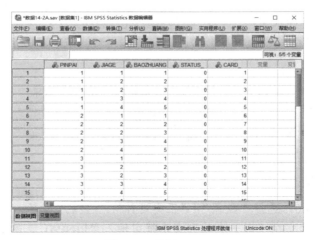

图 14.5　数据 14-2A

其中，对"JIAGE"而言，"1"表示"1.5 元"，"2"表示"2.0 元"，"3"表示"2.5元"，"4"表示"1.0 元"；对"BAOZHUANG"而言，"1"表示"小纸杯散装"，"2"表示"大纸杯散装"，"3"表示"易拉罐装"，"4"表示"塑料瓶装"，"5"表示"玻璃瓶装"。

14.3.2　根据研究需要设计调查问卷

最终设计成的调查问卷如下所示。

可口可乐碳酸系列饮料需求情况调查表

请您如实根据自身情况填写以下内容，谢谢合作！

品牌	价格（元）	包装方式	周平均消费量	偏好排序（1为最偏好，20为最不偏好）
可乐	1.5	小纸杯散装		
	2.0	大纸杯散装		
		易拉罐装		
	2.5	塑料瓶装		
	1.0	玻璃瓶装		
雪碧	1.5	小纸杯散装		
	2.0	大纸杯散装		
		易拉罐装		
	2.5	塑料瓶装		
	1.0	玻璃瓶装		
芬达	1.5	小纸杯散装		
	2.0	大纸杯散装		
		易拉罐装		
	2.5	塑料瓶装		
	1.0	玻璃瓶装		

（续表）

品牌	价格（元）	包装方式	周平均消费量	偏好排序（1为最偏好，20为最不偏好）
醒目	1.5	小纸杯散装		
	2.0	大纸杯散装		
		易拉罐装		
	2.5	塑料瓶装		
	1.0	玻璃瓶装		

调查结束，再次感谢您的参与！

14.3.3　发放问卷进行社会调查并将所得数据录入到SPSS中

我们将设计好的 130 份调查问卷，随机发放到消费者手中，回收 108 份，回收率为 108/130*100%=83.08%，回收效果还是很不错的。

我们把回收上来的问卷进行一系列的整理，并做成了两个 SPSS 格式的文件，分别是：各种饮料的周消费量汇总数据、针对计划文件调查的偏好次序数据。关于各数据录入的具体介绍及最终结果在下一节中说明。

14.3.4　SPSS分析

下面我们分三个部分进行分析。

1．最优尺度回归分析

	下载资源\video\chap14\...
	下载资源\sample\14\正文\原始数据文件\案例14.1.sav

我们把通过调查问卷收集上来的关于每种产品的周平均消费量数据进行汇总整理，结果如图 14.6 所示。我们设置了 4 个变量，分别是月消费量汇总、价格、包装方式、品牌，然后把所有变量都定义为数值型变量，录入相关数据。其中月消费量汇总是把所有回收上来调查问卷的个体数据进行累加得到的。

先做一下数据保存，然后开始展开分析，步骤如下：

01 进入 SPSS 24.0，打开相关数据文件，选择"分析"|"回归"|"最优标度"命令，弹出如图 14.7 所示的对话框。

02 选择进行最优尺度回归的变量并指定变量的测度类别。在"分类回归"对话框的左侧列表框中，选中"月消费量汇总"并单击 按钮使之进入"因变量"列表框，再单击本列表框下方的"定义标度"按钮，在弹出如图 14.8 所示的对话框中选中"数字"单选按钮并单击"继续"按钮返回。然后同时选中"价格""包装方式""品牌"并单击 按钮，使之进入"自变量"列表框，仿照前面对"月消费量汇总"的操作方式，把它们依次指定为"数字""有序""有序样条"的度量类别。

图 14.6　案例 14.1

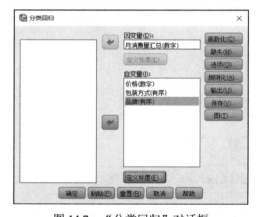

图 14.7　"分类回归"对话框

图 14.8　"分类回归：定义标度"对话框

03 其他设置使用系统默认值即可。

04 设置完毕后，单击"确定"按钮，等待输出结果。

结果分析如下：

（1）案例处理汇总、模型汇总和方差分析

表14.3的第一部分是模型汇总，调整后的R平方为0.848，模型解释能力很好；第二部分是方差分析，显著性为0.000，非常显著，模型具有统计学意义。

（2）模型中变量的系数、相关性和容差

在表14.4中，第一部分是模型的系数及显著性；第二部分是相关分析、重要性分析和容忍度，相关分析包括3种结果，其中偏相关是控制了其他变量对所有变量影响后的估计，部分相关是只控制其他变量对自变量的影响，重要性分析表明价格对月消费量汇总影响大，品牌的影响很小，容忍度变量表示该变量在对因变量的影响中不能被其他自变量所解释的比例，越大越好，反映了自变量的共线性情况，本例中结果还是比较好的。

表 14.3 模型汇总和方差分析

模型摘要

	复 R	R 方	调整后 R 方	表砚预测误差
标准化数据	.921	.848	.848	.152

因变量: 月消费量汇总
预测变量: 价格 包装方式 品牌

ANOVA

	平方和	自由度	均方	F	显著性
回归	4764.820	4	1191.205	7852.456	.000
残差	851.180	5611	.152		
总计	5616.000	5615			

因变量: 月消费量汇总
预测变量: 价格 包装方式 品牌

表 14.4 模型中变量系数、变量的相关性和容差

系数

	标准化系数			
	Beta	标准误差的自助抽样 (1000) 估算	自由度	F	显著性
---	---	---	---	---	---
价格	.576	.185	1	9.705	.002
包装方式	.436	.211	1	4.273	.039
品牌	.317	.238	2	1.771	.170

因变量: 月消费量汇总

相关性和容差

	相关性			容差	
	零阶	偏	部分	重要性	转换后	转换前
---	---	---	---	---	---	---
价格	.813	.740	.428	.552	.553	.628
包装方式	.766	.640	.324	.394	.552	.613
品牌	.145	.624	.311	.054	.965	.943

因变量: 月消费量汇总

经过分析我们得到:

- 最终模型为:

$$月消费量汇总=0.576*价格+0.436*包装方式+0.317*品牌$$

 说 明 值得一提的是,此处各变量的数据应该为标准化的数据。

- 模型的拟合优度很好,而且整体非常显著,显著性为 0.000,模型具有统计学意义。
- 价格对月消费量汇总影响大,品牌的影响很小。

2. 结合分析

	下载资源\video\chap14\...
	下载资源\sample\14\正文\原始数据文件\数据14-2A.sav、数据14-2B.sav、14-2程序.sps

操作如下:

01 利用第 1 章和第 11 章介绍的录入数据的方法录入数据。录入完成后,数据如图 14.9 所示。本文件中共有 21 个变量,包括 "ID""PREF1~PREF20",均为数值型变量。其中 "ID" 表示被调查者或采集的样本编号,"PREF1~PREF20"表示偏好顺序,如 PREF1 表示被调查者 认为 "…" 是其第一偏好,依次类推。

02 将数据移到 E 盘(或其他硬盘),然后选择 "文件" | "新建" | "语法" 命令,弹出 程序编辑窗口。然后在窗口中依次输入以下命令:

```
CONJOINT
 PLAN='E:\数据14-2A.SAV'
 /DATA='E:\数据14-2B.SAV'
 /SEQUENCE=PREF1 TO PREF20
 /SUBJECT=ID
 /FACTORS= PINPAI JIAGE BAOZHUANG(DISCRETE MORE)
 /PRINT=SUMMARYONLY
 /UTILITY='E:\RUGUTIL.SAV'
 /PLOT=SUMMARY.
```

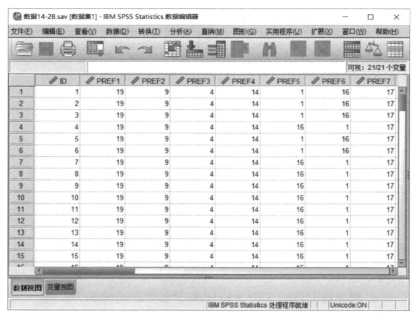

图 14.9　数据 14-2B

03 单击工具栏中的 ▶ 按钮，运行该程序，即可完成结合分析。

需要说明的是，在上面的命令中，"PINPAI JIAGE BAOZHUANG（DISCRETE MORE）"表示的是品牌、价格、包装方式都是离散型的分类变量，最终结果中的数值越大消费者越喜欢。

结果分析如下。

（1）重要性水平

表14.5表示的是消费者群体（108个样本）对可口可乐碳酸饮料系列产品各个属性的重要性所做的评价，其中价格是最重要的，也就是消费者最为看重的，占到了69.33%；其次是包装方式，占到23.114%；最不被重视的或者说消费者最不在乎的是品牌，占到6.933%。

（2）结果总结

表 14.6 表示的是消费者群体（108 个样本）对可口可乐碳酸饮料系列产品每个属性的各个属性水平所做的评价。容易发现，对品牌而言，消费者最喜欢可乐和醒目，其次是芬达，最后是雪碧；对价格而言，消费者喜欢的依次是 2.5 元、1.5 元、2.0 元、1.0 元；对包装方式而言，消费者的偏好从高到低依次是大纸杯散装、玻璃瓶装、小纸杯散装、易拉罐装和塑料瓶装。

（3）图形展示

图 14.10 是"品牌"的摘要实用程序，从其中可以看出：可乐和醒目的值最大，最受消费者欢迎，其次是芬达，最后是雪碧。

图 14.11 是"价格"的摘要实用程序，从其中可以看出：2.5 元的值最大，最受消费者欢迎，其后分别是 1.5 元、2.0 元、1.0 元。

表 14.5　重要性值

重要性值

PINPAI	6.933
JIAGE	69.952
BAOZHUANG	23.114

平均重要性得分

表 14.6　结果总结

实用程序(U)

		实用程序估算	标准错误
PINPAI	可乐	1.254	4.687
	雪碧	-1.570	4.687
	芬达	-1.170	4.687
	醒目	1.487	4.687
JIAGE	1.5元	3.819	13.316
	2.0元	1.854	11.470
	2.5元	12.681	13.316
	1.0元	-18.354	23.310
BAOZHUANG	小纸杯散装	-1.077	4.500
	大纸杯散装	5.693	23.779
	易拉罐装	.000	.000
	塑料瓶装	.000	.000
	玻璃瓶装	-4.615	19.279
（常量）		10.129	3.547

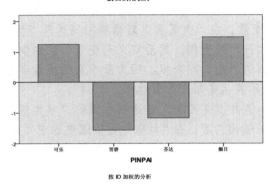

图 14.10　"品牌"的摘要实用程序

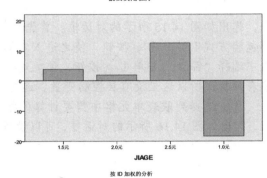

图 14.11　"价格"的摘要实用程序

　　图 14.12 是"包装方式"的摘要实用程序，从其中可以看出消费者的偏好从高到低依次是大纸杯散装、玻璃瓶装、小纸杯散装、易拉罐装和塑料瓶装。

　　图 14.13 是"重要性"的摘要实用程序，从其中可以看出价格的重要性最大。

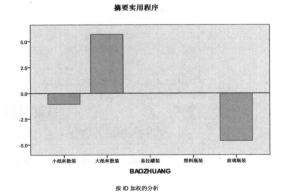

图 14.12　"包装方式"的摘要实用程序

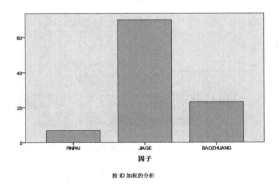

图 14.13　"重要性"的摘要实用程序

3．列联表分析

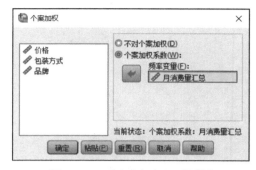	下载资源\video\chap14\...
	下载资源\sample\14\正文\原始数据文件\案例14.3.sav

操作如下：

01 进入 SPSS 24.0，对数据进行预处理，对"频数"变量进行加权。选择"数据"|"个案加权"命令，弹出如图 14.14 所示的对话框。首先在"个案加权"对话框右侧选中"个案加权系数"单选按钮，然后在左侧的列表中选择"月消费量汇总"，单击 ➡ 按钮，使之进入"频率变量"列表框。单击"确定"按钮，完成数据预处理。

图 14.14　"个案加权"对话框

02 选择"分析"|"描述统计"|"交叉表"命令，弹出如图 14.15 所示的对话框。首先定义行变量，在"交叉表"对话框左侧选择"价格""包装方式"并单击 ➡ 按钮，使之进入右侧的"行"列表框。然后定义列变量，在左侧的列表中选择"品牌"并单击 ➡ 按钮，使之进入右侧的"列"列表框。因为没有别的变量参与列联表分析，所以这里没有层控制变量。选中"显示簇状条形图"复选框。

03 选择列联表单元格中需要计算的指标。单击"交叉表"对话框右侧的"单元格"按钮，弹出如图 14.16 所示的对话框，可以设置相关输出内容。在"计数"选项组中选中"实测"复选框，在"百分比"选项组中选中"行""列""总计"复选框。设置完毕后，单击"继续"按钮返回"交叉表"对话框。

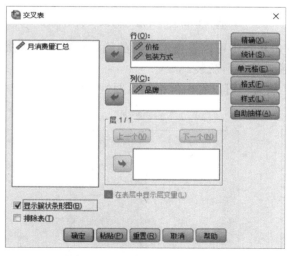

图 14.15　"交叉表"对话框

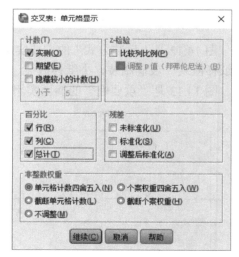

图 14.16　"交叉表：单元格显示"对话框

04 其余设置采用系统默认值。

05 设置完毕后，单击"确定"按钮，等待输出结果。

结果分析如下。

（1）本例的数据信息

如表14.7所示，样本数为5616，没有缺失值。

表 14.7　案例处理摘要

	个案					
	有效		缺失		总计	
	N	百分比	N	百分比	N	百分比
价格 * 品牌	5616	100.0%	0	0.0%	5616	100.0%
包装方式 * 品牌	5616	100.0%	0	0.0%	5616	100.0%

（2）列联表（见表14.8和表14.9）

如表 14.8 所示，按品牌来看：醒目消费最多，占到总数的 35.4%，可乐消费最少，占到总数的 19.9%，之间的差距不是很大；按价格来看：2.5 元的消费最多，占到总数的 60.3%，1.0 元的消费最少，仅占总数的 3.7%；总体来看（按单元格），2.5 元的雪碧消费量最大，占总数的 17.8%，1.0 元的可乐消费最少，占总数的 0.4%。

如表 14.9 所示，按品牌来看：醒目消费最多，占到总数的 35.4%，可乐消费最少，占到总数的 19.9%，之间的差距不是很大；按包装方式来看：塑料瓶装的消费最多，占到总数的 60.3%，玻璃瓶装的消费最少，仅占总数的 3.7%；总体来看（按单元格），塑料瓶装的雪碧消费量最大，占总数的 17.8%，玻璃瓶装的可乐消费最少，占总数的 0.4%。这些与"价格*品牌"列联表中的结论是一致的。

表 14.8　价格*品牌列联表

			可乐	雪碧	芬达	醒目	总计
价格	1.0	计数	20	90	29	69	208
		占 价格 的百分比	9.6%	43.3%	13.9%	33.2%	100.0%
		占 品牌 的百分比	1.8%	6.6%	2.5%	3.5%	3.7%
		占总计的百分比	0.4%	1.6%	0.5%	1.2%	3.7%
	1.5	计数	98	90	100	408	696
		占 价格 的百分比	14.1%	12.9%	14.4%	58.6%	100.0%
		占 品牌 的百分比	8.8%	6.6%	8.7%	20.5%	12.4%
		占总计的百分比	1.7%	1.6%	1.8%	7.3%	12.4%
	2.0	计数	199	182	420	524	1325
		占 价格 的百分比	15.0%	13.7%	31.7%	39.5%	100.0%
		占 品牌 的百分比	17.8%	13.4%	36.6%	26.4%	23.6%
		占总计的百分比	3.5%	3.2%	7.5%	9.3%	23.6%
	2.5	计数	800	1000	600	987	3387
		占 价格 的百分比	23.6%	29.5%	17.7%	29.1%	100.0%
		占 品牌 的百分比	71.6%	73.4%	52.2%	49.6%	60.3%
		占总计的百分比	14.2%	17.8%	10.7%	17.6%	60.3%
总计		计数	1117	1362	1149	1988	5616
		占 价格 的百分比	19.9%	24.3%	20.5%	35.4%	100.0%
		占 品牌 的百分比	100.0%	100.0%	100.0%	100.0%	100.0%
		占总计的百分比	19.9%	24.3%	20.5%	35.4%	100.0%

表 14.9　包装方式*品牌列联表

			可乐	雪碧	芬达	醒目	总计
包装方式	小瓶杯散装	计数	98	90	100	408	696
		占 包装方式 的百分比	14.1%	12.9%	14.4%	58.6%	100.0%
		占 品牌 的百分比	8.8%	6.6%	8.7%	20.5%	12.4%
		占总计的百分比	1.7%	1.6%	1.8%	7.3%	12.4%
	大瓶杯散装	计数	99	102	120	504	825
		占 包装方式 的百分比	12.0%	12.4%	14.5%	61.1%	100.0%
		占 品牌 的百分比	8.9%	7.5%	10.4%	25.4%	14.7%
		占总计的百分比	1.8%	1.8%	2.1%	9.0%	14.7%
	易拉罐装	计数	100	80	300	20	500
		占 包装方式 的百分比	20.0%	16.0%	60.0%	4.0%	100.0%
		占 品牌 的百分比	9.0%	5.9%	26.1%	1.0%	8.9%
		占总计的百分比	1.8%	1.4%	5.3%	0.4%	8.9%
	塑料瓶装	计数	800	1000	600	987	3387
		占 包装方式 的百分比	23.6%	29.5%	17.7%	29.1%	100.0%
		占 品牌 的百分比	71.6%	73.4%	52.2%	49.6%	60.3%
		占总计的百分比	14.2%	17.8%	10.7%	17.6%	60.3%
	玻璃瓶装	计数	20	90	29	69	208
		占 包装方式 的百分比	9.6%	43.3%	13.9%	33.2%	100.0%
		占 品牌 的百分比	1.8%	6.6%	2.5%	3.5%	3.7%
		占总计的百分比	0.4%	1.6%	0.5%	1.2%	3.7%
总计		计数	1117	1362	1149	1988	5616
		占 包装方式 的百分比	19.9%	24.3%	20.5%	35.4%	100.0%
		占 品牌 的百分比	100.0%	100.0%	100.0%	100.0%	100.0%
		占总计的百分比	19.9%	24.3%	20.5%	35.4%	100.0%

（3）频数分布图

列联表的图形展示如图 14.17 和图 14.18 所示。

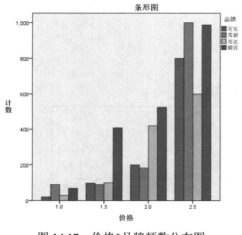

图 14.17　价格*品牌频数分布图

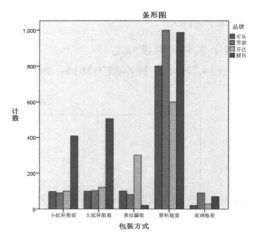

图 14.18　包装方式*品牌频数分布图

14.4　研究结论

根据以上所做的分析，我们可以比较有把握地得出以下结论：

- 无论是最优尺度回归分析还是结合分析，都表明价格因素是消费者选择的首要考虑因素，同时品牌对消费者来说几乎无差异。又考虑到包装因素几乎是与价格绑定在一起的，所以最受消费者欢迎的以及实际需求量最大的都是 2.5 元的塑料瓶装饮料。
- 列联表分析表明，按品牌来看醒目消费最多，可乐消费最少，但两者之间的差距不是很大；按价格来看 2.5 元的消费最多，1.0 元的消费最少，两者之间差距很大；按单元格来看，2.5 元的雪碧消费量最大，占总数的 17.8%，1.0 元的可乐消费最少，占总数的 0.4%。这从另一个角度说明，实际需求量最大的是 2.5 元的塑料瓶装饮料。

14.5　本章习题

某研究者欲研究消费者对不同种类牛奶的喜好程度，进行了相关调查。调查问卷如下所示。

不同种类牛奶需求情况调查表

请您如实根据自身情况填写以下内容，谢谢合作！

品牌	价格（元）	包装方式	周平均消费量	偏好排序（1为最偏好，20为最不偏好）
伊利	1.5	塑料袋装		
	2.0	纸袋装		
		塑料瓶装		
	2.5	纸盒装		
	1.0	小塑料盒装		

（续表）

品牌	价格（元）	包装方式	周平均消费量	偏好排序（1为最偏好，20为最不偏好）
蒙牛	1.5	塑料袋装		
	2.0	纸袋装		
		塑料瓶装		
	2.5	纸盒装		
	1.0	小塑料盒装		
光明	1.5	塑料袋装		
	2.0	纸袋装		
		塑料瓶装		
	2.5	纸盒装		
	1.0	小塑料盒装		
完达山	1.5	塑料袋装		
	2.0	纸袋装		
		塑料瓶装		
	2.5	纸盒装		
	1.0	小塑料盒装		

试研究消费者对不同种类牛奶的需求特点和需求偏好，从而为后续的市场战略制定提供相关支持。

 首先把问卷发放出去进行调查，然后将调查完成后收集到的数据整理到 SPSS 中。

1．假设对每种产品的周平均消费量数据进行汇总，结果如下载文件中的"习题 14.1"所示，试以月消费量汇总为因变量，以价格、包装方式、品牌为自变量，进行最优尺度回归。

2．使用结合分析的方法研究消费者偏好。假设计划文件与偏好调查数据文件如光盘中的"习题 14.2A"和"习题 14.2B"所示。

3．使用数据文件"习题 14.3"做两次列联表分析，第一次行列分类变量是价格与品牌，第二次是包装方式与品牌。

第 15 章　关于高校本科生就业
相关问题的调查研究

高校本科毕业生是我国宝贵的人力资源，但由于我国相关体制的不合理以及受当前经济形势的影响，就业成了困扰毕业生的很大问题。为了使这种强大的人力资源有效地转化为生产力，从而在建设有中国特色的社会主义市场经济中发挥出应有的作用，我们有必要对高校本科生就业问题展开分析。SPSS 作为一种功能强大的统计分析软件，完全可以用来进行高校本科生就业问题的相关调查研究，定量分析变量之间的联系与区别。下面我们就来介绍一下 SPSS 在高校本科生就业调查研究中的应用。

15.1　研究背景及目的

2009 年 1 月 19 日，国务院办公厅发布了《国务院办公厅关于加强普通高等学校毕业生就业工作的通知》，通知指出：当前受国际金融危机的影响，我国就业形势十分严峻，高校毕业生就业压力加大。各地区、各有关部门要把高校毕业生就业摆在当前就业工作的首位，采取切实有效的措施，拓宽就业门路，鼓励高校毕业生到城乡基层、中西部地区和中小企业就业，鼓励自主创业，鼓励骨干企业和科研项目单位吸纳和稳定高校毕业生就业。

为了响应国务院的号召，做好高校毕业生尤其是本科毕业生的就业工作，我们一方面要强化高校毕业生就业服务和就业指导，充分发挥人力资源市场配置资源的作用，强化公共就业服务的功能；另一方面要提升高校毕业生就业能力，如大力组织以促进就业为目的的实习实践，确保高校毕业生在离校前都能参加实习实践活动等。但这两方面得以有效实行的前提是要了解学生的就业观念以及就业意向等问题，只有首先搞清楚了学生想得到什么，才能有的放矢地去解决问题，如经过调研发现某高校大部分的学生都想去外企工作，这样我们就可以一方面试图联系更多的外企单位走进校园招聘，另一方面可以侧重培养学生外企要求的各方面素质，以增加其成功机会。

基于以上考虑，某高校就业指导中心的相关工作人员决定对其学校面临毕业的本科生进行相关调查研究，以发现学生的就业理念，从而为其部门后续的就业指导工作开展做好准备。

15.2　研究方法

基本思路是：首先根据研究需要设计出调查问卷，然后使用设计好的调查问卷对面临毕业的本科生展开调查，再使用 SPSS 的相关数据处理方法对收集上来的问卷进行处理，提取有效信息，分析变量之间的联系与区别，最后写出研究结论。

采用的数据分析方法主要有列联表分析、方差分析、相关分析、聚类分析等。

15.3 研究过程

15.3.1 根据研究需要设计调查问卷

最终设计成的调查问卷如下所示。

对本科生就业情况的调查问卷

感谢您抽出宝贵的时间来完成这张调查问卷，请您如实填写，谢谢合作！

一、个人情况

1. 您的性别_____

    A.男   B.女

2. 您在本科期间的学习成绩_____

    A.优秀   B.良好   C.中等   D.差

3. 您在本科期间是否得过奖学金_____

    A.经常（3次以上）   B.偶尔（1次~3次）   C.从未得过

4. 您的专业是_____

    A.理工农医类   B.文科类   C.艺术、体育

5. 您是否已经签约_____

    A.是   B.否

6. 您在本科期间是否经常参加社会实践活动或者实习_____

    A.经常（5次以上）   B.偶尔（1次~5次）   C.从不

7. 您的家庭在_____

    A.农村   B.城市

二、对于就业的看法

8. 您认为性别对就业的影响_____

    A.很大   B.比较大   C.一般   D.较小

9. 您认为个人外在形象（包括身体素质）对就业的影响_____

    A.很大   B.比较大   C.一般   D.较小

10. 您认为英语水平对就业的影响_____

    A.很大   B.比较大   C.一般   D.较小

11. 您认为计算机水平对就业的影响_____

    A.很大   B.比较大   C.一般   D.较小

12. 您认为毕业院校的知名度对就业的影响_____

    A.很大   B.比较大   C.一般   D.较小

13. 您认为专业背景对就业的影响_____

    A.很大   B.比较大   C.一般   D.较小

14. 您认为各种资格证书对就业的影响_____

    A.很大   B.比较大   C.一般   D.较小

15. 您认为社会实践经历或者实习经历对就业的影响_____

    A.很大   B.比较大   C.一般   D.较小

16. 您认为在本科期间所取得的成绩（学习成绩，项目参与状况，论文或者专利等学术成果）对就业的影响_____

    A.很大   B.比较大   C.一般   D.较小

17. 您对目前的就业形势态度是_____

    A.很乐观   B.比较乐观   C.一般   D.比较悲观   E.很悲观

18. 您可以接受的薪酬是_____

    A.2000 元以下   B.2000~4000 元   C.4000~6000 元   D.6000 元以上

19. 您的理想就业单位是_____

    A.政府部门   B.事业单位   C.国有企业   D.外资企业   E.私营企业

20. 您认为学校的培养模式与用人单位的要求之间_____

    A.契合得很好   B.差强人意   C.不是很适合   D.差距非常大

21. 您觉得自己在学校的努力与最终的就业情况之间_____

    A．成正比   B.没什么关系   C.成反比

22. 您认为所学专业与从事的事业之间应该_____

    A.一致   B.不要差距很大   C.可以没什么关联

调查结束，再次感谢您的参与！

15.3.2　发放问卷进行调查并将所得数据录入到SPSS中

我们将设计好的300份调查问卷，随机发放到面临毕业的本科生手中，回收283份，回收率为283/300*100%=94.33%，回收效果还是很不错的。

我们把回收上来的问卷进行一系列的整理，并做成了一个SPSS格式的文件。其中一共设置了22个变量，分别是"性别""本科期间学习成绩""是否得过奖学金""专业""是否签约""是否经常参加社会实践""家庭住址""性别影响""形象影响""英语水平影响""计算机水平影响""毕业院校影响""专业背景影响""资格证书影响""社会实践经历影响""成绩影响""就业形势看法""预期薪酬""理想就业单位""培养模式契合""在校努力与最终就业""所学专业与就业应该怎样"。

我们把所有的变量均定义为数值型变量，并进行相应的值标签操作：

- 对"性别"，用"1"表示"男"，"2"表示"女"。
- 对"本科期间学习成绩"，用"1"表示"优秀"，"2"表示"良好"，"3"表示"中等"，"4"表示"差"。

- 对"是否得过奖学金",用"1"表示"经常","2"表示"偶尔","3"表示"从未得过"。
- 对"专业",用"1"表示"理工农医类","2"表示"文科类","3"表示"艺术体育类"。
- 对"是否签约",用"1"表示"是","2"表示"否"。
- 对"是否经常参加社会实践",用"1"表示"经常","2"表示"偶尔","3"表示"从不"。
- 对"家庭住址",用"1"表示"农村","2"表示"城市"。
- 对"性别影响""形象影响""英语水平影响""计算机水平影响""毕业院校影响""专业背景影响""资格证书影响""社会实践经历影响""成绩影响"等,都用"1"表示"很大","2"表示"比较大","3"表示"一般","4"表示"较小"。
- 对"就业形势看法",用"1"表示"很乐观","2"表示"比较乐观","3"表示"一般","4"表示"比较悲观","5"表示"很悲观"。
- 对"预期薪酬",用"1"表示"2000 元以下","2"表示"2000~4000 元","3"表示"4000~6000 元","4"表示"6000 元以上"。
- 对"理想就业单位",用"1"表示"政府部门","2"表示"事业单位","3"表示"国有企业","4"表示"外资企业","5"表示"私营企业"。
- 对"培养模式契合",用"1"表示"契合得很好","2"表示"差强人意","3"表示"不是很适合","4"表示"差距非常大"。
- 对"在校努力与最终就业",用"1"表示"成正比","2"表示"没什么关系","3"表示"成反比"。
- 对"所学专业与就业应该怎样",用"1"表示"一致","2"表示"不要差距很大","3"表示"可以没什么关联"。

录入完成后,数据如图 15.1 所示。

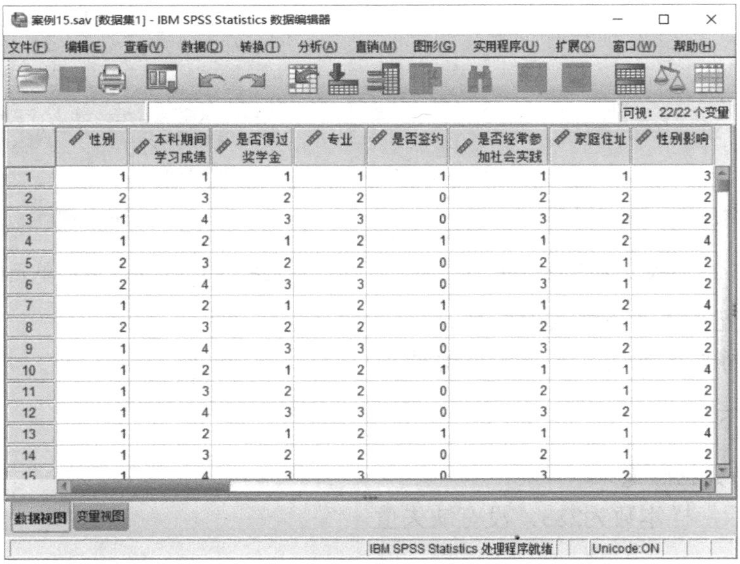

图 15.1 案例 15

15.3.3　SPSS分析

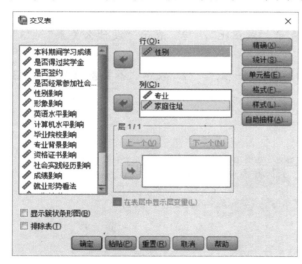	下载资源\video\chap15\...
	下载资源\sample\15\正文\原始数据文件\案例15.sav

1．列联表分析第一部分

操作步骤如下：

01 进入 SPSS 24.0，选择"分析"|"描述统计"|"交叉表"命令，弹出如图 15.2 所示的对话框。首先定义行变量，即在"交叉表"对话框左侧选择"性别"并单击 按钮，使之进入右侧的"行"列表框。然后定义列变量，在左侧的列表框中选择"专业""家庭住址"并单击 按钮，使之进入右侧的"列"列表框。因为没有别的变量参与列联表分析，所以这里没有层控制变量。

02 选择列联表单元格中需要计算的指标。单击"交叉表"对话框右侧的"单元格"按钮，弹出如图 15.3 所示的对话框，在该对话框中可以设置相关输出内容。我们在"计数"选项组中选中"实测"复选框，在"百分比"选项组中选中"行""列""总计"复选框。设置完毕后，单击"继续"按钮返回"交叉表"对话框。

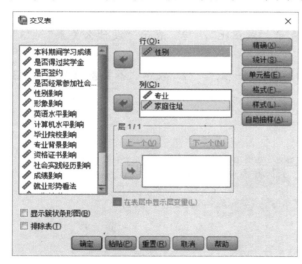

图 15.2　"交叉表"对话框

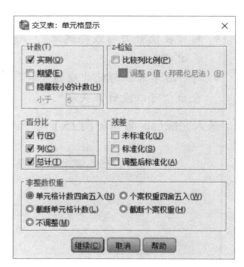

图 15.3　"交叉表：单元格显示"对话框

03 其余设置采用系统默认值即可。

04 单击"确定"按钮，等待输出结果。

结果分析如下。

（1）本例的数据信息

如表15.1所示，样本数为283，没有缺失值。

表 15.1　案例处理摘要

个案处理摘要

	个案					
	有效		缺失		总计	
	N	百分比	N	百分比	N	百分比
性别 * 专业	283	100.0%	0	0.0%	283	100.0%
性别 * 家庭住址	283	100.0%	0	0.0%	283	100.0%

（2）列联表

如表 15.2 所示，参与调查的男生有 135 人（占总数的 47.7%），女生有 148 人（占 52.3%）；参与调查的理工农医类专业的学生共 103 人（占总数的 36.4%），其中包括 51 位男生和 52 位女生，文科类专业的学生共 125 人（占总数的 44.2%），其中包括 40 位男生和 85 位女生，艺体类专业的学生共 55 人（占总数的 19.4%），其中包括 44 位男生和 11 位女生。这说明样本无论在性别还是在专业方面都是很有代表性的。

如表 15.3 所示，参与调查的家庭住址为农村的学生有 192 个（占总数的 67.8%），其中包括 45 位男生和 147 位女生，家庭住址为城市的学生有 91 个（占总数的 32.2%），其中包括 90 位男生和 1 位女生。从家庭住址分布的角度来讲，样本的代表性也是可以接受的。

表 15.2　性别*专业列联表

性别 * 专业 交叉表

			专业			
			理工农医类	文科类	艺体类	总计
性别	男	计数	51	40	44	135
		占 性别 的百分比	37.8%	29.6%	32.6%	100.0%
		占 专业 的百分比	49.5%	32.0%	80.0%	47.7%
		占总计的百分比	18.0%	14.1%	15.5%	47.7%
	女	计数	52	85	11	148
		占 性别 的百分比	35.1%	57.4%	7.4%	100.0%
		占 专业 的百分比	50.5%	68.0%	20.0%	52.3%
		占总计的百分比	18.4%	30.0%	3.9%	52.3%
总计		计数	103	125	55	283
		占 性别 的百分比	36.4%	44.2%	19.4%	100.0%
		占 专业 的百分比	100.0%	100.0%	100.0%	100.0%
		占总计的百分比	36.4%	44.2%	19.4%	100.0%

表 15.3　性别*家庭住址列联表

性别 * 家庭住址 交叉表

			家庭住址		
			农村	城市	总计
性别	男	计数	45	90	135
		占 性别 的百分比	33.3%	66.7%	100.0%
		占 家庭住址 的百分比	23.4%	98.9%	47.7%
		占总计的百分比	15.9%	31.8%	47.7%
	女	计数	147	1	148
		占 性别 的百分比	99.3%	0.7%	100.0%
		占 家庭住址 的百分比	76.6%	1.1%	52.3%
		占总计的百分比	51.9%	0.4%	52.3%
总计		计数	192	91	283
		占 性别 的百分比	67.8%	32.2%	100.0%
		占 家庭住址 的百分比	100.0%	100.0%	100.0%
		占总计的百分比	67.8%	32.2%	100.0%

2．列联表分析第二部分

操作步骤如下：

01 选择"分析"|"描述统计"|"交叉表"命令，弹出如图 15.2 所示的对话框。首先定义行变量，在对话框左侧选择"是否签约"并单击 ➡ 按钮，使之进入右侧的"行"列表框。然后定义列变量，在左侧的列表框中选择"就业形势看法""预期薪酬""理想就业单位""培养模式契合""在校努力与最终就业""所学专业与就业应该怎样"并单击 ➡ 按钮，使之进入右侧的"列"列表框。

02 选择列联表单元格中需要计算的指标。单击"交叉表"对话框右侧的"单元格"按钮，弹出如图 15.3 所示的对话框，在"计数"选项组中选中"实测"复选框，在"百分比"选项组中选中"行""列""总计"复选框。设置完毕后，单击"继续"按钮返回"交叉表"对话框。

03 其余设置采用系统默认值即可。

04 设置完毕后，单击"确定"按钮，等待输出结果。

结果分析如下。

（1）本例的数据信息

如表 15.4 所示，样本数为 283，没有缺失值。

表 15.4　案例处理摘要

个案处理摘要						
	个案					
	有效		缺失		总计	
	N	百分比	N	百分比	N	百分比
是否签约 * 就业形势看法	283	100.0%	0	0.0%	283	100.0%
是否签约 * 预期薪酬	283	100.0%	0	0.0%	283	100.0%
是否签约 * 理想就业单位	283	100.0%	0	0.0%	283	100.0%
是否签约 * 培养模式契合	283	100.0%	0	0.0%	283	100.0%
是否签约 * 在校努力与最终就业	283	100.0%	0	0.0%	283	100.0%
是否签约 * 所学专业与就业应该怎样	283	100.0%	0	0.0%	283	100.0%

（2）列联表

从表 15.5 中看出，已经签约的学生占到总调查人数的 34.3%，其中签约的学生中有 74.2% 的人认为就业形势比较乐观，这与没有签约的学生中有 82.3% 的人认为就业形势比较悲观形成了强烈的对比。

表 15.5　是否签约*就业形势看法列联表

是否签约 * 就业形势看法 交叉表						
			就业形势看法			
			很乐观	比较乐观	比较悲观	总计
是否签约	否	计数	0	33	153	186
		占 是否签约 的百分比	0.0%	17.7%	82.3%	100.0%
		占 就业形势看法 的百分比	0.0%	31.4%	86.4%	65.7%
		占总计的百分比	0.0%	11.7%	54.1%	65.7%
	是	计数	1	72	24	97
		占 是否签约 的百分比	1.0%	74.2%	24.7%	100.0%
		占 就业形势看法 的百分比	100.0%	68.6%	13.6%	34.3%
		占总计的百分比	0.4%	25.4%	8.5%	34.3%
总计		计数	1	105	177	283
		占 是否签约 的百分比	0.4%	37.1%	62.5%	100.0%
		占 就业形势看法 的百分比	100.0%	100.0%	100.0%	100.0%
		占总计的百分比	0.4%	37.1%	62.5%	100.0%

从表 15.6 中看出，预期薪酬为 2000~4000 元的学生占总数的 37.1%，预期薪酬为 4000~6000 元的学生占总数的 62.9%，其中签约的学生中有 74.2% 的人的预期薪酬为 2000~4000 元，这与没有签约的学生中有 82.3% 的人的预期薪酬为 4000~6000 元形成了强烈的对比。

表 15.6 是否签约*预期薪酬列联表

			预期薪酬 2000-4000元	4000-6000元	总计
是否签约	否	计数	33	153	186
		占 是否签约 的百分比	17.7%	82.3%	100.0%
		占 预期薪酬 的百分比	31.4%	86.0%	65.7%
		占总计的百分比	11.7%	54.1%	65.7%
	是	计数	72	25	97
		占 是否签约 的百分比	74.2%	25.8%	100.0%
		占 预期薪酬 的百分比	68.6%	14.0%	34.3%
		占总计的百分比	25.4%	8.8%	34.3%
总计		计数	105	178	283
		占 是否签约 的百分比	37.1%	62.9%	100.0%
		占 预期薪酬 的百分比	100.0%	100.0%	100.0%
		占总计的百分比	37.1%	62.9%	100.0%

从表 15.7 中看出，没有签约的同学的理想就业单位都是政府部门或国有企业，而已经签约的同学的理想就业单位则显得更加多元化。

表 15.7 是否签约*理想就业单位列联表

			理想就业单位 政府部门	国有企业	外资企业	私营企业	总计
是否签约	否	计数	99	87	0	0	186
		占 是否签约 的百分比	53.2%	46.8%	0.0%	0.0%	100.0%
		占 理想就业单位 的百分比	69.7%	95.6%	0.0%	0.0%	65.7%
		占总计的百分比	35.0%	30.7%	0.0%	0.0%	65.7%
	是	计数	43	4	43	7	97
		占 是否签约 的百分比	44.3%	4.1%	44.3%	7.2%	100.0%
		占 理想就业单位 的百分比	30.3%	4.4%	100.0%	100.0%	34.3%
		占总计的百分比	15.2%	1.4%	15.2%	2.5%	34.3%
总计		计数	142	91	43	7	283
		占 是否签约 的百分比	50.2%	32.2%	15.2%	2.5%	100.0%
		占 理想就业单位 的百分比	100.0%	100.0%	100.0%	100.0%	100.0%
		占总计的百分比	50.2%	32.2%	15.2%	2.5%	100.0%

从表 15.8 中看出，在已经签约的学生中，认为学校的培养模式与用人单位的要求之间契合得很好的学生占到了 56.7%，这与没有签约的学生中有 0%的人认为学校的培养模式与用人单位的要求之间契合形成强烈的对比。

从表 15.9 中看出，在已经签约的学生中，认为自己在学校的努力与最终的就业情况之间成正比的学生占到 61.9%，这与没有签约的学生中所有的人都认为自己在学校的努力与最终的就业情况之间没什么关系形成强烈的对比。

从表 15.10 中看出，在已经签约的学生中，认为所学专业与从事的事业之间应该一致的学生占 40.2%，认为不要差距太大就好的占到 59.8%，而没有签约的学生中认为所学专业与从事的事业之间应该一致的学生占到 60.8%，认为不要差距很大的占 39.2%，这也形成了很好的对照。

表 15.8　是否签约*培养模式契合列联表

是否签约 * 培养模式契合 交叉表			培养模式契合			
			契合的很好	不是很适合	差距非常大	总计
是否签约	否	计数	0	92	94	186
		占 是否签约 的百分比	0.0%	49.5%	50.5%	100.0%
		占 培养模式契合 的百分比	0.0%	100.0%	69.1%	65.7%
		占总计的百分比	0.0%	32.5%	33.2%	65.7%
	是	计数	55	0	42	97
		占 是否签约 的百分比	56.7%	0.0%	43.3%	100.0%
		占 培养模式契合 的百分比	100.0%	0.0%	30.9%	34.3%
		占总计的百分比	19.4%	0.0%	14.8%	34.3%
总计		计数	55	92	136	283
		占 是否签约 的百分比	19.4%	32.5%	48.1%	100.0%
		占 培养模式契合 的百分比	100.0%	100.0%	100.0%	100.0%
		占总计的百分比	19.4%	32.5%	48.1%	100.0%

表 15.9　是否签约*在校努力与最终就业列联表

是否签约 * 在校努力与最终就业 交叉表			在校努力与最终就业		
			成正比	没什么关系	总计
是否签约	否	计数	0	186	186
		占 是否签约 的百分比	0.0%	100.0%	100.0%
		占 在校努力与最终就业 的百分比	0.0%	83.4%	65.7%
		占总计的百分比	0.0%	65.7%	65.7%
	是	计数	60	37	97
		占 是否签约 的百分比	61.9%	38.1%	100.0%
		占 在校努力与最终就业 的百分比	100.0%	16.6%	34.3%
		占总计的百分比	21.2%	13.1%	34.3%
总计		计数	60	223	283
		占 是否签约 的百分比	21.2%	78.8%	100.0%
		占 在校努力与最终就业 的百分比	100.0%	100.0%	100.0%
		占总计的百分比	21.2%	78.8%	100.0%

表 15.10　是否签约*所学专业与就业应该怎样列联表

是否签约 * 所学专业与就业应该怎样 交叉表			所学专业与就业应该怎样		
			一致	不要差距很大	总计
是否签约	否	计数	113	73	186
		占 是否签约 的百分比	60.8%	39.2%	100.0%
		占 所学专业与就业应该怎样 的百分比	74.3%	55.7%	65.7%
		占总计的百分比	39.9%	25.8%	65.7%
	是	计数	39	58	97
		占 是否签约 的百分比	40.2%	59.8%	100.0%
		占 所学专业与就业应该怎样 的百分比	25.7%	44.3%	34.3%
		占总计的百分比	13.8%	20.5%	34.3%
总计		计数	152	131	283
		占 是否签约 的百分比	53.7%	46.3%	100.0%
		占 所学专业与就业应该怎样 的百分比	100.0%	100.0%	100.0%
		占总计的百分比	53.7%	46.3%	100.0%

3．方差分析第一部分

操作步骤如下：

[01] 进入 SPSS 24.0，打开相关数据文件，选择"分析"|"比较平均值"|"单因素 ANOVA 检验"命令，弹出如图 15.4 所示的对话框。

[02] 选择进行单因素方差分析的变量。在"单因素 ANOVA 检验"对话框的左侧列表框中，选择"性别影响""形象影响""英语水平影响""计

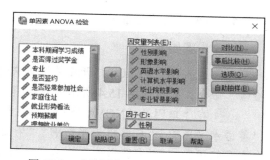

图 15.4　"单因素 ANOVA 检验"对话框

算机水平影响""毕业院校影响""专业背景影响""资格证书影响""社会实践经历影响""成绩影响"并单击 按钮，使之进入"因变量列表"列表框；选择"性别"并单击 按钮，使之进入"因子"列表框。

[03] 其他设置采用系统默认值即可。

[04] 设置完毕后，单击"确定"按钮，等待输出结果。

结果分析如表 15.11 所示，所有因变量的显著性显著性都小于 0.05，说明这些变量都在 0.05 的显著性水平上显著。这意味着，不同性别的被调查者在性别、形象、英语水平、计算机水平、毕业院校、专业背景、资格证书、社会实践经历、成绩这些因素对就业的影响方面的看法都是显著不同的。

表 15.11　方差分析表

ANOVA		平方和	自由度	均方	F	显著性
性别影响	组间	17.859	1	17.859	16.373	.000
	组内	306.501	281	1.091		
	总计	324.360	282			
形象影响	组间	17.859	1	17.859	16.373	.000
	组内	306.501	281	1.091		
	总计	324.360	282			
英语水平影响	组间	6.915	1	6.915	9.039	.003
	组内	214.965	281	.765		
	总计	221.880	282			
计算机水平影响	组间	6.915	1	6.915	9.039	.003
	组内	214.965	281	.765		
	总计	221.880	282			
毕业院校影响	组间	6.587	1	6.587	31.000	.000
	组内	59.710	281	.212		
	总计	66.297	282			
专业背景影响	组间	6.587	1	6.587	31.000	.000
	组内	59.710	281	.212		
	总计	66.297	282			
资格证书影响	组间	122.450	1	122.450	117.762	.000
	组内	292.186	281	1.040		
	总计	414.636	282			
社会实践经历影响	组间	27.642	1	27.642	32.840	.000
	组内	236.527	281	.842		
	总计	264.170	282			
成绩影响	组间	28.046	1	28.046	206.266	.000
	组内	38.208	281	.136		
	总计	66.254	282			

4．方差分析第二部分

操作步骤如下：

01 进入 SPSS 24.0，打开相关数据文件，选择"分析"|"比较平均值"|"单因素 ANOVA 检验"命令，弹出如图 15.4 所示的对话框。

02 在"单因素 ANOVA 检验"对话框的左侧列表框中，选择"性别影响""形象影响""英语水平影响""计算机水平影响""毕业院校影响""专业背景影响""资格证书影响""社会实践经历影响""成绩影响"并单击 ▶ 按钮，使之进入"因变量列表"列表框；选择"专业"并单击 ▶ 按钮，使之进入"因子"列表框。

03 其他设置采用系统默认值。

04 设置完毕后，单击"确定"按钮，等待输出结果。

结果分析如表 15.12 所示，所有因变量的显著性显著性也都小于 0.05，说明这些变量都在 0.05 的显著性水平上显著。这意味着，不同专业的被调查者在性别、形象、英语水平、计算机水平、毕业院校、专业背景、资格证书、社会实践经历、成绩这些因素对就业的影响方面的看法都是显著不同的。

表 15.12 方差分析表

<table>
<tr><th colspan="7">ANOVA</th></tr>
<tr><th></th><th></th><th>平方和</th><th>自由度</th><th>均方</th><th>F</th><th>显著性</th></tr>
<tr><td rowspan="3">性别影响</td><td>组间</td><td>13.488</td><td>2</td><td>6.744</td><td>6.074</td><td>.003</td></tr>
<tr><td>组内</td><td>310.872</td><td>280</td><td>1.110</td><td></td><td></td></tr>
<tr><td>总计</td><td>324.360</td><td>282</td><td></td><td></td><td></td></tr>
<tr><td rowspan="3">形象影响</td><td>组间</td><td>13.488</td><td>2</td><td>6.744</td><td>6.074</td><td>.003</td></tr>
<tr><td>组内</td><td>310.872</td><td>280</td><td>1.110</td><td></td><td></td></tr>
<tr><td>总计</td><td>324.360</td><td>282</td><td></td><td></td><td></td></tr>
<tr><td rowspan="3">英语水平影响</td><td>组间</td><td>14.459</td><td>2</td><td>7.229</td><td>9.759</td><td>.000</td></tr>
<tr><td>组内</td><td>207.421</td><td>280</td><td>.741</td><td></td><td></td></tr>
<tr><td>总计</td><td>221.880</td><td>282</td><td></td><td></td><td></td></tr>
<tr><td rowspan="3">计算机水平影响</td><td>组间</td><td>14.459</td><td>2</td><td>7.229</td><td>9.759</td><td>.000</td></tr>
<tr><td>组内</td><td>207.421</td><td>280</td><td>.741</td><td></td><td></td></tr>
<tr><td>总计</td><td>221.880</td><td>282</td><td></td><td></td><td></td></tr>
<tr><td rowspan="3">毕业院校影响</td><td>组间</td><td>7.107</td><td>2</td><td>3.553</td><td>16.809</td><td>.000</td></tr>
<tr><td>组内</td><td>59.190</td><td>280</td><td>.211</td><td></td><td></td></tr>
<tr><td>总计</td><td>66.297</td><td>282</td><td></td><td></td><td></td></tr>
<tr><td rowspan="3">专业背景影响</td><td>组间</td><td>7.107</td><td>2</td><td>3.553</td><td>16.809</td><td>.000</td></tr>
<tr><td>组内</td><td>59.190</td><td>280</td><td>.211</td><td></td><td></td></tr>
<tr><td>总计</td><td>66.297</td><td>282</td><td></td><td></td><td></td></tr>
<tr><td rowspan="3">资格证书影响</td><td>组间</td><td>88.882</td><td>2</td><td>44.441</td><td>38.199</td><td>.000</td></tr>
<tr><td>组内</td><td>325.754</td><td>280</td><td>1.163</td><td></td><td></td></tr>
<tr><td>总计</td><td>414.636</td><td>282</td><td></td><td></td><td></td></tr>
<tr><td rowspan="3">社会实践经历影响</td><td>组间</td><td>28.419</td><td>2</td><td>14.209</td><td>16.877</td><td>.000</td></tr>
<tr><td>组内</td><td>235.751</td><td>280</td><td>.842</td><td></td><td></td></tr>
<tr><td>总计</td><td>264.170</td><td>282</td><td></td><td></td><td></td></tr>
<tr><td rowspan="3">成绩影响</td><td>组间</td><td>23.564</td><td>2</td><td>11.782</td><td>77.276</td><td>.000</td></tr>
<tr><td>组内</td><td>42.691</td><td>280</td><td>.152</td><td></td><td></td></tr>
<tr><td>总计</td><td>66.254</td><td>282</td><td></td><td></td><td></td></tr>
</table>

5．方差分析第三部分

操作步骤如下：

01 进入 SPSS 24.0，打开相关数据文件，选择"分析"|"比较平均值"|"单因素 ANOVA 检验"命令，弹出如图 15.4 所示的对话框。

02 在"单因素 ANOVA 检验"对话框的左侧列表框中，选择"性别影响""形象影响""英语水平影响""计算机水平影响""毕业院校影响""专业背景影响""资格证书影响""社会实践经历影响""成绩影响"并单击 ![按钮]，使之进入"因变量列表"列表框；选择"家庭住址"并单击 ![按钮]，使之进入"因子"列表框。

03 其他设置采用系统默认值。

04 设置完毕后，单击"确定"按钮，等待输出结果。

结果分析如表 15.13 所示，同样，不同家庭住址类别的被调查者在性别、形象、英语水平、计算机水平、毕业院校、专业背景、资格证书、社会实践经历、成绩这些因素对就业的影响方面的看法都是显著不同的。

表 15.13　方差分析表

		平方和	自由度	均方	F	显著性
性别影响	组间	50.571	1	50.571	51.903	.000
	组内	273.790	281	.974		
	总计	324.360	282			
形象影响	组间	50.571	1	50.571	51.903	.000
	组内	273.790	281	.974		
	总计	324.360	282			
英语水平影响	组间	7.602	1	7.602	9.969	.002
	组内	214.278	281	.763		
	总计	221.880	282			
计算机水平影响	组间	7.602	1	7.602	9.969	.002
	组内	214.278	281	.763		
	总计	221.880	282			
毕业院校影响	组间	16.674	1	16.674	94.421	.000
	组内	49.623	281	.177		
	总计	66.297	282			
专业背景影响	组间	16.674	1	16.674	94.421	.000
	组内	49.623	281	.177		
	总计	66.297	282			
资格证书影响	组间	211.598	1	211.598	292.848	.000
	组内	203.038	281	.723		
	总计	414.636	282			
社会实践经历影响	组间	65.366	1	65.366	92.392	.000
	组内	198.803	281	.707		
	总计	264.170	282			
成绩影响	组间	58.359	1	58.359	2076.871	.000
	组内	7.896	281	.028		
	总计	66.254	282			

6. 方差分析第四部分

操作步骤如下：

01 进入 SPSS 24.0，打开相关数据文件，选择"分析"|"比较平均值"|"单因素 ANOVA 检验"命令，弹出如图 15.4 所示的对话框。

02 在"单因素 ANOVA 检验"对话框的左侧列表框中，选择"性别影响""形象影响""英语水平影响""计算机水平影响""毕业院校影响""专业背景影响""资格证书影响""社会实践经历影响""成绩影响"并单击 ![按钮]，使之进入"因变量列表"列表框；选择"是否签约"并单击 ![按钮]，使之进入"因子"列表框。

03 其他设置采用系统默认即可。

04 设置完毕后，单击"确定"按钮，等待输出结果。

结果分析如表 15.14 所示，除"资格证书"这一因变量之外的其他因变量的显著性显著性都小于 0.05，说明这些变量都在 0.05 的显著性水平上显著。这意味着，已经签约和尚未签约的被调查者在性别、形象、英语水平、计算机水平、毕业院校、专业背景、社会实践经历、成绩这些因素对就业的影响方面的看法都显著不同，但是关于资格证书对就业的影响作用是有共识的。

表 15.14　方差分析表

ANOVA		平方和	自由度	均方	F	显著性
性别影响	组间	81.091	1	81.091	93.668	.000
	组内	243.269	281	.866		
	总计	324.360	282			
形象影响	组间	81.091	1	81.091	93.668	.000
	组内	243.269	281	.866		
	总计	324.360	282			
英语水平影响	组间	5.824	1	5.824	7.574	.006
	组内	216.056	281	.769		
	总计	221.880	282			
计算机水平影响	组间	5.824	1	5.824	7.574	.006
	组内	216.056	281	.769		
	总计	221.880	282			
毕业院校影响	组间	21.090	1	21.090	131.091	.000
	组内	45.207	281	.161		
	总计	66.297	282			
专业背景影响	组间	21.090	1	21.090	131.091	.000
	组内	45.207	281	.161		
	总计	66.297	282			
资格证书影响	组间	4.620	1	4.620	3.166	.076
	组内	410.016	281	1.459		
	总计	414.636	282			
社会实践经历影响	组间	81.362	1	81.362	125.065	.000
	组内	182.807	281	.651		
	总计	264.170	282			
成绩影响	组间	6.162	1	6.162	28.813	.000
	组内	60.093	281	.214		
	总计	66.254	282			

7．相关分析

操作步骤如下：

01 进入 SPSS 24.0，打开相关数据文件，选择"分析"|"相关"|"双变量"命令，弹出如图 15.5 所示的对话框。

02 选择进行相关分析的变量。在"双变量相关性"对话框的左侧列表框中，选中"本科期间学习成绩""是否得过奖学金""是否签约""是否经常参加社会实践"并单击 ➡ 按钮，使之进入"变量"列表框。

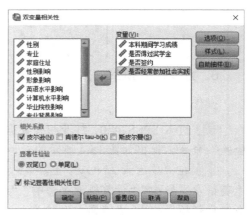

图15.5　"双变量相关性"对话框

03 其他设置使用系统默认值即可。

04 设置完毕后，单击"确定"按钮，等待输出结果。

结果分析如表 15.15 所示。从表 15.15 中可以看出，"本科期间学习成绩""是否得过奖学金""是否经常参加社会实践"这 3 个变量之间是高度显著正相关的，这很好理解，因为学生的学习成绩、社会实践都是与奖学金直接挂钩的。"是否签约"与其他 3 个变量之间是显著负相关的。但是因为我们在进行值标签操作的时候，对于"本科期间学习成绩""是否得过奖学金""是否经常参加社会实践"这 3 个变量的设置都是越小越优秀（学习成绩好、经常拿奖学金、经常参加社会实践都被设为 1），而对于"是否签约"采用的是 1 表示签约且 0 表示未签（大数字表示签约），于是我们的结论就是优秀的学生签约的可能性会大。

表 15.15　相关分析结果表

		本科期间学习成绩	是否得过奖学金	是否签约	是否经常参加社会实践
本科期间学习成绩	皮尔逊相关性	1	.997**	-.498**	.997**
	显著性（双尾）		.000	.000	.000
	个案数	283	283	283	283
是否得过奖学金	皮尔逊相关性	.997**	1	-.496**	1.000**
	显著性（双尾）	.000		.000	.000
	个案数	283	283	283	283
是否签约	皮尔逊相关性	-.498**	-.496**	1	-.496**
	显著性（双尾）	.000	.000		.000
	个案数	283	283	283	283
是否经常参加社会实践	皮尔逊相关性	.997**	1.000**	-.496**	1
	显著性（双尾）	.000	.000	.000	
	个案数	283	283	283	283

**. 在 0.01 级别（双尾），相关性显著。

8．聚类分析

观察到不同变量的数量级相差不大，所以不必先对数据进行标准化处理，直接进行分析即可。

步骤如下：

01 进入 SPSS 24.0，打开相关数据文件，选择"分析"|"分类"|"K-均值聚类"命令，弹出如图 15.6 所示的对话框。

图15.6　"K均值聚类分析"对话框

02 选择进行聚类分析的变量。在"K-均值聚类分析"对话框的左侧列表框中，选择"性别影响""形象影响""英语水平影响""计算机水平影响""毕业院校影响""专业背景影响""资格证书影响""社会实践经历影响""成绩影响"并单击 ➡ 按钮，使之进入"变量"列表框。在"聚类数"中输入聚类分析的类别数，本例选择4，之所以选择4是因为研究者认为分成4类是最合适的，如果根据实际情况和研究目的认为分类更多或更少更合适，那么可以进行修正，其他选择默认值。

03 在"方法"选项组中选中"仅分类"单选按钮。

04 其他设置采用系统默认值即可。

05 设置完毕后，单击"确定"按钮，等待输出结果。

结果分析如下。

（1）最终聚类中心

从表15.16中可以看出，各类学生都认为在校成绩对就业的影响不大。除成绩影响因素外，第一类学生认为取得各类资格证书和社会实践经历对于就业的影响很大，其他各种因素对就业的影响比较大；第二类学生认为性别和形象对于就业的影响很大，英语水平和计算机水平对就业影响较小；第三类学生则认为英语水平和计算机水平对就业影响很大，各类资格证书和成绩对就业影响较小；第四类学生认为英语水平、计算机水平、毕业院校、专业背景对就业影响很大，性别、形象对就业影响较小。另外值得一提的是，除第一类学生之外的被调查者都认为资格证书对就业的影响较小，这与前面方差分析的结论是有所契合的。

（2）每个聚类中的样本数

从表15.17中可以知道，聚类4所包含样本数最多，为92个，聚类2所包含样本数最少，为35个。

表 15.16 最终聚类中心表

最终聚类中心

	聚类			
	1	2	3	4
性别影响	2	1	2	4
形象影响	2	1	2	4
英语水平影响	2	4	1	1
计算机水平影响	2	4	1	1
毕业院校影响	2	2	2	1
专业背景影响	2	2	2	1
资格证书影响	1	3	4	3
社会实践经历影响	1	2	1	3
成绩影响	3	3	4	3

表 15.17 每个聚类的样本数统计表

每个聚类中的个案数目

聚类	1	79.000
	2	35.000
	3	77.000
	4	92.000
有效		283.000
缺失		.000

15.4 研究结论

根据以上所做的分析，我们可以比较有把握地得出以下结论：

- 我们选取的样本，无论是从性别、专业还是家庭住址的角度来看，都是很具有代表性的。换言之，我们这次调查可以比较好地挖掘出本校这一批毕业生的真实就业理念。
- 已经签约的同学相对于没有签约的同学来讲，在就业理念方面有以下不同：

  ① 认为就业形势是比较乐观的。
  ② 期望薪酬相对较低。
  ③ 理想就业单位多元化。
  ④ 大部分人认为学校的培养模式与用人单位的要求之间契合得很好。
  ⑤ 大多数人认为自己在学校的努力与最终的就业情况之间成正比。
  ⑥ 有更多的人认为就业不一定非得与所学专业一致，只要不差距太大就好。

- 不同性别、不同专业或者不同家庭住址的被调查者在性别、形象、英语水平、计算机水平、毕业院校、专业背景、资格证书、社会实践经历、成绩这些因素对就业的影响方面的看法都是显著不同的。
- 已经签约和尚未签约的被调查者在性别、形象、英语水平、计算机水平、毕业院校、专业背景、社会实践经历、成绩这些因素对就业的影响方面的看法都显著不同，但是关于资格证书对就业的影响作用是有共识的。
- 优秀的学生签约的可能性更大。
- 根据对就业影响因素看法的不同，可以把学生分为 4 类：第一类学生认为取得各类资格证书和社会实践经历对于就业的影响很大，其他各种因素对就业的影响比较大；第二类学生认为性别和形象对于就业的影响很大，英语水平和计算机水平对就业影响较小；第三类学生则认为英语水平和计算机水平对就业影响很大，各类资格证书对就业影响较小；第四类学生认为英语水平、计算机水平、毕业院校、专业背景对就业影响很大，性别、形象对就业影响较小。

综上所述，该高校就业指导中心的工作方向应该是：一方面根据已签约学生和未签约学生之间就业理念的差异，对没有签约的学生进行思想教育，如劝其不要追逐过高薪酬、改变一定要去政府部门或国有企业就业的就业思路等；另一方面要注意到学生对就业影响因素看法的不同，对学生要统一思想认识，适时纠正一些不正确的想法，如有的学生认为英语水平和计算机水平对就业影响很小，这种想法显然是很不合理的。

15.5 本章习题

山东省济南市某高校就业指导中心的相关工作人员决定对其学校面临毕业的硕士生进行相关调查研究，以挖掘学生的就业理念，从而为其部门后续的就业指导工作的开展做好准备。

其设计调查问卷如下所示：

对硕士研究生就业情况的调查问卷

感谢您抽出宝贵的时间来完成这张调查问卷，请您如实填写，谢谢合作！

一、个人情况

1. 您的性别____

    A.男   B.女

2. 您在硕士期间的学习成绩____

    A.优秀   B.良好   C.中等   D.差

3. 您在攻读硕士期间是否得过奖学金____

    A.经常（3次以上）   B.偶尔（1次~3次）   C.从未得过

4. 您的专业是____

    A.理工农医类   B.文科类   C.艺术、体育

5. 您是否已经签约____

    A.是   B.否

6. 您在攻读硕士期间是否经常参加社会实践活动或者实习____

    A.经常（5次以上）   B.偶尔（1次-5次）   C.从不

7. 您在攻读硕士之前是否工作过____

    A.是   B.否

二、对于就业的看法

8. 您认为性别对就业的影响____

    A.很大   B.比较大   C.一般   D.较小

9. 您认为个人外在形象（包括身体素质）对就业的影响____

    A.很大   B.比较大   C.一般   D.较小

10. 您认为英语水平对就业的影响____

    A.很大   B.比较大   C.一般   D.较小

11. 您认为计算机水平对就业的影响____

    A.很大   B.比较大   C.一般   D.较小

12. 您认为毕业院校的知名度对就业的影响____

    A.很大   B.比较大   C.一般   D.较小

13. 您认为专业背景对就业的影响____

    A.很大   B.比较大   C.一般   D.较小

14. 您认为各种资格证书对就业的影响____

    A.很大   B.比较大   C.一般   D.较小

15. 您认为社会实践经历或者实习经历对就业的影响____

    A.很大   B.比较大   C.一般   D.较小

16. 您认为在攻读硕士期间所取得的成绩（学习成绩，项目参与状况，论文或者专利等学术成果）对就业的影响＿＿＿＿

    A.很大　　　　　　　B.比较大　　　　　　C.一般　　　　　　　D.较小

17. 您对目前的就业形势态度是＿＿＿＿

    A.很乐观　　　　　　B.比较乐观　　　　　C.一般　　　　　　　D.比较悲观　　　　E.很悲观

18. 您可以接受的薪酬是＿＿＿＿

    A.2000 元以下　　　B.2000~4000 元　　C.4000~6000 元　　D.6000 元以上

19. 您的理想就业单位是＿＿＿＿

    A.政府部门　　　　　B.事业单位　　　　　C.国有企业　　　　　D.外资企业　　　　E.私营企业

20. 您认为学校的培养模式与用人单位的要求之间＿＿＿＿

    A.契合的很好　　　　B.差强人意　　　　　C.不是很适合　　　　D.差距非常大

21. 您觉得自己在学校的努力与最终的就业情况之间＿＿＿＿

    A.成正比　　　　　　B.没什么关系　　　　C.成反比

22. 您认为所学专业与从事的事业之间应该＿＿＿＿

    A.一致　　　　　　　B.不要差距很大　　　C.可以没什么关联

调查结束，再次感谢您的参与！

相关负责人用此调查问卷展开调查，搜集相关资料，并将相关数据录入到了 SPSS 中，如"习题 15"所示。试用此数据进行以下分析：

（1）以"性别"为行变量，以"专业""是否工作过"为列变量进行列联表分析。

（2）以"是否签约"为行变量，以"就业形势看法""预期薪酬""理想就业单位""培养模式契合""在校努力与最终就业""所学专业与就业应该怎样"为列变量进行列联表分析。

（3）使用方差分析的方法探索不同性别的被调查者在性别、形象、英语水平、计算机水平、毕业院校、专业背景、社会实践经历、成绩这些因素对就业的影响方面的看法是否显著不同。

（4）使用方差分析的方法探索不同专业的被调查者在性别、形象、英语水平、计算机水平、毕业院校、专业背景、社会实践经历、成绩这些因素对就业的影响方面的看法是否显著不同。

（5）使用方差分析的方法探索攻读硕士之前工作过和没有工作过的被调查者在性别、形象、英语水平、计算机水平、毕业院校、专业背景、社会实践经历、成绩这些因素对就业的影响方面的看法是否显著不同。

（6）使用相关分析的方法研究"硕士期间学习成绩""是否得过奖学金""是否签约""是否经常参加社会实践"这几个变量之间的相关关系。

（7）使用聚类分析的方法，以被调查者对各种就业影响因素看法的不同为分类依据，将所有被调查者进行分类。

第16章 SPSS软件在研究城镇居民消费 支出结构中的应用举例

对于一个经济体而言，一方面现实的生产力发展水平、产业和产品的结构等因素决定了其城镇居民的消费支出结构模式；另一方面，其城镇居民的消费支出结构模式也对生产力发展水平、产业和产品结构的变化起着巨大的反作用。因此，分析、研究当前城镇居民消费支出结构模式，对于正确引导居民的消费行为，使其形成合理的消费支出结构，成为促进生产力发展的积极因素具有很重要的意义。本章主要介绍 SPSS 在研究城镇居民消费支出结构中的应用。

16.1 研究背景及目的

背景一：进入 21 世纪以来，中国经济持续快速发展，城镇居民的收入不断增加。

根据《中国统计摘要 2009》提供的数据（如表 16.1 所示），可以发现，城镇居民的家庭人均可支配收入逐年递增。

表 16.1　我国历年城镇居民家庭人均可支配收入统计（2001~2008）

年份	2001年	2002年	2003年	2004年	2005年	2006年	2007年	2008年
城镇居民家庭人均 可支配收入（元）	6859.6	7702.8	8472.2	9421.6	10493.0	11759.5	13785.8	15780.8

背景二：为使经济朝着更加健康和合理的方向发展，国家也连续出台了各项关于住房、教育、医疗的改革措施，并实施"刺激消费、扩大内需、拉动经济增长"的经济政策。

在这两个大背景下，我国各地区城镇居民的消费支出持续强劲增长。根据《中国统计摘要 2009》提供的数据（如表 16.2 所示），可以发现，城镇居民家庭平均每人全年消费支出逐年递增。

表 16.2　我国历年城镇居民家庭平均每人全年消费支出统计（2001~2008）

年份	2001年	2002年	2003年	2004年	2005年	2006年	2007年	2008年
城镇居民家庭人均 全年消费性支出（元）	5309.0	6029.9	6510.9	7182.1	7942.9	8696.6	9997.5	11242.9

一般来说，居民消费水平的地域差异是地区经济发展不平衡的集中表现和缩影，同时根据基本常识，消费是社会需求的主体和生产的最终目的，所以从这两个角度来说，对我国各地区居民人均消费性支出的各项指标进行分析研究，并且从量上明确我国居民消费性支出的区域差异，具有非常重大的意义。

16.2　研究方法

对于居民消费结构，我们依照消费目的把城镇居民的消费支出分为 8 项：

- 食品，包括粮油类、肉禽蛋水产品类、蔬菜类、调味品、糖烟酒饮料类、干鲜瓜果类、糕点及奶制品，以及饮食服务等。
- 衣着，包括服装、衣料等。
- 居住，包括住房、水、电、燃料等。
- 家庭设备用品及服务，包括耐用消费品、家庭日用品及家庭服务等。
- 医疗保健，包括医疗器具、医药费、保健用品等。
- 交通和通信，包括家庭交通工具及维修、交通费、通信工具、邮电费。
- 教育文化娱乐服务，包括各类教育费、文化娱乐费、书报费等。
- 杂项商品和服务，包括个人用品、理发、美容用品、旅游、服务费及其他用品。

所以我们在进行分析研究的时候，考虑的关于消费支出的变量也与这 8 个方面相吻合。

本例采用的数据有《2009 年 1-2 季度中国大中城市居民家庭收入和支出统计》、《2009 年 1-2 季度中国大中城市居民家庭消费支出统计》等，这些数据都摘录自《中国统计月报 200908》。

采用的数据分析方法主要有回归分析、相关分析、因子分析、图形分析等。

基本思路是：首先使用回归分析、相关分析等研究可支配收入与消费支出变量之间的关系；然后使用因子分析对各个消费支出变量提取公因子；最后使用对应方法进行分析研究。

16.3　数据分析与报告

	下载资源\video\chap16\...
	下载资源\sample\16\正文\原始数据文件\案例16.sav

因为本例采用的是现成的数据，所以根据第 1 章介绍的方法直接将所用数据录入 SPSS 中即可。我们设置了共 22 个变量，分别是"城市""食品""粮油类""肉禽蛋水产品类""蔬菜类""调味品""糖烟酒饮料类""干鲜瓜果类""糕点及奶制品""饮食服务""衣着""家庭设备用品及服务""医疗保健""交通和通信""教育文化娱乐服务""教育""居住""杂项商品和服务""家庭总收入""可支配收入""家庭总支出""消费支出"。其中"城市"为字符串变量，其余变量均为数值型变量。样本是我国 36 个大中城市的相关数据。录入完成后，数据如图 16.1 所示。

图 16.1　案例 16 数据

16.3.1　回归分析

变量"消费支出"包括"食品""衣着""家庭设备用品及服务""医疗保健""交通和通信""教育文化娱乐服务""居住""杂项商品和服务"，其中变量"食品"包括"粮油类""肉禽蛋水产品类""蔬菜类""调味品""糖烟酒饮料类""干鲜瓜果类""糕点及奶制品""饮食服务"这 8 个变量，而变量"教育"是变量"教育文化娱乐服务"的一部分，结合以上情况，我们准备进行以下几个部分的回归分析：

- 第一，以"消费支出"为因变量，以"家庭总支出"为自变量，进行简单线性回归。
- 第二，以"消费支出"为因变量，以"可支配收入"为自变量，进行简单线性回归。
- 第三，以"家庭总支出"为因变量，以"食品""衣着""家庭设备用品及服务""医疗保健""交通和通信""教育文化娱乐服务""居住""杂项商品和服务"为自变量，进行多重线性回归。
- 第四，以"教育"为因变量，以"教育文化娱乐服务"为自变量，进行简单线性回归。
- 第五，以"食品"为因变量，以"家庭总支出"为自变量，进行简单线性回归。

1. 以"消费支出"为因变量，以"家庭总支出"为自变量，进行简单线性回归

操作步骤如下：

01 进入 SPSS 24.0，打开相关数据文件，选择"分析"|"回归"|"线性"命令，弹出如图 16.2 所示的对话框。

02 选择进行简单线性回归分析的变量。在"线性回归"对话框的左侧列表框中，选中"消费支出"并单击 按钮使之进入"因变量"列表框，选中"家庭总支出"并单击 按钮使之进入"自变量"列表框。

03 其他设置使用系统默认值即可。

04 设置完毕后，单击"确定"按钮，等待输出结果。

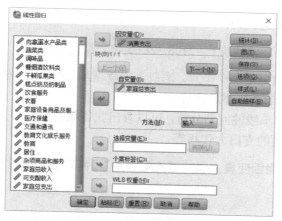

图 16.2　"线性回归"对话框

结果分析如下。

（1）模型拟合情况

模型汇总如表16.3所示，修正的可决系数（调整后的R平方）为0.891，可见模型的解释能力很强。

表16.3　模型拟合情况表

模型摘要

模型	R	R 方	调整后 R 方	标准估算的误差
1	.945[a]	.894	.891	575.51872

a. 预测变量：(常量)，家庭总支出

（2）方差分析

如表 16.4 所示，模型的检验显著性（Sig）为 0.000，小于 0.05，说明模型整体很显著。

表 16.4　方差分析表

ANOVA[a]

模型		平方和	自由度	均方	F	显著性
1	回归	94926474.05	1	94926474.05	286.595	.000[b]
	残差	11261541.03	34	331221.795		
	总计	106188015.1	35			

a. 因变量：消费支出

b. 预测变量：(常量)，家庭总支出

（3）回归方程的系数以及系数的检验结果（见表 16.5）

表 16.5　系数表

系数[a]

模型		未标准化系数		标准化系数	t	显著性
		B	标准误差	Beta		
1	(常量)	2108.328	296.370		7.114	.000
	家庭总支出	.492	.029	.945	16.929	.000

a. 因变量：消费支出

可知，最终模型的表达式为：

$$消费支出=2108.328+0.492*家庭总支出$$

这意味着家庭总支出每增加一个点，消费支出就增加0.492点；模型中各个变量显著性显著性都是0.000，所以两个系数都是显著的。

结论：通过以上的简单线性回归分析，可以看出我国城镇居民的支出结构，他们用于消费的总支出与用于其他方面的支出大致相等。

2. 以"消费支出"为因变量，以"可支配收入"为自变量，进行简单线性回归

操作步骤如下：

01 进入SPSS 24.0，打开相关数据文件，选择"分析"|"回归"|"线性"命令，弹出如图16.2所示的对话框。

02 选择进行简单线性回归分析的变量。在"线性回归"对话框的左侧列表框中，选中"消费支出"并单击➡按钮使之进入"因变量"列表框，选中"可支配收入"并单击➡按钮使之进入"自变量"列表框。

03 其他设置使用系统默认值。

04 设置完毕后，单击"确定"按钮，等待输出结果。

结果分析如下。

（1）模型拟合情况（见表16.6）

修正的可决系数（调整后的R平方）为0.854，模型的解释能力很强。

表16.6 模型拟合情况表

模型摘要

模型	R	R 方	调整后 R 方	标准估算的误差
1	.926[a]	.858	.854	665.09930

a. 预测变量: (常量), 可支配收入

（2）方差分析（见表16.7）

模型的检验显著性（Sig）为0.000，小于0.05，模型整体很显著。

表16.7 方差分析表

ANOVA[a]

模型		平方和	自由度	均方	F	显著性
1	回归	91147874.57	1	91147874.57	206.050	.000[b]
	残差	15040140.50	34	442357.074		
	总计	106188015.1	35			

a. 因变量: 消费支出

b. 预测变量: (常量), 可支配收入

（3）回归方程的系数以及系数的检验结果（见表16.8）

表16.8　系数表

系数^a

模型		未标准化系数		标准化系数	t	显著性
		B	标准误差	Beta		
1	（常量）	904.861	429.119		2.109	.042
	可支配收入	.595	.041	.926	14.354	.000

a. 因变量：消费支出

可知，最终模型的表达式为：

$$消费支出=904.861+0.595*可支配收入$$

这意味着可支配收入每增加一个点，消费支出就增加0.595点；模型中各个变量显著性显著性都小于0.05，所以两个系数都是显著的。

结论：通过以上的简单线性回归分析，可以看出我国城镇居民的可支配收入与消费之间的关系，他们的边际消费倾向为0.595。

3. 以"家庭总支出"为因变量，以"食品""衣着""家庭设备用品及服务""医疗保健""交通和通信""教育文化娱乐服务""居住""杂项商品和服务"为自变量，进行多重线性回归

操作步骤如下：

01 进入SPSS 24.0，打开相关数据文件，选择"分析"|"回归"|"线性"命令，弹出如图16.2所示的对话框。

02 选择进行多重线性回归分析的变量。在"线性回归"对话框的左侧列表框中，选中"家庭总支出"并单击➡按钮，使之进入"因变量"列表框；选中"食品""衣着""家庭设备用品及服务""医疗保健""交通和通信""教育文化娱乐服务""居住""杂项商品和服务"并单击➡按钮，使之进入"自变量"列表框。

03 其他设置使用系统默认值。

04 设置完毕后，单击"确定"按钮，等待输出结果。

结果分析如下。

（1）模型拟合情况（见表16.9）

修正的可决系数（调整后的R平方）为0.919，模型的解释能力很强。

表16.9　模型拟合情况表

模型摘要

模型	R	R方	调整后R方	标准估算的误差
1	.968^a	.937	.919	953.21576

a. 预测变量：(常量)，杂项商品和服务，医疗保健，居住，衣着，家庭设备用品及服务，交通和通讯，教育文化娱乐服务，食品

（2）方差分析（见表 16.10）

模型的检验显著性（Sig）为 0.000，小于 0.05，模型整体很显著。

表 16.10　方差分析表

ANOVA[a]					
模型		平方和	自由度	均方	F	显著性
1	回归	367768491.7	8	45971061.46	50.594	.000[b]
	残差	24532747.89	27	908620.292		
	总计	392301239.6	35			

a. 因变量：家庭总支出

b. 预测变量：(常量), 杂项商品和服务, 医疗保健, 居住, 衣着, 家庭设备用品及服务, 交通和通讯, 教育文化娱乐服务, 食品

（3）回归方程的系数以及系数的检验结果（见表 16.11）

表 16.11　系数表

系数[a]						
模型		未标准化系数		标准化系数		
		B	标准误差	Beta	t	显著性
1	(常量)	-1665.880	1172.858		-1.420	.167
	食品	1.482	.721	.263	2.056	.050
	衣着	-.345	1.267	-.017	-.272	.788
	家庭设备用品及服务	2.030	1.943	.082	1.045	.305
	医疗保健	.138	1.468	.006	.094	.926
	交通和通讯	.441	.843	.058	.523	.605
	教育文化娱乐服务	1.551	1.089	.150	1.425	.166
	居住	5.093	1.373	.304	3.709	.001
	杂项商品和服务	8.297	2.595	.270	3.197	.004

a. 因变量：家庭总支出

模型的表达式为：

家庭总支出=-1665.880+1.482*食品-0.345*衣着+2.030*家庭设备用品及服务
　　　　　+0.138*医疗保健+0.441*交通和通信+1.551*教育文化娱乐服务
　　　　　+5.093*居住+8.297*杂项商品和服务

可以发现模型中很多变量显著性显著性都大于 0.05，所以很多系数都不显著，应该依次剔除掉显著性不好的变量继续进行分析。在依次剔除掉医疗保健、衣着、交通和通信、家庭设备用品及服务这 4 个变量，也就是又重新做了 4 次回归之后，得到最终结果。

（4）模型拟合情况 2

如表16.12所示，修正的可决系数（调整后的R平方）为0.926，模型的解释能力比刚开始更强。

（5）方差分析 2

如表16.13所示，模型的检验显著性（Sig）为0.000，小于0.05，模型整体很显著。

表 16.12　模型拟合情况表

				模型摘要
模型	R	R 方	调整后 R 方	标准估算的误差
1	.967^a	.934	.926	913.03011

a. 预测变量：(常量)，杂项商品和服务，居住，教育文化娱乐服务，食品

表 16.13　方差分析表

				ANOVA^a		
模型		平方和	自由度	均方	F	显著性
1	回归	366458896.2	4	91614724.06	109.899	.000^b
	残差	25842343.36	31	833623.979		
	总计	392301239.6	35			

a. 因变量：家庭总支出
b. 预测变量：(常量)，杂项商品和服务，居住，教育文化娱乐服务，食品

（6）回归方程的系数以及系数的检验结果 2（见表 16.14）

表 16.14　系数表

		系数^a				
		未标准化系数		标准化系数		
模型		B	标准误差	Beta	t	显著性
1	(常量)	-1836.277	747.097		-2.458	.020
	食品	1.758	.517	.312	3.400	.002
	教育文化娱乐服务	2.111	.865	.204	2.441	.021
	居住	5.596	1.190	.334	4.702	.000
	杂项商品和服务	7.823	2.425	.254	3.226	.003

a. 因变量：家庭总支出

最终模型的表达式为：

家庭总支出=-1836.277+1.758*食品+2.111*教育文化娱乐服务+5.596*居住
　　　　　　+7.823*杂项商品和服务

结论：通过以上的简单线性回归分析可以看出，我国城镇居民的家庭总支出的构成，杂项商品和服务、居住、教育文化娱乐服务、食品对家庭总支出有显著影响。其中杂项商品和服务支出每增长 1 元会带来总支出 7.823 元的增长，居住支出每增长 1 元会带来总支出 5.596 元的增长，教育文化娱乐服务支出每增长 1 元会带来总支出 2.111 元的增长。这也与我们目前城镇居民住房、教育压力大的事实相契合。

4. 以“教育”为因变量，以“教育文化娱乐服务”为自变量，进行简单线性回归

操作步骤如下：

01 进入 SPSS 24.0，打开相关数据文件，选择“分析”|“回归”|“线性”命令，弹出如图 16.2 所示的对话框。

02 选择进行多重线性回归分析的变量。在“线性回归”对话框的左侧列表框中，选中“教育”并单击 ➡ 按钮使之进入“因变量”列表框，选中“教育文化娱乐服务”并单击 ➡ 按钮使之进入“自变量”列表框。

03 其他设置使用系统默认值。

04 设置完毕后，单击“确定”按钮，等待输出结果。

结果分析如下。

（1）模型拟合情况

如表16.15所示，修正的可决系数（调整后的R平方）为0.535，模型的解释能力一般。

表16.15　模型拟合情况表

模型摘要

模型	R	R 方	调整后 R 方	标准估算的误差
1	.741[a]	.549	.535	84.95060

a. 预测变量: (常量), 教育文化娱乐服务

（2）方差分析

如表 16.16 所示，模型的检验显著性（Sig）为 0.000，小于 0.05，模型整体很显著。

表 16.16　方差分析表

ANOVA[a]

模型		平方和	自由度	均方	F	显著性
1	回归	298225.289	1	298225.289	41.325	.000[b]
	残差	245364.532	34	7216.604		
	总计	543589.820	35			

a. 因变量: 教育

b. 预测变量: (常量), 教育文化娱乐服务

（3）回归方程的系数以及系数的检验结果（见表 16.17）

表 16.17　系数表

系数[a]

模型		未标准化系数 B	标准误差	标准化系数 Beta	t	显著性
1	(常量)	84.480	36.217		2.333	.026
	教育文化娱乐服务	.285	.044	.741	6.428	.000

a. 因变量: 教育

可知，模型的表达式为：

教育=84.480+0.285*教育文化娱乐服务

这意味着教育文化娱乐服务支出每增加一点，教育支出就增加 0.285 点；模型中各个变量显著性显著性都小于 0.05，所以两个系数都是显著的。

结论：通过以上的简单线性回归分析可以看出，我国城镇居民在教育文化娱乐服务支出中，用于教育方面的支出只有将近 30%，大部分还是用于娱乐等支出。

5. 以"食品"为因变量，以"家庭总支出"为自变量，进行简单线性回归

操作步骤如下：

01 进入 SPSS 24.0，打开相关数据文件，选择"分析"|"回归"|"线性"命令，弹出如图 16.2 所示的对话框。

02 选择进行多重线性回归分析的变量。在"线性回归"对话框的左侧列表框中，选中"食品"并单击按钮使之进入"因变量"列表框，选中 "家庭总支出"并单击按钮使之进入"自变量"列表框。

03 其他设置使用系统默认值即可。

04 设置完毕后，单击"确定"按钮，等待输出结果。

结果分析如下：

（1）模型拟合情况

如表16.18所示，修正的可决系数（调整后的 R 平方）为0.811，模型的解释能力较好。

表16.18　模型拟合情况表

		模型摘要		
模型	R	R 方	调整后 R 方	标准估算的误差
1	.903[a]	.816	.811	258.56852
a. 预测变量：(常量)，家庭总支出				

（2）方差分析

如表16.19所示，模型的检验显著性（Sig）为0.000，小于0.05，模型整体很显著。

表16.19　方差分析表

		ANOVA[a]				
模型		平方和	自由度	均方	F	显著性
1	回归	10081881.45	1	10081881.45	150.796	.000[b]
	残差	2273161.164	34	66857.681		
	总计	12355042.61	35			
a. 因变量：食品						
b. 预测变量：(常量)，家庭总支出						

（3）回归方程的系数以及系数的检验结果（见表16.20）

表16.20　系数表

		系数[a]				
		未标准化系数		标准化系数		
模型		B	标准误差	Beta	t	显著性
1	(常量)	1069.598	133.153		8.033	.000
	家庭总支出	.160	.013	.903	12.280	.000
a. 因变量：食品						

模型的表达式为：

$$食品 = 1069.598 + 0.16 * 家庭总支出$$

这意味着家庭总支出每增加一个点，用于食品方面的支出就增加 0.16 点；模型中各个变量显著性显著性都小于 0.05，所以两个系数都是显著的。

结论：通过以上的简单线性回归分析，可以看出我国城镇居民用于食物方面的支出仅占总支出很小的比例，说明恩格尔系数很低，我国城镇居民已经非常富裕了。

16.3.2　相关分析

对于相关分析，我们准备从以下几个部分进行：

- 第一，对"消费支出"的 8 个组成部分："食品""衣着""家庭设备用品及服务""医疗保健""交通和通信""教育文化娱乐服务""居住""杂项商品和服务"进行简单相关分析。
- 第二，对"食品"的 8 个组成部分："粮油类""肉禽蛋水产品类""蔬菜类""调味品""糖烟酒饮料类""干鲜瓜果类""糕点及奶制品""饮食服务"进行简单相关分析。
- 第三，对"家庭总收入""可支配收入""家庭总支出""消费支出"这 4 个变量进行简单相关分析。
- 第四，对"教育"和"教育文化娱乐服务"进行简单相关分析。

1. 对"消费支出"的 8 个组成部分进行简单相关分析

操作步骤如下：

01 进入 SPSS 24.0，打开相关数据文件，选择"分析"|"相关"|"双变量"命令，弹出如图 16.3 所示的对话框。

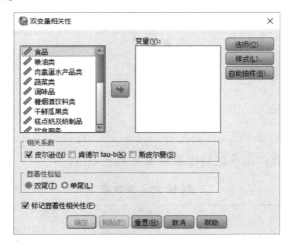

图16.3　"双变量相关性"对话框

02 选择进行相关分析的变量。在"双变量相关性"对话框的左侧列表框中，选中"食品""衣着""家庭设备用品及服务""医疗保健""交通和通信""教育文化娱乐服务""居住""杂项商品和服务"并单击 ➡ 按钮，使之进入"变量"列表框。

03 其他设置使用系统默认值即可。

04 设置完毕后，单击"确定"按钮，等待输出结果。

结果分析如表 16.21 所示。从表 16.21 可以看出，构成"消费支出"的 8 个组成部分："食品""衣着""家庭设备用品及服务""医疗保健""交通和通信""教育文化娱乐服务""居住""杂项商品和服务"之间都具有比较强的相关性。其中"食品"与除"医疗保健"之外的所有变量之间的相关性都非常显著，而且相关系数很高，"衣着"与除"居住"之外的所有变量之间的相关性都比较显著，"家庭设备用品及服务"与除"医疗保健"之外的所有变量之间的相关性都非常显著，"教育文化娱乐服务"与所有变量之间的相关性都非常显著。

表 16.21 相关分析结果表

相关性

		食品	衣着	家庭设备用品及服务	医疗保健	交通和通讯	教育文化娱乐服务	居住	杂项商品和服务
食品	皮尔逊相关性	1	.487**	.720**	.131	.866**	.766**	.744**	.733**
	显著性（双尾）		.003	.000	.446	.000	.000	.000	.000
	个案数	36	36	36	36	36	36	36	36
衣着	皮尔逊相关性	.487**	1	.384*	.420*	.346*	.399*	.322	.468**
	显著性（双尾）	.003		.021	.011	.039	.016	.055	.004
	个案数	36	36	36	36	36	36	36	36
家庭设备用品及服务	皮尔逊相关性	.720**	.384*	1	.169	.674**	.735**	.648**	.582**
	显著性（双尾）	.000	.021		.325	.000	.000	.000	.000
	个案数	36	36	36	36	36	36	36	36
医疗保健	皮尔逊相关性	.131	.420*	.169	1	.175	.381*	.041	.300
	显著性（双尾）	.446	.011	.325		.308	.022	.814	.076
	个案数	36	36	36	36	36	36	36	36
交通和通讯	皮尔逊相关性	.866**	.346*	.674**	.175	1	.742**	.775**	.618**
	显著性（双尾）	.000	.039	.000	.308		.000	.000	.000
	个案数	36	36	36	36	36	36	36	36
教育文化娱乐服务	皮尔逊相关性	.766**	.399*	.735**	.381*	.742**	1	.627**	.772**
	显著性（双尾）	.000	.016	.000	.022	.000		.000	.000
	个案数	36	36	36	36	36	36	36	36
居住	皮尔逊相关性	.744**	.322	.648**	.041	.775**	.627**	1	.496**
	显著性（双尾）	.000	.055	.000	.814	.000	.000		.002
	个案数	36	36	36	36	36	36	36	36
杂项商品和服务	皮尔逊相关性	.733**	.468**	.582**	.300	.618**	.772**	.496**	1
	显著性（双尾）	.000	.004	.000	.076	.000	.000	.002	
	个案数	36	36	36	36	36	36	36	36

**. 在 0.01 级别（双尾），相关性显著。

*. 在 0.05 级别（双尾），相关性显著。

2. 对"食品"的 8 个组成部分进行简单相关分析

操作步骤如下：

01 进入 SPSS 24.0，打开相关数据文件，选择"分析"|"相关"|"双变量"命令，弹出如图 16.3 所示的对话框。

02 选择进行相关分析的变量。在"双变量相关性"对话框的左侧列表框中，选中"粮油类""肉禽蛋水产品类""蔬菜类""调味品""糖烟酒饮料类""干鲜瓜果类""糕点及奶制品""饮食服务"并单击 按钮，使之进入"变量"列表框。

03 其他设置使用系统默认值。

04 设置完毕后，单击"确定"按钮，等待输出结果。

结果分析如表 16.22 所示。从表 16.22 可以看出，构成"食品"的 8 个组成部分："粮油类""肉禽蛋水产品类""蔬菜类""调味品""糖烟酒饮料类""干鲜瓜果类""糕点及奶制品""饮食服务"之间具有一定的相关性。其中"粮油类"与"肉禽蛋水产品类""蔬菜类"之间的相关性都非常显著，而且相关系数比较高，"肉禽蛋水产品类"与除"调味品""糖烟酒饮料类"之外的所有变量之间的相关性都比较显著。

表 16.22 相关分析结果表

		粮油类	肉禽蛋水产品类	蔬菜类	调味品	糖烟酒饮料类	干鲜瓜果类	糕点奶及奶制品	饮食服务
相关性									
粮油类	皮尔逊相关性	1	.436**	.526**	.310	.262	.108	.263	.216
	显著性（双尾）		.008	.001	.066	.122	.531	.121	.206
	个案数	36	36	36	36	36	36	36	36
肉禽蛋水产品类	皮尔逊相关性	.436**	1	.366*	.215	.213	.489**	.404*	.527**
	显著性（双尾）	.008		.028	.208	.212	.002	.015	.001
	个案数	36	36	36	36	36	36	36	36
蔬菜类	皮尔逊相关性	.526**	.366*	1	.409*	.524**	.144	.212	.304
	显著性（双尾）	.001	.028		.013	.001	.401	.215	.071
	个案数	36	36	36	36	36	36	36	36
调味品	皮尔逊相关性	.310	.215	.409*	1	.267	.385*	.326	.151
	显著性（双尾）	.066	.208	.013		.116	.020	.053	.380
	个案数	36	36	36	36	36	36	36	36
糖烟酒饮料类	皮尔逊相关性	.262	.213	.524**	.267	1	.432**	.499**	.351*
	显著性（双尾）	.122	.212	.001	.116		.009	.002	.036
	个案数	36	36	36	36	36	36	36	36
干鲜瓜果类	皮尔逊相关性	.108	.489**	.144	.385*	.432**	1	.751**	.544**
	显著性（双尾）	.531	.002	.401	.020	.009		.000	.001
	个案数	36	36	36	36	36	36	36	36
糕点奶及奶制品	皮尔逊相关性	.263	.404*	.212	.326	.499**	.751**	1	.615**
	显著性（双尾）	.121	.015	.215	.053	.002	.000		.000
	个案数	36	36	36	36	36	36	36	36
饮食服务	皮尔逊相关性	.216	.527**	.304	.151	.351*	.544**	.615**	1
	显著性（双尾）	.206	.001	.071	.380	.036	.001	.000	
	个案数	36	36	36	36	36	36	36	36

**. 在 0.01 级别（双尾），相关性显著。
*. 在 0.05 级别（双尾），相关性显著。

3. 对"家庭总收入""可支配收入""家庭总支出""消费支出"这 4 个变量进行简单相关分析

操作步骤如下：

01 进入 SPSS 24.0，打开相关数据文件，选择"分析"|"相关"|"双变量"命令，弹出如图 16.3 所示的对话框。

02 选择进行相关分析的变量。在"双变量相关性"对话框的左侧列表框中，选中"家庭总收入""可支配收入""家庭总支出""消费支出"并单击 → 按钮，使之进入"变量"列表框。

03 其他设置使用系统默认值。

04 设置完毕后，单击"确定"按钮，等待输出结果。

结果分析如表 16.23 所示。从表 16.23 可以看出，"家庭总收入""可支配收入""家庭总支出""消费支出"之间的相关性非常高。各变量之间的相关系数均超过了 0.9，而且相关关系都在 0.01 的显著性水平上显著。

表16.23　相关分析结果表

相关性		家庭总收入	可支配收入	家庭总支出	消费支出
家庭总收入	皮尔逊相关性	1	.996**	.913**	.934**
	显著性（双尾）		.000	.000	.000
	个案数	36	36	36	36
可支配收入	皮尔逊相关性	.996**	1	.904**	.926**
	显著性（双尾）	.000		.000	.000
	个案数	36	36	36	36
家庭总支出	皮尔逊相关性	.913**	.904**	1	.945**
	显著性（双尾）	.000	.000		.000
	个案数	36	36	36	36
消费支出	皮尔逊相关性	.934**	.926**	.945**	1
	显著性（双尾）	.000	.000	.000	
	个案数	36	36	36	36

**. 在0.01级别（双尾），相关性显著。

4. 对"教育"和"教育文化娱乐服务"进行简单相关分析

操作步骤如下：

01 进入SPSS 24.0，打开相关数据文件，选择"分析"|"相关"|"双变量"命令，弹出如图16.3所示的对话框。

02 选择进行相关分析的变量。在"双变量相关性"对话框的左侧列表框中，选中"教育"和"教育文化娱乐服务"并单击➡按钮，使之进入"变量"列表框。

03 其他设置使用系统默认值。

04 设置完毕后，单击"确定"按钮，等待输出结果。

结果分析如表16.24所示。从表16.24可以看出，"教育"和"教育文化娱乐服务"之间的相关性非常高。变量之间的相关系数为0.741，而且这种相关关系在0.01的显著性水平上显著。

表16.24　相关分析结果表

相关性		教育文化娱乐服务	教育
教育文化娱乐服务	皮尔逊相关性	1	.741**
	显著性（双尾）		.000
	个案数	36	36
教育	皮尔逊相关性	.741**	1
	显著性（双尾）	.000	
	个案数	36	36

**. 在0.01级别（双尾），相关性显著。

16.3.3　因子分析

通过相关分析我们可以看出，构成消费支出的各个变量以及构成食物支出的各个变量之间都有一定的相关关系，这在直接对变量进行分析的时候势必存在信息重叠，所以，我们有必要通过因子分析来简化模型，找出变量之间的公因子，以便进一步进行后续分析。

- 首先，我们对"消费支出"的8个组成部分："食品""衣着""家庭设备用品及服务""医疗保健""交通和通信""教育文化娱乐服务""居住""杂项商品和服务"进行因子分析。
- 其次，对"食品"的8个组成部分："粮油类""肉禽蛋水产品类""蔬菜类""调味品""糖烟酒饮料类""干鲜瓜果类""糕点及奶制品""饮食服务"进行因子分析。

1. 对"消费支出"的8个组成部分进行因子分析

操作步骤如下：

01 进入 SPSS 24.0，打开相关数据文件，选择"分析"|"降维"|"因子"命令，弹出如图 16.4 所示的对话框。

02 选择进行因子分析的变量。在"因子分析"对话框的左侧列表框中，依次选择"食品""衣着""家庭设备用品及服务""医疗保健""交通和通信""教育文化娱乐服务""居住""杂项商品和服务"并单击 → 按钮，使之进入"变量"列表框。

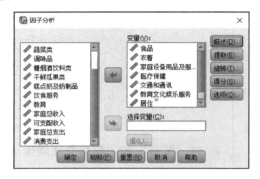

图16.4 "因子分析"对话框

03 选择输出系数相关矩阵。单击"因子分析"对话框右上角的"描述"按钮，弹出如图 16.5 所示的对话框。在"相关性矩阵"选项组中选中"KMO 和巴特利特球形度检验"复选框，单击"继续"按钮返回"因子分析"对话框。

04 设置对提取公因子的要求及相关输出内容。单击"因子分析"对话框中的"提取"按钮，弹出如图 16.6 所示的对话框。在"输出"选项组中选中"碎石图"复选框，单击"继续"按钮返回"因子分析"对话框。

图 16.5 "因子分析：描述"对话框

图 16.6 "因子分析：抽取"对话框

05 设置因子旋转方法。单击"因子分析"对话框右上角的"旋转"按钮，弹出如图 16.7 所示的对话框。在"方法"选项组中选中"最大方差法"单选按钮，然后单击"继续"按钮返回"因子分析"对话框。

06 设置有关因子得分的选项。单击"因子分析"对话框中的"得分"按钮，弹出如图 16.8 所示的对话框，选中"保存为变量"及"显示因子得分系数矩阵"复选框，然后单击"继续"按钮返回"因子分析"对话框。

图 16.7　"因子分析：旋转"对话框

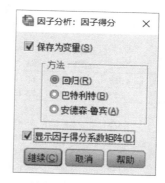

图 16.8　"因子分析：因子得分"对话框

07 其余设置采用系统默认值即可。

08 设置完毕后，单击"确定"按钮，等待输出结果。

结果分析如下。

（1）KMO 检验和巴特利特检验结果

如表16.25所示，本例中KMO的取值为0.830，表明很适合进行因子分析。巴特利特检验是为了看数据是否来自于服从多元正态分布的总体。本例中显著性为0.000，说明数据来自正态分布总体，适合进一步分析。

（2）变量共同度

变量共同度表示各变量中所含原始信息能被提取的公因子所解释的程度。如表16.26所示，因为本例中所有变量共同度都在60%以上，所以提取的这几个公因子对各变量的解释能力还可以。

表 16.25　KMO 检验和巴特利特检验结果

KMO 和巴特利特检验		
KMO 取样适切性量数。		.830
巴特利特球形度检验	近似卡方	195.528
	自由度	28
	显著性	.000

表 16.26　变量共同度

公因子方差		
	初始	提取
食品	1.000	.881
衣着	1.000	.601
家庭设备用品及服务	1.000	.701
医疗保健	1.000	.814
交通和通讯	1.000	.828
教育文化娱乐服务	1.000	.807
居住	1.000	.757
杂项商品和服务	1.000	.689
提取方法：主成分分析法。		

（3）解释的总方差

由表 16.27 可知，"初始特征值"列显示只有前两个特征值大于 1，所以 SPSS 只选择了前两个公因子；"提取载荷平方和"列显示第一公因子的方差贡献率是 60.701%，前两个公因子的方差占所有主成分方差的 75.985%。由此可见，选前两个公因子已足够替代原来的变量，几乎涵盖了原变量的全部信息；"旋转载荷平方和"列显示的是旋转以后的因子提取结果，与未旋转之前差别不大。

表 16.27　解释的总方差

总方差解释

成分	初始特征值			提取载荷平方和			旋转载荷平方和		
	总计	方差百分比	累积 %	总计	方差百分比	累积 %	总计	方差百分比	累积 %
1	4.856	60.701	60.701	4.856	60.701	60.701	4.331	54.134	54.134
2	1.223	15.284	75.985	1.223	15.284	75.985	1.748	21.851	75.985
3	.603	7.535	83.519						
4	.473	5.915	89.434						
5	.377	4.716	94.150						
6	.225	2.809	96.960						
7	.149	1.865	98.824						
8	.094	1.176	100.000						

提取方法：主成分分析法。

（4）碎石图

如图 16.9 所示，有两个成分的特征值超过了 1，只考虑这两个成分即可。

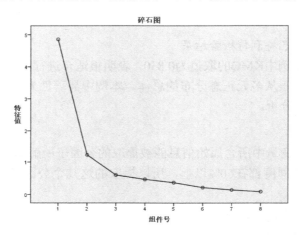

图16.9　碎石图

（5）旋转成分矩阵

如表 16.28 所示，第一个因子在食品、家庭设备用品及服务、交通和通信、教育文化娱乐服务、居住、杂项商品和服务上有较大的载荷，所以其反映的是这些变量的信息；第二个因子在衣着、医疗保健上有较大的载荷，反映的是这两个变量的信息。

（6）成分得分系数矩阵

表 16.29 给出了成分得分系数矩阵，据此可以直接写出各公因子的表达式。值得一提的是，在表达式中各个变量已经不是原始变量而是标准化变量。

F1=0.229*食品-0.054*衣着+0.200*家庭设备用品及服务-0.198*医疗保健

　　+0.238*交通和通信+0.150*教育文化娱乐服务+0.261*居住+0.113*杂项商品和服务

F2=-0.057*食品+0.440*衣着-0.039*家庭设备用品及服务+0.661*医疗保健

　　-0.101*交通和通信+0.121*教育文化娱乐服务-0.203*居住

　　+0.167*杂项商品和服务

表 16.28　旋转成分矩阵

旋转后的成分矩阵[a]

	成分	
	1	2
食品	.919	.193
衣着	.331	.701
家庭设备用品及服务	.816	.187
医疗保健	-.014	.902
交通和通讯	.901	.127
教育文化娱乐服务	.803	.403
居住	.870	-.021
杂项商品和服务	.705	.437

提取方法：主成分分析法。
旋转方法：凯撒正态化最大方差法。
a. 旋转在 3 次迭代后已收敛。

表 16.29　成分得分系数矩阵

成分得分系数矩阵

	成分	
	1	2
食品	.229	-.057
衣着	-.054	.440
家庭设备用品及服务	.200	-.039
医疗保健	-.198	.661
交通和通讯	.238	-.101
教育文化娱乐服务	.150	.121
居住	.261	-.203
杂项商品和服务	.113	.167

提取方法：主成分分析法。
旋转方法：凯撒正态化最大方差法。
组件得分。

然后我们可以用"消费支出"作为因变量，以这两个公因子作为自变量进行多重线性回归分析。

步骤如下：

01 进入 SPSS 24.0，打开相关数据文件，选择"分析"|"回归"|"线性"命令，弹出如图 16.2 所示的对话框。

02 选择进行简单线性回归分析的变量。在"线性回归"对话框的左侧列表框中，选中"消费支出"并单击➡按钮，使之进入"因变量"列表框，选中"REGR factor score 1 for analysis 1"和"REGR factor score 2 for analysis 1"并单击➡按钮，使之进入"自变量"列表框。

03 其他设置使用系统默认值。

04 设置完毕后，单击"确定"按钮，等待输出结果。

结果分析如下。

（1）模型拟合情况

如表 16.30 所示，修正的可决系数（调整后的 R 平方）为 0.987，模型的解释能力接近完美。

表 16.30　模型拟合情况表

模型摘要

模型	R	R 方	调整后 R 方	标准估算的误差
1	.994[a]	.988	.987	198.28281

a. 预测变量：(常量)，REGR factor score 2 for analysis 1，REGR factor score 1 for analysis 1

（2）方差分析

如表 16.31 所示，模型的检验显著性（Sig）为 0.000，小于 0.05，模型整体很显著。

表 16.31　方差分析表

ANOVA[a]

模型		平方和	自由度	均方	F	显著性
1	回归	104890584.7	2	52445292.35	1333.940	.000[b]
	残差	1297430.373	33	39316.072		
	总计	106188015.1	35			

a. 因变量：消费支出

b. 预测变量：(常量)，REGR factor score 2 for analysis 1，REGR factor score 1 for analysis 1

（3）回归方程的系数以及系数的检验结果（见表 16.32）

表 16.32 系数表

模型		未标准化系数		标准化系数	t	显著性
		B	标准误差	Beta		
1	(常量)	6855.569	33.047		207.448	.000
	REGR factor score 1 for analysis 1	1617.920	33.516	.929	48.273	.000
	REGR factor score 2 for analysis 1	615.800	33.516	.354	18.373	.000

a. 因变量：消费支出

最终模型的表达式为：

$$消费支出=6855.569+1617.920*F1+615.800*F2$$

这意味着 F1 每增加一个点，消费支出就增加 1617.920 点；而 F2 每增加一个点，消费支出就增加 615.800 点；模型中各个变量显著性显著性都小于 0.05，所以三个系数都是显著的。

结论：通过以上的多重线性回归分析可以看出，我国城镇居民的消费支出与两个因子都是正相关的，而且第一个因子（代表食品、家庭设备用品及服务、交通和通信、教育文化娱乐服务、居住、杂项商品和服务）对消费支出的影响要远远大于第二个因子（代表衣着、医疗保健）。

2. 对"食品"的 8 个组成部分进行因子分析

操作步骤如下：

01 进入 SPSS 24.0，打开相关数据文件，选择"分析"|"降维"|"因子"命令，弹出"因子分析"对话框。

02 选择进行因子分析的变量。在"因子分析"对话框的左侧列表框中，依次选择"粮油类""肉禽蛋水产品类""蔬菜类""调味品""糖烟酒饮料类""干鲜瓜果类""糕点及奶制品""饮食服务"并单击➡按钮，使之进入"变量"列表框。

03 选择输出系数相关矩阵。单击"因子分析"对话框右上角的"描述"按钮，弹出"描述统计"对话框。在"相关性矩阵"选项组中选中"KMO 和巴特利特球形度检验"复选框，单击"继续"按钮返回"因子分析"对话框。

04 设置对提取公因子的要求及相关输出内容。单击"因子分析"对话框中的"提取"按钮。在"输出"选项组中选中"碎石图"复选框，单击"继续"按钮返回"因子分析"对话框。

05 设置因子旋转方法。单击"因子分析"对话框中的"旋转"按钮，在"方法"选项组中选中"最大方差法"单选按钮。

06 设置有关因子得分的选项。单击"因子分析"对话框中的"得分"按钮，在"因子得分"对话框中选中"保存为变量""显示因子得分系数矩阵"复选框，然后返回"因子分析"对话框。

07 其余设置采用系统默认值即可。

08 设置完毕后，单击"确定"按钮，等待输出结果。

结果分析如下。

（1）KMO检验和巴特利特检验结果

如表16.33所示，KMO的取值为0.691，表明比较适合进行因子分析。巴特利特检验中显著性为0.000，说明数据来自正态分布总体，适合进一步分析。

（2）变量共同度

如表16.34所示，提取的这几个公因子对各变量的解释能力一般。

表16.33 KMO检验和巴特利特检验结果

KMO 和巴特利特检验		
KMO 取样适切性量数。		.691
巴特利特球形度检验	近似卡方	110.240
	自由度	28
	显著性	.000

表16.34 变量共同度

公因子方差		
	初始	提取
粮油类	1.000	.654
肉禽蛋水产品类	1.000	.473
蔬菜类	1.000	.777
调味品	1.000	.369
糖烟酒饮料类	1.000	.452
干鲜瓜果类	1.000	.813
糕点奶及奶制品	1.000	.791
饮食服务	1.000	.631
提取方法：主成分分析法。		

（3）解释的总方差

由表16.35可知，"初始特征值"列显示只有前两个特征值大于1，所以SPSS只选择了前两个公因子；"提取载荷平方和"列显示第一公因子的方差贡献率是45.055%，前两个公因子的方差占所有主成分方差的61.995%；"旋转载荷平方和"一栏显示的提取结果，与未旋转之前差别不大。

表16.35 解释的总方差

	总方差解释								
	初始特征值			提取载荷平方和			旋转载荷平方和		
成分	总计	方差百分比	累积 %	总计	方差百分比	累积 %	总计	方差百分比	累积 %
1	3.604	45.055	45.055	3.604	45.055	45.055	2.773	34.669	34.669
2	1.355	16.940	61.995	1.355	16.940	61.995	2.186	27.327	61.995
3	.930	11.627	73.622						
4	.786	9.821	83.443						
5	.501	6.258	89.701						
6	.420	5.245	94.946						
7	.226	2.831	97.776						
8	.178	2.224	100.000						
提取方法：主成分分析法。									

（4）碎石图

如图16.10所示，有两个成分的特征值超过了1，只考虑这两个成分即可。

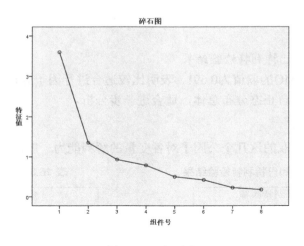

图16.10　碎石图

（5）旋转成分矩阵

如表16.36所示，第一个因子在肉禽蛋水产品类、干鲜瓜果类、糕点及奶制品、饮食服务上有较大的载荷，所以其反映的是这些变量的信息，第二个因子在粮油类、蔬菜类、调味品、糖烟酒饮料类上有较大的载荷，反映的是这几个变量的信息。

（6）成分得分系数矩阵

表16.37给出了成分得分系数矩阵，据此可以直接写出各公因子的表达式。值得一提的是，在表达式中各个变量已经不是原始变量而是标准化变量。

表 16.36　旋转成分矩阵

旋转后的成分矩阵[a]		
	成分	
	1	2
粮油类	.066	.806
肉禽蛋水产品类	.549	.415
蔬菜类	.105	.875
调味品	.258	.551
糖烟酒饮料类	.469	.482
干鲜瓜果类	.899	.069
糕点奶及奶制品	.874	.166
饮食服务	.774	.178

提取方法：主成分分析法。
旋转方法：凯撒正态化最大方差法。
a. 旋转在 3 次迭代后已收敛。

表 16.37　成分得分系数矩阵

成分得分系数矩阵		
	成分	
	1	2
粮油类	-.150	.443
肉禽蛋水产品类	.153	.113
蔬菜类	-.147	.473
调味品	-.007	.255
糖烟酒饮料类	.103	.169
干鲜瓜果类	.387	-.161
糕点奶及奶制品	.354	-.100
饮食服务	.307	-.071

提取方法：主成分分析法。
旋转方法：凯撒正态化最大方差法。
组件得分。

F1=-0.150*粮油类+0.153*肉禽蛋水产品类-0.147*蔬菜类-0.007*调味品
　　+0.103*糖烟酒饮料类+0.387*干鲜瓜果类+0.354*糕点及奶制品
　　+0.307*饮食服务

F1=0.443*粮油类+0.113*肉禽蛋水产品类+0.473*蔬菜类+0.255*调味品
　　+0.169*糖烟酒饮料类-0.161*干鲜瓜果类-0.100*糕点及奶制品
　　-0.071*饮食服务

同样我们可以用"食品"作为因变量，以这两个公因子作为自变量进行多重线性回归分析。步骤如下：

01 进入 SPSS 24.0，打开相关数据文件，选择"分析"|"回归"|"线性"命令，弹出"线性回归"对话框。

02 选择进行简单线性回归分析的变量。在"线性回归"对话框的左侧列表框中，选中"食品"并单击 ➡ 按钮使之进入"因变量"列表框，选中"REGR factor score 1 for analysis 2"和"REGR factor score 2 for analysis 2"并单击 ➡ 按钮，使之进入"自变量"列表框。

03 其他设置使用系统默认值。

04 设置完毕后，单击"确定"按钮，等待输出结果。

结果分析如下。

（1）模型拟合情况

如表 16.38 所示，修正的可决系数（调整后的 R 平方）为 0.897，模型的解释能力很好。

表 16.38　模型拟合情况表

		模型摘要		
模型	R	R 方	调整后 R 方	标准估算的误差
1	.950[a]	.903	.897	190.92895

a. 预测变量：(常量), REGR factor score 2 for analysis 2, REGR factor score 1 for analysis 2

（2）方差分析

如表 16.39 所示，模型的检验显著性（Sig）为 0.000，小于 0.05，模型整体很显著。

表 16.39　方差分析表

		ANOVA[a]				
模型		平方和	自由度	均方	F	显著性
1	回归	11152065.12	2	5576032.560	152.961	.000[b]
	残差	1202977.491	33	36453.863		
	总计	12355042.61	35			

a. 因变量：食品

b. 预测变量：(常量), REGR factor score 2 for analysis 2, REGR factor score 1 for analysis 2

（3）回归方程的系数以及系数的检验结果（见表 16.40）

最终模型的表达式为：

$$食品 = 2616.698 + 480.912 * F1 + 295.557 * F2$$

表 16.40　系数表

		未标准化系数		标准化系数		
模型		B	标准误差	Beta	t	显著性
1	(常量)	2616.697	31.821		82.231	.000
	REGR factor score 1 for analysis 2	480.912	32.273	.809	14.901	.000
	REGR factor score 2 for analysis 2	295.557	32.273	.497	9.158	.000

a. 因变量：食品

这意味着 F1 每增加一个点，食品支出就增加 480.912 点；F2 每增加一个点，食品支出就增加 295.557 点；模型中各个变量的显著性显著性都小于 0.05，所以三个系数都是显著的。

结论：通过以上的多重线性回归分析可以看出，我国城镇居民的食品支出与两个因子都是正相关的，而且第一个因子（代表肉禽蛋水产品类、干鲜瓜果类、糕点及奶制品、饮食服务）对食品支出的影响要远远大于第二个因子（代表粮油类、蔬菜类、调味品、糖烟酒饮料类）。

16.3.4　图形分析

为研究我国居民消费性支出结构的区域差异，我们有必要对因子分析的结果进行进一步解析。下面我们对"消费支出"的 8 个组成部分的因子分析结果进行图形分析。

操作如下：

01 选择"图形"|"旧对话框"|"散点/点图"命令，弹出如图 16.11 所示的对话框。单击"定义"按钮，弹出如图 16.12 所示的对话框。

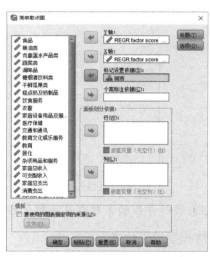

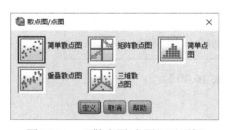

图 16.11　"散点图/点图"对话框　　　　图 16.12　"简单散点图"对话框

02 选择"REGR factor score 1 for analysis 1"并单击➡按钮，使之进入"Y 轴"列表框；选择"REGR factor score 2 for analysis 1"并单击➡按钮，使之进入"X 轴"列表框；选择"城市"并单击➡按钮，使之进入"设置标记"列表框。

03 单击"确定"按钮，等待输出结果，如图 16.13 所示。

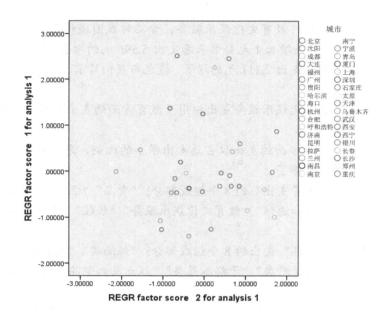

图16.13　散点图

结果如下：

- 位于第 1 象限的有北京、上海、南京、宁波、青岛、广州，表示这 6 座城市在消费支出的各个方面都领先其他城市。
- 位于第 2 象限的有杭州、合肥、福州、厦门、长沙、深圳、南宁、银川，表示这 8 座城市在影响消费支出因子 1 方面，也就是食品、家庭设备用品及服务、交通和通信、教育文化娱乐服务、居住、杂项商品和服务等方面有优势，在其他方面不如平均水平。
- 位于第 3 象限的有南昌、郑州、武汉、海口、成都、贵阳、昆明、拉萨、兰州、西安、西宁、乌鲁木齐，表示这 12 座城市在消费支出的各个方面都落后于总体平均水平。
- 位于第 4 象限的有天津、石家庄、太原、呼和浩特、长春、沈阳、大连、哈尔滨、济南、重庆，表示这 10 座城市在影响消费支出因子 2 方面，也就是衣着、医疗保健等方面有优势，在其他方面不如平均水平。

如果看不清楚图形或者图形有所失真，请参照 SPSS 数据集中每座城市对应的 "REGR factor score 1 for analysis 1" 和 "REGR factor score 2 for analysis 1" 的值做出判断。

16.4　研究结论

根据以上所做的分析，我们可以比较有把握地得出以下结论。

- 我国城镇居民的总支出结构是：用于消费的总支出与用于其他方面的支出大致相等。
- 我国城镇居民的边际消费倾向为 0.595，还是比较高的。

- 杂项商品和服务、居住、教育文化娱乐服务、食品对我国城镇居民的家庭总支出有显著影响。其中居住支出每增长 1 元会带来总支出 5.596 元的增长，教育文化娱乐服务支出每增长 1 元会带来总支出 2.111 元的增长。这也与我们目前城镇居民住房、教育压力大的事实相契合。

- 我国城镇居民在教育文化娱乐服务支出中用于教育方面的支出只有近 30%，大部分还是用于娱乐等支出。

- 我国城镇居民用于食物方面的支出仅占总支出很小的比例，恩格尔系数很低，说明我国城镇居民已经非常富裕了。

- 构成我国城镇居民"消费支出"的 8 个组成部分："食品""衣着""家庭设备用品及服务""医疗保健""交通和通信""教育文化娱乐服务""居住""杂项商品和服务"之间具有比较强的相关性。

- 构成我国城镇居民"食品"支出的 8 个组成部分："粮油类""肉禽蛋水产品类""蔬菜类""调味品""糖烟酒饮料类""干鲜瓜果类""糕点及奶制品""饮食服务"之间具有一定的相关性。

- 我国城镇居民的"家庭总收入""可支配收入""家庭总支出""消费支出"之间的相关性非常高。

- 我国城镇居民的"教育"支出和"教育文化娱乐服务"支出之间的相关性非常高。

- 鉴于构成我国城镇居民"消费支出"的 8 个组成部分之间存在的高相关性，通过因子分析，可以把这些变量浓缩为两个公因子。我国城镇居民的消费支出与两个因子都是正相关的，而且第一个因子（代表食品、家庭设备用品及服务、交通和通信、教育文化娱乐服务、居住、杂项商品和服务）对消费支出的影响要远远大于第二个因子（代表衣着、医疗保健）。

- 鉴于构成我国城镇居民"食品"支出的 8 个组成部分之间存在的高相关性，通过因子分析，可以把这些变量浓缩为两个公因子。我国城镇居民的食品支出与两个公因子都是正相关的，而且第一个因子（代表肉禽蛋水产品类、干鲜瓜果类、糕点及奶制品、饮食服务）对食品支出的影响要远远大于第二个因子（代表粮油类、蔬菜类、调味品、糖烟酒饮料类）。

- 北京、上海、南京、宁波、青岛、广州这 6 座城市在消费支出的各个方面都领先于其他城市。

- 杭州、合肥、福州、厦门、长沙、深圳、南宁、银川这 8 座城市在影响消费支出因子 1 方面，也就是食品、家庭设备用品及服务、交通和通信、教育文化娱乐服务、居住、杂项商品和服务等方面有优势，在其他方面不如平均水平。

- 南昌、郑州、武汉、海口、成都、贵阳、昆明、拉萨、兰州、西安、西宁、乌鲁木齐这 12 座城市在消费支出的各个方面都落后于总体平均水平。

- 天津、石家庄、太原、呼和浩特、长春、沈阳、大连、哈尔滨、济南、重庆这 10 座城市在影响消费支出因子 2 方面，也就是衣着、医疗保健等方面有优势，在其他方面不如平均水平。

根据研究结论，总结如下：

- 大中城市居民的边际消费倾向比较高，而且恩格尔系数很低，人民的生活水平已经很富裕了，以后刺激消费的重点方向应该向农村或者小城市转移。
- 城镇居民的消费支出的各个组成部分之间相关性比较高且都为正相关，说明消费者对每种消费品的消费有一种齐头并进的倾向，举一个例子就是一个开着高档轿车的居民居住条件很差的概率很小。
- 消费结构的地区性差异明显。北京、上海、广州等东部大城市在消费支出的各个方面领先于其他地区，昆明、拉萨、兰州、西安等西部城市在消费支出的各个方面都落后一些，其他城市的消费支出结构之间存在着较大的差异，所以，一方面要继续加强西部建设，增加西部的消费，拉动经济增长，另一方面要根据各城市间消费结构的差异正确引导居民的消费行为，形成更加合理的消费支出结构。

16.5 本章习题

使用《中国统计月报200802》上的《2007年1~4季度中国大中城市居民家庭收入和支出统计》和《2007年1~4季度中国大中城市居民家庭消费支出统计》数据，数据已整理至SPSS中，进行以下分析。

（1）回归分析

- 第一，以"消费支出"为因变量，以"家庭总支出"为自变量，进行简单线性回归。
- 第二，以"消费支出"为因变量，以"可支配收入"为自变量，进行简单线性回归。
- 第三，以"家庭总支出"为因变量，以"食品""衣着""家庭设备用品及服务""医疗保健""交通和通信""教育文化娱乐服务""居住""杂项商品和服务"为自变量，进行多重线性回归。
- 第四，以"教育"为因变量，以"教育文化娱乐服务"为自变量，进行简单线性回归。
- 第五，以"食品"为因变量，以"家庭总支出"为自变量，进行简单线性回归。

（2）相关分析

- 第一，对"消费支出"的8个组成部分："食品""衣着""家庭设备用品及服务""医疗保健""交通和通信""教育文化娱乐服务""居住""杂项商品和服务"进行简单相关分析。
- 第二，对"食品"的8个组成部分："粮油类""肉禽蛋水产品类""蔬菜类""调味品""糖烟酒饮料类""干鲜瓜果类""糕点及奶制品""饮食服务"进行简单相关分析。
- 第三，对"家庭总收入""可支配收入""家庭总支出""消费支出"这4个变量进行简单相关分析。
- 第四，对"教育"和"教育文化娱乐服务"进行简单相关分析。

（3）因子分析

- 第一，对"消费支出"的 8 个组成部分："食品""衣着""家庭设备用品及服务""医疗保健""交通和通信""教育文化娱乐服务""居住""杂项商品和服务"进行因子分析。
- 第二，对"食品"的 8 个组成部分："粮油类""肉禽蛋水产品类""蔬菜类""调味品""糖烟酒饮料类""干鲜瓜果类""糕点及奶制品""饮食服务"进行因子分析。

（4）图形分析

对"消费支出"的 8 个组成部分的因子分析结果进行图形分析。

第17章 SPSS软件在旅游业中的应用举例

旅游业作为第三产业的重要组成部分，是世界上发展最快的新兴产业之一。它一方面能够满足人们日益增长的物质和文化需要，另一方面又直接或者间接地促进国民经济有关部门的发展。随着社会的发展，旅游业在国民经济中的地位越来越重要，也越来越引起政府官员和社会学者的关注。本章我们就来介绍一下SPSS在对旅游业研究中的应用。

17.1 研究背景及目的

背景一：进入21世纪以来，中国旅游业快速发展，旅游人数迅速增加。

根据《中国投资年鉴2007》提供的数据（见表17.1），可以发现，除2003年稍有下降外，无论是国内旅游人数还是入境旅游人数都呈现出不断递增的趋势。

表 17.1 国内旅游人数和入境旅游人数统计（2001~2006）

年份	2001年	2002年	2003年	2004年	2005年	2006年
国内旅游人数（亿人次）	7.84	8.78	8.70	11.02	12.12	13.94
入境旅游人数（万人次）	8901.29	9790.83	9166.21	10903.82	12029.23	12494.21

背景二：伴随着旅游人数的不断增加，我国的旅行社个数和星级饭店数增长迅速。

根据《中国投资年鉴2007》提供的数据（见表17.2），可以发现，从2001年到2006年，旅行社个数和星级饭店个数不断递增。

表 17.2 旅行社个数和星级饭店个数统计（2001~2006）

年份	2001年	2002年	2003年	2004年	2005年	2006年
旅行社个数	10532	11552	13361	14927	16245	18475
星级饭店个数	7358	8880	9751	10888	11828	12494

背景三：伴随着旅游人数、旅行社个数的增加，旅游收入不断增长，而且速度很快。

根据《中国投资年鉴2007》提供的数据（见表17.3），可以发现，除2003年稍有下降外，无论是国际旅游收入还是国内旅游收入都呈现出不断递增的趋势。

表 17.3 旅游收入统计（2001~2006）

年份	2001年	2002年	2003年	2004年	2005年	2006年
国际旅游收入（亿美元）	177.92	203.85	174.06	257.39	292.96	339.49
国内旅游收入（亿元）	3522.36	3878.36	3442.27	4710.71	5285.86	6229.74

一般来说，旅游消费的地域差异不仅是地区经济发展不平衡的集中表现和缩影，而且还反映着地区间文化和人民消费特点的差异，所以从这两个角度来说，按照不同的分类指标对我国各地区居民的人均旅游消费支出进行分解分析研究，并且从量上明确我国居民旅游消费性支出的区域差异，具有非常重大的意义。

17.2 研究方法

本例采用的数据有《中国 2007 年城镇居民国内旅游出游人均花费情况统计（按城市、性别和年龄分组）》《中国 2007 年城镇居民国内旅游出游人均花费情况统计（按城市和家庭月平均收入分组）》《中国 2007 年城镇居民国内旅游出游人均花费情况统计（按城市和旅游目的分组）》《中国 2007 年城镇居民国内旅游出游人均花费情况统计（按城市和文化程度分组）》《中国 2007 年城镇居民国内旅游出游人均花费情况统计（按城市和职业分组）》《中国 2007 年国家级风景名胜区统计》等，这些数据都摘自《中国国内旅游抽样调查资料 2008》。

因为我们研究的主要目的是找出各地区的相应指标或数据之间存在的相似性或相异性，所以我们主要采用聚类分析方法对相关数据展开分析。聚类分析是采用定量数学方法，根据样品或指标的数值特征对样品进行分类，从而推断各样品之间的亲疏关系的一种分析方法。

基本思路是：

- 针对我国 2007 年城镇居民国内旅游出游人均花费情况的各种不同分类分别使用聚类分析对各地区进行聚类。
- 使用聚类分析方法对我国 2007 年部分国家级风景名胜区进行聚类。

17.3 数据分析与报告

17.3.1 各城市国内旅游出游人均花费按性别和年龄进行的聚类分析

📷	下载资源\video\chap17\...
🖥	下载资源\sample\17\正文\原始数据文件\案例17.1.sav

表 17.4 是 2007 年我国 22 座城市城镇居民国内旅游出游人均花费按性别和年龄进行分类的数据。

表 17.4　我国 2007 年城镇居民国内旅游出游人均花费情况统计（按城市、性别和年龄分组，单位：元/人）

城市	性别		年龄				
	男	女	六十五岁及以上	四十五到六十五岁	二十五岁到四十四岁	十五岁到二十四岁	十四岁以下
北京	1051.0	1032.8	1011.5	958.2	1290.8	1052.1	603.8
天津	895.8	767.8	714.9	918.9	895.1	486.8	598.7
石家庄	925.7	715.1	1174.7	1050.0	637.1	1254.2	336.1
太原	1717.9	1402.5	1965.7	1938.6	1290.6	1100.5	616.0
呼和浩特	2306.5	1880.9	2574.5	2568.9	1679.6	973.5	1096.7
沈阳	388.3	469.8	505.2	465.2	405.8	375.4	272.4
大连	328.8	344.5	437.7	358.7	339.2	302.1	173.8
长春	2221.6	2956.7	2387.5	3187.6	2217.5	2600.0	1864.5
哈尔滨	2477.2	1459.4	1289.8	2807.1	1423.7	983.1	372.8
上海	1103.6	706.4	485.5	910.0	1032.6	640.4	670.8
南京	2441.1	2175.2	1641.1	2605.0	2327.6	2197.9	1560.2
无锡	1070.3	1059.8	459.0	855.6	1492.6	950.0	469.3
苏州	762.4	647.4	544.3	924.1	616.7	170.5	332.2
杭州	1000.1	832.5	683.1	1041.6	769.2	1622.3	393.0
青岛	1397.1	1016.7	1599.1	925.9	1384.3	1549.2	419.1
郑州	921.3	825.3	1408.0	946.1	865.7	438.5	628.3
武汉	988.5	784.9	620.9	900.4	996.4	733.1	431.5
长沙	1191.4	1445.2	904.6	1559.6	1382.7	1446.0	711.3
广州	777.5	846.4	473.9	830.1	977.0	690.2	442.0
深圳	2923.3	2613.5	983.5	2996.7	2947.8	1926.8	1064.5
银川	1473.1	1441.4	382.1	1446.4	1648.4	1124.5	1210.2
乌鲁木齐	1200.9	1166.0	2744.9	1454.4	1182.4	834.8	584.2

　　在用 SPSS 进行分析之前，我们要把数据录入到 SPSS 中。容易发现本例中有 8 个变量，分别为"城市""男""女""六十五岁及以上""四十五岁到六十五岁""二十五岁到四十四岁""十五岁到二十四岁""十四岁以下"。我们将"城市"定义为字符型变量，其余 7 个变量均定义为数值型，然后录入相关数据。录入完成后，数据如图 17.1 所示。

图 17.1　案例 17.1

首先观察到不同变量的数量级相差不大，所以无须先对数据进行标准化处理，直接进行分析即可。

数据保存后开始展开分析，步骤如下：

01 进入 SPSS 24.0，打开相关数据文件，选择"分析"|"分类"|"K-均值聚类"命令，弹出如图 17.2 所示的对话框。

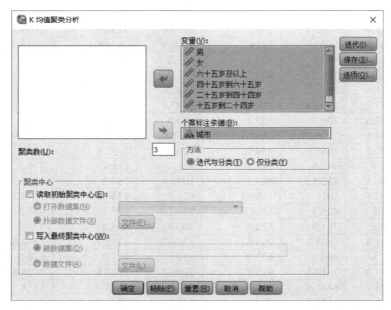

图17.2　"K均值聚类分析"对话框

02 选择进行聚类分析的变量。在"K 均值聚类分析"对话框的左侧列表框中，选择"城市"并单击■按钮，使之进入"个案标注依据"列表框，选择其他 7 个变量并单击■按钮，使之进入"变量"列表框，在"聚类数"文本框中输入聚类分析的类别数 3，其他选择默认值。

03 设置输出及缺失值处理方法。单击"K 均值聚类分析"对话框中的"选项"按钮，弹出如图 17.3 所示的对话框。在"统计"选项组中，选中全部的 3 个复选框，其他选择默认值。设置完毕后，单击"继续"按钮返回"K 均值聚类分析"对话框。

04 其他设置采用系统默认值即可。

05 设置完毕后，单击"确定"按钮，等待输出结果。

图17.3　"K-均值聚类分析：选项"对话框

结果分析如下。

（1）聚类结果

从表 17.5 中可以知道，太原、呼和浩特、哈尔滨、青岛、长沙、银川、乌鲁木齐属于第一类，长春、南京、深圳属于第三类，其他城市属于第二类。

表 17.5　聚类结果

		聚类成员	
个案号	城市	聚类	距离
1	北京	2	733.889
2	天津	2	299.004
3	石家庄	2	777.676
4	太原	1	394.097
5	呼和浩特	1	1518.926
6	沈阳	2	917.066
7	大连	2	1129.900
8	长春	3	1075.903
9	哈尔滨	1	1373.995
10	上海	2	456.106
11	南京	3	560.562
12	无锡	2	810.139
13	苏州	2	658.314
14	杭州	2	938.699
15	青岛	1	1128.297
16	郑州	2	789.654
17	武汉	2	222.779
18	长沙	1	967.457
19	广州	2	291.890
20	深圳	3	1059.118
21	银川	1	1431.475
22	乌鲁木齐	1	1347.363

（2）最终聚类中心

从表 17.6 中可以看出，第三类所代表的人均旅游消费支出的特点是无论男女老少花费支出都最高，第二类所代表的人均旅游消费支出的特点是无论男女老少各年龄段花费支出都最低，第一类则表示中等水平。

（3）每个聚类中的样本数

从表 17.7 中可以知道，聚类 2 所包含的样本数最多，为 12 个，聚类 3 所包含的样本数最少，为 3 个。

表 17.6　最终聚类中心表

	最终聚类中心		
	聚类		
	1	2	3
男	1680.59	851.11	2528.67
女	1401.73	752.73	2581.80
六十五岁及以上	1637.24	709.89	1670.70
四十五岁到六十五岁	1814.36	846.57	2929.77
二十五岁到四十四岁	1427.39	859.85	2497.63
十五岁到二十四岁	1144.51	726.30	2241.57
十四岁以下	715.76	445.99	1496.40

表 17.7　每个聚类的样本数统计表

		每个聚类中的个案数目
聚类	1	7.000
	2	12.000
	3	3.000
有效		22.000
缺失		.000

结论：太原、呼和浩特、哈尔滨、青岛、长沙、银川、乌鲁木齐等城市的城镇居民无论男女老少，其 2007 年人均旅游消费支出都处于全国中档水平；长春、南京、深圳等城市的城镇居民无论男女老少，其 2007 年人均旅游消费支出都处于全国高档水平；除以上城市之外的其他城市的城镇居民无论男女老少，其 2007 年人均旅游消费支出都处于全国低档水平。

17.3.2 各城市国内旅游出游人均花费按职业进行的聚类分析

📹	下载资源\video\chap17\...
🖥	下载资源\sample\17\正文\原始数据文件\案例17.2.sav

表 17.8 是 2007 年我国 22 座城市城镇居民国内旅游出游人均花费按职业进行分类的数据。

表 17.8　我国 2007 年城镇居民国内旅游出游人均花费情况统计（按职业分组，单位：元/人）

城市	公务员	企事业管理人员	技术人员	商贸人员	工人
北京	1787.9	1270.8	1091.9	1289.4	733.4
天津	1228.8	1118.1	967.3	741.1	824.2
石家庄	1241.6	926.6	628.4	686.3	813.2
太原	2189.4	2083.5	1076.2	331.8	1207.7
呼和浩特	3381.6	2729.6	1945.8	2553.1	3077.8
沈阳	632.5	530.8	374.2	299.2	281.8
大连	1136.9	478.1	363.0	342.8	277.5
长春	2547.0	3400.7	1815.8	1492.2	986.7
哈尔滨	2559.3	3403.9	1997.3	1484.4	845.0
上海	1482.6	2126.8	1176.0	819.6	759.4
南京	3934.3	2259.1	2987.7	1985.9	1641.2
无锡	0	1552.2	2398.8	1425.6	706.2
苏州	233.2	1114.0	218.9	517.3	401.9
杭州	2007.1	1378.0	987.9	728.8	673.0
青岛	1725.2	1155.4	1566.6	1407.5	1047.7
郑州	776.9	1551.0	1732.5	643.3	691.3
武汉	1113.7	996.4	1500.3	704.7	803.5
长沙	939.2	1877.8	1926.2	1022.3	995.8
广州	1172.8	940.1	970.9	726.2	829.7
深圳	4412.8	3455.2	1871.4	2247.8	3934.3
银川	1448.4	2487.0	2133.4	1152.6	1465.8
乌鲁木齐	1754.8	461.3	1959.7	890.0	930.8

本例中有 6 个变量，分别为"城市""公务员""企事业管理人员""技术人员""商贸人员""工人"。我们将"城市"定义为字符型变量，其余 5 个变量均定义为数值型，然后录入相关数据。录入完成后，数据如图 17.4 所示。

先做一下数据保存，然后开始展开分析（直接进行分析即可），步骤如下：

01 进入 SPSS 24.0，打开相关数据文件，选择"分析"|"分类"|"K-均值聚类"命令，弹出如图 17.2 所示的对话框。

图17.4 案例17.2

02 选择进行聚类分析的变量。在"K 均值聚类分析"对话框的左侧列表框中，选择"城市"并单击 ➡ 按钮使之进入"个案标注依据"列表框，选择其他 5 个变量并单击 ➡ 按钮，使之进入"变量"列表框。在"聚类数"文本框中输入聚类分析的类别数 4。在"方法"选项组中选中"仅分类"复选框。

03 设置输出及缺失值的处理方法。单击"K 均值聚类分析"对话框中的"选项"按钮，弹出如图 17.3 所示的对话框。在"统计"选项组中，选中全部的 3 个复选框。设置完毕后，单击"继续"按钮返回"K 均值聚类分析"对话框。

04 其他设置采用系统默认值。

05 设置完毕后，单击"确定"按钮，等待输出结果。

结果分析如下。

（1）聚类结果

从表 17.9 中可以知道，北京、太原、长春、哈尔滨、上海、杭州、青岛、武汉、乌鲁木齐属于第一类，呼和浩特、南京、深圳属于第二类，天津、石家庄、沈阳、大连、苏州、广州属于第三类，无锡、郑州、长沙、银川属于第四类。

（2）最终聚类中心

从表 17.10 中可以看出，第二类所代表的人均旅游消费支出的特点是：无论什么职业花费支出都最高；第一类城市公务员这一职业的人均消费支出排在第二位，处于较高水平，其余各职业人均旅游消费支出均排在第三位，处于较低水平；第三类的公务员这一职业的人均消费排在第三位，处于较低水平，其余各职业人均旅游消费支出都处于最低水平；第四

表 17.9 聚类结果

聚类成员			
个案号	城市	聚类	距离
1	北京	1	1268.050
2	天津	3	1241.667
3	石家庄	3	1012.181
4	太原	1	1997.309
5	呼和浩特	2	1556.343
6	沈阳	3	.000
7	大连	3	509.158
8	长春	1	3107.110
9	哈尔滨	1	3109.373
10	上海	1	1869.894
11	南京	2	2869.258
12	无锡	4	.000
13	苏州	3	765.292
14	杭州	1	1393.139
15	青岛	1	958.463
16	郑州	4	1288.311
17	武汉	1	979.250
18	长沙	4	1207.469
19	广州	3	1139.309
20	深圳	2	.000
21	银川	4	1921.893
22	乌鲁木齐	1	.000

类的特点是公务员这一职业的人均旅游消费支出最低,其余各职业人均旅游消费支出均排在第二位，处于较高水平。

（3）每个聚类中的样本数

从表 17.11 中可以知道，聚类 1 所包含的样本数最多，为 9 个，聚类 2 所包含的样本数最少，为 3 个。

表 17.10　最终聚类中心表

最终聚类中心

	聚类			
	1	2	3	4
公务员	1907.44	3909.57	940.97	791.13
企事业管理人员	1808.53	2814.63	851.28	1867.00
技术人员	1463.52	2268.30	587.12	2047.73
商贸人员	1016.49	2262.27	552.15	1060.95
工人	887.47	2884.43	571.38	964.78

表 17.11　每个聚类的样本数统计表

每个聚类中的个案数目

聚类	1	9.000
	2	3.000
	3	6.000
	4	4.000
有效		22.000
缺失		.000

结论：呼和浩特、南京、深圳等城市的城镇居民无论什么职业，其 2007 年人均旅游消费支出都处于全国最高档水平上；北京、太原、长春、哈尔滨、上海、杭州、青岛、武汉、乌鲁木齐等城市的公务员这一职业的人均消费支出排在第二位，处于较高水平，其余各职业人均旅游消费支出均排在第三位，处于较低水平；天津、石家庄、沈阳、大连、苏州、广州等城市的公务员这一职业的人均消费排在第三位，处于较低水平，其余各职业人均旅游消费支出都处于最低水平；无锡、郑州、长沙、银川等城市的城镇居民公务员这一职业的人均旅游消费支出最低，其余各职业人均旅游消费支出则排在第二位，处于较高水平。

17.3.3　各城市国内旅游出游人均花费按文化水平进行的聚类分析

📹	下载资源\video\chap17\...
🖥	下载资源\sample\17\正文\原始数据文件\案例17.3.sav

表 17.12 是 2007 年我国 22 座城市城镇居民国内旅游出游人均花费按文化水平进行分类的数据。

表 17.12　我国 2007 年城镇居民国内旅游出游人均花费情况统计（按文化水平分组，单位：元/人）

城市	大专及以上	中专及高中	初中	小学	小学以下
北京	1322.4	868.9	757.8	585.8	355.1
天津	891.9	826.1	829.3	509.0	433.0
石家庄	978.7	855.2	501.8	580.6	486.6
太原	1634.2	1866.9	979.6	1170.4	275.0
呼和浩特	2378.6	1926.3	1600.3	248.4	1686.7
沈阳	501.3	367.5	319.3	394.8	391.8
大连	433.3	321.2	213.0	178.9	261.2
长春	2909.3	1385.6	1200.8	1864.5	0
哈尔滨	2561.6	1857.5	950.8	295.8	470.8

（续表

城市	大专及以上	中专及高中	初中	小学	小学以下
上海	1082.8	1098.3	425.6	567.2	699.3
南京	2647.9	1986.2	1933.0	2244.0	1211.4
无锡	1519.3	1030.2	410.4	385.0	562.8
苏州	898.7	501.0	694.7	520.7	420.6
杭州	1224.7	771.4	866.8	557.6	418.3
青岛	1352.2	1140.8	327.4	831.9	1432.8
郑州	933.0	882.2	880.0	559.2	316.8
武汉	1139.8	683.2	817.0	704.2	421.0
长沙	1569.2	1319.6	667.4	1177.2	87.3
广州	1066.2	746.7	787.5	500.2	394.8
深圳	3256.3	2464.7	1868.2	1474.8	1321.3
银川	1890.7	1403.4	895.5	1670.4	179.3
乌鲁木齐	1708.3	776.0	489.7	580.5	540.9

本例中也有 6 个变量，分别为"城市""大专及以上""中专及高中""初中""小学""小学以下"。我们将"城市"定义为字符型变量，其余 5 个变量均定义为数值型，然后录入相关数据。录入完成后，数据如图 17.5 所示。

图 17.5　案例 17.3

先做一下数据保存，然后开始展开分析，步骤如下：

01 进入 SPSS 24.0，打开相关数据文件，选择"分析"|"分类"|"K-均值聚类"命令，弹出"K 均值聚类分析"对话框。

02 选择进行聚类分析的变量。在"K 均值聚类分析"对话框的左侧列表框中，选择"城市"并单击➡按钮使之进入"个案标注依据"列表框，选择其他 5 个变量并单击➡按钮使之进入"变量"列表框，在"聚类数"文本框中输入聚类分析的类别数 5，选中"仅分类"复选框。

03 设置输出及缺失值处理方法。单击"K 均值聚类分析"对话框中的"选项"按钮，弹出如图 17.3 所示的对话框。在"统计"选项组中，选中全部的 3 个复选框。设置完毕后，单击"继续"按钮返回"K 均值聚类分析"对话框。

04 其他采用系统默认值即可。

05 设置完毕后，单击"确定"按钮，等待输出结果。

结果分析如下。

（1）聚类结果

从表 17.13 中可以知道，太原、长春、银川属于第一类，北京、上海、无锡、青岛、长沙、乌鲁木齐属于第二类，天津、石家庄、沈阳、大连、苏州、杭州、郑州、武汉、广州属于第三类，南京、深圳属于第四类，呼和浩特、哈尔滨属于第五类。

（2）最终聚类中心

从表 17.14 中可以看出，第四类的特点是无论什么文化水平，其花费支出都最高；第一类的特点是大专及以上、中专及高中、初中的人均消费支出排在第三位，处于中等水平，小学的人均消费支出排在第二位，处在较高水平，小学以下的人均旅游消费支出最低；第二类是大专及以上、中专及高中的人均消费排在第四位，处于较低水平，初中的人均消费处于最低水平，其余各职业人均旅游消费支出都处于中档水平；第三类的特点是大专及以上、中专及高中的人均旅游消费支出最低，其余各职业人均旅游消费支出均排在第四位，处于较低水平；第五类则是大专及以上、中专及高中、初中、小学以下的人均旅游消费支出均排在第二位，小学的人均消费处于最低水平。

（3）每个聚类中的样本数

从表 17.15 中可以知道，聚类 3 所包含的样本数最多，为 9 个，聚类 4、5 所包含的样本数最少，为 2 个。

表 17.13　聚类结果

聚类成员			
个案号	城市	聚类	距离
1	北京	2	1217.401
2	天津	3	991.738
3	石家庄	3	937.118
4	太原	1	1569.668
5	呼和浩特	5	.000
6	沈阳	3	285.896
7	大连	3	.000
8	长春	1	.000
9	哈尔滨	5	1393.102
10	上海	2	831.934
11	南京	4	1098.662
12	无锡	2	1001.830
13	苏州	3	789.427
14	杭州	3	1193.542
15	青岛	2	.000
16	郑州	3	1075.653
17	武汉	3	1138.630
18	长沙	2	1457.484
19	广州	3	1016.241
20	深圳	4	.000
21	银川	1	1095.853
22	乌鲁木齐	2	1070.007

表 17.14　最终聚类中心表

最终聚类中心					
	聚类				
	1	2	3	4	5
大专及以上	2144.73	1425.70	896.40	2952.10	2470.10
中专及高中	1551.97	1038.97	661.61	2225.45	1891.90
初中	1025.30	513.05	656.60	1900.60	1275.55
小学	1568.43	687.93	500.58	1859.40	272.10
小学以下	151.43	613.03	393.79	1266.35	1078.75

表 17.15　每个聚类的样本数统计表

每个聚类中的个案数目		
聚类	1	3.000
	2	6.000
	3	9.000
	4	2.000
	5	2.000
有效		22.000
缺失		.000

结论：南京、深圳等城市的城镇居民无论文化水平，其 2007 年人均旅游消费支出都处于全国最高档水平上；太原、长春、银川等城市的人均旅游消费支出的特点是：大专及以上、中专及高中、初中的人均消费支出排在第三位，处于中等水平，小学的人均消费支出排在第二位，处在较高水平，小学以下的人均旅游消费支出最低；北京、上海、无锡、青岛、长沙、乌鲁木

齐等城市的人均旅游消费支出的特点是：大专及以上、中专及高中的人均消费排在第四位，处于较低水平，初中的人均消费处于最低水平，其余各职业人均旅游消费支出都处于中档水平；天津、石家庄、沈阳、大连、苏州、杭州、郑州、武汉、广州等城市的人均旅游消费支出的特点是：大专及以上、中专及高中的人均旅游消费支出最低，其余各职业人均旅游消费支出均排在第四位，处于较低水平；呼和浩特、哈尔滨等城市的人均旅游消费支出的特点是：大专及以上、中专及高中、初中、小学以下的人均旅游消费支出均排在第二位，小学的人均消费处于最低水平。

17.3.4　各城市国内旅游出游人均花费按收入水平进行的聚类分析

📹	下载资源\video\chap17\...
💻	下载资源\sample\17\正文\原始数据文件\案例17.4.sav

表 17.16 是 2007 年我国 22 座城市城镇居民国内旅游出游人均花费按家庭月平均收入进行分类的数据。

表 17.16　我国 2007 年城镇居民国内旅游出游人均花费情况统计（按家庭月平均收入分组，单位：元/人）

城市	五千元以上	四千元到五千元	三千元到四千元	二千元到三千元	一千元到二千元
北京	1217.80	703.00	797.70	1063.20	1127.20
天津	1136.40	941.70	712.40	797.80	387.80
石家庄	1424.90	1144.70	604.60	729.00	334.40
太原	5157.20	1376.60	1376.80	1293.40	1369.30
呼和浩特	2036.10	3301.40	1604.30	1898.80	1680.50
沈阳	490.20	508.30	387.40	341.60	359.30
大连	475.30	374.30	391.80	323.60	222.50
长春	3688.10	2355.00	2677.70	1698.20	2548.90
哈尔滨	1558.40	4207.10	1680.20	2066.40	1145.90
上海	1082.80	384.50	754.40	602.60	467.70
南京	2952.60	2651.60	2734.00	2066.80	1741.80
无锡	1905.60	1666.40	812.00	855.10	387.50
苏州	335.60	1340.90	1041.10	561.20	767.80
杭州	1550.50	842.60	679.00	696.70	858.00
青岛	1287.50	1390.80	1113.20	1252.60	1008.10
郑州	621.50	950.80	802.50	1505.00	737.00
武汉	1341.10	1062.80	804.40	763.90	538.40
长沙	1533.50	1651.20	825.90	1206.20	1444.10
广州	921.00	659.50	707.00	868.50	67.70
深圳	1217.80	703.00	797.70	1063.20	1127.20
银川	1136.40	941.70	712.40	797.80	387.80
乌鲁木齐	1424.90	1144.70	604.60	729.00	334.40

在 SPSS 中录入相关数据，同样定义 6 个变量，分别为"城市""五千元以上""四千元到五千元""三千元到四千元""二千元到三千元""一千元到二千元"。我们将"城市"定义为字符型变量，其余 5 个变量均定义为数值型。录入完成后，数据如图 17.6 所示。

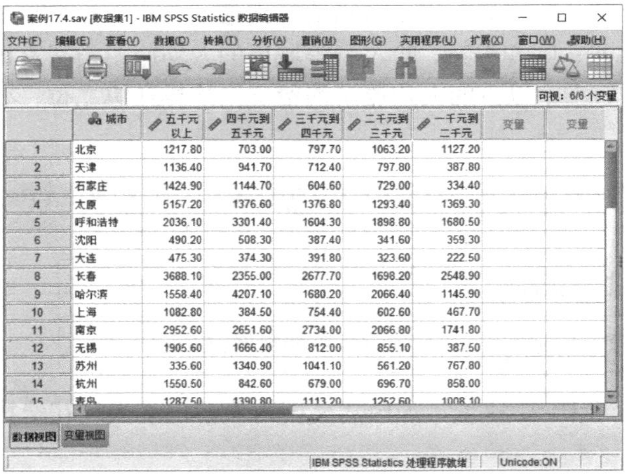

图 17.6　案例 17.4

先进行数据保存，然后开始展开分析，步骤如下：

01 进入 SPSS 24.0，打开相关数据文件，选择"分析"|"分类"|"K-均值聚类"命令，弹出"K 均值聚类分析"对话框。

02 选择进行聚类分析的变量。在"K 均值聚类分析"对话框的左侧列表框中，选择"城市"并单击 ⮕ 按钮使之进入"个案标注依据"列表框，选择其他 5 个变量并单击 ⮕ 按钮，使之进入"变量"列表框。在"聚类数"文本框中输入聚类分析的类别数 5。在"方法"选项组中选中"仅分类"复选框。

03 设置输出及缺失值处理方法。单击"K 均值聚类分析"对话框中的"选项"按钮，弹出如图 17.3 所示的对话框。在"统计"选项组中选中全部的 3 个复选框，其他选择默认值。单击"继续"按钮返回"K 均值聚类分析"对话框。

04 其他设置采用系统默认值。

05 设置完毕后，单击"确定"按钮，等待输出结果。

结果分析如下。

（1）聚类结果

从表 17.17 中可以知道，长春、南京属于第一类，天津、石家庄、沈阳、大连、上海、苏州、广州、银川、乌鲁木齐属于第二类，北京、无锡、杭州、青岛、郑州、武汉、长沙、深圳属于第三类，太原属于第四类，呼和浩特、哈尔滨属于第五类。

表 17.17　聚类结果

聚类成员			
个案号	城市	聚类	距离
1	北京	3	1058.499
2	天津	2	1055.448
3	石家庄	2	1310.500
4	太原	4	.000
5	呼和浩特	5	1169.674
6	沈阳	2	192.965
7	大连	2	.000
8	长春	1	.000
9	哈尔滨	5	.000
10	上海	2	799.126
11	南京	1	1191.376
12	无锡	3	1174.120
13	苏州	2	1315.001
14	杭州	3	1130.843
15	青岛	3	634.913
16	郑州	3	1382.796
17	武汉	3	1183.054
18	长沙	3	.000
19	广州	2	836.790
20	深圳	3	1058.499
21	银川	2	1055.448
22	乌鲁木齐	2	1310.500

（2）最终聚类中心

从表 17.18 中可以看出，第一类城市中五千元以上、四千元到五千元、二千元到三千元的人均旅游消费排在第二位，处于较高水平，其他的人均消费支出排在第一位，处在最高水平；第二类的人均旅游消费支出都处于最低水平；第三类所代表城市的人均旅游消费支出的特点是：所有均排在第四位，处于较低水平；第四类的特点是五千元以上花费支出最高，其他的排在第三位，处于中档水平；第五类则是四千元到五千元、二千元到三千元都处在最高水平，五千元以上处在中档水平，其他处在次高水平。

（3）每个聚类中的样本数

从表 17.19 中可以知道，聚类 2 所包含的样本数最多，为 9 个，聚类 4 所包含的样本数最少，为 1 个。

表17.18　最终聚类中心表

最终聚类中心					
	聚类				
	1	2	3	4	5
五千元以上	3320.35	936.39	1334.41	5157.20	1797.25
四千元到五千元	2503.30	826.70	1121.33	1376.60	3754.25
三千元到四千元	2705.85	657.30	829.05	1376.80	1642.25
二千元到三千元	1882.50	639.01	1050.74	1293.40	1982.60
一千元到二千元	2145.35	369.93	903.44	1369.30	1413.20

表17.19　每个聚类的样本数统计表

每个聚类中的个案数目		
聚类	1	2.000
	2	9.000
	3	8.000
	4	1.000
	5	2.000
有效		22.000
缺失		.000

结论：长春、南京等城市的城镇居民中家庭月平均收入五千元以上、四千元到五千元、二千元到三千元的人均旅游消费支出排在第二位，处于较高水平，其他的人均消费支出排在第一位，处在最高水平；天津、石家庄、沈阳、大连、上海、苏州、广州、银川、乌鲁木齐等城市的人均旅游消费支出从各种水平都处于最低水平；北京、无锡、杭州、青岛、郑州、武汉、长沙、深圳的人均旅游消费支出的特点是：所有均排在第四位，处于较低水平；太原的人均旅游消费支出的特点是：五千元以上花费支出最高，其他的排在第三位，处于中档水平；呼和浩特、哈尔滨的人均旅游消费支出的特点是：四千元到五千元、二千元到三千元都处在最高水平，五千元以上处在中档水平，其他处在次高水平。

17.3.5　各城市国内旅游出游人均花费按旅游目的进行的聚类分析

📹	下载资源\video\chap17\...
💻	下载资源\sample\17\正文\原始数据文件\案例17.5.sav

表 17.20 是 2007 年我国 22 座城市城镇居民国内旅游出游人均花费按旅游目的进行分类的数据。

将数据录入 SPSS 中，变量分别为"城市""观光游览""探亲访友""商务""公务会议""度假休闲"。我们将"城市"定义为字符型变量，其余 5 个变量均定义为数值型。录入完成后，数据如图 17.7 所示。

表 17.20 我国 2007 年城镇居民国内旅游出游人均花费情况统计（按旅游目的分组，单位：元/人）

城市	观光游览	探亲访友	商务	公务会议	度假休闲
北京	1272.1	805.4	2302.0	1629.3	653.6
天津	971.6	646.6	1244.7	1231.8	1026.1
石家庄	989.9	352.3	3058.0	1364.0	1124.8
太原	1331.2	1462.2	0	0	1824.3
呼和浩特	2436.0	1298.2	3135.0	814.0	1748.6
沈阳	385.9	358.6	530.1	1576.5	474.8
大连	350.5	351.5	1958.2	1246.9	151.4
长春	2332.9	2624.6	4594.0	3742.5	1330.4
哈尔滨	1623.5	1798.3	3032.4	3670.7	1986.4
上海	936.5	2104.3	877.3	2738.5	650.7
南京	2381.0	1671.7	2783.0	0	2227.2
无锡	1066.5	1113.3	970.2	0	1168.2
苏州	595.3	903.3	0	0	114.4
杭州	1359.3	467.6	869.0	1619.6	452.2
青岛	1485.5	804.8	2254.7	892.5	902.0
郑州	966.3	468.7	0	660.0	330.0
武汉	1098.9	500.5	2568.7	1365.1	1175.0
长沙	1864.1	1006.2	1759.1	0	606.5
广州	785.0	1195.6	64.9	1480.5	750.0
深圳	3911.8	1572.7	2983.4	948.6	1989.7
银川	1598.3	1033.2	5011.6	1815.2	1483.5
乌鲁木齐	1315.0	1398.6	4671.3	2129.6	407.3

图 17.7　案例 17.5

先做一下数据保存，然后开始展开分析，步骤如下：

01 进入 SPSS 24.0，打开相关数据文件，选择"分析"|"分类"|"K-均值聚类"命令，弹出"K 均值聚类分析"对话框。

02 选择进行聚类分析的变量。在对话框的左侧列表框中，选择"城市"并单击➡按钮使之进入"个案标注依据"列表框，选择其他 5 个变量并单击➡按钮，使之进入"变量"列表框。在"聚类数"文本框中输入聚类分析的类别数 5，在"方法"选项组中选中"仅分类"复选框。

03 设置输出及缺失值处理方法。单击"K 均值聚类分析"对话框中的"选项"按钮，弹出如图 17.3 所示的对话框。在"统计"选项组中选中全部的 3 个复选框。单击"继续"按钮返回"K 均值聚类分析"对话框。

04 其他设置采用系统默认值。

05 设置完毕后，单击"确定"按钮，等待输出结果。

结果分析如下。

（1）聚类结果

从表 17.21 中可以知道，北京、天津、沈阳、大连、上海、苏州、杭州、青岛、郑州、武汉、广州属于第一类，长春、哈尔滨属于第二类，石家庄、银川、乌鲁木齐属于第三类，太原、无锡、长沙属于第四类，呼和浩特、南京、深圳属于第五类。

（2）最终聚类中心

从表 17.22 中可以看出，第一类中代表旅游目的为观光游览、探亲访友、度假休闲的处于最低水平，商务处于较低水平，公务会议处于中档水平；第二类的特点是观光游览、商务、度假休闲的处于较高水平，其他的处于最高水平；第三类的是观光游览、探亲访友、度假休闲都处于较低水平，商务处于最高水平，公务会议处于较高水平；第四类是观光游览、探亲访友、度假休闲都处于中档水平，其他处于最低水平；第五类则是观光游览、度假休闲处于最高水平，探亲访友处于次高水平，商务处于中档水平，公务会议处于较低水平。

表 17.21　聚类结果

聚类成员

个案号	城市	聚类	距离
1	北京	1	2039.453
2	天津	1	1165.929
3	石家庄	3	2232.168
4	太原	4	.000
5	呼和浩特	5	1533.807
6	沈阳	1	.000
7	大连	1	1501.332
8	长春	2	.000
9	哈尔滨	2	2014.970
10	上海	1	2202.808
11	南京	5	1830.180
12	无锡	4	1250.421
13	苏州	1	1799.109
14	杭州	1	1037.598
15	青岛	1	2243.394
16	郑州	1	1221.037
17	武汉	1	2284.593
18	长沙	4	2251.530
19	广州	1	1077.595
20	深圳	5	.000
21	银川	3	.000
22	乌鲁木齐	3	1259.617

表 17.22　最终聚类中心表

最终聚类中心

	聚类				
	1	2	3	4	5
观光游览	927.90	1978.20	1301.07	1420.60	2909.60
探亲访友	782.45	2211.45	928.03	1193.90	1514.20
商务	1151.78	3813.20	4246.97	909.77	2967.13
公务会议	1312.79	3706.60	1769.60	.00	587.53
度假休闲	607.29	1658.40	1005.20	1199.67	1988.50

（3）每个聚类中的样本数

从表 17.23 中可以知道，聚类 1 所包含样本数最多，为 11 个，聚类 2 所包含样本数最少，为 2 个。

结论：北京、天津、沈阳、大连、上海、苏州、杭州、青岛、郑州、武汉、广州的人均旅游消费支出的特点是，旅游目的为观光游览、探亲访友、度假休闲的处于最低水平，商务处于较低水平，公务会议处于中档水平；长春、哈尔滨的人均旅游消费支出中观光游览、商务、度假休闲处于较高水平，其他的处于最高水平；石家庄、银川、乌鲁木齐的人均旅游消费支出的特点是观光游览、探亲访友、度假休闲都处于较低水平，商务处于最高水平，公务会议处于较高水平；太原、无锡、长沙的特点是观光游览、探亲访友、度假休闲都处于中档水平，其他处于最低水平；呼和浩特、南京、深圳的则是观光游览、度假休闲处于最高水平，探亲访友处于次高水平，商务处于中档水平，公务会议处于较低水平。

表 17.23　每个聚类的样本数统计表

每个聚类中的个案数目		
聚类	1	11.000
	2	2.000
	3	3.000
	4	3.000
	5	3.000
有效		22.000
缺失		.000

17.3.6　各风景区按其自身特点进行的聚类分析

📹	下载资源\video\chap17\...
💻	下载资源\sample\17\正文\原始数据文件\数据17.6

表 17.24 是 2007 年我国部分国家级风景名胜区的统计数据。我们选取了 26 个著名的风景区并查找了其相关资料，包括风景名胜区面积、游人量、景区资金收入、景区资金支出等，准备按照这些特征变量对风景名胜区名称进行聚类分析。

表 17.24　部分国家级风景名胜区数据统计

风景名胜区名称	风景名胜区面积（平方公里）	游人量（万人次）	景区资金收入（万元）	景区资金支出（万元）
十八重溪	62	7	205	210
青云山	52	61	3700	7500
鼓山	50	235	714	783
鼓浪屿	209	1108	38559	31077
玉华洞	45	75	920	2100
金湖	140	60	2400	1700
桃源洞	29	14	603	550
清源山	62	29	978	1045
武夷山	79	250	25000	29000
冠豸山	123	135	985	1403
鸳鸯溪	66	30	2438	5550
太姥山	320	115	47800	3500
梅岭	154	100	3088	2221
高岭	109	11	1849	3600

（续表）

风景名胜区名称	风景名胜区面积（平方公里）	游人量（万人次）	景区资金收入（万元）	景区资金支出（万元）
云居山	680	103	3630	43900
仙女湖	198	65	2204	2000
三百山	138	23	540	3051
武功山	445	6	620	900
井冈山	333	350	25000	59900
龟峰	39	48	1180	1180
三清山	229	103	9281	75000
青岛崂山	462	2641	13589	13383
博山	73	370	4100	3530
胶东半岛	92	669	36785	27641
青州	59	33	485	510
泰山	426	233	14742	15254

容易发现本例中有 5 个变量，分别为"风景名胜区名称""风景名胜区面积""游人量""景区资金收入""景区资金支出"。我们将"风景名胜区名称"定义为字符型变量，其余 4 个变量均定义为数值型，然后录入相关数据。录入完成后，数据如图 17.8 所示。

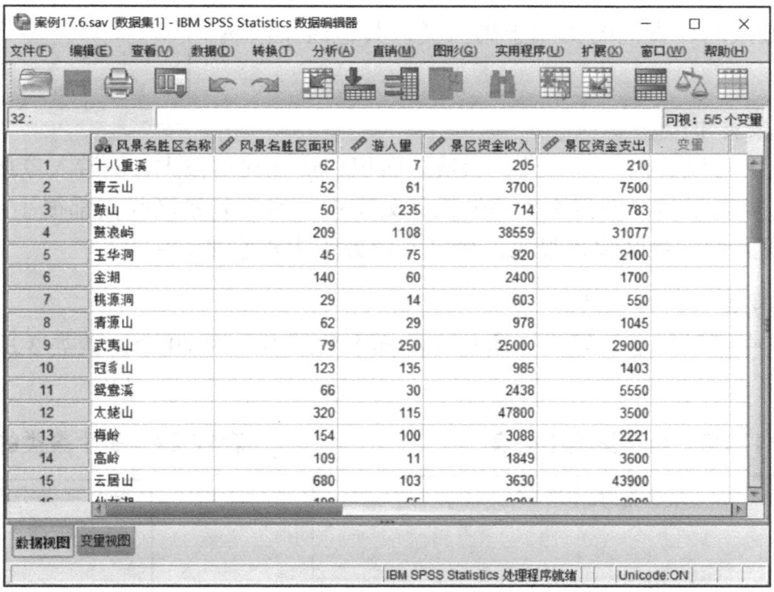

图 17.8　案例 17.6

这里观察到不同变量的数量级相差太大，所以要先对数据进行标准化处理，然后再进行分析。处理方法可参见第2.2节——描述性分析，这里不再介绍。

处理完成后，进行数据保存，然后我们开始展开分析，步骤如下：

01 进入 SPSS 24.0，打开相关数据文件，选择"分析"|"分类"|"K-均值聚类"命令，弹出"K 均值聚类分析"对话框。

02 选择进行聚类分析的变量。在"K 均值聚类分析"对话框的左侧列表框中，选择"风景名胜区名称"并单击➡按钮使之进入"个案标注依据"列表框，选择变量"Zscore（风景名胜区面积）""Zscore（游人量）""Zscore（景区资金收入）""Zscore（景区资金支出）"并单击➡按钮，使之进入"变量"列表框。在"聚类数"文本框中输入聚类分析的类别数3。在"方法"选项组中选中"仅分类"复选框。

03 设置输出及缺失值处理方法。单击"K 均值聚类分析"对话框中的"选项"按钮，弹出如图17.3所示的对话框。在"统计"选项组中选中全部的 3 个复选框，其他选择默认值。设置完毕后，单击"继续"按钮返回"K 均值聚类分析"对话框。

04 其他设置采用系统默认值即可。

05 设置完毕后，单击"确定"按钮，等待输出结果。

结果分析如下。

（1）聚类结果

从表 17.25 中可以知道，云居山、井冈山、三清山、泰山属于第一类，鼓浪屿、青岛崂山属于第三类，其他风景区属于第二类。

（2）最终聚类中心

从表 17.26 中可以看出，第一类表示景区面积和资金支出很大，但游人量最小且收入处于中等水平；第二类表示景区面积不大但游人量处于中等水平且景区收支都很小；第三类表示景区面积适中且游人量、景区收入最大，景区支出处于中档水平。

（3）每个聚类中的样本数

从表 17.27 中可以知道，聚类 2 所包含的样本数最多，为 20 个，聚类 3 所包含的样本数最少为两个。

表 17.25　聚类结果

聚类成员			
个案号	风景名胜区名称	聚类	距离
1	十八重溪	2	.201
2	青云山	2	.446
3	鼓山	2	.427
4	鼓浪屿	3	3.793
5	玉华洞	2	.169
6	金湖	2	.685
7	桃源洞	2	.000
8	清源山	2	.203
9	武夷山	2	2.342
10	冠豸山	2	.607
11	鸳鸯溪	2	.362
12	太姥山	2	3.865
13	梅岭	2	.790
14	高岭	2	.511
15	云居山	1	.000
16	仙女湖	2	1.025
17	三百山	2	.664
18	武功山	2	2.489
19	井冈山	1	2.755
20	龟峰	2	.101
21	三清山	1	3.145
22	青岛崂山	3	.000
23	博山	2	.767
24	胶东半岛	2	3.227
25	青州	2	.183
26	泰山	1	2.256

表17.26　最终聚类中心表

最终聚类中心			
	聚类		
	1	2	3
Zscore(风景名胜区面积)	1.41951	-.37709	.93184
Zscore(游人量)	-.12381	-.27219	2.96949
Zscore(景区资金收入)	.28287	-.17901	1.22439
Zscore(景区资金支出)	1.78531	-.40368	.46616

表17.27　每个聚类的样本数统计表

每个聚类中的个案数目		
聚类	1	4.000
	2	20.000
	3	2.000
有效		26.000
缺失		.000

结论：云居山、井冈山、三清山、泰山景区面积和资金支出很大，但游人量最小，收入处于中等水平；鼓浪屿、青岛崂山景区面积适中且游人量、景区收入最大，景区支出处于中档水平；其他景区面积不大但游人量处于中等水平，而景区收支都很小。

17.4 研究结论

根据以上所做的分析，我们可以比较有把握地得出以下结论。

（1）按性别和年龄进行分类

太原、呼和浩特、哈尔滨、青岛、长沙、银川、乌鲁木齐等城市的城镇居民无论男女老少，其2007年人均旅游消费支出都处于全国中档水平上；长春、南京、深圳等城市的城镇居民无论男女老少，其2007年人均旅游消费支出都处于全国高档水平上；除以上城市之外的其他城市的城镇居民无论男女老少，其2007年人均旅游消费支出都处于全国低档水平上。

（2）按职业进行分类

呼和浩特、南京、深圳等城市的城镇居民无论什么职业，其07年人均旅游消费支出都处于全国最高水平上；北京、太原、长春、哈尔滨、上海、杭州、青岛、武汉、乌鲁木齐等城市公务员这一职业的人均消费支出处于较高水平，其余各职业人均旅游消费支出均处于较低水平；天津、石家庄、沈阳、大连、苏州、广州等城市公务员这一职业的人均消费处于较低水平，其余各职业人均旅游消费支出都处于最低水平；无锡、郑州、长沙、银川等城市的城镇居民公务员这一职业的人均旅游消费支出处于最低水平，其余各职业人均旅游消费支出均处于较高水平。

（3）按文化水平进行分类

南京、深圳等城市的城镇居民无论文化水平，其2007年人均旅游消费支出都处于全国最高水平上；太原、长春、银川等城市的人均旅游消费支出的特点是大专及以上、中专及高中、初中的人均消费支出均处于中等水平，小学的人均消费支出处在较高水平，小学以下的人均旅游消费支出最低；北京、上海、无锡、青岛、长沙、乌鲁木齐等城市的人均旅游消费支出的特点是大专及以上、中专及高中的人均消费处于较低水平，初中的人均消费处于最低水平，其余各职业人均旅游消费支出都处于中档水平；天津、石家庄、沈阳、大连、苏州、杭州、郑州、武汉、广州等城市的人均旅游消费支出的特点是大专及以上、中专及高中的人均旅游消费支出最低，其余各职业人均旅游消费支出均处于较低水平；呼和浩特、哈尔滨等城市的人均旅游消费支出的特点是大专及以上、中专及高中、初中、小学以下的人均旅游消费支出均排在第二位，小学的人均消费处于最低水平。

（4）按收入水平进行分类

长春、南京等城市的城镇居民2007年人均旅游消费支出的特点是月平均收入五千元以上、四千元到五千元、二千元到三千元的处于较高水平，其他的人均消费支出处在最高水平；天津、石家庄、沈阳、大连、上海、苏州、广州、银川、乌鲁木齐等城市的人均旅游消费支出的特点是所有都处于最低水平；北京、无锡、杭州、青岛、郑州、武汉、长沙、深圳所代表的人均旅游消费支出的特点是所有均处于较低水平；太原的人均旅游消费支出的特点是五千元以上花费支出最高，其他的排在第三位，即处于中档水平；呼和浩特、哈尔滨的人均旅游消费支出的特点是四千元到五千元、二千元到三千元都处在最高水平，五千元以上处在中档水平，其他处在次高水平。

（5）按旅游目的进行分类

北京、天津、沈阳、大连、上海、苏州、杭州、青岛、郑州、武汉、广州的人均旅游消费支出特点是旅游目的为观光游览、探亲访友、度假休闲的处于最低水平，商务的处于较低水平，公务会议的处于中档水平；长春、哈尔滨的人均旅游消费支出的特点是观光游览、商务、度假休闲的处于较高水平，其他的处于最高水平；石家庄、银川、乌鲁木齐的人均旅游消费支出特点是观光游览、探亲访友、度假休闲都处于较低水平，商务处于最高水平，公务会议处于较高水平；太原、无锡、长沙的人均旅游消费支出特点是观光游览、探亲访友、度假休闲都处于中档水平，其他处于最低水平；呼和浩特、南京、深圳的人均旅游消费支出特点是观光游览、度假休闲处于最高水平，探亲访友处于次高水平，商务处于中档水平，公务会议处于较低水平。

（6）各风景区按其自身特点进行分类

云居山、井冈山、三清山、泰山景区面积和资金支出很大，但游人量最小且收入处于中等水平；鼓浪屿、青岛崂山景区面积适中且游人量、景区收入最大，景区支出处于中档水平；其他景区面积不大但游人量处于中等水平，景区收支都很小。

17.5 本章习题

1. 表 17.28 是 2006 年我国 22 座城市城镇居民国内旅游出游人均花费按性别和年龄进行分类的数据。试据此用正文介绍的方法将各城市按性别和年龄进行聚类。

表 17.28 我国 2006 年城镇居民国内旅游出游人均花费情况统计（按城市、性别和年龄分组，单位：元/人）

城市	男	女	65岁及以上	45~65岁	25~44岁	15~24岁	0~14岁
北京	939.5	796.3	591.3	874.3	1046.6	704.2	494.1
天津	808.9	716.2	821.7	843.5	779.5	493.5	468.2
石家庄	647.0	665.8	238.6	551.9	886.9	530.1	608.6
太原	1159.7	1857.1	1215.1	841.8	1569.7	3292.9	656.9
呼和浩特	2058.3	1800.2	1547.9	2233.1	2018.3	80.7	1116.0
沈阳	427.1	366.9	418.6	390.5	390.3	564.3	176.0
大连	309.8	249.4	180.5	237.8	403.3	277.5	113.0
长春	2553.8	1877.8	1161.3	3123.5	2062.4	1410.2	1101.9
哈尔滨	1408.2	1093.3	746.9	1349.1	1366.6	1450.0	331.6
上海	819.7	1116.1	2924.0	626.6	1019.0	1107.7	588.4
南京	1570.0	1138.6	2082.8	1175.7	1338.3	1327.9	994.0
无锡	1451.5	909.9	1215.9	635.7	1577.0	961.7	1350.4
苏州	3002.7	822.7	547.4	732.7	7429.0	686.4	2068.0
杭州	802.6	821.7	599.8	897.2	822.2	893.9	413.1
青岛	1347.8	1498.6	1336.0	1471.4	1583.6	1161.6	207.1
郑州	847.1	796.8	1077.3	825.5	854.3	596.5	660.7
武汉	1312.3	989.6	1166.3	1209.3	1134.8	884.5	527.3

（续表）

城市	男	女	65岁及以上	45~65岁	25~44岁	15~24岁	0~14岁
长沙	1623.4	1115.4	1092.6	1495.3	1441.2	1209.4	446.4
广州	591.2	668.3	466.4	685.9	690.9	628.3	418.8
深圳	1767.1	1820.6	425.7	1903.1	1876.1	1865.9	1091.8
银川	1202.6	1412.0	961.7	1186.8	1370.3	1004.4	1608.2
乌鲁木齐	598.4	1019.6	528.0	763.3	1012.8	671.9	312.3

2. 表 17.29 是 2006 年我国 22 座城市城镇居民国内旅游出游人均花费按职业进行分类的数据。试据此用正文介绍的方法将各城市按职业进行聚类。

表 17.29　我国 2006 年城镇居民国内旅游出游人均花费情况统计（按职业分组，单位：元/人）

城市	公务员	企事业管理人员	技术人员	商贸人员	工人
北京	1622.3	1319.2	1090.0	647.6	717.6
天津	1529.9	942.0	777.1	613.8	599.4
石家庄	1226.2	836.7	938.9	636.4	481.7
太原	1045.0	1516.2	691.7	2113.1	1659.2
呼和浩特	1688.7	2256.5	2855.2	1265.4	561.0
沈阳	519.8	527.4	449.4	405.5	456.5
大连	637.3	354.7	552.4	387.2	239.5
长春	1870.1	2635.9	2640.7	1606.5	2056.1
哈尔滨	2746.9	2219.1	1351.4	1094.0	848.7
上海	1264.7	1116.1	1013.2	851.0	808.7
南京	2110.2	1201.5	1694.0	820.0	674.3
无锡	2108.2	1258.6	1729.0	818.0	397.7
苏州	9218.0	15195.7	1072.3	550.0	700.1
杭州	1325.1	1481.6	594.7	999.2	900.6
青岛	2115.9	2043.6	1279.4	2274.2	787.9
郑州	902.8	1020.2	961.8	183.0	1032.4
武汉	2344.5	1415.0	2133.4	840.0	915.2
长沙	1611.0	2181.8	2090.2	1136.9	402.7
广州	740.4	552.1	800.7	750.6	779.7
深圳	1834.6	1717.9	1851.2	2041.3	2549.6
银川	1554.7	1675.1	2129.3	1165.8	1016.1
乌鲁木齐	1792.2	831.1	1031.5	808.3	382.3

3. 表 17.30 是 2006 年我国 22 座城市城镇居民国内旅游出游人均花费按文化水平进行分类的数据。试据此用正文介绍的方法将各城市按文化水平进行聚类。

表 17.30　我国 2006 年城镇居民国内旅游出游人均花费情况统计（按文化水平分组，单位：元/人）

城市	大专及以上	中专及高中	初中	小学	小学以下
北京	1158.8	641.5	567.2	459.3	129.6
天津	914.0	706.9	634.6	558.9	531.1
石家庄	950.3	604.0	451.6	510.1	327.8
太原	1189.2	1178.3	2867.3	781.0	1469.1
呼和浩特	2506.8	1031.5	1794.2	1764.4	286.0
沈阳	499.4	332.8	307.3	214.1	116.0
大连	370.2	261.3	197.7	222.6	88.8
长春	2382.9	2003.9	1089.3	716.1	2200.0
哈尔滨	1670.1	1103.5	925.1	292.4	351.8
上海	1068.6	1242.4	595.6	492.9	222.9
南京	1729.3	988.9	1066.2	1216.6	465.2
无锡	1556.8	851.4	823.0	1602.5	121.0
苏州	5373.1	622.6	527.7	523.7	440.0
杭州	994.9	806.2	681.3	523.8	530.8
青岛	1760.4	1288.0	859.9	265.1	143.4
郑州	989.1	770.5	623.5	563.9	739.8
武汉	1525.5	1044.7	600.9	534.2	51.7
长沙	1744.1	1128.9	640.0	498.0	340.2
广州	820.5	631.0	480.0	510.5	263.5
深圳	1980.0	1509.6	1859.3	927.1	315.3
银川	1527.7	1223.3	1099.5	1410.2	0
乌鲁木齐	1016.5	825.2	507.9	439.7	254.6

4．表 17.31 是 2006 年我国 22 座城市城镇居民国内旅游出游人均花费按收入水平进行分类的数据。试据此用正文介绍的方法将各城市按收入水平进行聚类。

表 17.31　我国 2006 年城镇居民国内旅游出游人均花费情况统计（按家庭月平均收入分组，单位：元/人）

城市	5000元以上	4000~4999元	3000~3999元	2000~2999元	1000~1999元
北京	1129.4	783.2	548.9	731.6	707.1
天津	931.4	840.2	956.7	647.7	501.3
石家庄	831.8	1062.2	607.1	658.0	314.0
太原	1445.7	955.9	1312.5	1194.2	3510.0
呼和浩特	1831.9	2343.1	1739.5	2253.0	1855.4
沈阳	633.7	355.2	552.6	396.4	296.8
大连	493.3	248.7	310.2	290.6	229.0
长春	4457.2	2500.1	2070.1	1878.0	868.4
哈尔滨	1057.5	2133.7	1804.4	1548.6	1314.8

（续表）

城市	5000元以上	4000~4999元	3000~3999元	2000~2999元	1000~1999元
上海	927.8	666.3	1590.0	839.3	629.6
南京	1268.2	1930.0	1199.4	1163.7	851.6
无锡	767.6	2788.4	1497.2	904.5	971.5
苏州	11975.1	345.0	1441.0	879.9	413.8
杭州	1272.3	551.7	928.1	608.5	727.8
青岛	1579.6	2272.2	1825.2	1430.9	824.8
郑州	1172.6	845.9	864.5	1031.5	778.4
武汉	2163.4	1442.7	1083.7	1214.3	890.2
长沙	1491.7	2173.5	1280.6	1494.3	927.1
广州	537.9	715.0	802.1	654.8	587.0
深圳	1970.4	1777.4	1820.1	1328.7	1343.0
银川	2527.8	1817.7	1538.8	1221.2	1248.8
乌鲁木齐	0	3938.0	1101.5	528.8	755.7

5．表 17.32 是 2006 我国 22 座城市城镇居民国内旅游出游人均花费按旅游目的进行分类的数据。试据此用正文介绍的方法将各城市按旅游目的进行聚类。

表 17.32　我国 2007 年城镇居民国内旅游出游人均花费情况统计（按旅游目的分组，单位：元/人）

城市	观光游览	探亲访友	商务	公务会议	度假休闲
北京	911.5	889.7	1025.2	1909.6	671.5
天津	819.1	618.5	833.2	1324.0	822.4
石家庄	653.9	349.8	905.0	1930.5	789.9
太原	1689.6	871.1	0	2898.5	1007.9
呼和浩特	2876.1	1067.6	453.2	2810.5	1162.3
沈阳	411.3	315.0	1742.0	609.7	303.2
大连	307.7	316.6	217.8	1286.1	138.2
长春	1726.2	844.7	3313.0	4222.3	1684.1
哈尔滨	1066.1	1008.2	2955.5	2687.0	1249.6
上海	737.8	2548.2	4786.1	780.5	783.4
南京	1236.6	1170.6	1876.3	976.3	2420.9
无锡	1028.9	388.1	2204.6	0	2727.1
苏州	1940.2	464.0	11843.3	762.3	550.0
杭州	987.9	517.3	343.8	1860.1	387.3
青岛	1514.3	829.5	4390.8	2950.4	1202.9
郑州	823.8	681.7	335.5	0	863.3
武汉	1341.6	964.2	4860.2	2427.9	879.4
长沙	1585.3	1379.9	4369.4	2326.5	553.3
广州	721.8	719.7	233.2	662.8	358.5

（续表）

城市	观光游览	探亲访友	商务	公务会议	度假休闲
深圳	2466.9	1086.1	1013.5	1466.9	1785.3
银川	1577.7	965.8	2824.8	915.2	1333.6
乌鲁木齐	553.2	875.0	2418.9	3584.4	364.2

6. 根据下列 26 个著名的风景区的相关资料（见表 17.33），按照相关特征变量对风景名胜区名称进行聚类分析。

表 17.33　部分国家级风景名胜区数据统计

风景名胜区名称	风景名胜区面积（平方公里）	游人量（万人次）	景区资金收入（万元）	景区资金支出（万元）
西岭雪山	483	58	9150	4532
青城山	150	350	16321	3845
龙门山	81	49	940	715
天台山	106	20	2255	1508
剑门蜀道	597	196	1844	1359
白龙湖	482	1	210	190
峨眉山	138	668	364294	78534
蜀南竹海	120	58	29497	21053
石海洞乡	156	24	1651	1660
云雾山	775	30	3300	1500
黄龙寺	2060	440	72951	38649
四姑娘山	480	11	798	4558
泸沽湖	161	11	6400	1600
螺髻山	2240	8	597	270
红枫湖	200	14	820	780
赤水	630	70	3614	5311
龙宫	60	105	4505	3683
黄果树	163	403	142374	20800
紫云格	57	23	402	316
九龙洞	56	7	118	61
马岭河峡	450	10	428	428
织金洞	307	28	1204	988
水舞阳河	625	134	1762	1762
荔波樟江	275	70	4230	1250
都匀斗蓬	267	4	480	386
昆明滇池	685	456	9860	8200

第 18 章　SPSS 软件在医学研究领域中的应用举例

　　医学作为一门古老而经典的经验性学科，一直深受国内外研究者的关注。学者们之所以对医学有浓厚的兴趣，一方面是因为医学与人类的健康相关联，医学的发展关系到人类最根本的福祉；另一方面是因为医学具备巨大的实践价值，医学的研究成果可以相对容易地转化为生产力，从而带动国民经济的发展。近年来，由于统计学的发展和各种技术的进步，对数据进行定量分析被广泛地应用到医学研究中。本章我们就来介绍一下 SPSS 在医学研究中的应用。

18.1　研究背景及目的

　　背景一：进入 21 世纪以来，我国卫生事业快速发展，卫生费用支出迅速增加。

　　根据《中国社会统计年鉴 2008》提供的数据（如表 18.1 所示），可以发现，我国卫生费用呈现出不断递增的趋势。

表 18.1　我国历年卫生总费用统计（2001~2006）

年份	2001年	2002年	2003年	2004年	2005年	2006年
卫生总费用（亿元）	5025.9	5790.0	6584.1	7590.3	8659.9	9843.3

　　背景二：进入新世纪以来，我国医院、卫生院床位数增长迅速。

　　根据《中国统计摘要 2008》提供的数据（如表 18.2 所示），可以发现，从 2001 年到 2006 年，医院、卫生院床位张数不断递增。

表 18.2　医院、卫生院床位数统计（2001~2006）

年份	2001年	2002年	2003年	2004年	2005年	2006年
医院卫生院床位数（万张）	290.2	290.7	295.5	304.6	313.5	327.1

　　背景三：伴随着卫生费用、医院床位数的增加，我国医院的平均收入不断增长，而且速度很快。

　　根据《中国卫生统计年鉴 2008》提供的数据（如表 18.3 所示），可以发现，从 2001 年到 2006 年，我国平均每所医院总收入呈现出不断递增趋势。

表 18.3　我国历年卫生部门综合医院平均总收入统计（2001~2006）

年份	2001年	2002年	2003年	2004年	2005年	2006年
平均每所医院总收入（万元）	3537.9	3715.1	3969.4	5111.8	5575.6	6163.8

背景四:从"非典"到"禽流感""甲流",流行性传染病对我国居民的威胁始终存在,应该一直引起我们应有的关注。

从以上背景我们可以推断出:一方面我国居民用于卫生的费用不断增加,人们对卫生健康问题越来越重视,另一方面医院的硬件设施不断改善,平均收入不断提高,另外疾病一直威胁着人们的正常生活,人们同疾病的斗争就从来没有停止过,所以医学这一学科注定要引起人们不平常的思考和关注。在这种背景下,对医学的相关问题进行定量研究分析有着不同寻常的意义。

本章旨在通过介绍几种典型的 SPSS 数据分析方法在一些医学具体实例中的应用,使读者能够掌握更多的技能,从而能分析解决实际存在的医学数据分析问题。

18.2　研究方法

本例采用的数据有《40 名就诊患者低、高密度脂蛋白中的胆固醇含量及载脂蛋白的测量》、《60 例接受手术的前列腺癌患者淋巴结转移情况》《20 名婴儿的年龄与其丝状血红细胞凝集素的 IgG 水平》《中国主要年份儿童保健情况统计(1996~2007)》《中国 2006 年法定报告传染病发病及死亡情况统计》等。

首先,我们采用回归分析的方法对《40 名就诊患者低、高密度脂蛋白中的胆固醇含量及载脂蛋白的测量》《60 例接受手术的前列腺癌患者淋巴结转移情况》《20 名婴儿的年龄与其丝状血红细胞凝集素的 IgG 水平》等数据进行研究,以发现相关变量的关系。

然后,我们采用主成分分析的方法对《中国主要年份儿童保健情况统计(1996~2007)》提供的数据进行研究,找出能够代表我国儿童保健情况的指标。

最后,我们采用聚类分析的方法对《中国2006年法定报告传染病发病及死亡情况统计》进行研究,将各种传染病进行聚类,从而在以后的实践中能够更加系统地进行关注。

18.3　数据分析与报告

18.3.1　多重线性回归分析应用举例

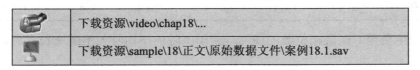

	下载资源\video\chap18\...
	下载资源\sample\18\正文\原始数据文件\案例18.1.sav

医学知识表明,血清中低密度脂蛋白增高和高密度脂蛋白降低往往会引起动脉硬化。研究者欲探索低、高密度脂蛋白中胆固醇的含量与载脂蛋白 A、载脂蛋白 B、载脂蛋白 E、载脂蛋白 C 之间的关系,所以选取了 40 名疑似患有动脉硬化的就诊患者,并检测其载脂蛋白 A、载脂蛋白 B、载脂蛋白 E、载脂蛋白 C、低密度脂蛋白中的胆固醇(这里简称为低密度脂蛋白)、高密度脂蛋白中的胆固醇含量(这里简称为高密度脂蛋白),得到测量结果如表 18.4 所示。

表 18.4　40 名疑似患有动脉硬化的就诊患者的相关数据（单位：mg/dl）

编号	载脂蛋白A	载脂蛋白B	载脂蛋白E	载脂蛋白C	低密度脂蛋白	高密度脂蛋白
1	168	104	7.3	14.3	137	63
2	138	130	6.3	17.8	163	44
3	199	114	6.9	16.7	135	82
4	120	137	7.3	15.7	187	40
5	139	94	8.6	14.1	138	52
6	175	160	12.8	20.3	215	66
…	…	…	…	…	…	…
38	168	131	8.5	16.3	150	60
39	130	139	6.3	10.3	196	45
40	162	150	11.5	33.6	156	50

　　此处我们仅对低密度脂蛋白中胆固醇含量与载脂蛋白 A、载脂蛋白 B、载脂蛋白 E、载脂蛋白 C 之间的关系进行研究，高密度脂蛋白中胆固醇含量与各载脂蛋白之间的关系留作习题。

　　首先我们要把数据录入到 SPSS 中。容易发现本例中有 6 个变量，分别取名为载脂蛋白 A、载脂蛋白 B、载脂蛋白 E、载脂蛋白 C、低密度脂蛋白、高密度脂蛋白。我们把这 6 个变量都定义为数值型变量，然后录入相关数据。录入完成后，数据如图 18.1 所示。

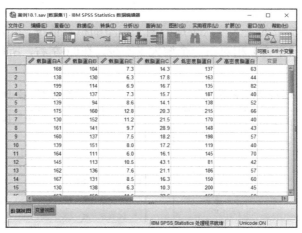

图 18.1　案例 18.1 数据

　　数据保存后开始展开分析，步骤如下：

　　01 进入 SPSS 24.0，打开相关数据文件，选择"分析"|"回归"|"线性"命令，弹出如图 18.2 所示的对话框。

　　02 选择进行多重线性回归分析的变量以及自变量的选入方法。在"线性回归"对话框的左侧列表框中，选中"低密度脂蛋白"并单击 按钮使之进入"因变量"列表框，然后同时选中"载脂蛋白 A""载脂蛋白 B""载脂蛋白 E""载脂蛋白 C"并单击 按钮，使之进入"自变量"列表框，最后在"自变量"下方的"方法"下拉列表中选择"步进"选项。

　　03 其他设置使用系统默认值即可。

　　04 设置完毕后，单击"确定"按钮，等待输出结果。

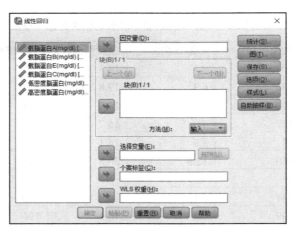

图 18.2   "线性回归"对话框

结果分析如下。

（1）变量输入或者移去的情况

表18.5给出了变量进入回归模型或者退出模型的情况。因为我们采取的是逐步法，所以本例中显示的是依次进入模型的变量以及变量进入与剔除的判别标准。

（2）模型拟合情况表

表18.6给出了随着变量的进入依次形成的两个模型的拟合情况。可以发现第二个模型的修正可决系数（调整后的R平方）相对第一个增大了不少，在0.6左右，所以，模型的拟合情况还可以。

表 18.5   变量输入或者移去的情况

输入/除去的变量[a]

模型	输入的变量	除去的变量	方法
1	载脂蛋白B (mg/dl)	.	步进（条件：要输入的 F 的概率 <= .050，要除去的 F 的概率 >= .100）。
2	载脂蛋白C (mg/dl)	.	步进（条件：要输入的 F 的概率 <= .050，要除去的 F 的概率 >= .100）。

a. 因变量: 低密度脂蛋白(mg/dl)

表 18.6   模型拟合情况表

模型摘要

模型	R	R 方	调整后 R 方	标准估算的误差
1	.593[a]	.352	.335	26.302
2	.782[b]	.612	.591	20.625

a. 预测变量: (常量), 载脂蛋白B(mg/dl)

b. 预测变量: (常量), 载脂蛋白B(mg/dl), 载脂蛋白C(mg/dl)

（3）方差分析表

表 18.7 给出了随着变量的进入依次形成的两个模型的方差分解结果。可以发现 P 都为 0.000，所以，模型是非常显著的。

（4）回归方程的系数以及系数的检验结果

表18.8 给出了随着变量的进入依次形成的两个模型的自变量系数。可以发现最后成型的，也就是第二个模型，除常量外，各个自变量系数都是非常显著的。

表 18.7　方差分析表

ANOVA[a]

模型		平方和	自由度	均方	F	显著性
1	回归	14286.723	1	14286.723	20.652	.000[b]
	残差	26288.377	38	691.799		
	总计	40575.100	39			
2	回归	24836.169	2	12418.085	29.193	.000[c]
	残差	15738.931	37	425.377		
	总计	40575.100	39			

a. 因变量：低密度脂蛋白(mg/dl)
b. 预测变量：(常量)，载脂蛋白B(mg/dl)
c. 预测变量：(常量)，载脂蛋白B(mg/dl)，载脂蛋白C(mg/dl)

表 18.8　系数表

系数[a]

模型		未标准化系数 B	标准误差	标准化系数 Beta	t	显著性
1	(常量)	13.230	30.088		.440	.663
	载脂蛋白B(mg/dl)	1.086	.239	.593	4.544	.000
2	(常量)	24.166	23.695		1.020	.314
	载脂蛋白B(mg/dl)	1.399	.198	.764	7.077	.000
	载脂蛋白C(mg/dl)	-2.467	.495	-.538	-4.980	.000

a. 因变量：低密度脂蛋白(mg/dl)

综上所述：

● 最终模型的表达式（即模型 2）如下。

低密度脂蛋白=24.166+1.399*载脂蛋白 B-2.467*载脂蛋白 C

● 最终模型的拟合优度还可以，修正的可决系数为 0.591。
● 模型整体显著，显著性显著性为 0.000。
● 模型中，除常量之外的两个自变量系数的显著性都为 0，非常显著。

经过以上多重线性回归分析，可以发现血清中低密度脂蛋白的胆固醇含量受到载脂蛋白 B 和载脂蛋白 C 的影响，载脂蛋白 B 每增加一个单位，低密度脂蛋白将会增加 1.399 个单位，载脂蛋白 C 每增加一个单位，低密度脂蛋白将会减少 2.467 个单位。

18.3.2　二项分类Logistic回归分析应用举例

	下载资源\video\chap18\...
	下载资源\sample\18\正文\原始数据文件\案例18.2.sav

在对前列腺癌患者进行治疗时，病人的前列腺癌细胞是否扩散转移到邻近的淋巴结在很大程度上会影响医生对治疗方案的选择，所以了解淋巴组织中有无癌转移的意义是非常重大的。一般情况下，医生通常采用手术的方式进行观察。为了找出一种不必手术就可判断的方法，

研究者搜集了 60 名前列腺癌患者的相关数据，包括年龄、酸性磷酸酯酶两个连续性变量和 X 射线、术前探针活检病理分级、直肠指检肿瘤大小与位置 3 个分类变量。3 个分类变量均按 0、1 赋值，1 表示阳性或较重，0 表示阴性或较轻。此外，还有淋巴结癌转移情况，1 表示淋巴结有癌转移，0 表示淋巴结没有癌转移。数据如表 18.9 所示。研究者想通过研究找出淋巴结癌转移的情况与各个变量之间的关系，从而在以后的实践中通过观察相关变量就可以判断淋巴结癌转移情况而不必通过手术。

表 18.9　60 名前列腺癌患者的相关数据

编号	X射线	术前探针活检病理分级	直肠指检肿瘤大小与位置	年龄	酸性磷酸酯酶	淋巴结癌转移情况
1	0	0	1	65	42	0
2	0	1	1	64	43	0
3	1	0	0	66	45	0
4	0	0	0	66	46	0
5	0	1	0	67	49	0
6	0	1	1	65	48	0
7	0	1	0	65	50	0
8	0	0	1	52	50	0
9	0	1	0	66	50	0
10	0	0	0	60	52	0
…	…	…	…	…	…	…
58	1	0	1	58	48	1
59	1	0	1	67	51	1
60	1	1	1	60	53	1

在用 SPSS 进行分析之前，录入数据到 SPSS 中。容易发现本例中有 7 个变量，分别是编号、X 射线、术前探针活检病理分级、直肠指检肿瘤大小与位置、年龄、酸性磷酸酯酶和淋巴结癌转移情况。我们把所有变量都定义为数值型变量，然后录入相关数据。录入完成后，数据如图 18.3 所示。

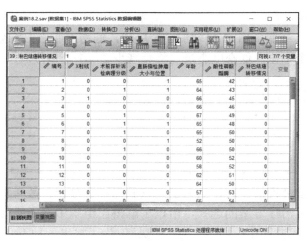

图 18.3　案例 18.2 数据

先做一下数据保存，然后开始展开分析，步骤如下：

01 进入 SPSS 24.0，打开相关数据文件，选择"分析"|"回归"|"二元 Logistic"命令，弹出如图 18.4 所示的对话框。

02 选择进行 Logistic 回归的变量。在"Logistic 回归"对话框的左侧列表框中，选中"淋巴结癌转移情况"并单击 ➡ 按钮使之进入"因变量"列表框，同时选中"X 射线""术前探针活检病理分级""直肠指检肿瘤大小与位置""年龄"和"酸性磷酸酯酶"并单击 ➡ 按钮，使之进入"协变量"列表框。

03 其他设置使用系统默认值即可。

04 设置完毕后，单击"确定"按钮，等待输出结果。

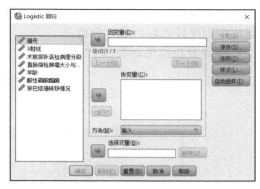

图 18.4　"Logistic 回归"对话框

结果分析如下。

（1）案例处理汇总和因变量编码

表18.10的上半部分给出了案例处理汇总，无缺失值，所有样本都被选中参与分析；下半部分给出了因变量编码，表明本例拟合的模型是Logit（P|y=转移）。

表 18.10　案例处理汇总和因变量编码

个案处理摘要

未加权个案数[a]		个案数	百分比
选定的个案	包括在分析中的个案数	60	100.0
	缺失个案数	0	.0
	总计	60	100.0
未选定的个案		0	.0
总计		60	100.0

a. 如果权重处于生效状态，请参阅分类表以了解个案总数。

因变量编码

原值	内部值
0	0
1	1

（2）模型结果（如表 18.11 所示）

表 18.11　模型结果

方程中的变量

		B	标准误差	瓦尔德	自由度	显著性	Exp(B)
步骤 1[a]	X射线	2.878	.858	11.244	1	.001	17.786
	术前探针活检病理分级	.703	.738	.908	1	.341	2.020
	直肠指检肿瘤大小与位置	1.630	.778	4.394	1	.036	5.103
	年龄	-.077	.062	1.517	1	.218	.926
	酸性磷酸酯酶	.030	.012	5.965	1	.015	1.030
	常量	.115	3.729	.001	1	.975	1.122

a. 在步骤 1 输入的变量：X射线, 术前探针活检病理分级, 直肠指检肿瘤大小与位置, 年龄, 酸性磷酸酯酶。

容易发现，变量"术前探针活检病理等级"和"年龄"这两个变量的系数很不显著，应该逐步剔除掉之后再进行分析。

最终分析结果如表18.12所示。

表 18.12　模型结果

<table>
<tr><th colspan="7">方程中的变量</th></tr>
<tr><th></th><th></th><th>B</th><th>标准误差</th><th>瓦尔德</th><th>自由度</th><th>显著性</th><th>Exp(B)</th></tr>
<tr><td rowspan="4">步骤 1^a</td><td>X射线</td><td>2.684</td><td>.797</td><td>11.335</td><td>1</td><td>.001</td><td>14.648</td></tr>
<tr><td>直肠指检肿瘤大小与位置</td><td>1.761</td><td>.756</td><td>5.434</td><td>1</td><td>.020</td><td>5.821</td></tr>
<tr><td>酸性磷酸酯酶</td><td>.028</td><td>.012</td><td>5.340</td><td>1</td><td>.021</td><td>1.028</td></tr>
<tr><td>常量</td><td>-4.074</td><td>1.212</td><td>11.305</td><td>1</td><td>.001</td><td>.017</td></tr>
<tr><td colspan="8">a. 在步骤 1 输入的变量：X射线, 直肠指检肿瘤大小与位置, 酸性磷酸酯酶。</td></tr>
</table>

经过对前列腺癌患者的相关数据进行二项分类 Logistic 回归分析，我们得到：

- 拟合的模型是 Logit（P|y=转移），也就是说因变量表示淋巴结发生癌转移的概率的对数值。
- 最终的模型表达式如下所示，其中 y 表示淋巴结发生癌转移概率的对数值。

  y=2.684*X 射线+1.761*直肠指检肿瘤大小与位置+0.028*酸性磷酸酯酶-4.074

- 各变量系数的显著性显著性均小于 0.05，即显著。

综上所述，患者的淋巴结发生癌转移的概率与其 X 射线、直肠指检肿瘤大小与位置、酸性磷酸酯酶有关，而且都是正相关关系。

18.3.3　加权最小二乘回归分析应用举例

📹	下载资源\video\chap18\...
💻	下载资源\sample\18\正文\原始数据文件\案例18.3.sav

IgG 是人的免疫球蛋白之一，是唯一可以通过胎盘的免疫球蛋白。IgG 主要在机体免疫中起保护作用，来自母体的 IgG 在出生后数月对防御白喉、麻疹、脊髓灰质炎等感染起着重要作用，母体传递给胎儿的 IgG 于出生后 6 个月几乎全部消失，而婴儿自身产生的 IgG 从 3 个月开始才逐渐增多，故 6 个月后易患感染。鉴于以上医学知识，研究婴儿的年龄与其 IgG 抗体水平之间的关系有着很重要的意义。某医师采集了 20 名婴儿的年龄与其丝状血红蛋白凝集素的 IgG 抗体水平的数据，如表 18.13 所示。

表 18.13　20 名婴儿的年龄与其丝状血红蛋白凝集素的 IgG 抗体水平的数据

编号	年龄	IgG抗体水平（g/µl）
1	0.11	4.00
2	0.12	5.10
3	0.15	6.00
4	0.19	7.00

（续表）

编号	年龄	IgG抗体水平（g/µl）
5	0.21	9.50
6	0.24	9.00
...	...	...
18	0.69	22.10
19	0.71	28.00
20	0.80	41.50

本例中有两个变量，分别命名为 IgG 抗体水平和年龄。我们把这两个变量都定义为数值型变量，然后录入相关数据。录入完成后，数据如图 18.5 所示。

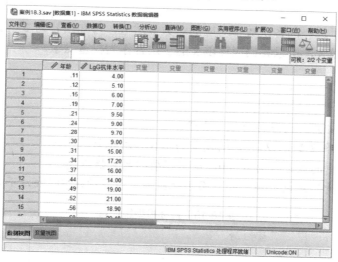

图 18.5　案例 18.3 数据

先做一下数据保存，然后开始展开分析，步骤如下：

01 进入 SPSS 24.0，打开相关数据文件，选择"分析"|"回归"|"权重估算"命令，弹出如图 18.6 所示的对话框。

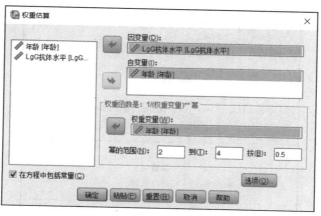

图 18.6　"权重估算"对话框

02 选择进行权重估计的变量。在"权重估算"对话框的左侧列表框中，选中"IgG 抗体水平"并单击 按钮使之进入"因变量"列表框，选中"年龄"并单击 按钮使之进入"自变量"列表框。

03 选择权重变量。本例中我们拟采用"年龄"的幂数作为权重变量。在"权重估算"对话框的左侧列表框中，选中"年龄"并单击 按钮，使之进入"权重变量"列表框，然后选择幂的范围，我们把范围设置为"2"到"4"并以"0.5"步进。

04 其他设置都比较简单，这里不再赘述，使用系统默认值即可。

05 设置完毕后，单击"确定"按钮，等待输出结果。

结果分析如下。

（1）幂摘要

表 18.14 给出了选择的各次数幂对应的对数似然值，可知当幂为 3 的时候对数似然值最大，所以我们应该以 x 的三次幂作为权重变量。

表 18.14　幂摘要

幂摘要

对数似然值[b]

幂		对数似然值
幂	2.000	-43.710
	2.500	-42.895
	3.000	-42.643[a]
	3.500	-42.995
	4.000	-43.985

a. 选择了相应的幂进行进一步分析，这是因为，它使对数似然函数最大化。

b. 因变量：LgG抗体水平，源变量：年龄

（2）模型概况

从表 18.15 中我们可以知道：

- 最佳模型以 x 的三次幂作为权重变量。
- 调整后的 R 平方是 0.923，说明模型的拟合程度很好。
- 方差分析表中的显著性为 0.000，说明模型的显著性很高。
- 模型中自变量的系数是 40.796，而且很显著，常数项是 -0.196，不够显著。

表 18.15　最佳模型统计量

模型描述

因变量		LgG抗体水平
自变量	1	年龄
权重	源	年龄
	幂值	3.000

模型：MOD_1。

模型摘要

复 R	.963
R 方	.928
调整后 R 方	.923
估算标准误差	10.576
对数似然函数值	-42.643

ANOVA

	平方和	自由度	均方	F	显著性
回归	25763.042	1	25763.042	230.327	.000
残差	2013.374	18	111.854		
总计	27776.416	19			

系数

	未标准化系数		标准化系数			
	B	标准误差	Beta	标准误差	t	显著性
(常量)	-.196	.482			-.408	.688
年龄	40.796	2.688	.963	.063	15.177	.000

经过分析处理，观察结果分析（1）中选择的各次数幂对应的对数似然值以及结果分析（2）中的"最佳模型统计量"，最终选择 x 的三次幂作为权重变量进行回归，得到：

- 最终模型的表达式为 y=-0.196+40.796*x。
- 模型的拟合优度很好，修正的可决系数为 0.923。
- 模型整体的显著性很高。
- "系数"表显示模型中 x 的系数是 40.796，而且很显著。

综上可知，婴儿的年龄与其 IgG 抗体水平之间存在显著的正相关关系，婴儿年龄每增加一个单位会引起 IgG 抗体水平 40.796 个单位的增加。

18.3.4　主成分分析应用举例

📹	下载资源\video\chap18\…
🖥	下载资源\sample\18\正文\原始数据文件\案例18.4.sav

表 18.16 给出了我国主要年份儿童保健情况统计（1996~2007）数据。试用主成分分析法对这些指标提取主成分并写出提取的主成分与这些指标之间的表达式。

表 18.16　我国主要年份儿童保健情况统计（1996~2007）

年份	出生体重小于两千五百克比重（%）	围产儿死亡率（‰）	新生儿破伤风发病率（1/万）	新生儿破伤风死亡率（1/万）	五岁以下儿童中重度营养不良比重（%）	新生儿访视率（%）	三岁以下儿童系统管理率（%）	七岁以下儿童保健管理率（%）
1996	1.98	14.44	4.12	2.90	3.73	81.40	61.41	62.70
1997	2.31	15.14	4.16	2.97	3.51	82.38	65.65	65.83
1998	2.58	14.94	2.74	1.86	3.41	83.74	69.07	68.89
1999	2.39	14.22	2.24	1.48	3.29	85.42	72.34	71.77
2000	2.40	13.99	1.88	1.16	3.09	85.80	73.84	73.37
2001	2.35	13.28	1.41	0.84	3.01	86.27	74.65	74.47
2002	2.39	12.47	1.33	0.73	2.83	86.12	73.88	74.03
2003	2.26	12.24	1.40	0.83	2.70	84.65	72.77	72.68
2004	2.20	11.08	0.98	0.51	2.56	84.96	73.73	74.44
2005	2.21	10.27	0.77	0.39	2.34	85.03	73.88	74.79
2006	2.22	9.68	0.64	0.32	2.10	84.70	73.90	75.00
2007	2.26	8.71	0.47	0.20	2.02	85.59	74.39	75.89

首先把数据录入到 SPSS 中。容易发现本例中有 9 个变量，分别是年份、出生体重小于两千五百克比重、围产儿死亡率、新生儿破伤风发病率、新生儿破伤风死亡率、五岁以下儿童中重度营养不良比重、新生儿访视率、三岁以下儿童系统管理率、七岁以下儿童保健管理率。我们把所有变量都定义为数值型变量，然后录入相关数据。录入完成后，数据如图 18.7 所示。

图 18.7　案例 18.4 数据

进行数据保存，然后开始展开分析，步骤如下：

01 进入 SPSS 24.0，打开相关数据文件，选择"分析"|"降维"|"因子"命令，弹出如图 18.8 所示的对话框。

02 选择进行因子分析的变量。在"因子分析"对话框的左侧列表框中，依次选择除年份外的其余 8 个变量并单击 ➡ 按钮，使之进入"变量"列表框。

03 选择输出系数相关矩阵。单击"因子分析"对话框中的"描述"按钮，弹出如图 18.9 所示的对话框。在"相关性矩阵"选项组中选中"系数"复选框，单击"继续"按钮返回"因子分析"对话框。

图 18.8　"因子分析"对话框

图 18.9　"因子分析：描述"对话框

04 其余设置采用系统默认值即可。

05 设置完毕后，单击"确定"按钮，等待输出结果。

结果分析如下。

（1）系数相关矩阵

从表 18.17 中可以看出，各个变量之间都具有一定的相关关系而且有些相关系数还比较大，接近于 1，所以本例很适合使用主成分分析。

表 18.17　相关矩阵

		出生体重小于两千五百克比重	围产儿死亡率	新生儿破伤风发病率	新生儿破伤风死亡率	五岁以下儿童中重度营养不良比重	新生儿访视率	三岁以下儿童系统管理率	七岁以下儿童保健管理率
相关性	出生体重小于两千五百克比重	1.000	.331	-.064	-.075	.142	.439	.355	.234
	围产儿死亡率	.331	1.000	.848	.833	.970	-.429	-.607	-.730
	新生儿破伤风发病率	-.064	.848	1.000	.999	.918	-.807	-.918	-.966
	新生儿破伤风死亡率	-.075	.833	.999	1.000	.905	-.820	-.924	-.968
	五岁以下儿童中重度营养不良比重	.142	.970	.918	.905	1.000	-.563	-.748	-.842
	新生儿访视率	.439	-.429	-.807	-.820	-.563	1.000	.950	.910
	三岁以下儿童系统管理率	.355	-.607	-.918	-.924	-.748	.950	1.000	.985
	七岁以下儿童保健管理率	.234	-.730	-.966	-.968	-.842	.910	.985	1.000

（2）各成分的方差贡献率和累计贡献率

由表 18.18 可知，只有前两个特征值大于 1，所以 SPSS 只选择了前两个主成分。第一个主成分的方差贡献率是 76.052%，前两个主成分的方差占所有主成分方差的 95.810%。由此可见，选前两个主成分已足够替代原来的变量，几乎涵盖了原变量的全部信息。

（3）主成分系数矩阵

表 18.19 输出的是主成分系数矩阵，表示各个主成分在各变量上的载荷，从而可得出各主成分的表达式。值得一提的是，在表达式中各个变量已经不是原始变量，而是标准化变量。

表 18.18　方差贡献率和累计贡献率

成分	初始特征值			提取载荷平方和		
	总计	方差百分比	累积 %	总计	方差百分比	累积 %
1	6.084	76.052	76.052	6.084	76.052	76.052
2	1.581	19.758	95.810	1.581	19.758	95.810
3	.265	3.310	99.120			
4	.039	.483	99.603			
5	.028	.355	99.958			
6	.003	.034	99.992			
7	.001	.007	99.998			
8	.000	.002	100.000			

提取方法：主成分分析法。

表 18.19　成分矩阵

	成分	
	1	2
出生体重小于两千五百克比重	-.134	.932
围产儿死亡率	.820	.537
新生儿破伤风发病率	.992	.074
新生儿破伤风死亡率	.991	.056
五岁以下儿童中重度营养不良比重	.906	.357
新生儿访视率	-.853	.439
三岁以下儿童系统管理率	-.951	.280
七岁以下儿童保健管理率	-.988	.129

提取方法：主成分分析法。
a. 提取了 2 个成分。

其中：

F1=-0.134*出生体重小于两千五百克比重+0.820*围产儿死亡率
　　+0.992*新生儿破伤风发病率+0.991*新生儿破伤风死亡率
　　+0.906*五岁以下儿童中重度营养不良比重-0.853*新生儿访视率
　　-0.951*三岁以下儿童系统管理率-0.988*七岁以下儿童保健管理率

F2=0.932*出生体重小于两千五百克比重+0.537*围产儿死亡率
　　+0.074*新生儿破伤风发病率+0.056*新生儿破伤风死亡率
　　+0.357*五岁以下儿童中重度营养不良比重+0.439*新生儿访视率
　　+0.280*三岁以下儿童系统管理率+0.129*七岁以下儿童保健管理率

在第一个主成分中，除出生体重小于两千五百克比重以外的变量系数都比较大，可以看成是反映那些变量方面的综合指标；在第二个主成分中，变量出生体重小于两千五百克比重的系数比较大，可以看做是反映出生体重小于两千五百克比重的指标。

因此，我们用这两个主成分就可以概括所有指标，用于描述我国主要年份儿童的保健情况。

18.3.5　聚类分析应用举例

	下载资源\video\chap18\...
	下载资源\sample\18\正文\原始数据文件\案例18.5.sav

表 18.20 是我国 2006 年法定报告传染病发病及死亡情况的统计数据。

表 18.20　我国 2006 年法定报告传染病发病及死亡情况统计

病名	发病率（十万分之一）	死亡率（十万分之一）	病死率（%）
鼠疫	0.0001	0.0000	0.0000
霍乱	0.0122	0.0002	1.2579
病毒性肝炎	102.0878	0.1034	0.1013
痢疾	32.3604	0.0085	0.0262
伤寒副伤寒	1.9874	0.0013	0.0654
艾滋病	0.5102	0.1018	19.9520
淋病	12.1444	0.0002	0.0019
梅毒	12.8002	0.0066	0.0514
脊髓灰质炎	0	0	0
麻疹	7.6174	0.0027	0.0351
百日咳	0.1948	0.0003	0.1570
白喉	0.0001	0.0000	0.0000
流脑	0.1276	0.0119	9.3469
猩红热	2.1123	0.0000	0.0000
出血热	1.1547	0.0132	1.1458
狂犬病	0.2508	0.2459	98.0482
钩端螺旋体病	0.0480	0.0012	2.5518
布氏杆菌病	1.4541	0	0
炭疽	0.0345	0.0009	2.6608
乙脑	0.5845	0.0354	6.0578
血吸虫	0.2349	0.0002	0.0977
疟疾	4.6035	0.0026	0.0565
登革热	0.0798	0	0
新生儿破伤风	0.1534	0.0160	10.4407
肺结核	86.2347	0.2554	0.2961
传染性非典型肺炎	0	0	0
人禽流感	0.0009	0.0006	66.6667

本例中有 4 个变量，分别为"病名""发病率""死亡率""病死率"。我们将"病名"定义为字符型变量，其余 3 个变量均定义为数值型，然后录入相关数据。录入完成后，数据如图 18.10 所示。

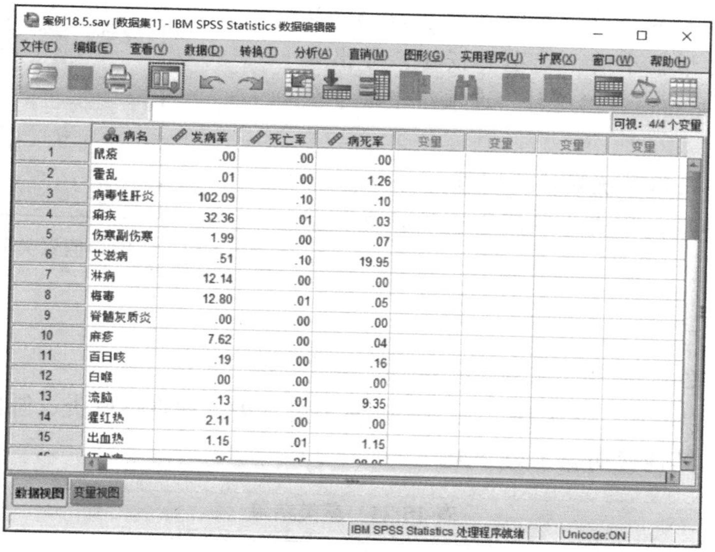

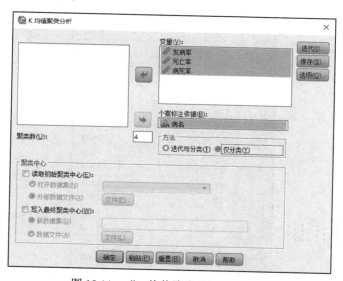

图 18.10　案例 18.5

观察到不同变量的数量级相差不大，所以不必先对数据进行标准化处理，直接进行分析即可。先做一下数据保存，然后开始展开分析，步骤如下：

01 进入 SPSS 24.0，打开相关数据文件，选择"分析"|"分类"|"K-均值聚类"命令，弹出如图 18.11 所示的对话框。

图 18.11　"K 均值聚类分析"对话框

02 选择进行聚类分析的变量。在"K 均值聚类分析"对话框的左侧列表框中，选择"病名"并单击 按钮使之进入"个案标注依据"列表框，选择其他 3 个变量并单击 按钮，使

之进入"变量"列表框。在"聚类数"文本框中输
入聚类分析的类别数4。在"方法"选项组中选中"仅
分类"复选框。

图 18.12 "K 均值聚类分析：选项"对话框

$\boxed{03}$ 设置输出及缺失值的处理方法。单击"K
均值聚类分析"对话框中的"选项"按钮，弹出如
图 18.12 所示的对话框。在"统计"选项组中选中全
部的 3 个复选框。

$\boxed{04}$ 其他设置采用系统默认值即可。

$\boxed{05}$ 设置完毕后，单击"确定"按钮，等待输
出结果。

结果分析如下。

（1）聚类结果

从表 18.21 可以看出，狂犬病、人禽流感属于第二类；病毒性肝炎、肺结核属于第三类；
痢疾属于第四类；其他疾病属于第一类。

表 18.21　聚类结果

聚类成员			
个案号	病名	聚类	距离
1	鼠疫	1	10.442
2	霍乱	1	9.184
3	病毒性肝炎	3	.000
4	痢疾	4	.000
5	伤寒副伤寒	1	10.536
6	艾滋病	1	9.518
7	淋病	1	15.898
8	梅毒	1	16.367
9	脊髓灰质炎	1	10.442
10	麻疹	1	12.806
11	百日咳	1	10.284
12	白喉	1	10.442
13	流脑	1	1.094
14	猩红热	1	10.623
15	出血热	1	9.349
16	狂犬病	2	.000
17	钩端螺旋体病	1	7.890
18	布氏杆菌病	1	10.521
19	炭疽	1	7.781
20	乙脑	1	4.404
21	血吸虫	1	10.343
22	疟疾	1	11.298
23	登革热	1	10.441
24	新生儿破伤风	1	.000
25	肺结核	3	15.855
26	传染性非典型肺炎	1	10.442
27	人禽流感	2	31.383

（2）最终聚类中心

从表 18.22 中可以看出，第一类疾病的发病率、死亡率、病死率都比较低；第二类疾病的发病率和死亡率都很低，但病死率却很高；第三类疾病的发病率很高，但是死亡率和病死率都比较低；第四类疾病的发病率较高，但死亡率和病死率都极低。

（3）每个聚类中的样本数

从表 18.23 中可以知道，聚类 1 所包含的样本数最多，为 22 个，聚类 4 所包含的样本数最少，为 1 个。

表 18.22　最终聚类中心表

最终聚类中心

	聚类			
	1	2	3	4
发病率	2.08	.13	94.16	32.36
死亡率	.01	.12	.18	.01
病死率	2.45	82.36	.20	.03

表 18.23　每个聚类的样本数统计表

每个聚类中的个案数目

聚类	1	22.000
	2	2.000
	3	2.000
	4	1.000
有效		27.000
缺失		.000

结论：狂犬病、人禽流感的发病率和死亡率都很低，但病死率却很高；病毒性肝炎、肺结核的发病率很高，但是死亡率和病死率都比较低；痢疾的发病率较高，但死亡率和病死率都极低；其他疾病的发病率、死亡率、病死率都比较低。

18.4　研究结论

根据以上所做的分析，我们可以比较有把握地得出以下结论：

- 血清中低密度脂蛋白的胆固醇含量受到载脂蛋白 B 和载脂蛋白 C 的影响，载脂蛋白 B 增加会带来低密度脂蛋白的增加，载脂蛋白 C 的增加会带来低密度脂蛋白的减少。
- 患者的淋巴结发生癌转移的概率与其 X 射线、直肠指检肿瘤大小与位置、酸性磷酸酯酶有关，而且都是正向影响关系。
- 婴儿的年龄与其 IgG 抗体水平之间存在显著的正相关关系。
- 1996~2007 年，中国儿童的各种保健情况指标可以用两个主成分来表示。
- 2006 年，我国狂犬病、人禽流感的发病率和死亡率都很低，但病死率却很高；病毒性肝炎、肺结核发病率很高，但是死亡率和病死率都比较低；痢疾的发病率较高，但死亡率和病死率都极低；其他疾病的发病率、死亡率、病死率都比较低。

18.5　本章习题

1. 利用 18.3.1 节中的数据，使用多重线性回归分析方法考察高密度脂蛋白中的胆固醇含量与载脂蛋白 A、载脂蛋白 B、载脂蛋白 E、载脂蛋白 C 之间的关系。

2．医师想研究是否患冠心病（1 为患冠心病，0 为没有患冠心病）与病人的年龄、性别（1 为男性，2 为女性）、心电图检验是否异常（0 为正常、1 为轻度异常、2 为高度异常）之间的关系，对 60 名被研究者调研，得到数据如表 18.24 所示。试用二项分类 Logistic 回归分析方法进行分析，找出这种关系。

表 18.24　60 名被研究者的相关数据

编号	心电图检验是否异常	性别	年龄	是否患冠心病
1	0	1	65	0
2	0	1	64	0
3	1	2	66	0
4	0	2	66	0
5	0	2	67	0
6	1	1	65	0
7	0	2	65	0
8	0	1	52	0
9	0	2	66	0
10	1	2	60	0
…	…	…	…	…
58	1	1	58	1
59	2	1	67	1
60	1	1	60	1

3．与第 18.3.3 小节的目的相同，另选取了一个容量为 20 的样本，数据如表 18.25 所示。试对此样本也使用加权最小二乘回归分析法，研究婴儿的年龄与其丝状血红蛋白凝集素的 IgG 抗体水平的关系。

表 18.25　20 名婴儿的年龄与其丝状血红蛋白凝集素的 IgG 抗体水平的数据

编号	年龄	IgG抗体水平（g/μl）
1	0.11	4.20
2	0.13	5.20
3	0.15	6.10
4	0.17	7.20
5	0.21	9.60
6	0.24	9.20
…	…	…
18	0.68	22.10
19	0.71	28.00
20	0.80	41.50

4．表 18.26 给出了我国 12 个省的儿童保健情况统计。试用主成分分析法对这些指标提取主成分并写出提取的主成分与这些指标之间的表达式。

表 18.26 我国 12 个省的儿童保健情况统计

省份	出生体重 <2500克 婴儿比重 （%）	围产儿死 亡率（‰）	新生儿破 伤风发病 率（万分 之一）	新生儿破 伤风死亡 率（万分 之一）	5岁以下儿 童中重度 营养不良 比重（%）	新生儿访 视率（%）	3岁以下儿 童系统管 理率（%）	7岁以下儿 童保健管 理率（%）
北京	2.79	4.98	0.00	0.00	0.25	94.57	92.67	98.96
天津	1.48	6.99	0.00	0.00	0.13	72.14	78.48	87.57
河北	3.49	8.45	0.04	0.03	3.44	88.68	85.90	85.10
山西	1.93	10.76	0.06	0.03	1.78	78.16	69.93	71.83
内蒙古	1.74	11.95	0.00	0.00	0.61	89.89	87.45	84.83
辽宁	2.51	11.73	0.03	0.03	1.23	94.29	93.32	93.46
吉林	1.10	8.77	0.05	0.05	0.63	74.27	73.89	78.42
黑龙江	2.73	8.75	0.00	0.00	1.47	82.42	70.74	74.52
上海	3.42	3.24	0.00	0.00	0.11	79.78	83.60	96.22
江苏	1.74	5.65	0.02	0.02	0.55	90.49	86.00	95.86
浙江	2.42	7.12	0.08	0.08	0.97	96.77	93.64	93.96
安徽	1.21	7.39	0.05	0.05	0.98	62.33	57.55	61.01

5. 表 18.27 是我国 2005 年法定报告传染病发病及死亡情况的统计数据。试据此对各种疾病做 K 均值聚类分析。

表 18.27 我国 2005 年法定报告传染病发病及死亡情况统计

病名	发病率（十万分之一）	死亡率（十万分之一）	病死率（%）
鼠疫	0.0008	0.0002	30.0000
霍乱	0.0744	0.0003	0.4111
病毒性肝炎	91.4222	0.0924	0.1011
痢疾	34.9168	0.0105	0.0300
伤寒副伤寒	2.6536	0.0011	0.0404
艾滋病	0.4299	0.1006	23.4122
淋病	13.7908	0.0001	0.0006
梅毒	9.6707	0.0057	0.0585
脊髓灰质炎	0.0000	0	0
麻疹	9.4176	0.0042	0.0447
百日咳	0.2940	0.0002	0.0520
白喉	0.0001	0.0000	0.0000

（续表）

病名	发病率（十万分之一）	死亡率（十万分之一）	病死率（%）
流脑	0.1773	0.0158	8.8870
猩红热	1.9172	0.0002	0.0080
出血热	1.5967	0.0207	1.2981
狂犬病	0.1940	0.1940	100.0000
钩端螺旋体病	0.1082	0.0034	3.1802
布氏杆菌病	1.4085	0.0003	0.0217
炭疽	0.0407	0.0009	2.2556
乙脑	0.3898	0.0164	4.1985
血吸虫	0.2405	0.0002	0.0636
疟疾	3.0329	0.0034	0.1135
登革热	0.0031	0.0001	2.5000
新生儿破伤风	0.1902	0.0211	11.0829
肺结核	96.3134	0.2602	0.2701
传染性非典型肺炎	0.0000	0	0
人禽流感	0.0005	0.0004	71.4286

第 19 章　SPSS 软件在农业统计分析中的应用举例

农业属于第一产业，通过培育动植物来生产食品及工业原料。农业是支撑国民经济建设与发展的基础部门，是人类衣食之源、生存之本，是一切生产的首要条件，为国民经济的其他部门提供粮食、副食品、工业原料、资金和出口物资。基于农业在国民经济中的地位和作用，学者们对农业的研究一直经久不衰。伴随着统计学的发展和各种技术的进步，对数据进行定量分析被广泛地应用到农业统计分析研究中。SPSS 作为一种功能强大的统计分析软件，完全可以用于农业统计分析研究、定量分析变量之间的联系与区别。下面我们就来介绍一下 SPSS 在农业统计分析中的应用。

19.1　研究背景及目的

背景一：进入 21 世纪以来，我国农业快速发展，主要农业产品的人均产量迅速增加。

根据《中国统计摘要 2009》提供的数据（如表 19.1 所示），可以发现，除人均粮食产量在 2003 年有所下降外，各种主要的农产品人均产量都呈现出不断递增的趋势。

表 19.1　我国各年人均主要农业产品产量统计（2001~2008）

年份	2001年	2002年	2003年	2004年	2005年	2006年	2007年	2008年
粮食（公斤）	356	357	334	362	371	380	381	399
水果（公斤）	52.3	54.3	112.7	118.4	123.6	130.4	137.6	145.1
水产品（公斤）	29.9	30.9	31.6	32.8	33.9	35.0	36.0	37.0

背景二：我国在农业上的投入增长迅速。

根据《中国统计摘要 2009》提供的数据（如表 19.2 所示），可以发现，从 2001~2007 年，化肥施用量不断递增，有效灌溉面积除 2003 年稍有下降外也一直呈递增趋势。

表 19.2　我国各年化肥施用量和灌溉面积统计（2001~2007）

年份	2001年	2002年	2003年	2004年	2005年	2006年	2007年
化肥施用量（万吨）	4254	4339	4412	4637	4766	4928	5108
有效灌溉面积（万公顷）	5424.9	5435.5	5401.4	5447.8	5502.9	5575.1	5651.8

背景三：进入 21 世纪以后，我国农林牧渔业总产值以及单项产值都持续增长。

根据《中国奶业年鉴 2008》提供的数据（如表 19.3 所示），可以发现，除了牧业和渔业上的小波动外，我国的农林牧渔业无论是总产值还是单项产值都保持着持续增长的趋势。

表 19.3　我国主要年份农林牧渔业总产值统计（2000~2007，单位：亿元）

年份	农林牧渔业总产值	农业	林业	牧业	渔业
2000	24915.8	13873.6	936.5	7393.1	2712.6
2003	29691.8	14870.1	1239.9	9538.8	3137.6
2004	36239.0	18138.4	1327.1	12173.8	3605.6
2005	39450.9	19613.4	1425.5	13310.8	4016.1
2006	40810.8	21522.3	1610.8	12083.9	3970.5
2007	48893.0	24658.1	1861.6	16124.9	4457.5

背景四：党和国家对农业问题非常重视。

2008 年 10 月，中共十七届三中全会专题研究了新形势下推进农村改革发展问题，并通过了《中共中央关于推进农村改革发展若干重大问题的决定》，在积极发展现代农业，提高农业综合生产能力等方面做了具体指导；2009 年 2 月 1 日党中央国务院出台了《中共中央国务院关于 2009 年促进农业稳定发展农民持续增收的若干意见》，在加大对农业的支持保护力度、稳定发展农业生产、强化现代农业物质支撑和服务体系等方面提出了具体政策。

从以上背景中我们可以推断出：在政策支持、技术进步、投入增加、产出增长的多重推动之下，我国农业注定要继续快速发展，所以农业统计分析这一领域注定要引起人们更多的思考和关注。在这种背景下，对农业统计的相关问题进行定量研究分析有着不同寻常的意义。

现阶段，我国农业包括农业（农作物栽培，包括大田作物和园艺作物的生产）、林业（林木的培育和采伐）、牧业（畜禽饲养）、副业（采集野生植物、捕猎野兽以及农民家庭手工业生产）、渔业（水生动植物的采集、捕捞和养殖）等；主要农产品包括粮食、油料、棉花、糖料、蔬菜、水果、肉类、奶类、水产品等；农业机械产品包括种植业机械、畜牧业机械、渔业机械、林业机械、农产品加工机械、农业运输机械、可再生能源利用机械等。

本章的研究目的是：从农业各部门、主要农产品、农业机械产品的三个角度在宏观上研究我国农业。

19.2　研究方法

研究思路如下。

- 对于我国农业各部门的研究：一方面对我国各地区农林牧渔业总产值指数进行研究，判断各个部门总产值地域发展情况的差异；另一方面对我国各年份农林牧渔业总产值指数进行研究，判断各个部门总产值在我国整体发展速度的差异。
- 对于我国主要农产品的研究：一方面使用我国主要农业产品产量的时间序列数据，对我国主要农业产品提取主成分，从而找出能够代表我国主要农业产品的指标；另一方面使用我国某一时间的主要农业产品在各地区产量的横截面数据，将我国主要农业产品进行地区聚类，以发现我国主要农产品的地区间分布。

- 对我国农业机械产品的研究：一方面分析我国农业机械产品在用途方面的构成；另一方面分析我国农业机械产品在型号方面的构成。

本例采用的数据有《中国主要年份人均主要农业产品产量统计（1978~2007）》《中国2007年农业机械产品分类情况统计》《中国主要年份农林牧渔业总产值指数统计（1978~2001）》《2008年第2季度分地区农产品生产价格指数统计》《中国2008年各地区主要农产品产量统计》《中国2008年各地区农林牧渔业总产值及增长速度统计》《中国2007年灌溉面积统计（按全国水资源一级区划分）》等。

数据分析方法有均值比较分析、主成分分析、聚类分析、列联表分析。

19.3　数据分析与报告

19.3.1　对我国各地区农林牧渔业总产值指数的独立样本 T 检验

	下载资源\video\chap19\...
	下载资源\sample\19\正文\原始数据文件\案例19.1.sav

表19.4给出了我国2008年第2季度15个省市的农产品生产价格指数统计数据（以上年同期价格为100）。试用独立样本T检验的方法研究4种产品的指数有无明显的差别。

表 19.4　15 省市的农产品生产价格指数统计

地区	种植业产品	林业产品	畜牧业产品	渔业产品
山西	111.89	100.89	122.29	160.00
内蒙	113.39	115.61	118.99	111.87
辽宁	108.69	104.30	145.73	100.70
吉林	107.34	111.40	126.83	113.77
黑龙江	141.62	101.28	150.85	125.00
上海	109.85	109.82	121.92	113.00
江苏	114.14	111.11	143.98	110.47
浙江	109.81	100.13	141.34	115.48
安徽	112.25	109.59	133.04	113.33
福建	107.76	116.86	136.85	110.18
江西	110.60	104.71	142.57	113.76
山东	118.15	96.63	127.33	119.86
河南	107.49	109.13	130.59	128.31
湖北	123.87	118.59	142.65	118.67
湖南	122.86	113.53	146.97	119.90

在用SPSS进行分析之前，我们要把数据录入到SPSS中。容易发现本例中有三个变量，分别是编号、产品和指数。我们把所有变量定义为数值型变量，并对变量产品进行值标签操作，

用"1"表示"种植业产品"，用"2"表示"林业产品"，用"3"表示"畜牧业产品"，用"4"表示"渔业产品"，然后录入相关数据。录入完成后，数据如图19.1所示。

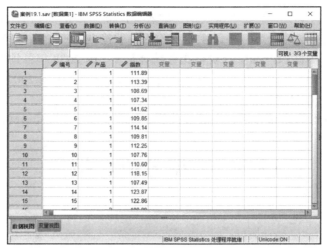

图19.1　案例19.1数据

先做一下数据保存，然后展开分析，步骤如下：

01 进入SPSS 24.0，打开相关数据文件，选择"分析"|"比较平均值"|"独立样本T检验"命令，弹出如图19.2所示的对话框。

02 选择进行独立样本T检验的变量。在"独立样本T检验"对话框的左侧列表框中，选中"指数"并单击 按钮使之进入"检验变量"列表框。

03 选择分组变量。在左侧的列表中，选择"产品"并单击 按钮使之进入"分组变量"列表框。然后单击"定义组"按钮，弹出如图19.3所示的对话框。其中"组1""组2"分别表示第一、二组类别变量的取值。我们在"组1"中输入1，在"组2"中输入2。设置完毕后，单击"继续"按钮返回"独立样本T检验"对话框。

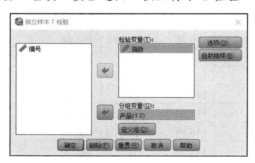

图19.2　"独立样本T检验"对话框

图19.3　"定义组"对话框

04 其余采用系统默认设置即可。

05 设置完毕后，单击"确定"按钮，等待输出结果。

1. 种植业产品和林业产品的比较

结果分析如下。

（1）数据基本统计量表

从表19.5中可以读出以下信息：参与分析的样本中，种植业产品指数的样本容量是15，样本平均值是114.6473，标准差是9.09408，标准误差平均值是2.34808，林业产品指数的样本容量是15，样本平均值是108.2387，标准差是6.64441，标准误差平均值是1.71558。

表 19.5　数据基本统计量表

					标准误差平均
		组统计			
	产品	个案数	平均值	标准差	值
指数	种植业产品	15	114.6473	9.09408	2.34808
	林业产品	15	108.2387	6.64441	1.71558

（2）独立样本 T 检验结果表

从表 19.6 中可以发现：F 统计量的值是 0.218，对应的置信水平是 0.644，说明两样本方差之间不存在显著差别，所以采用的方法是两样本等方差 T 检验。T 统计量的值是 2.204，自由度是 28，临界置信水平为 0.036，小于 5%，所以说明种植业产品指数和林业产品指数之间有着明显的差别。

表 19.6　独立样本 T 检验结果表

		莱文方差等同性检验		平均值等同性 t 检验					差值 95% 置信区间	
						显著性（双				
		F	显著性	t	自由度	尾）	平均值差值	标准误差差值	下限	上限
指数	假定等方差	.218	.644	2.204	28	.036	6.40867	2.90804	.45182	12.36552
	不假定等方差			2.204	25.632	.037	6.40867	2.90804	.42693	12.39041

2. 种植业产品和畜牧业产品的比较

接着进行种植业产品和畜牧业产品的指数比较。与上面的操作过程类似，但是需要在"定义组"对话框中重新设置。我们在"组 1"中输入 1，在"组 2"中输入 3。

得到分析结果如下。

（1）数据基本统计量表

从表19.7中可以读出以下信息：参与分析的样本中，种植业产品指数的样本容量是15，样本平均值是114.6473，标准差是9.09408，标准误差平均值是2.34808，畜牧业产品指数的样本容量是15，样本平均值是135.4620，标准差是10.29680，标准误差平均值是2.65862。

表 19.7　数据基本统计量表

					标准误差平均
		组统计			
	产品	个案数	平均值	标准差	值
指数	种植业产品	15	114.6473	9.09408	2.34808
	畜牧业产品	15	135.4620	10.29680	2.65862

（2）独立样本 T 检验结果表

从表 19.8 中可以发现：F 统计量的值是 1.693，对应的置信水平是 0.204，说明两样本方差之间不存在显著差别，所以采用的方法是两样本等方差 T 检验。T 统计量的值是-5.868，自由度是 28，临界置信水平为 0.000，远小于 5%，所以说明种植业产品指数和畜牧业产品指数之间有着明显的差别。

表 19.8　独立样本 T 检验结果表

		莱文方差等同性检验		平均值等同性 t 检验						
		F	显著性	t	自由度	显著性（双尾）	平均值差值	标准误差差值	差值 95% 置信区间	
									下限	上限
指数	假定等方差	1.693	.204	-5.868	28	.000	-20.81467	3.54708	-28.08053	-13.54881
	不假定等方差			-5.868	27.579	.000	-20.81467	3.54708	-28.08553	-13.54380

3. 种植业产品和渔业产品的比较

下面对种植业产品和渔业产品进行比较。与之前的操作过程类似，我们在"组 1"中输入 1，在"组 2"中输入 4。

得到分析结果如下。

（1）数据基本统计量表

从表19.9中可以读出以下信息：参与分析的样本中，种植业产品指数的样本容量是15，样本平均值是114.6473，标准差是9.09408，标准误差平均值是2.34808，渔业产品指数的样本容量是15，样本平均值是118.2867，标准差是13.28085，标准误差平均值是3.42910。

表 19.9　数据基本统计量表

		组统计			
	产品	个案数	平均值	标准差	标准误差平均值
指数	种植业产品	15	114.6473	9.09408	2.34808
	渔业产品	15	118.2867	13.28085	3.42910

（2）独立样本 T 检验结果表

从表 19.10 中可以发现：F 统计量的值是 0.374，对应的置信水平是 0.546，说明两样本方差之间不存在显著差别，所以采用的方法是两样本等方差 T 检验。T 统计量的值是-0.876，自由度是 28，临界置信水平为 0.389，远大于 5%，所以说明种植业产品指数和渔业产品指数之间没有明显的差别。

表 19.10　独立样本 T 检验结果表

		莱文方差等同性检验		平均值等同性 t 检验						
		F	显著性	t	自由度	显著性（双尾）	平均值差值	标准误差差值	差值 95% 置信区间	
									下限	上限
指数	假定等方差	.374	.546	-.876	28	.389	-3.63933	4.15598	-12.15248	4.87382
	不假定等方差			-.876	24.763	.390	-3.63933	4.15598	-12.20291	4.92424

关于林业产品指数和牧业产品指数、林业产品指数和渔业产品指数、牧业产品指数和渔业产品指数之间的比较留作习题。

19.3.2　对我国各年份农林牧渔业总产值指数的独立样本 T 检验

	下载资源\video\chap19\...
	下载资源\sample\19\正文\原始数据文件\案例19.2.sav

表 19.11 给出了我国主要年份农林牧渔业总产值指数的统计数据（1978~2001，1978 年为 100）。试用独立样本 T 检验方法研究 4 种产品的指数有无明显的差别。

表 19.11　我国主要年份农林牧渔业总产值的指数统计

年份	农业	林业	牧业	渔业
1978	100.0	100.0	100.0	100.0
1980	106.4	113.7	122.6	103.9
1985	152.2	176.2	203.4	185.1
1990	186.5	179.5	282.0	346.7
1991	188.2	193.7	306.9	373.2
1992	196.2	208.6	333.9	430.3
1993	206.5	225.4	369.8	509.5
1994	213.2	245.3	431.4	611.4
1995	230.1	257.7	495.4	730.3
1996	248.0	272.2	551.6	832.4
1997	259.1	281.2	607.3	928.2
1998	271.9	289.4	651.9	1009.9
1999	283.6	298.6	681.6	1082.5
2000	287.6	314.7	724.5	1152.9
2001	297.7	315.2	770.1	1197.8

首先把数据录入到 SPSS 中。同样定义三个数值型变量，分别是编号、产品和指数。录入完成后，数据如图 19.4 所示。

先做一下数据保存，然后展开分析，步骤如下：

01 进入 SPSS 24.0，打开相关数据文件，选择"分析"|"比较平均值"|"独立样本 T 检验"命令，弹出"独立样本 T 检验"对话框。

02 选择进行独立样本 T 检验的变量。在"独立样本 T 检验"对话框的左侧列表框中，选择"指数"并单击 按钮使之进入"检验变量"列表框。

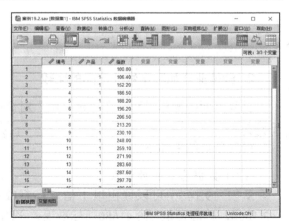

图 19.4　案例 19.2 数据

03 选择分组变量。选择"产品"并单击➡按钮使之进入"分组变量"列表框。然后单击"定义组"按钮。在"定义组"对话框的"组1"中输入1，在"组2"中输入2。设置完毕后，单击"继续"按钮返回"独立样本T检验"对话框。

04 其余采用系统默认值即可。

05 设置完毕后，单击"确定"按钮，等待输出结果。

1. 种植业产品和林业产品的比较

结果分析如下。

（1）数据基本统计量表

从表19.12中可以读出以下信息：参与分析的样本中，种植业产品指数的样本容量是15，样本平均值是215.1467，标准差是62.24223，标准误差平均值是16.07088，林业产品指数的样本容量是15，样本平均值是231.4267，标准差是68.50848，标准误差平均值是17.68881。

表 19.12　数据基本统计量表

	产品	个案数	平均值	标准差	标准误差平均值
指数	种植业产品	15	215.1467	62.24223	16.07088
	林业产品	15	231.4267	68.50848	17.68881

组统计

（2）独立样本T检验结果表

从表19.13中可以发现：F统计量的值是0.274，对应的置信水平是0.605，说明两样本方差之间不存在显著差别，所以采用的方法是两样本等方差T检验。T统计量的值是-0.681，自由度是28，临界置信水平为0.501，远大于5%，所以说明种植业产品指数和林业产品指数之间没有明显的差别。

表 19.13　独立样本T检验结果表

独立样本检验

		莱文方差等同性检验		平均值等同性t检验					差值95%置信区间	
		F	显著性	t	自由度	显著性（双尾）	平均值差值	标准误差差值	下限	上限
指数	假定等方差	.274	.605	-.681	28	.501	-16.28000	23.89910	-65.23510	32.67510
	不假定等方差			-.681	27.746	.501	-16.28000	23.89910	-65.25527	32.69527

2. 种植业产品和畜牧业产品的比较

重复上面的操作过程，在"定义组"对话框中重新设置。在"组1"中输入1，在"组2"中输入3。

得到分析结果如下。

（1）数据基本统计量表

从表19.14中可以读出以下信息：畜牧业产品指数的样本容量是15，样本平均值是442.1600，标准差是218.41680，标准误差平均值是56.39498。

表 19.14　数据基本统计量表

组统计					
	产品	个案数	平均值	标准差	标准误差平均值
指数	种植业产品	15	215.1467	62.24223	16.07088
	畜牧业产品	15	442.1600	218.41680	56.39498

（2）独立样本 T 检验结果表

从表 19.15 中可以发现：F 统计量的值是 22.374，对应的置信水平是 0.000，说明两样本方差之间存在显著差别，所以采用的方法是两样本异方差 T 检验。T 统计量的值是-3.871，自由度是 16.259，临界置信水平为 0.001，远小于 5%，所以说明种植业产品指数和畜牧业产品指数之间有着明显的差别。

表 19.15　独立样本 T 检验结果表

独立样本检验									
		莱文方差等同性检验		平均值等同性t检验					
		F	显著性	t	自由度	显著性（双尾）	平均值差值	标准误差差值	差值95%置信区间
									下限	上限
指数	假定等方差	22.374	.000	-3.871	28	.001	-227.01333	58.64014	-347.13222	-106.89445
	不假定等方差			-3.871	16.259	.001	-227.01333	58.64014	-351.16418	-102.86248

3. 种植业产品和渔业产品的比较

进行种植业产品与渔业产品的 T 检验操作，得到分析结果如下。

（1）数据基本统计量表

从表 19.16 中可以读出以下信息：参与分析的样本中，种植业产品指数的样本容量是 15，样本平均值是 215.1467，标准差是 62.24223，标准误差平均值是 16.07088，渔业产品指数的样本容量是 15，样本平均值是 639.6067，标准差是 381.72867，标准误差平均值是 98.56192。

表 19.16　数据基本统计量表

组统计					
	产品	个案数	平均值	标准差	标准误差平均值
指数	种植业产品	15	215.1467	62.24223	16.07088
	渔业产品	15	639.6067	381.72867	98.56192

（2）独立样本 T 检验结果表

从表 19.17 中可以发现：F 统计量的值是 36.230，对应的置信水平是 0.000，说明两样本方差之间存在显著差别，所以采用的方法是两样本异方差 T 检验。T 统计量的值是-4.250，自由度是 14.744，临界置信水平为 0.001，远小于 5%，所以说明种植业产品指数和渔业产品指数存在明显的差别。

关于林业产品指数和牧业产品指数、林业产品指数和渔业产品指数、牧业产品指数和渔业产品指数之间的比较留作习题。

表 19.17　独立样本 T 检验结果表

独立样本检验

		莱文方差等同性检验		平均值等同性 t 检验						
		F	显著性	t	自由度	显著性（双尾）	平均值差值	标准误差差值	差值 95% 置信区间	
									下限	上限
指数	假定等方差	36.230	.000	-4.250	28	.000	-424.46000	99.86353	-629.02117	-219.89883
	不假定等方差			-4.250	14.744	.001	-424.46000	99.86353	-637.63656	-211.28344

19.3.3　对我国主要农业产品的主成分分析

🎥	下载资源\video\chap19\...
🖥	下载资源\sample\19\正文\原始数据文件\案例19.3.sav

表 19.18 给出了我国主要年份人均主要农业产品产量统计（1978~2007）的相关数据。试用主成分分析法对这些指标提取主成分并写出提取的主成分与这些指标之间的表达式。

表 19.18　我国主要年份人均主要农业产品产量统计（1978~2007，单位：公斤/人）

年份	粮食	棉花	油料	糖料	水果	水产品
1978	319	2.3	5.5	24.9	6.9	4.9
1980	327	2.8	7.8	29.7	6.9	4.6
1985	361	3.9	15.0	57.5	11.1	6.7
1989	364	3.4	11.6	51.9	16.4	10.3
…	…	…	…	…	…	…
2004	362	4.9	23.7	73.8	118.4	37.8
2005	371	4.4	23.6	72.5	123.6	39.2
2006	380	5.7	20.1	76.4	130.4	35.0
2007	381	5.8	19.3	86.9	137.6	36.0

在用 SPSS 进行分析之前，我们要把数据录入到 SPSS 中。容易发现本例中有 7 个变量，分别是年份、粮食、棉花、油料、糖料、水果、水产品。我们把所有变量都定义为数值型变量，然后录入相关数据。录入完成后，数据如图 19.5 所示。

先做一下数据保存，然后开始展开分析，步骤如下：

01 进入 SPSS 24.0，打开相关数据文件，选择"分析"|"降维"|"因子"命令，弹出如图 19.6 所示的对话框。

02 选择进行因子分析的变量。在"因子分析"对话框的左侧列表框中，依次选择粮食、棉花、油料、糖料、水果、水产品并单击➡按钮使之进入"变量"列表框。

03 选择输出系数的相关矩阵。单击"因子分析"对话框中的"描述"按钮，弹出如图19.7 所示的对话框。在"相关性矩阵"选项组中选中"系数"复选框，单击"继续"按钮返回"因子分析"对话框。

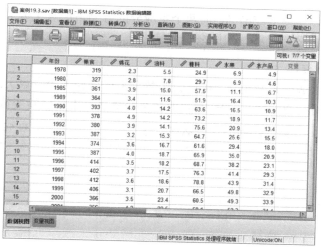

图 19.5　案例 19.3 数据

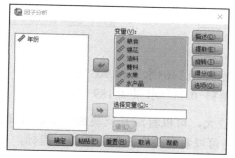

图 19.6　"因子分析"对话框

图 19.7　"因子分析：描述"对话框

04 其余设置采用系统默认值即可。

05 设置完毕后，单击"确定"按钮，等待输出结果。

结果分析如下。

（1）系数相关矩阵

从表19.19中可以看出，各个变量之间都具有一定的相关关系而且有些相关系数还比较大，所以本例很适合使用主成分分析。

表 19.19　相关矩阵

		粮食	棉花	油料	糖料	水果	水产品
相关性	粮食	1.000	.219	.304	.581	.013	.224
	棉花	.219	1.000	.493	.697	.708	.479
	油料	.304	.493	1.000	.746	.692	.916
	糖料	.581	.697	.746	1.000	.588	.699
	水果	.013	.708	.692	.588	1.000	.823
	水产品	.224	.479	.916	.699	.823	1.000

（2）各成分的方差贡献率和累计贡献率

由表 19.20 可知，因为只有前两个特征值大于 1，所以 SPSS 只选择了前两个主成分。第一个主成分的方差贡献率是 64.567%，前两个主成分的方差占所有主成分方差的 83.152%。由此可见，选前两个主成分已足够替代原来的变量。

（3）主成分系数矩阵

表 19.21 输出了主成分系数矩阵，可以说明各个主成分在各个变量上的载荷，从而得出各主成分的表达式。值得一提的是，在表达式中各个变量已经不是原始变量而是标准化变量。

表 19.20 方差贡献率和累计贡献率

成分	总计	初始特征值 方差百分比	累积 %	总计	提取载荷平方和 方差百分比	累积 %
1	3.874	64.567	64.567	3.874	64.567	64.567
2	1.115	18.586	83.152	1.115	18.586	83.152
3	.663	11.051	94.203			
4	.204	3.406	97.609			
5	.110	1.825	99.434			
6	.034	.566	100.000			

提取方法：主成分分析法。

表 19.21 成分矩阵

成分矩阵[a]

	成分 1	成分 2
粮食	.407	.886
棉花	.760	-.077
油料	.897	-.052
糖料	.892	.315
水果	.846	-.432
水产品	.903	-.189

提取方法：主成分分析法。
a. 提取了 2 个成分。

由此可知：

F1=0.407*粮食+0.760*棉花+0.897*油料+0.892*糖料+0.846*水果+0.903*水产品
F2=0.886*粮食-0.077*棉花-0.052*油料+0.315*糖料-0.432*水果-0.189*水产品

在第一主成分中，除粮食以外的变量系数都比较大，可以看成是反映那些变量方面的综合指标；在第二主成分中，变量粮食的系数比较大，可以看成是反映粮食的综合指标。

19.3.4 对我国各地区主要农产品产量的聚类分析

📹	下载资源\video\chap19\...
🖥	下载资源\sample\19\正文\原始数据文件\案例19.4.sav

数据资料为我国 2008 年各地区主要农产品的产量统计数据，如表 19.22 所示。

表 19.22 我国 2008 年各地区主要农产品产量统计（单位：公斤/人）

地区	粮食	油料	棉花	糖料	蔬菜	水果	肉类	奶类	水产品
北京	125.50	2.20	0.10	0.00	321.30	118.80	45.10	66.50	6.10
天津	148.90	0.50	8.30	0.00	314.20	62.30	37.10	70.10	32.30
…	…	…	…	…	…	…	…	…	…
甘肃	888.50	53.50	12.30	20.10	1082.30	411.60	79.10	34.70	1.20
青海	101.80	35.20	0.00	0.00	110.10	3.30	25.50	27.20	0.20
宁夏	329.20	13.60	0.00	0.05	319.00	185.80	23.60	89.20	7.50
新疆	930.50	56.80	302.60	438.90	970.70	855.00	115.30	142.30	9.10

在用 SPSS 进行分析之前，我们要把数据录入到 SPSS 中。容易发现本例中有 10 个变量，

分别为·"地区""粮食""油料""棉花""糖料""蔬菜""水果""肉类""奶类""水产品"。我们将"地区"定义为字符型变量，其余9个变量均定义为数值型，然后录入相关数据。录入完成后，数据如图19.8所示。

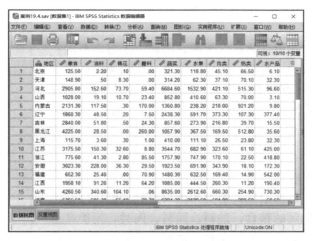

图19.8 案例19.4数据

观察到不同变量的数量级相差不大，所以不必先对数据进行标准化处理，直接进行分析即可。

先做一下数据保存，然后开始展开分析，步骤如下：

01 进入 SPSS 24.0，打开相关数据文件，选择"分析"|"分类"|"K-均值聚类"命令，弹出如图 19.9 所示的对话框。

02 选择进行聚类分析的变量。在"K 均值聚类分析"对话框的左侧列表框中，选择"地区"并单击 按钮使之进入"个案标注依据"列表框，选择其他9个变量并单击 按钮，使之进入"变量"列表框，在"聚类数"文本框中输入聚类分析的类别数4；在"方法"选项组中选中"仅分类"复选框。

03 设置输出及缺失值的处理方法。单击"K 均值聚类分析"对话框中的"选项"按钮，弹出如图 19.10 所示的对话框。在"统计"选项组中选中全部的3个复选框，其他选择默认值。设置完毕后，单击"继续"按钮返回"K 均值聚类分析"对话框。

图19.9 "K 均值聚类分析"对话框

图19.10 "K 均值聚类分析：选项"对话框

04 其他设置采用系统默认值即可。

05 设置完毕后，单击"确定"按钮，等待输出结果。

结果分析如下。

（1）聚类结果

从表 19.23 中可以知道，北京、天津、山西、上海、海南、重庆、贵州、西藏、陕西、甘肃、青海、宁夏、新疆等地区属于第一类；内蒙古、吉林、黑龙江、安徽、四川等地区属于第二类；河北、山东、河南等地区属于第三类；辽宁、江苏、浙江、福建、江西、湖北、湖南、广东、云南等地区属于第四类。

（2）最终聚类中心

从表 19.24 中可以看出，第一类地区的粮食、油料、蔬菜、水果、肉类、水产品产量都很低，奶类和糖料产量较低，棉花产量相对较高；第二类地区的粮食、油料、糖料、肉类、奶类产量较高，棉花产量很低；第三类地区粮食、油料、棉花、蔬菜、水果、肉类、奶类产量非常高，糖料产量很低，水产品产量较高；第四类地区糖料、水产品产量非常高，奶类产量很低，粮食、棉花、油料产量较低，蔬菜、水果、肉类产量较高。

（3）每个聚类中的样本数

从表 19.25 中可以知道，聚类 1 所包含样本数最多，为 13 个，聚类 3 所包含样本数最少，为 3 个。

表 19.23　聚类结果

聚类成员			
个案号	地区	聚类	距离
1	北京	1	300.215
2	天津	1	281.227
3	河北	3	2715.035
4	山西	1	1299.401
5	内蒙古	2	2162.840
6	辽宁	4	1463.730
7	吉林	2	1499.890
8	黑龙江	2	.000
9	上海	1	381.274
10	江苏	4	2574.527
11	浙江	4	1466.793
12	安徽	2	1639.103
13	福建	4	1675.893
14	江西	4	2068.663
15	山东	3	.000
16	河南	3	2640.781
17	湖北	4	1701.454
18	湖南	4	2036.910
19	广东	4	.000
20	海南	1	717.745
21	重庆	1	1442.006
22	四川	2	2404.411
23	贵州	1	1436.121
24	云南	4	1791.258
25	西藏	1	.000
26	陕西	1	1909.841
27	甘肃	1	1368.911
28	青海	1	73.389
29	宁夏	1	404.744
30	新疆	1	1606.776

表 19.24　最终聚类中心表

最终聚类中心				
	聚类			
	1	2	3	4
粮食	566.83	3071.92	4177.27	1801.78
油料	27.14	135.14	332.83	98.68
棉花	26.50	7.74	80.97	13.64
糖料	83.50	120.06	26.72	382.01
蔬菜	604.65	1655.62	7237.97	2152.56
水果	310.72	441.32	2091.70	649.28
肉类	72.19	307.94	555.40	309.37
奶类	59.32	311.68	356.27	41.78
水产品	20.26	65.68	292.50	350.12

表 19.25　每个聚类的样本数统计表

每个聚类中的个案数目		
聚类	1	13.000
	2	5.000
	3	3.000
	4	9.000
有效		30.000
缺失		.000

结论：北京、天津、山西、上海、海南、重庆、贵州、西藏、陕西、甘肃、青海、宁夏、新疆等地区的粮食、油料、蔬菜、水果、肉类、水产品产量都很低，奶类和糖料的产量较低，棉花产量相对较高；内蒙古、吉林、黑龙江、安徽、四川等地区的粮食、油料、糖料、肉类、奶类产量较高，棉花产量很低；河北、山东、河南等地区的粮食、油料、棉花、蔬菜、水果、肉类、奶类的产量非常高，糖料产量很低，水产品产量较高；辽宁、江苏、浙江、福建、江西、湖北、湖南、广东、云南等地区的糖料、水产品产量非常高，奶类产量很低，粮食、棉花、油料产量较低，蔬菜、水果、肉类产量较高。

19.3.5　对我国农业机械产品构成情况的列联表分析

	下载资源\video\chap19\...
	下载资源\sample\19\正文\原始数据文件\案例19.5.sav

表 19.26 给出了我国 2007 年农业机械产品分类情况的统计数据。试据此对我国农业机械产品的构成情况进行列联表分析，研究各种农业机械产品之间构成的差异。

表 19.26　我国 2007 年农业机械产品分类情况统计（单位：个）

序号	产品门类	大类数	中类数	小类数
1	种植业机械	14	113	468
2	畜牧业机械	7	45	164
3	渔业机械	5	20	103
4	林业机械	14	34	104
5	农产品加工机械	16	108	495
6	农业运输机械	5	8	27
7	可再生能源利用机械	4	9	13

在用SPSS进行分析之前，我们要把数据录入到SPSS中。容易发现本例中有三个变量，分别是产品、类别和频数。我们把所有变量都定义为数值型变量，对产品和类别两个变量进行相应的值标签操作，对"产品"变量用"1"表示"种植业机械"，用"2"表示"畜牧业机械"，用"3"表示"渔业机械"，用"4"表示"林业机械"，用"5"表示"农产品加工机械"，用"6"表示"农业运输机械"，用"7"表示"可再生能源利用机械"；对"类别"变量用"1"表示"大类"，用"2"表示"中类"，用"3"表示"小类"然后录入相关数据。录入完成后，数据如图19.11所示。

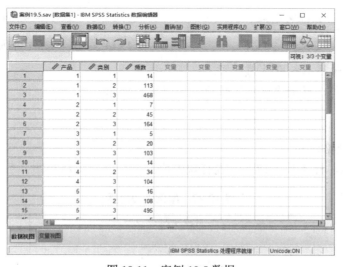

图 19.11　案例 19.5 数据

先做一下数据保存，然后开始展开分析，步骤如下：

01 进入 SPSS 24.0，对数据进行预处理，对"频数"变量进行加权。选择"数据"|"个案加权"命令，弹出如图 19.12 所示的对话框。选中"个案加权系数"单选按钮，然后在左侧的列表中选择"频数"，单击  按钮使之进入"频率变量"列表框。单击"确定"按钮，完成数据预处理。

图19.12 "个案加权"对话框

02 选择"分析"|"描述统计"|"交叉表"命令，弹出如图 19.13 所示的对话框。首先定义行变量，在对话框左侧选择"类别"并单击按钮，使之进入右侧的"行"列表框。然后定义列变量，在左侧的列表中选择"产品"并单击按钮，使之进入右侧的"列"列表框。因为没有别的变量参与列联表分析，所以这里没有层控制变量，然后选中"显示簇状条形图"复选框。

03 选择列联表单元格中需要计算的指标。单击"交叉表"对话框中的"单元格"按钮，弹出如图 19.14 所示的对话框，可以设置相关输出内容。我们在"计数"选项组中选中"期望"复选框，在"百分比"选项组中选中"行""列""总计"复选框。设置完毕后，单击"继续"按钮返回"交叉表"对话框。

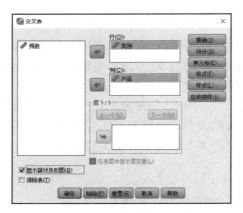

图 19.13 "交叉表"对话框

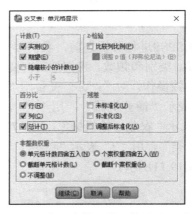

图 19.14 "交叉表格：单元格显示"对话框

04 其余设置采用系统默认值即可。

05 设置完毕后，单击"确定"按钮，等待输出结果。

结果分析如下。

（1）本例的数据信息

如表19.27所示，样本数为1776，没有缺失值。

表 19.27 案例处理摘要

个案处理摘要						
	个案					
	有效		缺失		总计	
	N	百分比	N	百分比	N	百分比
类别 * 产品	1776	100.0%	0	0.0%	1776	100.0%

（2）列联表

如表19.28所示，2007年我国农业机械产品的构成为：按单元格（个体）划分，小类农产品加工机械最多，占到总数的36.0%，大类可再生能源利用机械最少，为总数的6.2%；按类别划分，小类农业机械最多，为总数的77.4%，大类农业机械最少，为总数的3.7%；按产品划分，农产品加工机械和种植业机械排在前两位，分别为总数的34.9%和33.5%，可再生能源利用机械和农业运输机械排在最后两位，分别为1.5%和2.3%。

表 19.28　列联表

类别 * 产品 交叉表

			种植业机械	畜牧业机械	渔业机械	林业机械	农产品加工机械	农业运输机械	可再生能源利用机械	总计
类别	大类	计数	14	7	5	14	16	5	4	65
		期望计数	21.8	7.9	4.7	5.6	22.7	1.5	1.0	65.0
		占 类别 的百分比	21.5%	10.8%	7.7%	21.5%	24.6%	7.7%	6.2%	100.0%
		占 产品 的百分比	2.4%	3.2%	3.9%	9.2%	2.6%	12.5%	15.4%	3.7%
		占总计的百分比	0.8%	0.4%	0.3%	0.8%	0.9%	0.3%	0.2%	3.7%
	中类	计数	113	45	20	34	108	8	9	337
		期望计数	112.9	41.0	24.3	28.8	117.5	7.6	4.9	337.0
		占 类别 的百分比	33.5%	13.4%	5.9%	10.1%	32.0%	2.4%	2.7%	100.0%
		占 产品 的百分比	19.0%	20.8%	15.6%	22.4%	17.4%	20.0%	34.6%	19.0%
		占总计的百分比	6.4%	2.5%	1.1%	1.9%	6.1%	0.5%	0.5%	19.0%
	小类	计数	468	164	103	104	495	27	13	1374
		期望计数	460.3	167.1	99.0	117.6	478.9	30.9	20.1	1374.0
		占 类别 的百分比	34.1%	11.9%	7.5%	7.6%	36.0%	2.0%	0.9%	100.0%
		占 产品 的百分比	78.7%	75.9%	80.5%	68.4%	80.0%	67.5%	50.0%	77.4%
		占总计的百分比	26.4%	9.2%	5.8%	5.9%	27.9%	1.5%	0.7%	77.4%
总计		计数	595	216	128	152	619	40	26	1776
		期望计数	595.0	216.0	128.0	152.0	619.0	40.0	26.0	1776.0
		占 类别 的百分比	33.5%	12.2%	7.2%	8.6%	34.9%	2.3%	1.5%	100.0%
		占 产品 的百分比	100.0%	100.0%	100.0%	100.0%	100.0%	100.0%	100.0%	100.0%
		占总计的百分比	33.5%	12.2%	7.2%	8.6%	34.9%	2.3%	1.5%	100.0%

（3）频数分布图

列联表的图形展示如图 19.15 所示。

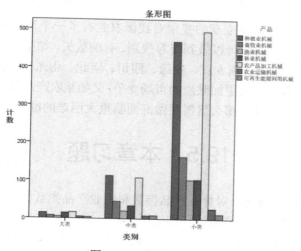

图 19.15　频数分布图

19.4 研究结论

根据以上所做的分析，我们可以比较有把握地得出以下结论：

- 通过对我国各地区农林牧渔业总产值指数进行研究发现，种植业产品指数和林业产品指数之间有着明显的差别，种植业产品指数和畜牧业产品指数之间有着明显的差别，种植业产品指数和渔业产品指数之间没有明显的差别。这说明我国种植业与林业、畜牧业在各地区的发展速度是有着明显差别的，种植业与渔业在各地区的发展速度没有明显差别。

- 通过对我国各年份农林牧渔业总产值指数进行研究发现，种植业产品指数和林业产品指数之间没有明显的差别，种植业产品指数和畜牧业产品指数之间有着明显的差别，种植业产品指数和渔业产品指数存在明显的差别。这说明我国种植业与渔业、畜牧业整体发展速度是有着明显差别，种植业与林业的整体发展速度是没有明显差别的。

- 使用两个指标就可以描述我国人均主要农业产品的产量，其中一个主要用来描述粮食这一农产品，另一个指标主要用来描述其他的农产品。

- 北京、天津、山西、上海、海南、重庆、贵州、西藏、陕西、甘肃、青海、宁夏、新疆等地区粮食、油料、蔬菜、水果、肉类、水产品产量都很低，奶类和糖料的产量较低，棉花产量相对较高；内蒙古、吉林、黑龙江、安徽、四川等地区的粮食、油料、糖料、肉类、奶类产量较高，棉花产量很低；河北、山东、河南等地区的粮食、油料、棉花、蔬菜、水果、肉类、奶类产量非常高，糖料产量很低，水产品产量较高；辽宁、江苏、浙江、福建、江西、湖北、湖南、广东、云南等地区的糖料、水产品产量非常高，奶类产量很低，粮食、棉花、油料产量较低，蔬菜、水果、肉类产量较高。

- 我国农业机械产品的构成为：小类农产品加工机械最多，大类可再生能源利用机械最少；按类别划分，小类农业机械最多，大类农业机械最少；按产品划分，农产品加工机械和种植业机械排在前两位，可再生能源利用机械和农业运输机械排在后两位。

经过以上研究，我们可以从宏观的视角对我国农业有了一个比较全面的了解，在以后的政策制定以及开发市场等方面都可以做到统筹规划、有的放矢，如某上市公司欲大量收购奶产品，那就应该去内蒙古、吉林、黑龙江、安徽、四川、河北、山东、河南等省份进行采购，从而避免在那些产量低的省份面对更加激烈的市场竞争；又如某农产品机械产品制造商欲新推广一种大类可再生能源利用机械，那么就需要做好面临重大困难的准备。

19.5 本章习题

1. 利用 19.3.1 节中的材料，对林业产品指数和牧业产品指数、林业产品指数和渔业产品指数、牧业产品指数和渔业产品指数进行均值比较。

2. 利用 19.3.2 节中的材料，对林业产品指数和牧业产品指数、林业产品指数和渔业产品指数、牧业产品指数和渔业产品指数进行均值比较。

3．表 19.29 给出了常州市主要年份人均主要农业产品产量统计（1980~2000）的相关数据。试用主成分分析法对这些指标提取主成分，并写出提取的主成分与这些指标之间的表达式。

表 19.29　常州市主要年份人均主要农业产品产量统计（1980~2000，单位：公斤／人）

年份	粮食	油料	蚕茧	茶叶	水果	猪肉	水产品
1980	471.14	5.99	0.76	0.54	1.93	23.64	4.85
1985	499.71	22.80	1.78	0.89	2.79	19.64	9.22
1986	523.43	17.95	2.04	0.96	2.96	19.17	12.01
1987	492.13	18.22	2.05	1.09	3.42	19.32	13.00
…	…	…	…	…	…	…	…
1997	503.41	19.52	1.51	0.80	6.32	17.47	27.57
1998	450.83	10.60	1.43	0.79	7.10	18.32	31.11
1999	455.78	21.32	1.28	0.81	7.92	17.56	32.16
2000	398.90	26.83	1.41	0.79	8.68	18.83	32.51

4．表 19.30 为我国 2007 年各地区主要农产品的产量统计数据，摘编自《中国统计摘要2008》。试据此对我国各地区按其主要农产品产量进行聚类分析。

表 19.30　我国 2007 年各地区主要农产品产量统计（单位：公斤/人）

地区	粮食	油料	棉花	糖料	蔬菜	水果	肉类	奶类	水产品
北京	102.10	2.20	0.20	0.00	340.10	124.90	47.90	62.20	5.40
天津	147.20	0.50	9.30	0.00	274.40	61.90	33.80	67.20	31.20
…	…	…	…	…	…	…	…	…	…
甘肃	824.00	42.40	12.90	27.80	906.50	358.40	76.90	35.20	1.10
青海	106.20	28.00	0.00	0.70	98.30	3.30	31.40	26.50	0.20
宁夏	323.50	7.70	0.00	0.31	254.80	153.80	22.80	77.50	7.00
新疆	867.00	26.90	301.30	453.90	775.80	672.50	125.70	203.80	8.80

5．表 19.31 为《中国水利年鉴 2008》提供的《中国 2007 年灌溉面积统计（按全国水资源一级区划分）》数据，根据该数据对我国的水利灌溉情况做列联表分析，研究我国的灌溉结构。

表 19.31　我国 2007 年灌溉面积统计（按全国水资源一级区划分，单位：万亩）

地区	农田灌溉	林地	果园	牧草	其他
松花江区	4899.28	6.90	4.45	44.09	12.94
辽河区	2630.63	84.24	102.15	181.64	108.06
海河区	7551.31	197.90	489.61	24.81	38.00
黄河区	5267.31	196.70	199.94	219.41	34.97
淮河区	11086.67	149.21	335.65	5.75	72.74
长江区	14969.47	192.54	203.94	61.69	101.92
东南诸河区	2049.30	26.17	87.10	0.65	43.14
珠江区	4184.76	27.24	148.51	2.97	221.34
西南诸河区	912.52	28.91	22.44	108.77	11.17
西北诸河区	4231.12	688.64	445.62	575.68	123.50

第 20 章　SPSS 软件在研究城市综合经济实力中的应用举例

改革开放以来，随着工业化进程的加快，我国城市的数量不断增加，个体的规模不断扩大，在社会经济生活中所起的主导作用也越来越显著。当今世界已经进入了全球经济一体化的时代，城市作为国家的经济、政治、科技和教育文化发展中心已经成为经济循环的主角，而决定每座城市的地位、作用以及未来发展态势的主要因素是它们各自拥有的综合经济实力。城市综合实力是指一座城市在一定时期内经济、社会、基础设施、环境、科技、文教等各个领域所具备的现实实力和发展能力的集合。SPSS 软件可以用来进行城市综合经济实力的相关分析研究，下面我们就来介绍一下 SPSS 在研究城市综合经济实力中的应用。

20.1　研究背景及目的

2009 年 10 月 17 日，第 6 届我国城市论坛北京峰会在朝阳规划艺术馆召开。这次峰会不仅吸引了城市发展领域内几百位专家的关注和参与，更让来自全国各个城市的会议代表们受益匪浅。会议指出，"十二五"期间既是全球经济复苏的关键时期，也是我国加快城市化进程的关键时期。

以前我国采取的城市外延式扩张战略导致城市发展中出现了资源浪费、环境污染、不注重保护城市历史文脉和特点等各种各样的问题，所以"十二五"期间，城市必须从规模、质量、结构和效益等各个角度，推进实施"内涵式发展"模式。城市发展将呈现 5 个新变化：一是城市发展开始从外延式扩张向内涵式发展转变；二是城市软实力成为城市发展的核心竞争力；三是城乡统筹和城乡一体化成为城市发展的新格局；四是综合配套改革实验区的示范意义进一步凸显；五是城市群对城市建设与发展的作用日益增强。

在这种大背景下对我国各城市的综合经济实力进行研究，不论是对于促进我国城市本身又好又快地发展，还是对于充分发挥城市在社会经济生活中所起的主导作用，都有着极为重要的意义。

本章的研究目的如下：通过对描述我国各城市综合经济实力的各种指标进行各种分析，一方面找出用来衡量我国城市综合经济实力的各个指标之间的内在联系，另一方面找出各城市综合经济实力的差异。

20.2　研究方法

对城市综合经济实力的概念，我国城市经济发展研究中心提出：城市综合经济实力是指城市所拥有的全部实力、潜力及其在国内外经济社会中的地位和影响力。据此概念我们可以看出，评价城市综合经济实力应该包括人口、地区生产总值、拥有的交通运输以及通信能力、地方财政预算内收支、固定资产投资总额、城乡居民工资水平及储蓄水平、环境污染治理投资总额、商贸市场水平、人才状况及社会医疗保障水平等方面，所以我们采用的数据指标有：年底总人口、地区生产总值、第一产业增加值、第二产业增加值、第三产业增加值、客运量、货运量、地方财政预算内收入、地方财政预算内支出、固定资产投资总额、城乡居民储蓄年末余额、在岗职工平均工资、年末邮政局数、年末固定电话用户数、社会商品零售总额、货物进出口总额、年末实有公共汽车营运车辆数、影剧院数、普通高等学校在校学生数、医院数、执业医师、环境污染治理投资总额等 22 个指标。

本例采用的数据是《中国 2007 年省会城市和计划单列市主要经济指标统计（包括市辖县）》，数据摘编自《中国统计年鉴 2008》。

采用的数据分析方法主要有回归分析、相关分析、因子分析等。

基本思路是：首先使用回归分析、相关分析等方法研究构成城市综合经济实力的各个变量之间的关系；然后使用因子分析对构成城市综合经济实力的各个变量提取公因子；最后使用一些简单的 SPSS 数据处理技巧依照提取的公因子对各城市进行分类及排序。

20.3　数据分析与报告

🎥	下载资源\video\chap20\...
💾	下载资源\sample\20\正文\原始数据文件\案例20.sav

因为本例采用的是现成的数据，所以根据第 1 章介绍的方法直接将所用数据录入 SPSS 中即可。我们设置了共 23 个变量，分别是"城市名称""年底总人口""地区生产总值""第一产业增加值""第二产业增加值""第三产业增加值""客运量""货运量""地方财政预算内收入""地方财政预算内支出""固定资产投资总额""城乡居民储蓄年末余额""在岗职工平均工资""年末邮政局数""年末固定电话用户数""社会商品零售总额""货物进出口总额""年末实有公共汽车营运车辆数""影剧院数""普通高等学校在校学生数""医院数""执业医师""环境污染治理投资总额"。其中"城市名称"为字符串变量，其余变量均为数值型变量。样本是我国 2007 年省会城市和计划单列市主要经济指标统计的相关数据。录入完成后，数据如图 20.1 所示。

图 20.1　案例 20.3 数据

20.3.1　相关分析

对于相关分析，我们准备进行以下几个部分的分析。

- 第一，对"地区生产总值"的 3 个组成部分："第一产业增加值""第二产业增加值""第三产业增加值"进行简单相关分析。
- 第二，在控制"地区生产总值"的前提下，对"第一产业增加值""第二产业增加值""第三产业增加值"进行偏相关分析。
- 第三，在控制"年底总人口"的前提下，对"客运量"和"货运量"进行偏相关分析。
- 第四，在控制"年底总人口"的前提下，对"地方财政预算内收入"和"地方财政预算内支出"进行偏相关分析。
- 第五，对"年底总人口""地区生产总值""环境污染治理投资总额"这 3 个变量进行简单相关分析。

1. 对"地区生产总值"的 3 个组成部分进行简单相关分析

操作步骤如下：

01 进入 SPSS 24.0，打开相关数据文件，选择"分析"|"相关"|"双变量"命令，弹出如图 20.2 所示的对话框。

02 选择进行相关分析的变量。在"双变量相关性"对话框的左侧列表框中，选中"第一产业增加值""第二产业增加值""第三产业增加值"并单击 按钮使之进入"变量"列表框。

03 其他设置使用系统默认值即可。

04 设置完毕后，单击"确定"按钮，等待输出结果。

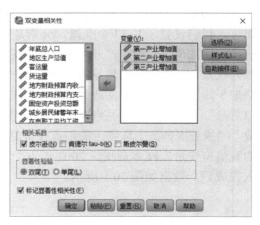

图 20.2　"双变量相关性"对话框

结果分析如表 20.1 所示。从表 20.1 可以看出，构成"地区生产总值"的 3 个组成部分中，只有"第二产业增加值"与"第三产业增加值"之间具有很强的相关性，并且在 0.01 的显著性水平上显著，其他的变量之间相关性不显著。

表 20.1　相关分析结果表

		相关性		
		第一产业增加值	第二产业增加值	第三产业增加值
第一产业增加值	皮尔逊相关性	1	.209	.121
	显著性（双尾）		.222	.483
	个案数	36	36	36
第二产业增加值	皮尔逊相关性	.209	1	.867**
	显著性（双尾）	.222		.000
	个案数	36	36	36
第三产业增加值	皮尔逊相关性	.121	.867**	1
	显著性（双尾）	.483	.000	
	个案数	36	36	36

**. 在 0.01 级别（双尾），相关性显著。

2. 在控制"地区生产总值"的前提下，对"第一产业增加值""第二产业增加值""第三产业增加值"进行偏相关分析

操作步骤如下：

01 进入 SPSS 24.0，打开相关数据文件，选择"分析"|"相关"|"偏相关"命令，弹出如图 20.3 所示的对话框。

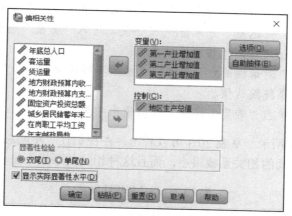

图20.3　"偏相关性"对话框

02 选择进行偏相关分析的变量和控制变量。在"偏相关性"对话框的左侧列表框中，同时选中"第一产业增加值""第二产业增加值""第三产业增加值"并单击 ⇒ 按钮使之进入"变量"列表框，然后选中"地区生产总值"并单击 ⇒ 按钮使之进入"控制"列表框。

03 在"偏相关性"对话框的左下方选中"显示实际显著性水平"复选框。

04 其他设置使用系统默认值即可。

05 设置完毕后，单击"确定"按钮，等待输出结果。

结果分析如表20.2所示。从表20.2可以看出，在控制住"地区生产总值"的前提下，构成"地区生产总值"的3个组成部分中，"第二产业增加值"与"第三产业增加值"之间的相关关系依旧非常显著（在0.01的水平上显著），但是相关系数却变为了负值；"第三产业增加值"与"第一产业增加值"之间也有了一定的相关性（在0.05的水平上显著），这种相关性也是负的；"第二产业增加值"与"第一产业增加值"之间的相关关系依旧不显著。

表20.2　偏相关分析结果表

相关性			第一产业增加值	第二产业增加值	第三产业增加值
控制变量					
地区生产总值	第一产业增加值	相关性	1.000	.052	-.341
		显著性（双尾）	.	.766	.045
		自由度	0	33	33
	第二产业增加值	相关性	.052	1.000	-.957
		显著性（双尾）	.766	.	.000
		自由度	33	0	33
	第三产业增加值	相关性	-.341	-.957	1.000
		显著性（双尾）	.045	.000	.
		自由度	33	33	0

3. 在控制"年底总人口"的前提下，对"客运量"和"货运量"进行偏相关分析

01 进入SPSS 24.0，打开相关数据文件，选择"分析"|"相关"|"偏相关"命令，弹出"偏相关性"对话框。

02 选择进行偏相关分析的变量和控制变量。在"偏相关性"对话框的左侧列表框中，同时选中"客运量"和"货运量"并单击➡按钮使之进入"变量"列表框，然后选中"年底总人口"并单击➡按钮使之进入"控制"列表框。

03 在"偏相关性"对话框的左下方选中"显示实际显著性水平"复选框。

04 其他设置使用系统默认值。

05 设置完毕后，单击"确定"按钮，等待输出结果。

结果分析如表20.3所示。从表20.3可以看出，在控制住"年底总人口"的前提下，"客运量"与"货运量"之间的相关系数很小，而且这种相关关系很不显著。

表20.3　相关分析结果表

相关性			客运量	货运量
控制变量				
年底总人口	客运量	相关性	1.000	.053
		显著性（双尾）	.	.764
		自由度	0	33
	货运量	相关性	.053	1.000
		显著性（双尾）	.764	.
		自由度	33	0

4. 在控制"年底总人口"的前提下，对"地方财政预算内收入"和"地方财政预算内支出"进行偏相关分析

01 进入 SPSS 24.0，打开相关数据文件，选择"分析"|"相关"|"偏相关"命令，弹出"偏相关性"对话框。

02 选择进行偏相关分析的变量和控制变量。在"偏相关性"对话框的左侧列表框中，同时选中"地方财政预算内收入"和"地方财政预算内支出"并单击 按钮使之进入"变量"列表框，然后选中"年底总人口"并单击 按钮使之进入"控制"列表框。

03 在"偏相关性"对话框的左下方选中"显示实际显著性水平"复选框。

04 其他设置使用系统默认值即可。

05 设置完毕后，单击"确定"按钮，等待输出结果。

结果分析如表 20.4 所示。从表 20.4 可以看出，在控制住"年底总人口"的前提下，"地方财政预算内收入"与"地方财政预算内支出"之间的相关系数很大，而且这种相关关系非常显著（在 0.01 的水平上显著）。

表 20.4　相关分析结果表

相关性			地方财政预算 内收入	地方财政预算 内支出
控制变量				
年底总人口	地方财政预算内收入	相关性	1.000	.996
		显著性（双尾）	.	.000
		自由度	0	33
	地方财政预算内支出	相关性	.996	1.000
		显著性（双尾）	.000	.
		自由度	33	0

5. 对"年底总人口""地区生产总值""环境污染治理投资总额"3 个变量进行简单相关分析

操作步骤如下：

01 进入 SPSS 24.0，打开相关数据文件，选择"分析"|"相关"|"双变量"命令，弹出"双变量相关性"对话框。

02 选择进行简单相关分析的变量。在"双变量相关性"对话框的左侧列表框中，选中"年底总人口""地区生产总值""环境污染治理投资总额"并单击 按钮使之进入"变量"列表框。

03 其他设置使用系统默认值。

04 设置完毕后，单击"确定"按钮，等待输出结果。

结果分析如表 20.5 所示。从表 20.5 可以看出，年底总人口与地区生产总值为正相关，而且这种相关关系十分显著（在 0.01 的水平上显著）；地区生产总值与环境污染治理投资总额之间也为正相关，而且这种相关关系也非常显著（在 0.01 的水平上显著）；年底总人口与环境污染治理投资总额之间也为正相关，但这种相关关系不如前两者显著（仅在 0.05 的水平上显著）。

表 20.5　相关分析结果表

相关性		环境污染治理投资总额	年底总人口	地区生产总值
环境污染治理投资总额	皮尔逊相关性	1	.362*	.674**
	显著性（双尾）		.033	.000
	个案数	35	35	35
年底总人口	皮尔逊相关性	.362*	1	.468**
	显著性（双尾）	.033		.004
	个案数	35	36	36
地区生产总值	皮尔逊相关性	.674**	.468**	1
	显著性（双尾）	.000	.004	
	个案数	35	36	36

*. 在 0.05 级别（双尾），相关性显著。

**. 在 0.01 级别（双尾），相关性显著。

20.3.2　回归分析

对于回归分析，下面以"地区生产总值"为因变量，"年底总人口""客运量""货运量""地方财政预算内收入""地方财政预算内支出""固定资产投资总额""城乡居民储蓄年末余额""在岗职工平均工资""年末邮政局数""年末固定电话用户数""社会商品零售总额""货物进出口总额""年末实有公共汽车营运车辆数""影剧院数""普通高等学校在校学生数""医院数""执业医师""环境污染治理投资总额"等为自变量，进行多重线性回归。

操作步骤如下：

01 进入 SPSS 24.0，打开相关数据文件，选择"分析"|"回归"|"线性"命令，弹出如图 20.4 所示的对话框。

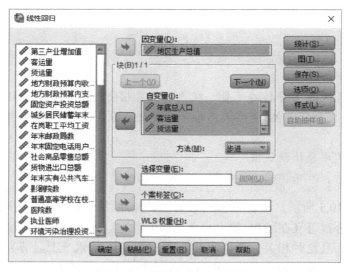

图 20.4　"线性回归"对话框

[02] 选择进行多重线性回归分析的变量。在"线性回归"对话框的左侧列表框中，选中"地区生产总值"并单击 按钮使之进入"因变量"列表框，选中"年底总人口""客运量""货运量""地方财政预算内收入""地方财政预算内支出""固定资产投资总额""城乡居民储蓄年末余额""在岗职工平均工资""年末邮政局数""年末固定电话用户数""社会商品零售总额""货物进出口总额""年末实有公共汽车营运车辆数""影剧院数""普通高等学校在校学生数""医院数""执业医师""环境污染治理投资总额"并单击 按钮使之进入"自变量"列表框，最后我们在"自变量"下方的"方法"下拉列表中选择"步进"选项。

[03] 其他设置使用系统默认值即可。

[04] 设置完毕后，单击"确定"按钮，等待输出结果。

结果分析如下。

（1）变量输入或者移去的情况

表20.6给出了变量进入回归模型或退出模型的情况。因为我们采取的是逐步法，所以本例中显示的是依次进入模型的变量以及变量输入与移去的判别标准。

表20.6　变量输入或者移去的情况

模型	输入的变量	除去的变量	方法
1	社会商品零售总额	.	步进（条件：要输入的 F 的概率 <= .050，要除去的 F 的概率 >= .100）。
2	货物进出口总额	.	步进（条件：要输入的 F 的概率 <= .050，要除去的 F 的概率 >= .100）。
3	货运量	.	步进（条件：要输入的 F 的概率 <= .050，要除去的 F 的概率 >= .100）。
4	年末实有公共汽车营运车辆数	.	步进（条件：要输入的 F 的概率 <= .050，要除去的 F 的概率 >= .100）。

a. 因变量：地区生产总值

（2）模型拟合情况表

表 20.7 给出了随着变量进入依次形成的 4 个模型的拟合情况。可以发现 4 个模型修正的可决系数（调整后的 R 平方）在依次递增，而且都在 0.95 以上，所以，模型的拟合情况非常好，接近完美。

表 20.7　模型拟合情况表

模型摘要

模型	R	R 方	调整后 R 方	标准估算的误差
1	.975[a]	.951	.949	5852275.896
2	.989[b]	.978	.977	3965621.433
3	.995[c]	.990	.989	2709844.129
4	.996[d]	.991	.990	2545120.700

a. 预测变量：(常量)，社会商品零售总额

b. 预测变量：(常量)，社会商品零售总额，货物进出口总额

c. 预测变量：(常量)，社会商品零售总额，货物进出口总额，货运量

d. 预测变量：(常量)，社会商品零售总额，货物进出口总额，货运量，年末实有公共汽车营运车辆数

（3）方差分析表

表 20.8 给出了随着变量的进入依次形成的 4 个模型的方差分解结果。可以发现 P 一直为 0.000，所以，模型整体是极为显著的。

表 20.8　方差分析表

ANOVA[a]

模型		平方和	自由度	均方	F	显著性
1	回归	2.172E+16	1	2.172E+16	634.040	.000[b]
	残差	1.130E+15	33	3.425E+13		
	总计	2.285E+16	34			
2	回归	2.234E+16	2	1.117E+16	710.355	.000[c]
	残差	5.032E+14	32	1.573E+13		
	总计	2.285E+16	34			
3	回归	2.262E+16	3	7.539E+15	1026.697	.000[d]
	残差	2.276E+14	31	7.343E+12		
	总计	2.285E+16	34			
4	回归	2.265E+16	4	5.663E+15	874.207	.000[e]
	残差	1.943E+14	30	6.478E+12		
	总计	2.285E+16	34			

a. 因变量：地区生产总值

b. 预测变量：(常量)，社会商品零售总额

c. 预测变量：(常量)，社会商品零售总额，货物进出口总额

d. 预测变量：(常量)，社会商品零售总额，货物进出口总额，货运量

e. 预测变量：(常量)，社会商品零售总额，货物进出口总额，货运量，年末实有公共汽车营运车辆数

（4）回归方程的系数以及系数的检验结果

表 20.9 给出了随着变量的进入依次形成的 4 个模型的自变量系数。可以发现最后成型的，也就是第 4 个模型的各个自变量系数都非常显著。

表 20.9　系数表

		未标准化系数		标准化系数		
模型		B	标准误差	Beta	t	显著性
1	(常量)	-1509226.731	1565713.712		-.964	.342
	社会商品零售总额	2.851	.113	.975	25.180	.000
2	(常量)	1394557.517	1156342.223		1.206	.237
	社会商品零售总额	2.254	.122	.771	18.520	.000
	货物进出口总额	.948	.150	.263	6.314	.000
3	(常量)	543543.274	802285.772		.677	.503
	社会商品零售总额	1.836	.108	.628	17.071	.000
	货物进出口总额	1.047	.104	.290	10.077	.000
	货运量	259.319	42.329	.165	6.126	.000
4	(常量)	1045840.113	785397.741		1.332	.193
	社会商品零售总额	2.204	.191	.754	11.538	.000
	货物进出口总额	1.127	.104	.312	10.858	.000
	货运量	236.429	41.018	.150	5.764	.000
	年末实有公共汽车营运车辆数	-876.590	386.551	-.139	-2.268	.031

a. 因变量：地区生产总值

综上所述：

● 最终模型的表达式（即模型 4）如下所示。

地区生产总值=1045840.113+2.204*社会商品零售总额+1.127*货物进出口总额
+236.429*货运量-876.590*年末实有公共汽车营运车辆数

● 最终模型的拟合度很好，修正的可决系数近乎 1。
● 模型整体显著，显著性显著性为 0.000。
● 模型中各自变量系数的显著性显著性都小于 0.05（显著）。

结论：经过以上多重线性回归分析可以发现，我国城市的地区生产总值与社会商品零售总额、货物进出口总额、货运量、年末实有公共汽车营运车辆数有显著关系，与其他变量之间的关系并不显著。其中社会商品零售总额、货物进出口总额、货运量对地区生产总值起正向作用，尤其是货运量，每增加一个单位，地区生产总值就增加 236.429 个单位，而年末实有公共汽车营运车辆数对地区生产总值起反向作用。

20.3.3　因子分析

对于因子分析，我们准备对构成城市综合经济实力的各个变量提取公因子。
操作步骤如下：

01 进入 SPSS 24.0，打开相关数据文件，选择"分析"|"降维"|"因子"命令，弹出如图 20.5 所示的对话框。

02 选择进行因子分析的变量。在"因子分析"对话框的左侧列表框中，依次选择"年底总人口""地区生产总值""客运量""货运量""地方财政预算内收入""地方财政预算内支

出""固定资产投资总额""城乡居民储蓄年末余额""在
岗职工平均工资""年末邮政局数""年末固定电话用户
数""社会商品零售总额""货物进出口总额""年末实
有公共汽车营运车辆数""影剧院数""普通高等学校在
校学生数""医院数""执业医师""环境污染治理投资
总额"并单击 ➡ 按钮使之进入"变量"列表框。

图 20.5 "因子分析"对话框

[03] 选择输出系数相关矩阵。单击"因子分析"对
话框中的"描述"按钮，弹出如图 20.6 所示的对话框。
在"相关性矩阵"选项组中选中"KMO 和巴特利特球
形度检验"复选框，单击"继续"按钮返回"因子分析"对话框。

[04] 设置对提取公因子的要求及相关输出内容。单击"因子分析"对话框中的"提取"
按钮，弹出如图 20.7 所示的对话框。在"输出"选项组中选中"碎石图"复选框和"未旋转
因子解"复选框，单击"继续"按钮返回"因子分析"对话框。

图 20.6 "因子分析：描述"对话框

图 20.7 "因子分析：提取"对话框

[05] 设置因子旋转方法。单击"因子分析"对话框中的"旋转"按钮，弹出如图 20.8 所
示的对话框，在"方法"选项组中选中"最大方差法"单选按钮。

[06] 设置有关因子得分的选项。单击"因子分析"对话框中的"得分"按钮，弹出如图
20.9 所示的对话框，选中"保存为变量""显示因子得分系数矩阵"复选框，然后单击"继续"
按钮返回"因子分析"对话框。

图 20.8 "因子分析：旋转"对话框

图 20.9 "因子分析：因子得分"对话框

[07] 其余设置采用系统默认值即可。

08 设置完毕后，单击"确定"按钮，等待输出结果。

结果分析如下。

（1）KMO检验和巴特利特检验结果

如表20.10所示，本例中KMO的取值为0.790，表明很适合进行因子分析。巴特利特检验的显著性为0.000，说明数据来自正态分布总体，适合进一步分析。

（2）变量共同度

如表20.11所示，因为本例中大多数变量共同度都在90%以上，所以提取的这几个公因子对各变量的解释能力还可以。

表20.10 KMO检验和巴特利特检验结果

KMO 和巴特利特检验		
KMO 取样适切性量数。		.790
巴特利特球形度检验	近似卡方	1527.771
	自由度	171
	显著性	.000

表20.11 变量共同度

公因子方差		
	初始	提取
年底总人口	1.000	.893
地区生产总值	1.000	.972
客运量	1.000	.784
货运量	1.000	.726
地方财政预算内收入	1.000	.979
地方财政预算内支出	1.000	.976
固定资产投资总额	1.000	.933
城乡居民储蓄年末余额	1.000	.958
在岗职工平均工资	1.000	.740
年末邮政局数	1.000	.933
年末固定电话用户数	1.000	.960
社会商品零售总额	1.000	.955
货物进出口总额	1.000	.859
年末实有公共汽车营运车辆数	1.000	.901
影剧院数	1.000	.969
普通高等学校在校学生数	1.000	.576
医院数	1.000	.975
执业医师	1.000	.969
环境污染治理投资总额	1.000	.645
提取方法：主成分分析法。		

（3）解释的总方差

由表20.12可知，"初始特征值"列显示只有前3个特征值大于1，所以SPSS只选择了前3个公因子；"提取载荷平方和"列显示第一个公因子的方差贡献率是47.096%，前3个公因子的方差占所有主成分方差的87.905%，由此可见，选前3个公因子已足够替代原来的变量。"旋转载荷平方和"列显示的是旋转以后的因子提取结果，与未旋转之前差别不大。

表20.12　解释的总方差

总方差解释

成分	初始特征值			提取载荷平方和			旋转载荷平方和		
	总计	方差百分比	累积 %	总计	方差百分比	累积 %	总计	方差百分比	累积 %
1	10.843	57.068	57.068	10.843	57.068	57.068	8.948	47.096	47.096
2	3.786	19.929	76.997	3.786	19.929	76.997	4.350	22.896	69.992
3	2.073	10.908	87.905	2.073	10.908	87.905	3.404	17.914	87.905
4	.744	3.918	91.823						
5	.608	3.201	95.025						
6	.341	1.796	96.821						
7	.195	1.029	97.850						
8	.133	.699	98.548						
9	.102	.539	99.088						
10	.052	.275	99.363						
11	.036	.192	99.555						
12	.034	.178	99.733						
13	.025	.130	99.863						
14	.014	.075	99.937						
15	.006	.034	99.971						
16	.004	.020	99.991						
17	.001	.007	99.998						
18	.000	.002	100.000						
19	2.338E-5	.000	100.000						

提取方法：主成分分析法。

（4）碎石图

如图20.10所示，有3个成分的特征值超过了1，只考虑这3个成分即可。

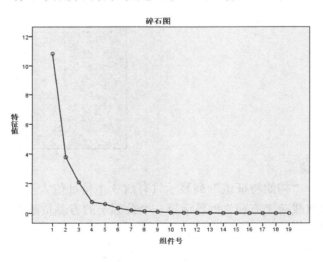

图20.10　碎石图

（5）旋转成分矩阵

如表20.13所示，第一个因子在地区生产总值、货运量、地方财政预算内收入、地方财政预算内支出、固定资产投资总额、城乡居民储蓄年末余额、在岗职工平均工资、年末固定电话用户数、社会商品零售总额、货物进出口总额、年末实有公共汽车营运车辆数、环境污染治理投资总额等变量上有较大的载荷，所以其反映的是这些变量的信息；第二个因子反映的是年末邮政局数、影剧院数、医院数、执业医师等变量的信息；第三个因子反映的是年底总人口、客运量、普通高等学校在校学生数等变量的信息。

（6）成分得分系数矩阵

表 20.14 给出了成分得分系数矩阵，据此可以直接写出各公因子的表达式。

<table>
<tr><td colspan="4">表 20.13　旋转成分矩阵</td></tr>
<tr><td colspan="4">旋转后的成分矩阵^a</td></tr>
</table>

表 20.13　旋转成分矩阵

旋转后的成分矩阵ᵃ	成分		
	1	2	3
年底总人口	.242	.080	.910
地区生产总值	.925	.218	.263
客运量	.064	.493	.732
货运量	.640	.240	.509
地方财政预算内收入	.973	.022	.180
地方财政预算内支出	.951	.045	.266
固定资产投资总额	.757	.033	.598
城乡居民储蓄年末余额	.909	.246	.267
在岗职工平均工资	.795	.222	-.240
年末邮政局数	.240	.858	.374
年末固定电话用户数	.790	.205	.542
社会商品零售总额	.877	.233	.363
货物进出口总额	.919	.038	-.116
年末实有公共汽车营运车辆数	.892	.127	.299
影剧院数	.085	.980	-.039
普通高等学校在校学生数	.183	-.349	.649
医院数	.095	.983	-.002
执业医师	.120	.977	-.011
环境污染治理投资总额	.765	-.173	.170

提取方法：主成分分析法。
旋转方法：凯撒正态化最大方差法。
a. 旋转在 4 次迭代后已收敛。

表 20.14　成分得分系数矩阵

成分得分系数矩阵	成分		
	1	2	3
年底总人口	-.087	-.020	.349
地区生产总值	.108	.012	-.022
客运量	-.107	.096	.284
货运量	.027	.020	.120
地方财政预算内收入	.135	-.036	-.056
地方财政预算内支出	.119	-.033	-.018
固定资产投资总额	.042	-.040	.149
城乡居民储蓄年末余额	.104	.019	-.019
在岗职工平均工资	.155	.035	-.217
年末邮政局数	-.043	.194	.096
年末固定电话用户数	.049	.004	.115
社会商品零售总额	.086	.014	.027
货物进出口总额	.165	-.020	-.175
年末实有公共汽车营运车辆数	.101	-.011	.001
影剧院数	-.017	.245	-.062
普通高等学校在校学生数	-.045	-.117	.262
医院数	-.020	.244	-.048
执业医师	-.014	.242	-.055
环境污染治理投资总额	.109	-.077	-.026

提取方法：主成分分析法。
旋转方法：凯撒正态化最大方差法。
组件得分。

值得一提的是，以下各式中的变量值都应该是标准化的取值。

F1=-0.087*年底总人口+0.108*地区生产总值-0.107*客运量+0.027*货运量
　　+0.135*地方财政预算内收入+0.119*地方财政预算内支出
　　+0.042*固定资产投资总额+0.104*城乡居民储蓄年末余额
　　+0.155*在岗职工平均工资-0.043*年末邮政局数+0.049*年末固定电话用户数
　　+0.086*社会商品零售总额+0.165*货物进出口总额
　　+0.101*年末实有公共汽车营运车辆数-0.017*影剧院数
　　-0.045*普通高等学校在校学生数-0.020*医院数-0.014*执业医师
　　+0.109*环境污染治理投资总额

F2=-0.020*年底总人口+0.012*地区生产总值+0.096*客运量+0.020*货运量
　　-0.036*地方财政预算内收入-0.033*地方财政预算内支出
　　-0.040*固定资产投资总额+0.019*城乡居民储蓄年末余额

+0.035*在岗职工平均工资+0.194*年末邮政局数

+0.004*年末固定电话用户数+0.014*社会商品零售总额

-0.020*货物进出口总额-0.011*年末实有公共汽车营运车辆数

+0.245*影剧院数-0.117*普通高等学校在校学生数+0.244*医院数

+0.242*执业医师-0.077*环境污染治理投资总额

F3=0.349*年底总人口-0.022*地区生产总值+0.284*客运量+0.120*货运量

-0.056*地方财政预算内收入-0.018*地方财政预算内支出

+0.149*固定资产投资总额-0.019*城乡居民储蓄年末余额

-0.217*在岗职工平均工资+0.096*年末邮政局数

+0.115*年末固定电话用户数+0.027*社会商品零售总额

-0.175*货物进出口总额+0.001*年末实有公共汽车营运车辆数

-0.062*影剧院数+0.262*普通高等学校在校学生数-0.048*医院数

-0.055*执业医师-0.026*环境污染治理投资总额

20.3.4 后续分析

对于本部分的分析，我们准备依照提取的公因子对各城市进行分类及排序。

操作步骤如下：

01 进入 SPSS 24.0，打开相关数据文件，选择"转换"|"计算变量"命令，弹出如图 20.11 所示的对话框。在"目标变量"中输入"综合得分"，这一变量将最终代表各个城市的综合经济实力；在"数字表达式"中输入"0.57068 * FAC1_1 + 0.19929 * FAC2_1 + 0.10908 * FAC3_1"，其中 FAC1_1、FAC2_1、FAC3_1 是在做因子分析的时候对提取的公因子保存的变量，前面的系数是各个公因子的方差贡献率。设置完成后，单击"确定"按钮，然后返回数据文件，可以看到数据中多了"综合得分"这一变量。

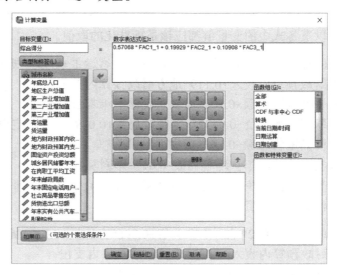

图20.11 "计算变量"对话框

[02] 在数据文件中，右键单击"综合得分"单元格，在弹出的快捷菜单中选择"降序排列"命令，对数据进行整理，如图 20.12 所示。

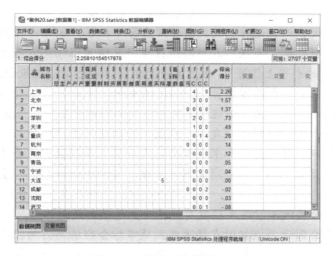

图20.12　整理后的数据

观察"综合得分"列，我们可以发现：上海一枝独秀，是唯一一个得分超过 2 的城市，所以上海是我国综合经济实力最强的城市；北京、广州两座城市的综合得分在 1~2 之间，综合经济实力也是很强的，与上海构成前三甲；深圳、天津、重庆、杭州、南京、青岛、宁波、大连等城市的综合得分在 0~1 之间，综合经济实力较强；成都、沈阳、武汉、长沙、哈尔滨、西安、济南、厦门、郑州、福州、长春、昆明、乌鲁木齐、石家庄、太原、拉萨、合肥、南宁、呼和浩特、南昌、银川、兰州、海口、西宁、贵阳等城市的综合得分均为负值，综合经济实力相对较弱，其中最弱的是贵阳，得分为-0.51。所有城市的综合经济实力排名依次为：上海、北京、广州、深圳、天津、重庆、杭州、南京、青岛、宁波、大连、成都、沈阳、武汉、长沙、哈尔滨、西安、济南、厦门、郑州、福州、长春、昆明、乌鲁木齐、石家庄、太原、拉萨、合肥、南宁、呼和浩特、南昌、银川、兰州、海口、西宁、贵阳。

20.4　研究结论

通过以上研究，可得出以下结论。

- 简单相关分析表明：构成"地区生产总值"的 3 个组成部分，只有"第二产业增加值"与"第三产业增加值"之间具有很强的相关性，并且在 0.01 的显著性水平上显著，其他的变量之间相关性很不显著。
- 偏相关分析表明：在控制住"地区生产总值"的前提下，构成"地区生产总值"的 3 个组成部分中，"第二产业增加值"与"第三产业增加值"之间的相关关系依旧非常显著（在 0.01 的水平上显著），但是相关系数却变为了负值；"第三产业增加值"与"第一产业增加值"之间也有了一定的相关性（在 0.05 的水平上显著），这种相关性也是负的；"第二产业增加值"与"第一产业增加值"之间的相关关系依旧不显著。

- 偏相关分析表明：在控制住"年底总人口"的前提下，"客运量"与"货运量"之间的相关系数很小，而且这种相关关系很不显著。

- 偏相关分析表明：在控制住"年底总人口"的前提下，"客运量"与"货运量"之间的相关系数很大，而且这种相关关系非常显著（在0.01的水平上显著）。

- 简单相关分析表明：年底总人口与地区生产总值为正相关，而且这种相关关系十分显著（在0.01的水平上显著）；地区生产总值与环境污染治理投资总额之间也为正相关，而且这种相关关系也非常显著（在0.01的水平上显著）；年底总人口与环境污染治理投资总额之间也为正相关，但这种相关关系不如前两者显著（仅在0.05的水平上显著）。

- 经过多重线性回归分析可以发现，我国城市的地区生产总值与社会商品零售总额、货物进出口总额、货运量、年末实有公共汽车营运车辆数有显著关系，与其他变量之间的关系并不显著。其中社会商品零售总额、货物进出口总额、货运量对地区生产总值起正向作用，尤其是货运量，每增加一个单位，地区生产总值就增加236.428个单位，而年末实有公共汽车营运车辆数对地区生产总值起反向作用。

- 可以用三个公因子来概括所有描述我国城市综合经济实力的指标。第一个因子用来反映地区生产总值、货运量、地方财政预算内收入、地方财政预算内支出、固定资产投资总额、城乡居民储蓄年末余额、在岗职工平均工资、年末固定电话用户数、社会商品零售总额、货物进出口总额、年末实有公共汽车营运车辆数、环境污染治理投资总额等变量的信息；第二个因子用来反映年末邮政局数、影剧院数、医院数、执业医师等变量的信息；第三个因子用来反映年底总人口、客运量、普通高等学校在校学生数等变量的信息。

- 因子分析之后续分析表明：所有城市的综合经济实力排名依次为：上海、北京、广州、深圳、天津、重庆、杭州、南京、青岛、宁波、大连、成都、沈阳、武汉、长沙、哈尔滨、西安、济南、厦门、郑州、福州、长春、昆明、乌鲁木齐、石家庄、太原、拉萨、合肥、南宁、呼和浩特、南昌、银川、兰州、海口、西宁、贵阳。

经过以上研究，我们可以从一种宏观的视角上对我国的城市综合经济实力有了一个比较全面的了解，这对于以后我国城市的发展有重要的借鉴和指导意义，如根据回归分析部分的结论，为提高地区生产总值，我国各城市必须要积极扩大货运量，"要想富，先修路"这句话是非常有道理的。再如，因子分析之后续分析表明，排名在前的大多是东部城市，排名在后的基本上都是中西部城市，由于城市经济往往代表着一个地区的先进生产力，所以为使我国经济均衡发展，加强中西部建设是非常有必要的。

20.5　本章习题

使用《中国统计年鉴2007》上的《中国2006年省会城市和计划单列市主要经济指标统计（包括市辖县）》数据（数据已整理入SPSS中），进行以下分析。

（1）相关分析

- 第一，对"地区生产总值"和"工业增加值"进行简单相关分析。
- 第二，在控制"年底总人口"的前提下，对"地区生产总值"和"工业增加值"进行偏相关分析。
- 第三，在控制"年底总人口"的前提下，对"客运量"和"货运量"进行偏相关分析。
- 第四，在控制"年底总人口"的前提下，对"地方财政预算内收入"和"地方财政预算内支出"进行偏相关分析。
- 第五，对"年底总人口""地区生产总值""环境污染治理投资总额"这 3 个变量进行简单相关分析。

（2）回归分析

以"地区生产总值"为因变量，"年底总人口""客运量""货运量""地方财政预算内收入""地方财政预算内支出""固定资产投资总额""城乡居民储蓄年末余额""在岗职工平均工资""年末邮政局数""年末固定电话用户数""社会商品零售总额""货物进出口总额""年末实有公共汽车营运车辆数""影剧院数""普通高等学校在校学生数""医院数""执业医师""环境污染治理投资总额"等为自变量，进行多重线性回归。

（3）因子分析

对构成城市综合经济实力的各个变量（"年底总人口""地区生产总值""客运量""货运量""地方财政预算内收入""地方财政预算内支出""固定资产投资总额""城乡居民储蓄年末余额""在岗职工平均工资""年末邮政局数""年末固定电话用户数""社会商品零售总额""货物进出口总额""年末实有公共汽车营运车辆数""影剧院数""普通高等学校在校学生数""医院数""执业医师""环境污染治理投资总额"）提取公因子。

（4）因子分析之后续分析

依照提取的公因子对各城市进行分类及排序。

第 21 章　SPSS 软件在保险业中的应用举例

保险是指投保人根据保险合同的约定，向保险人支付保险费，保险人对于合同约定的可能发生的事故因其发生所造成的财产损失承担赔偿责任，或者当被保险人死亡、伤残、疾病或者达到合同约定的年龄、期限时承担给付保险金责任的商业保险行为。保险最基本的功能是经济补偿，有利于受灾企业及时地恢复生产，有利于企业加强危险管理，有利于安定人民生活。保险业作为国民经济一个不可或缺的组成部分，在我们建设与完善有中国特色的社会主义市场经济中发挥着越来越重要的作用。SPSS 作为一种功能强大的统计分析软件，完全可以用来进行保险业的相关分析研究，定量分析变量之间的联系与区别。下面我们就来介绍一下 SPSS 在保险业中的应用。

21.1　研究背景及目的

背景一：进入 21 世纪以来，我国保险业持续快速发展，保险机构个数和保险业从业人数不断增加。

根据《中华人民共和国年鉴 2008》提供的数据（如表 21.1 所示），可以发现，无论是保险机构个数还是保险业从业人数都呈现出持续快速的增长趋势。

表 21.1　我国历年保险业机构数和从业人数统计（2000~2007）

年份	2000年	2001年	2002年	2003年	2004年	2005年	2006年	2007年
机构数（个）	33	35	44	62	68	93	107	120
职工人数（人）	166602	185502	194383	199705	262429	366559	434001	506223

背景二：伴随着保险机构和从业人员的不断增加，保险业的保费收入也持续增长，使得我国保险业呈现出良好的发展态势。

根据《中华人民共和国年鉴2008》提供的数据（如表21.2所示），可以发现，不管是财产保险公司，还是人寿保险公司，其保费收入都在不断增长。

表 21.2　我国历年保险业保费收入情况统计（2000~2007）

年份	2000年	2001年	2002年	2003年	2004年	2005年	2006年	2007年
保费总收入（亿元）	1598	2109	3054	3880	4318	4932	5643	7036
财产保险公司保费收入（亿元）	608	685	780	869	1125	1283	1579	2086
人寿保险公司保费收入（亿元）	990	1424	2274	3011	3194	3649	4061	4949

在这种大背景下对我国目前的保险业进行研究，不论是对于促进我国保险业又好又快地

发展，还是对于充分发挥保险业对于发展国民经济和改善居民生活的作用，都有着极为重要的意义。

本章的研究目的如下：通过对我国的各个财产保险公司的基本情况进行各种分析，一方面找出构成财产保险公司基本特征的各变量之间的内在联系；另一方面找出各财产保险公司的共同特征或相异之处。

21.2　研究方法

按照我国目前保险业的惯例，对于财产保险公司，可以用 5 个变量来描述其保险业务情况：保费收入、储金、赔案件数、赔款支出、未决赔款。其中保费收入又按保险标的特点分为企业财产保险保费收入、机动车辆保险保费收入、货物运输保险保费收入、责任保险保费收入、信用保证保险保费收入、农业保险保费收入、短期健康保险保费收入、意外伤害保险保费收入、其他保险保费收入 9 个组成部分；赔款支出也按保险标的特点分为企业财产保险赔款支出、机动车辆保险赔款支出、货物运输保险赔款支出、责任保险赔款支出、信用保证保险赔款支出、农业保险赔款支出、短期健康保险赔款支出、意外伤害保险赔款支出、其他保险赔款支出 9 个组成部分，所以我们在进行分析研究的时候，考虑的关于保险业务的变量也与这些叙述相吻合。

本例采用的数据有《中国 2007 年各财产保险公司业务统计》《中国 2007 年各保险公司人员结构情况统计》等，这些数据都摘编自《中国保险年鉴 2008》。

采用的数据分析方法主要有回归分析、相关分析、因子分析、聚类分析等。

基本思路是：首先使用回归分析、相关分析等研究保费收入、储金、赔案件数、赔款支出、未决赔款、公司总人数、人员构成等变量之间的关系；然后使用因子分析对构成保费收入和赔款支出的各个变量提取公因子；最后使用聚类分析依照人员构成特点、保费收入、赔款支出等变量对各财产保险公司进行聚类。

21.3　数据分析与报告

🎥	下载资源\video\chap21\...
🖥	下载资源\sample\21\正文\原始数据文件\案例21.sav

因为本例采用的是现有的数据，所以根据第 1 章介绍的方法直接将所用数据录入 SPSS 中即可。我们设置了 38 个变量，分别是"保险机构""保费收入合计""企业财产保险保费收入""机动车辆保险保费收入""货物运输保险保费收入""责任保险保费收入""信用保证保险保费收入""农业保险保费收入""短期健康保险保费收入""意外伤害保险保费收入""其他保险保费收入""储金""赔案件数""赔款支出合计""企业财产保险赔款支出""机动车辆保险赔款支出""货物运输保险赔款支出""责任保险赔款支出""信用保证保险赔款支出""农业保险赔款支出""短期健康保险赔款支出""意外伤害保险赔款支出""其他保

险赔款支出""未决赔款""总人数""男""女""博士""硕士""学士""大专""中专以下""高级""中级""初级""三十五岁以下""三十六岁到四十五岁""四十六岁以上"。其中"保险机构"为字符串变量，其余变量均为数值型变量。样本是我国 2007 年各财产保险公司业务统计和人员构成的相关数据。录入完成后，数据如图 21.1 所示。

图 21.1　案例 21.3 数据

21.3.1　相关分析

对于相关分析，我们准备进行以下几个部分的分析：

- 第一，对"保费收入合计"的 9 个组成部分："企业财产保险保费收入""机动车辆保险保费收入""货物运输保险保费收入""责任保险保费收入""信用保证保险保费收入""农业保险保费收入""短期健康保险保费收入""意外伤害保险保费收入""其他保险保费收入"进行简单相关分析。

- 第二，在控制"保费收入合计"的前提下，对"企业财产保险保费收入""机动车辆保险保费收入""货物运输保险保费收入""责任保险保费收入""信用保证保险保费收入""农业保险保费收入""短期健康保险保费收入""意外伤害保险保费收入""其他保险保费收入"进行偏相关分析。

- 第三，对"赔款支出合计"的 9 个组成部分："企业财产保险赔款支出""机动车辆保险赔款支出""货物运输保险赔款支出""责任保险赔款支出""信用保证保险赔款支出""农业保险赔款支出""短期健康保险赔款支出""意外伤害保险赔款支出""其他保险赔款支出"进行简单相关分析。

- 第四，在控制"赔款支出合计"的前提下，对"企业财产保险赔款支出""机动车辆保险赔款支出""货物运输保险赔款支出""责任保险赔款支出""信用保证保险赔款支出""农业保险赔款支出""短期健康保险赔款支出""意外伤害保险赔款支出""其他保险赔款支出"进行偏相关分析。

- 第五，对"保费收入合计""赔款支出合计""总人数"这 3 个变量进行简单相关分析。

- 第六，对"赔案件数""赔款支出合计""未决赔款"这 3 个变量进行简单相关分析。

1. 对"保费收入合计"的 9 个组成部分进行简单相关分析

操作步骤如下：

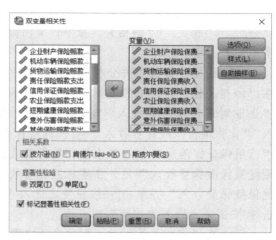

01 进入 SPSS 24.0，打开相关数据文件，选择"分析"|"相关"|"双变量"命令，弹出如图 21.2 所示的对话框。

02 选择进行简单相关分析的变量。在"双变量相关性"对话框的左侧列表框中，选中"企业财产保险保费收入""机动车辆保险保费收入""货物运输保险保费收入""责任保险保费收入""信用保证保险保费收入""农业保险保费收入""短期健康保险保费收入""意外伤害保险保费收入""其他保险保费收入"并单击 ➡️ 按钮使之进入"变量"列表框。

图 21.2 "双变量相关性"对话框

03 其他设置使用系统默认值即可。

04 设置完毕后，单击"确定"按钮，等待输出结果。

结果分析如表 21.3 所示。从表 21.3 可以看出，构成"保费收入合计"的 9 个组成部分，除"信用保证保险保费收入"与其他变量的相关关系较弱外，其他变量之间具有很强的相关性，都在 0.01 的显著性水平上显著。

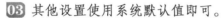

表 21.3　简单相关分析结果表

		企业财产保险保费收入	机动车辆保险保费收入	货物运输保险保费收入	责任保险保费收入	信用保证保险保费收入	农业保险保费收入	短期健康保险保费收入	意外伤害保险保费收入	其他保险保费收入
企业财产保险保费收入	皮尔逊相关性	1	.977**	.993**	.977**	.017	.810**	.898**	.943**	.991**
	显著性（双尾）		.000	.000	.000	.915	.000	.000	.000	.000
	个案数	42	42	42	42	42	42	42	42	42
机动车辆保险保费收入	皮尔逊相关性	.977**	1	.967**	.965**	.011	.858**	.937**	.959**	.967**
	显著性（双尾）	.000		.000	.000	.943	.000	.000	.000	.000
	个案数	42	42	42	42	42	42	42	42	42
货物运输保险保费收入	皮尔逊相关性	.993**	.967**	1	.980**	.016	.811**	.885**	.924**	.987**
	显著性（双尾）	.000	.000		.000	.920	.000	.000	.000	.000
	个案数	42	42	42	42	42	42	42	42	42
责任保险保费收入	皮尔逊相关性	.977**	.965**	.980**	1	.027	.854**	.916**	.895**	.963**
	显著性（双尾）	.000	.000	.000		.867	.000	.000	.000	.000
	个案数	42	42	42	42	42	42	42	42	42
信用保证保险保费收入	皮尔逊相关性	.017	.011	.016	.027	1	.021	.028	-.015	.015
	显著性（双尾）	.915	.943	.920	.867		.897	.860	.926	.926
	个案数	42	42	42	42	42	42	42	42	42
农业保险保费收入	皮尔逊相关性	.810**	.858**	.811**	.854**	.021	1	.856**	.747**	.789**
	显著性（双尾）	.000	.000	.000	.000	.897		.000	.000	.000
	个案数	42	42	42	42	42	42	42	42	42
短期健康保险保费收入	皮尔逊相关性	.898**	.937**	.885**	.916**	.028	.856**	1	.870**	.892**
	显著性（双尾）	.000	.000	.000	.000	.860	.000		.000	.000
	个案数	42	42	42	42	42	42	42	42	42
意外伤害保险保费收入	皮尔逊相关性	.943**	.959**	.924**	.895**	-.015	.747**	.870**	1	.945**
	显著性（双尾）	.000	.000	.000	.000	.926	.000	.000		.000
	个案数	42	42	42	42	42	42	42	42	42
其他保险保费收入	皮尔逊相关性	.991**	.967**	.987**	.963**	.015	.789**	.892**	.945**	1
	显著性（双尾）	.000	.000	.000	.000	.926	.000	.000	.000	
	个案数	42	42	42	42	42	42	42	42	42

**. 在 0.01 级别（双尾），相关性显著。

2. 在控制"保费收入合计"的前提下，对各保险保费收入进行偏相关分析

操作步骤如下：

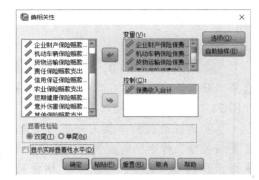

图 21.3　"偏相关性"对话框

01 进入 SPSS 24.0，打开相关数据文件，选择"分析"|"相关"|"偏相关"命令，弹出如图 21.3 所示的对话框。

02 选择进行偏相关分析的变量和控制变量。在"偏相关性"对话框的左侧列表框中，同时选中"企业财产保险保费收入""机动车辆保险保费收入""货物运输保险保费收入""责任保险保费收入""信用保证保险保费收入""农业保险保费收入""短期健康保险保费收入""意外伤害保险保费收入""其他保险保费收入"并单击 按钮使之进入"变量"列表框，然后选中"保费收入合计"并单击 按钮使之进入"控制"列表框。

03 在"偏相关性"对话框的左下方取消选中"显示实际显著性水平"复选框。

04 其他设置使用系统默认值即可。

05 设置完毕后，单击"确定"按钮，等待输出结果。

结果分析如表 21.4 所示。从表 21.4 可以看出，在控制住"保费收入合计"的前提下，构成"保费收入合计"的 9 个组成部分中，"企业财产保险保费收入""货物运输保险保费收入""责任保险保费收入"与"其他保险保费收入"之间，以及"意外伤害保险保费收入"和"农业保险保费收入"之间相关性非常显著，其他各变量之间，除"信用保证保险保费收入"与其他变量的相关关系很弱外，都具有一定程度的相关性。

表 21.4　偏相关分析结果表

控制变量			企业财产保险保费收入	机动车辆保险保费收入	货物运输保险保费收入	责任保险保费收入	信用保证保险保费收入	农业保险保费收入	短期健康保险保费收入	意外伤害保险保费收入	其他保险保费收入
保费收入合计	企业财产保险保费收入	相关性	1.000	.257	.870**	.585**	-.131	-.236	-.159	.161	.853**
	机动车辆保险保费收入	相关性	.257	1.000	.163	.179	-.256	.172	.303	.353*	.199
	货物运输保险保费收入	相关性	.870**	.163	1.000	.682**	-.112	-.130	-.181	-.001	.784**
	责任保险保费收入	相关性	.585**	.179	.682**	1.000	-.066	.214	.170	-.372*	.414**
	信用保证保险保费收入	相关性	-.131	-.256	-.112	-.066	1.000	-.034	-.037	-.191	-.115
	农业保险保费收入	相关性	-.236	.172	-.130	.214	-.034	1.000	.324*	-.428**	-.290
	短期健康保险保费收入	相关性	-.159	.303	-.181	.170	-.037	.324*	1.000	-.148	-.089
	意外伤害保险保费收入	相关性	.161	.353*	-.001	-.372*	-.191	-.428**	-.148	1.000	.283
	其他保险保费收入	相关性	.853**	.199	.784**	.414**	-.115	-.290	-.089	.283	1.000

**. 在 0.01 级别，相关性显著。
*. 在 0.05 级别，相关性显著。

3. 对"赔款支出合计"的 9 个组成部分进行简单相关分析

操作步骤如下：

01 进入 SPSS 24.0，打开相关数据文件，选择"分析"|"相关"|"双变量"命令，弹出"双变量相关性"对话框。

02 选择进行简单相关分析的变量。在"双变量相关性"对话框的左侧列表框中，选中"企业财产保险赔款支出""机动车辆保险赔款支出""货物运输保险赔款支出""责任保险赔

款支出""信用保证保险赔款支出""农业保险赔款支出""短期健康保险赔款支出""意外伤害保险赔款支出""其他保险赔款支出"并单击➡按钮使之进入"变量"列表框。

03 其他设置使用系统默认值。

04 设置完毕后，单击"确定"按钮，等待输出结果。

结果分析如表21.5所示。从表21.5可以看出，所有的变量之间都具有比较强的相关性，大部分的相关性还很强，在0.01的显著性水平上显著相关。

表21.5　简单相关分析结果表

相关性

		企业财产保险赔款支出	机动车辆保险赔款支出	货物运输保险赔款支出	责任保险赔款支出	信用保证保险赔款支出	农业保险赔款支出	短期健康保险赔款支出	意外伤害保险赔款支出	其他保险赔款支出
企业财产保险赔款支出	皮尔逊相关性	1	.968**	.988**	.970**	.583**	.528**	.940**	.874**	.977**
	显著性（双尾）		.000	.000	.000	.000	.000	.000	.000	.000
	个案数	42	42	42	42	42	42	42	42	42
机动车辆保险赔款支出	皮尔逊相关性	.968**	1	.946**	.941**	.548**	.597**	.960**	.925**	.949**
	显著性（双尾）	.000		.000	.000	.000	.000	.000	.000	.000
	个案数	42	42	42	42	42	42	42	42	42
货物运输保险赔款支出	皮尔逊相关性	.988**	.946**	1	.971**	.580**	.512**	.907**	.857**	.984**
	显著性（双尾）	.000	.000		.000	.000	.001	.000	.000	.000
	个案数	42	42	42	42	42	42	42	42	42
责任保险赔款支出	皮尔逊相关性	.970**	.941**	.971**	1	.582**	.542**	.930**	.816**	.992**
	显著性（双尾）	.000	.000	.000		.000	.000	.000	.000	.000
	个案数	42	42	42	42	42	42	42	42	42
信用保证保险赔款支出	皮尔逊相关性	.583**	.548**	.580**	.582**	1	.307*	.558**	.437**	.587**
	显著性（双尾）	.000	.000	.000	.000		.048	.000	.004	.000
	个案数	42	42	42	42	42	42	42	42	42
农业保险赔款支出	皮尔逊相关性	.528**	.597**	.512**	.542**	.307*	1	.599**	.523**	.556**
	显著性（双尾）	.000	.000	.001	.000	.048		.000	.000	.000
	个案数	42	42	42	42	42	42	42	42	42
短期健康保险赔款支出	皮尔逊相关性	.940**	.960**	.907**	.930**	.558**	.599**	1	.806**	.918**
	显著性（双尾）	.000	.000	.000	.000	.000	.000		.000	.000
	个案数	42	42	42	42	42	42	42	42	42
意外伤害保险赔款支出	皮尔逊相关性	.874**	.925**	.857**	.816**	.437**	.523**	.806**	1	.846**
	显著性（双尾）	.000	.000	.000	.000	.004	.000	.000		.000
	个案数	42	42	42	42	42	42	42	42	42
其他保险赔款支出	皮尔逊相关性	.977**	.949**	.984**	.992**	.587**	.556**	.918**	.846**	1
	显著性（双尾）	.000	.000	.000	.000	.000	.000	.000	.000	
	个案数	42	42	42	42	42	42	42	42	42

4. 在控制"赔款支出合计"的前提下，对各保险赔款支出进行偏相关分析

操作步骤如下：

01 进入SPSS 24.0，打开相关数据文件，选择"分析"|"相关"|"偏相关"命令，弹出"偏相关性"对话框。

02 选择进行偏相关分析的变量和控制变量。在"偏相关性"对话框的左侧列表框中，同时选中"企业财产保险赔款支出""机动车辆保险赔款支出""货物运输保险赔款支出""责任保险赔款支出""信用保证保险赔款支出""农业保险赔款支出""短期健康保险赔款支出""意外伤害保险赔款支出""其他保险赔款支出"并单击➡按钮使之进入"变量"列表框，然后选中"赔款支出合计"并单击➡按钮使之进入"控制"列表框。

03 在"偏相关性"对话框的左下方取消选中"显示实际显著性水平"复选框。

04 其他设置使用系统默认值即可。

05 设置完毕后，单击"确定"按钮，等待输出结果。

结果分析：从表 21.6 可以看出，在控制住"赔款支出合计"的前提下，构成"赔款支出合计"的 9 个组成部分中，"企业财产保险赔款支出""机动车辆保险赔款支出""货物运输保险赔款支出""责任保险赔款支出""农业保险赔款支出""其他保险赔款支出"之间，以及"意外伤害保险赔款支出""机动车辆保险赔款支出""责任保险赔款支出""短期健康保险赔款支出"之间相关关系非常显著，有的是正相关，有的是负相关。

表 21.6　偏相关分析结果表

相关性			企业财产保险赔款支出	机动车辆保险赔款支出	货物运输保险赔款支出	责任保险赔款支出	信用保证保险赔款支出	农业保险赔款支出	短期健康保险赔款支出	意外伤害保险赔款支出	其他保险赔款支出
控制变量											
赔款支出合计	企业财产保险赔款支出	相关性	1.000	-.673**	.838**	.547**	.127	-.420**	-.038	-.273	.597**
	机动车辆保险赔款支出	相关性	-.673**	1.000	-.729**	-.726**	-.459**	-.154	.007	.454**	-.792**
	货物运输保险赔款支出	相关性	.838**	-.729**	1.000	.633**	.125	-.327*	-.237	-.200	.782**
	责任保险赔款支出	相关性	.547**	-.726**	.633**	1.000	.136	-.173	.117	-.516**	.899**
	信用保证保险赔款支出	相关性	.127	-.459**	.125	.136	1.000	-.064	.028	-.269	.154
	农业保险赔款支出	相关性	-.420**	-.154	-.327*	-.173	-.064	1.000	.071	-.102	-.146
	短期健康保险赔款支出	相关性	-.038	.007	-.237	.117	.028	.071	1.000	-.671**	-.153
	意外伤害保险赔款支出	相关性	-.273	.454**	-.200	-.516**	-.269	-.102	-.671**	1.000	-.355*
	其他保险赔款支出	相关性	.597**	-.792**	.782**	.899**	.154	-.146	-.153	-.355*	1.000

**. 在 0.01 级别，相关性显著
*. 在 0.05 级别，相关性显著

5. 对"保费收入合计""赔款支出合计""总人数"这 3 个变量进行简单相关分析

操作步骤如下：

01 进入 SPSS 24.0，打开相关数据文件，选择"分析"|"相关"|"双变量"命令，弹出"双变量相关性"对话框。

02 选择进行简单相关分析的变量。在"双变量相关性"对话框的左侧列表框中，选中"保费收入合计""赔款支出合计""总人数"并单击 按钮使之进入"变量"列表框。

03 其他设置使用系统默认值即可。

04 设置完毕后，单击"确定"按钮，等待输出结果。

结果分析：从表 21.7 可以看出，3 个变量之间的相关关系在 0.01 的水平上非常显著，而且均为正相关。

6. 对"赔案件数""赔款支出合计""未决赔款"这 3 个变量进行简单相关分析

操作步骤如下：

01 进入 SPSS 24.0，打开相关数据文件，选择"分析"|"相关"|"双变量"命令，弹出"双变量相关性"对话框。

02 选择进行简单相关分析的变量。在"双变量相关性"对话框的左侧列表框中，选中"赔案件数""赔款支出合计""未决赔款"并单击 按钮使之进入"变量"列表框。

03 其他设置使用系统默认值即可。

04 设置完毕后，单击"确定"按钮，等待输出结果。

结果分析：从表 21.8 可以看出，3 个变量之间的相关关系非常显著，在 0.01 的水平上显著相关，而且均为正相关。

表 21.7　相关分析结果表

		保费收入合计	赔款支出合计	总人数
		相关性		
保费收入合计	皮尔逊相关性	1	.992**	.796**
	显著性（双尾）		.000	.000
	个案数	42	42	42
赔款支出合计	皮尔逊相关性	.992**	1	.796**
	显著性（双尾）	.000		.000
	个案数	42	42	42
总人数	皮尔逊相关性	.796**	.796**	1
	显著性（双尾）	.000	.000	
	个案数	42	42	42

**. 在 0.01 级别（双尾），相关性显著。

表 21.8　相关分析结果表

		赔案件数	赔款支出合计	未决赔款
		相关性		
赔案件数	皮尔逊相关性	1	.951**	.943**
	显著性（双尾）		.000	.000
	个案数	42	42	42
赔款支出合计	皮尔逊相关性	.951**	1	.993**
	显著性（双尾）	.000		.000
	个案数	42	42	42
未决赔款	皮尔逊相关性	.943**	.993**	1
	显著性（双尾）	.000	.000	
	个案数	42	42	42

**. 在 0.01 级别（双尾），相关性显著。

21.3.2　回归分析

对于回归分析，我们准备进行以下几个部分的分析：

- 第一，以"保费收入合计"为因变量，以"男""女""博士""硕士""学士""大专""中专以下""高级""中级""初级""三十五岁以下""三十六岁到四十五岁""四十六岁以上"为自变量，进行多重线性回归。
- 第二，以"赔款支出合计"为因变量，以"男""女""博士""硕士""学士""大专""中专以下""高级""中级""初级""三十五岁以下""三十六岁到四十五岁""四十六岁以上"为自变量，进行多重线性回归。

1. 以"保费收入合计"为因变量进行多重线性回归

操作步骤如下：

01 进入 SPSS 24.0，打开相关数据文件，选择"分析"|"回归"|"线性"命令，弹出如图 21.4 所示的对话框。

02 选择进行简单线性回归分析的变量。在"线性回归"对话框的左侧列表框中，选中"保费收入合计"并单击 ➡ 按钮使之进入"因变量"列表框，选中"男""女""博士""硕士""学士""大专""中专以下""高级""中级""初级""三十五岁以下""三十六岁到四十五岁""四十六岁以上"并单击 ➡ 按钮使之进入"自变量"列表框，最后我们在"自变量"下方的"方法"下拉列表中选择"步进"选项。

03 其他设置使用系统默认值即可。

04 设置完毕后，单击"确定"按钮，等待输出结果。

结果分析如下。

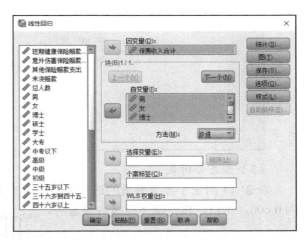

图 21.4　"线性回归"对话框

（1）变量输入或者移去的情况

表21.9给出了变量进入回归模型或者退出模型的情况。因为我们采用的是逐步法，所以本例中显示的是依次进入模型的变量以及变量输入与移去的判别标准。

（2）模型拟合情况表

表 21.10 给出了随着变量进入依次形成的 7 个模型的拟合情况。可以发现 7 个模型修正的可决系数（调整后的 R 平方）在依次递增，而且都在 0.97 以上，所以，模型的拟合情况非常好，接近完美。

表 21.9　变量输入或者移去的情况

输入/移去的变量 [a]

模型	输入的变量	除去的变量	方法
1	中级	.	步进（条件：要输入的 F 的概率 <= .050，要除去的 F 的概率 >= .100）.
2	高级	.	步进（条件：要输入的 F 的概率 <= .050，要除去的 F 的概率 >= .100）.
3	大专	.	步进（条件：要输入的 F 的概率 <= .050，要除去的 F 的概率 >= .100）.
4	三十六岁到四十五岁	.	步进（条件：要输入的 F 的概率 <= .050，要除去的 F 的概率 >= .100）.
5	中专以下	.	步进（条件：要输入的 F 的概率 <= .050，要除去的 F 的概率 >= .100）.
6	博士	.	步进（条件：要输入的 F 的概率 <= .050，要除去的 F 的概率 >= .100）.

表 21.10　模型拟合情况表

模型摘要

模型	R	R 方	调整后 R 方	标准估算的误差
1	.985[a]	.970	.970	2493.52168
2	.989[b]	.977	.976	2219.71514
3	.993[c]	.986	.985	1780.08295
4	.994[d]	.988	.986	1668.02401
5	.995[e]	.990	.989	1497.81841
6	.996[f]	.992	.990	1408.25778
7	.996[g]	.993	.991	1338.51340

a. 预测变量：(常量), 中级
b. 预测变量：(常量), 中级, 高级
c. 预测变量：(常量), 中级, 高级, 大专
d. 预测变量：(常量), 中级, 高级, 大专, 三十六岁到四十五岁
e. 预测变量：(常量), 中级, 高级, 大专, 三十六岁到四十五岁, 中专以下
f. 预测变量：(常量), 中级, 高级, 大专, 三十六岁到四十五岁, 中专以下, 博士
g. 预测变量：(常量), 中级, 高级, 大专, 三十六岁到四十五岁, 中专以下, 博士, 四十六岁以上

（3）方差分析表

表 21.11 给出了随着变量的进入依次形成的 7 个模型的方差分解结果。可以发现 Sig 一直为 0.000，所以，模型整体是极为显著的。

（4）回归方程的系数以及系数的检验结果

表 21.12 给出了随着变量的进入依次形成的 7 个模型的自变量系数。因为本表太大，所以删去了中间的一部分，这不影响最后结果。可以发现只有第 7 个模型的各个自变量系数是非常显著的。

表 21.11 方差分析表

ANOVA[a]

模型		平方和	自由度	均方	F	显著性
1	回归	8165998655	1	8165998655	1313.358	.000[b]
	残差	248706015.6	40	6217650.390		
	总计	8414704671	41			
2	回归	8222546395	2	4111273197	834.415	.000[c]
	残差	192158275.9	39	4927135.279		
	总计	8414704671	41			
3	回归	8294294249	3	2764764750	872.525	.000[d]
	残差	120410421.5	38	3168695.304		
	总计	8414704671	41			
4	回归	8311759419	4	2077939855	746.841	.000[e]
	残差	102945251.1	37	2782304.084		
	总计	8414704671	41			
5	回归	8333940111	5	1666788022	742.954	.000[f]
	残差	80764560.09	36	2243460.002		
	总计	8414704671	41			
6	回归	8345293022	6	1390882170	701.336	.000[g]
	残差	69411648.71	35	1983189.963		
	总计	8414704671	41			
7	回归	8353789655	7	1193398522	666.101	.000[h]
	残差	60915015.89	34	1791618.114		
	总计	8414704671	41			

表 21.12 系数表

系数[a]

模型		未标准化系数 B	标准误差	标准化系数 Beta	t	显著性
1	(常量)	749.905	404.906		1.852	.071
	中级	5.391	.149	.985	36.240	.000
2	(常量)	996.009	367.692		2.709	.010
	中级	7.301	.579	1.334	12.604	.000
	高级	-17.812	5.258	-.359	-3.388	.002
3	(常量)	500.422	312.720		1.600	.118
	中级	8.063	.491	1.474	16.410	.000
	高级	-33.364	5.335	-.672	-6.254	.000
	大专	.492	.103	.203	4.758	.000
4	(常量)	578.575	294.690		1.963	.057
	中级	11.144	1.313	2.036	8.488	.000
	高级	-48.988	7.992	-.986	-6.129	.000
	大专	1.526	.424	.628	3.601	.001
	三十六岁到四十五岁	-1.905	.760	-.641	-2.505	.017
5	(常量)	627.987	265.086		2.369	.023
	中级	12.862	1.299	2.350	9.899	.000
	高级	-40.314	7.689	-.812	-5.243	.000
	大专	1.986	.408	.817	4.872	.000
	三十六岁到四十五岁	-4.668	1.113	-1.570	-4.195	.000
	中专以下	1.326	.422	.318	3.144	.003
6	(常量)	456.962	259.283		1.762	.087
	中级	15.778	1.726	2.883	9.143	.000
	高级	-55.257	9.553	-1.112	-5.784	.000
	大专	2.529	.445	1.041	5.678	.000
	三十六岁到四十五岁	-6.511	1.299	-2.190	-5.011	.000
	中专以下	1.772	.438	.425	4.044	.000
	博士	152.158	63.595	.115	2.393	.022
7	(常量)	299.011	256.893		1.164	.253
	中级	12.364	2.269	2.259	5.449	.000
	高级	-48.063	9.662	-.968	-4.974	.000
	大专	2.713	.432	1.116	6.284	.000
	三十六岁到四十五岁	-6.253	1.240	-2.104	-5.041	.000
	中专以下	1.466	.439	.352	3.338	.002
	博士	146.304	60.505	.111	2.418	.021
	四十六岁以上	2.145	.985	.405	2.178	.036

a. 因变量：保费收入合计

综上所述：

● 最终模型的表达式（即模型 7）如下所示。

保费收入合计 ＝299.011+12.364*中级-48.063*高级+2.713*大专+1.466*中专以下
+146.304*博士-6.253*三十六岁到四十五岁+2.145*四十六岁以上

● 最终模型的拟合度很好，修正的可决系数近乎 1。
● 模型整体显著，显著性显著性为 0.000。
● 模型中各自变量系数的显著性显著性都小于 0.05（显著）。

结论：经过以上多重线性回归分析可以发现，我国财产保险公司的总保费收入水平与公司职员的性别并无显著关系，与公司职员的年龄、职称、文化水平有一定的显著关系。具体而言，中级职称或者大专、中专以下、博士学历或者四十六岁以上的职员对公司的总保费收入具有拉动效应，尤其是博士学历的职员，每增加一个单位会带来对应保费收入的 140 多倍的增加；高级职称或者三十六岁到四十五岁的职员对公司的总保费收入具有拖后效应。

2. 以"赔款支出合计"为因变量进行多重线性回归

操作步骤如下：

01 进入 SPSS 24.0，打开相关数据文件，选择"分析"|"回归"|"线性"命令，弹出"线性回归"对话框。

02 选择进行简单线性回归分析的变量。在"线性回归"对话框的左侧列表框中，选中"赔款支出合计"并单击▶按钮使之进入"因变量"列表框，选中"男""女""博士""硕士""学士""大专""中专以下""高级""中级""初级""三十五岁以下""三十六岁到四十五岁""四十六岁以上"并单击▶按钮使之进入"自变量"列表框，最后我们在"自变量"下方的"方法"下拉列表中选择"步进"选项。

03 其他设置使用系统默认值即可。

04 设置完毕后，单击"确定"按钮，等待输出结果。

结果分析如下。

（1）变量输入或者移去的情况

表21.13给出了变量进入回归模型或者退出模型的情况。因为我们采用的是逐步法，所以本例中显示的是依次进入模型的变量以及变量输入与移去的判别标准。

（2）模型拟合情况表

表 21.14 给出了随着变量的进入依次形成的 4 个模型的拟合情况。可以发现 4 个模型修正的可决系数（调整后的 R 平方）在依次递增，而且都在 0.97 以上，所以，模型的拟合情况非常好，接近完美。

表 21.13　变量输入或者移去的情况

输入/移去的变量 a

模型	输入的变量	除去的变量	方法
1	中级	.	步进（条件：要输入的 F 的概率 <= .050，要除去的 F 的概率 >= .100）。
2	中专以下	.	步进（条件：要输入的 F 的概率 <= .050，要除去的 F 的概率 >= .100）。
3	博士	.	步进（条件：要输入的 F 的概率 <= .050，要除去的 F 的概率 >= .100）。
4	初级	.	步进（条件：要输入的 F 的概率 <= .050，要除去的 F 的概率 >= .100）。

a. 因变量：赔款支出合计

表 21.14　模型拟合情况表

模型摘要

模型	R	R 方	调整后 R 方	标准估算的误差
1	.985[a]	.971	.970	1303.02930
2	.990[b]	.980	.979	1081.73595
3	.996[c]	.992	.991	696.68101
4	.997[d]	.994	.993	608.45217

a. 预测变量：(常量), 中级
b. 预测变量：(常量), 中级, 中专以下
c. 预测变量：(常量), 中级, 中专以下, 博士
d. 预测变量：(常量), 中级, 中专以下, 博士, 初级

（3）方差分析表

表 21.15 给出了随着变量的进入依次形成的 4 个模型的方差分解结果。可以发现 Sig 一直为 0.000，所以，模型整体是极为显著的。

（4）回归方程的系数以及系数的检验结果

表 21.16 给出了随着变量的进入依次形成的 4 个模型的自变量系数。可以发现只有第 4 个模型的各个自变量系数是非常显著的。

表 21.15　方差分析表

ANOVAa						
模型		平方和	自由度	均方	F	显著性
1	回归	2261542997	1	2261542997	1331.976	.000b
	残差	67915414.16	40	1697885.354		
	总计	2329458411	41			
2	回归	2283822457	2	1141911229	975.865	.000c
	残差	45635953.64	39	1170152.657		
	总计	2329458411	41			
3	回归	2311014562	3	770338187.5	1587.134	.000d
	残差	18443848.31	38	485364.429		
	总计	2329458411	41			
4	回归	2315760491	4	578940122.8	1563.798	.000e
	残差	13697919.68	37	370214.045		
	总计	2329458411	41			
a. 因变量: 赔款支出合计						
b. 预测变量: (常量), 中级						
c. 预测变量: (常量), 中级, 中专以下						
d. 预测变量: (常量), 中级, 中专以下, 博士						
e. 预测变量: (常量), 中级, 中专以下, 博士, 初级						

表 21.16　系数表

系数a						
		未标准化系数		标准化系数		
模型		B	标准误差	Beta	t	显著性
1	(常量)	126.112	211.590		.596	.555
	中级	2.837	.078	.985	36.496	.000
2	(常量)	-147.941	186.546		-.793	.433
	中级	2.522	.097	.876	26.043	.000
	中专以下	.322	.074	.147	4.363	.000
3	(常量)	145.512	126.378		1.151	.257
	中级	2.747	.069	.954	39.672	.000
	中专以下	.428	.050	.195	8.641	.000
	博士	-111.543	14.902	-.161	-7.485	.000
4	(常量)	83.429	111.727		.747	.460
	中级	2.958	.084	1.027	35.026	.000
	中专以下	.571	.059	.260	9.706	.000
	博士	-116.959	13.103	-.169	-8.926	.000
	初级	-.249	.070	-.132	-3.580	.001
a. 因变量: 赔款支出合计						

综上所述:

● 最终模型的表达式（即模型 4）如下。

总赔款支出合计=83.429+2.958*中级-0.249*初级+0.571*中专以下-116.959*博士

● 最终模型的拟合优度很好，修正的可决系数近乎 1。
● 模型整体显著，Sig 为 0.000。
● 模型中各自变量系数的显著性显著性都小于 0.05（显著）。

结论：经过以上多重线性回归分析可以发现，我国财产保险公司的赔款支出总水平与公司职员的性别、年龄并无显著关系，与公司职员的职称、文化水平有一定的显著关系。具体而言，中级职称或者中专以下文化水平的职员对公司的总赔款支出具有拉动效应，初级职称或者具有博士学历的职员对公司的总保费收入具有降低效应，尤其是博士学历的职员，每增加一个单位会带来相应赔款支出的 116.959 倍的减少。

21.3.3　因子分析

对于因子分析，我们准备从以下两部分进行分析：

● 第一，对构成保费收入的各个变量提取公因子。
● 第二，对构成赔款支出的各个变量提取公因子。

1. 对构成保费收入的各个变量提取公因子

操作步骤如下：

01 进入 SPSS 24.0，打开相关数据文件，选择"分析"|"降维"|"因子"命令，弹出如图 21.5 所示的对话框。

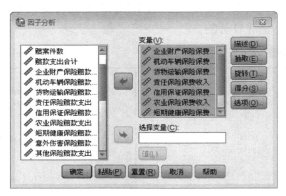

图21.5 "因子分析"对话框

02 选择进行因子分析的变量。在"因子分析"对话框的左侧列表框中，依次选择"企业财产保险保费收入""机动车辆保险保费收入""货物运输保险保费收入""责任保险保费收入""信用保证保险保费收入""农业保险保费收入""短期健康保险保费收入""意外伤害保险保费收入""其他保险保费收入"并单击 ➡ 按钮使之进入"变量"列表框。

03 选择输出系数相关矩阵。单击"因子分析"对话框中的"描述"按钮，弹出如图 21.6 所示的对话框，在"相关性矩阵"选项组中选中"KMO 和巴特利特球形度检验"，单击"继续"按钮返回"因子分析"对话框。

04 设置对提取公因子的要求及相关输出内容。单击"因子分析"对话框中的"提取"按钮，弹出如图 21.7 所示的对话框，在"输出"选项组中选中"碎石图"复选框，单击"继续"按钮返回"因子分析"对话框。

图21.6 "因子分析：描述"对话框

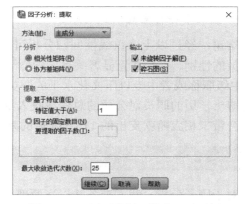

图21.7 "因子分析：提取"对话框

05 设置因子旋转方法。单击"因子分析"对话框中的"旋转"按钮，弹出如图 21.8 所示的对话框，在"方法"选项组中选中"最大方差法"单选按钮。

06 设置有关因子得分的选项。单击"因子分析"对话框中的"得分"按钮，弹出如图21.9所示的对话框，选中"保存为变量""显示因子得分系数矩阵"复选框，然后单击"继续"按钮返回"因子分析"对话框。

图21.8　"因子分析：旋转"对话框　　　　图21.9　"因子分析：因子得分"对话框

07 其余设置采用系统默认值即可。

08 设置完毕后，单击"确定"按钮，等待输出结果。

结果分析如下。

（1）KMO检验和巴特利特检验结果

如表21.17所示，本例中KMO的取值为0.899，表明很适合进行因子分析。巴特利特检验的显著性为0.000，说明数据来自正态分布总体，适合进一步分析。

（2）变量共同度

如表21.18所示，因为本例中所有变量的共同度都在75%以上，所以提取的这几个公因子对各变量的解释能力还可以。

表21.17　KMO检验和巴特利特检验结果

KMO 和巴特利特检验		
KMO 取样适切性量数。		.899
巴特利特球形度检验	近似卡方	826.895
	自由度	36
	显著性	.000

表21.18　变量共同度

公因子方差		
	初始	提取
企业财产保险保费收入	1.000	.977
机动车辆保险保费收入	1.000	.985
货物运输保险保费收入	1.000	.965
责任保险保费收入	1.000	.965
信用保证保险保费收入	1.000	1.000
农业保险保费收入	1.000	.759
短期健康保险保费收入	1.000	.889
意外伤害保险保费收入	1.000	.900
其他保险保费收入	1.000	.962
提取方法：主成分分析法。		

（3）解释的总方差

由表21.19可知，"初始特征值"列显示只有前两个特征值大于1，所以SPSS只选择了前两个公因子；"提取载荷平方和"列显示第一个公因子的方差贡献率是82.235%，前两个公因子的方差占所有主成分方差的93.360%，由此可见，选前两个公因子已足够替代原来的变量，几乎涵盖了原变量的全部信息。"旋转载荷平方和"列显示的是旋转以后的因子提取结果，与未旋转之前差别不大。

表 21.19 解释的总方差

	初始特征值			提取载荷平方和			旋转载荷平方和		
成分	总计	方差百分比	累积 %	总计	方差百分比	累积 %	总计	方差百分比	累积 %
1	7.401	82.235	82.235	7.401	82.235	82.235	7.400	82.228	82.228
2	1.001	11.125	93.360	1.001	11.125	93.360	1.002	11.132	93.360
3	.328	3.646	97.006						
4	.131	1.459	98.465						
5	.094	1.044	99.509						
6	.022	.250	99.759						
7	.010	.114	99.872						
8	.007	.077	99.950						
9	.005	.050	100.000						

提取方法：主成分分析法。

（4）碎石图

如图 21.10 所示，有两个成分的特征值超过了 1，只考虑这两个成分即可。

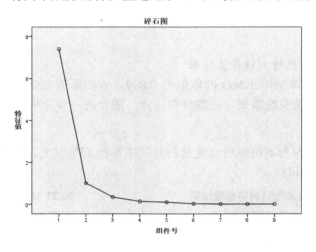

图21.10 碎石图

（5）旋转成分矩阵

如表 21.20 所示，第一个因子在除信用保证保险保费收入以外的变量上都有较大的载荷，所以其反映的是这些变量的信息，第二个因子在信用保证保险保费收入上有较大的载荷，反映的是这一变量的信息。

（6）成分得分系数矩阵

表 21.21 给出了成分得分系数矩阵，据此可以直接写出各公因子的表达式。

F1=0.134*企业财产保险保费收入+0.134*机动车辆保险保费收入

　　+0.133*货物运输保险保费收入+0.133*责任保险保费收入

　　-0.008*信用保证保险保费收入+0.118*农业保险保费收入

　　+0.127*短期健康保险保费收入+0.128*意外伤害保险保费收入

　　+0.133*其他保险保费收入

表 21.20　旋转成分矩阵

旋转后的成分矩阵ᵃ

	成分	
	1	2
企业财产保险保费收入	.988	.008
机动车辆保险保费收入	.992	.003
货物运输保险保费收入	.983	.007
责任保险保费收入	.982	.021
信用保证保险保费收入	.008	1.000
农业保险保费收入	.871	.021
短期健康保险保费收入	.942	.024
意外伤害保险保费收入	.948	-.028
其他保险保费收入	.981	.005

提取方法：主成分分析法。
旋转方法：凯撒正态化最大方差法。
a. 旋转在 3 次迭代后已收敛。

表 21.21　成分得分系数矩阵

成分得分系数矩阵

	成分	
	1	2
企业财产保险保费收入	.134	-.001
机动车辆保险保费收入	.134	-.006
货物运输保险保费收入	.133	-.001
责任保险保费收入	.133	.012
信用保证保险保费收入	-.008	.998
农业保险保费收入	.118	.013
短期健康保险保费收入	.127	.015
意外伤害保险保费收入	.128	-.036
其他保险保费收入	.133	-.004

提取方法：主成分分析法。
旋转方法：凯撒正态化最大方差法。
组件得分。

F2=0.000*企业财产保险保费收入-0.006*机动车辆保险保费收入

　　-0.001*货物运输保险保费收入+0.012*责任保险保费收入

　　+0.998*信用保证保险保费收入+0.013*农业保险保费收入

　　+0.015*短期健康保险保费收入-0.036*意外伤害保险保费收入

　　-0.004*其他保险保费收入

2. 对构成赔款支出的各个变量提取公因子

操作步骤如下：

01 进入 SPSS 24.0，打开相关数据文件，选择"分析"|"降维"|"因子"命令，弹出"因子分析"对话框。

02 选择进行因子分析的变量。在"因子分析"对话框的左侧列表框中，依次选择"企业财产保险赔款支出""机动车辆保险赔款支出""货物运输保险赔款支出""责任保险赔款支出""信用保证保险赔款支出""农业保险赔款支出""短期健康保险赔款支出""意外伤害保险赔款支出""其他保险赔款支出"并单击 ➡ 按钮使之进入"变量"列表框。

03 选择输出系数相关矩阵。单击"因子分析"对话框中的"描述"按钮，弹出"因子分析：描述"对话框，在"相关性矩阵"选项组中选中"KMO 和巴特利特球形度检验"复选框。

04 设置对提取公因子的要求及相关输出内容。单击"因子分析"对话框中的"提取"按钮，弹出"因子分析：抽取"对话框，在"输出"选项组中选中"碎石图"。

05 设置因子旋转方法。单击"因子分析"对话框中的"旋转"按钮，弹出"因子分析：旋转"对话框，在"方法"选项组中选中"最大方差法"单选按钮。

06 设置有关因子得分的选项。单击"因子分析"对话框中的"得分"按钮，弹出"因子分析：因子得分"对话框，选中"保存为变量""显示因子得分系数矩阵"复选框。

07 其余设置采用系统默认值即可。

08 设置完毕后，单击"确定"按钮，等待输出结果。

结果分析如下。

（1）KMO检验和巴特利特检验结果

如表21.22所示，本例中KMO的取值为0.840，表明很适合进行因子分析。巴特利特检验的显著性为0.000，说明数据来自正态分布总体，适合进一步分析。

表21.22 KMO检验和巴特利特检验结果

KMO 和巴特利特检验		
KMO 取样适切性量数。		.840
巴特利特球形度检验	近似卡方	803.914
	自由度	36
	显著性	.000

（2）变量共同度

如表21.23所示，因为本例中大多数变量共同度都在90%以上，所以提取的这几个公因子对各变量的解释能力还可以。

（3）解释的总方差

由表21.24可知，"初始特征值"列显示只有第一个特征值大于1，所以SPSS只选择了第一个公因子；"提取载荷平方和"列显示第一个公因子的方差贡献率是80.931%。

表21.23 变量共同度

公因子方差		
	初始	提取
企业财产保险赔款支出	1.000	.970
机动车辆保险赔款支出	1.000	.967
货物运输保险赔款支出	1.000	.950
责任保险赔款支出	1.000	.948
信用保证保险赔款支出	1.000	.392
农业保险赔款支出	1.000	.387
短期健康保险赔款支出	1.000	.912
意外伤害保险赔款支出	1.000	.794
其他保险赔款支出	1.000	.963
提取方法：主成分分析法。		

表21.24 解释的总方差

总方差解释						
成分	初始特征值			提取载荷平方和		
	总计	方差百分比	累积 %	总计	方差百分比	累积 %
1	7.284	80.931	80.931	7.284	80.931	80.931
2	.714	7.934	88.866			
3	.603	6.705	95.570			
4	.231	2.566	98.137			
5	.118	1.316	99.453			
6	.032	.359	99.812			
7	.007	.082	99.894			
8	.006	.072	99.966			
9	.003	.034	100.000			
提取方法：主成分分析法。						

（4）碎石图

如图21.11所示，仅有一个成分的特征值超过了1，只考虑这一个成分即可。

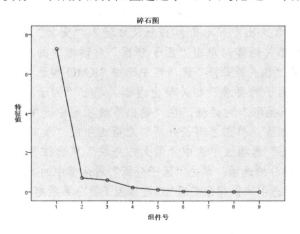

图21.11 碎石图

（5）成分得分系数矩阵

表21.25给出了成分得分系数矩阵，据此可以直接写出公因子的表达式。

表 21.25　成分得分系数矩阵

成分得分系数矩阵	
	成分
	1
企业财产保险赔款支出	.135
机动车辆保险赔款支出	.135
货物运输保险赔款支出	.134
责任保险赔款支出	.134
信用保证保险赔款支出	.086
农业保险赔款支出	.085
短期健康保险赔款支出	.131
意外伤害保险赔款支出	.122
其他保险赔款支出	.135

提取方法：主成分分析法。
旋转方法：凯撒正态化最大方差法。
组件得分。

F=0.135*企业财产保险赔款支出+0.135*机动车辆保险赔款支出
　+0.134 货物运输保险赔款支出+0.134*责任保险赔款支出
　+0.086*信用保证保险赔款支出+0.085*农业保险赔款支出
　+0.131*短期健康保险赔款支出+0.122*意外伤害保险赔款支出
　+0.135*其他保险赔款支出

21.3.4　聚类分析

对于聚类分析，我们准备从两部分进行分析：

- 第一，使用构成保费收入的各个变量对各个财产保险公司进行聚类。
- 第二，使用构成赔款支出的各个变量对各个财产保险公司进行聚类。

1. 使用构成保费收入的各个变量对各个财险公司进行聚类

观察到不同变量的数量级相差不大，所以不必先对数据进行标准化处理，直接进行分析即可。

01 进入 SPSS 24.0，打开相关数据文件，选择"分析"|"分类"|"K-均值聚类"命令，弹出如图 21.12 所示的对话框。

02 选择进行聚类分析的变量。在"K 均值聚类分析"对话框的左侧列表框中，选择"保险机构"并单击 按钮使之进入"个案标注依据"列表框，选择"企业财产保险保费收入""机动车辆保险保费收入""货物运输保险保费收入""责任保险保费收入""信用保证保险保费收入""农业保险保费收入""短期健康保险保费收入""意外伤害保险保费收入""其他保险保费收入"并单击 按钮使之进入"变量"列表框。在"聚类数"文本框中输入聚类分析的类别数 4，其他选择默认值。

03 设置输出及缺失值处理方法。单击"K 均值聚类分析"对话框中的"选项"按钮，弹出如图 21.13 所示的对话框。在"统计"选项组中，选中全部的 3 个复选框，在"缺失值"选项组中选中默认值即可。设置完毕后，单击"继续"按钮返回"K 均值聚类分析"对话框。

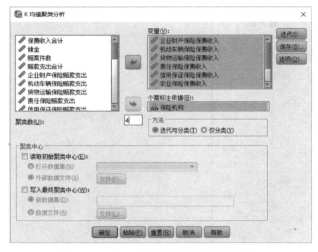

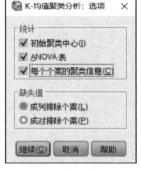

图 21.12　"K 均值聚类分析"对话框　　　　图 21.13　"K 均值聚类分析：选项"对话框

04 其他设置采用系统默认值即可。

05 设置完毕后，单击"确定"按钮，等待输出结果。

结果分析如下。

（1）聚类结果

从表21.26中可以知道，人保财险属于第一类；中华联合、太保产险、平安产险属于第三类；大地、中国保险、太平、阳光财险、天安、永安、安邦属于第四类；其他财险公司属于第二类。

表 21.26　对保险收入的聚类结果

案例号	保险机构	聚类	距离
1	人保财险	1	0.000
2	国寿财险	2	343.320
3	大地	4	2912.309
4	中国保险	4	1639.991
5	太平	4	2130.474
6	中国信保	2	3152.476
7	阳光财险	4	1477.933
8	中华联合	3	1902.393
9	太保产险	3	1577.389
10	平安产险	3	730.741
11	华泰财险	2	1161.055
12	天安	4	1762.003

（续表）

案例号	保险机构	聚类	距离
13	大众	2	643.131
14	华安	2	347.581
15	永安	4	200.328
16	永诚	2	657.086
17	安信农险	2	328.811
18	安邦	4	659.562
19	安华农险	2	866.549
20	天平汽车	2	892.870
21	阳光农险	2	342.948
22	渤海	2	348.072
23	都邦	2	2019.651
24	华农	2	327.318
25	民安	2	176.141
26	安诚	2	293.363
27	中银	2	142.102
28	中意财险	2	350.475
29	美亚	2	495.730
30	东京海上日动上海	2	376.185
31	丰泰上海	2	262.395
32	太阳联合	2	342.790
33	美国联邦上海	2	348.053
34	三井住友	2	339.337
35	三星火灾	2	353.996
36	安联广州	2	328.156
37	日本财产	2	342.111
38	利宝	2	304.300
39	安盟成都	2	350.202
40	苏黎士北京	2	342.838
41	现代	2	345.762
42	爱和谊天津	2	350.745

（2）最终聚类中心

从表21.27中可以看出，第一类公司各类保险的保费收入都非常高；第二类的信用保证保险保费收入较高，农业保险保费收入较低，其他保险的保费收入都很低；第三类的信用保证保险保费收入很低，其他保险保费收入都较高；第四类的保险保费收入都较低，农业保险保费收入则很低。

（3）每个聚类中的样本数

从表21.28中可以知道，聚类2所包含的样本数最多，为31个，聚类1所包含的样本数最少，为1个。

表21.27　最终聚类中心表　　　　表21.28　每个聚类的样本数统计表

最终聚类中心				
	聚类			
	1	2	3	4
企业财产保险保费收入	8867.30	68.34	1937.73	376.80
机动车辆保险保费收入	62091.02	318.02	15464.21	4808.29
货物运输保险保费收入	2978.79	36.08	562.11	104.13
责任保险保费收入	3611.04	29.68	480.53	167.89
信用保证保险保费收入	243.25	106.15	.53	16.66
农业保险保费收入	2657.70	44.25	386.66	2.32
短期健康保险保费收入	1079.69	4.07	264.70	41.83
意外伤害保险保费收入	1964.35	21.35	792.33	251.56
其他保险保费收入	4935.67	42.94	1186.09	192.60

每个聚类中的个案数目		
聚类	1	1.000
	2	31.000
	3	3.000
	4	7.000
有效		42.000
缺失		.000

结论：人保财险的各类保险保费收入都非常高，是我国财产保险行业的"巨无霸"；中华联合、太保产险、平安产险的信用保证保险保费收入很低，农业保险保费收入较低，其他保险保费收入都较高；大地、中国保险、太平、阳光财险、天安、永安、安邦的保险收入则较低，农业保险保费收入很低；其他大部分的财险公司都是信用保证保险保费收入较高，而别的险种保费收入都很低，机动车辆保险保费收入和信用保证保险保费收入是其保费收入的最大来源。

2. 使用构成赔款支出的各个变量对各个财险公司进行聚类

观察到不同变量的数量级相差不大，所以不必先对数据进行标准化处理，直接进行分析即可。

01 进入 SPSS 24.0，打开相关数据文件，选择"分析"|"分类"|"K-均值聚类"命令，弹出"K 均值聚类分析"对话框。

02 选择进行聚类分析的变量。在"K 均值聚类分析"对话框的左侧列表框中，选择"保险机构"并单击→按钮使之进入"个案标注依据"列表框，选择"企业财产保险赔款支出""机动车辆保险赔款支出""货物运输保险赔款支出""责任保险赔款支出""信用保证保险赔款支出""农业保险赔款支出""短期健康保险赔款支出""意外伤害保险赔款支出""其他保险赔款支出"并单击→按钮使之进入"变量"列表框。在"聚类数"文本框中输入聚类分析的类别数 4。

03 设置输出及缺失值的处理方法。单击"K 均值聚类分析"对话框中的"选项"按钮，在弹出的"K 均值聚类分析：选项"对话框中选择全部统计量。

04 其他设置采用系统默认值即可。

05 设置完毕后，单击"确定"按钮，等待输出结果。

结果分析如下。

（1）聚类结果

从表 21.29 中可以知道，人保财险属于第一类；大地、天安、永安、安邦属于第三类；中华联合、太保产险、平安产险属于第四类；其他财险公司属于第二类。

表 21.29　对赔款支出的聚类结果

案例号	保险机构	聚类	距离
1	人保财险	1	0.000
2	国寿财险	2	179.967
3	大地	3	420.591
4	中国保险	2	1257.456
5	太平	2	783.751
6	中国信保	2	846.006
7	阳光财险	2	874.854
8	中华联合	4	1751.603
9	太保产险	4	1087.492
10	平安产险	4	750.021
11	华泰财险	2	315.759
12	天安	3	804.355
13	大众	2	422.708
14	华安	2	752.162
15	永安	3	362.356
16	永诚	2	112.229
17	安信农险	2	216.756
18	安邦	3	849.154
19	安华农险	2	1027.942
20	天平汽车	2	63.912
21	阳光农险	2	196.013
22	渤海	2	114.047
23	都邦	2	316.089
24	华农	2	206.212
25	民安	2	150.267
26	安诚	2	204.423
27	中银	2	193.863
28	中意财险	2	208.023
29	美亚	2	212.008
30	东京海上日动上海	2	212.993
31	丰泰上海	2	170.641
32	太阳联合	2	205.936
33	美国联邦上海	2	207.470
34	三井住友	2	205.240
35	三星火灾	2	205.792
36	安联广州	2	204.860
37	日本财产	2	204.847

（续表）

案例号	保险机构	聚类	距离
38	利宝	2	182.088
39	安盟成都	2	207.506
40	苏黎士北京	2	208.013
41	现代	2	208.002
42	爱和谊天津	2	208.028

（2）最终聚类中心

从表21.30中可以看出，第一类公司各类保险的赔款支出都非常高；第二类公司除信用保证保险赔款支出、农业保险赔款支出较低外，其他保险保费收入最低；第三类则除信用保证保险赔款支出、农业保险赔款支出最低外，其他保险保费收入都较低；第四类各类保险的赔款支出都较高。

（3）每个聚类中的样本数

从表21.31中可以知道，聚类2所包的含样本数最多，为34个，聚类1所包的含样本数最少，为1个。

表21.30 最终聚类中心表

最终聚类中心

	聚类			
	1	2	3	4
企业财产保险赔款支出	5292.42	32.92	144.04	1044.31
机动车辆保险赔款支出	32262.65	198.00	3010.25	8866.85
货物运输保险赔款支出	1220.28	16.83	25.01	195.94
责任保险赔款支出	1589.81	16.20	40.21	204.16
信用保证保险赔款支出	680.69	25.91	5.96	40.54
农业保险赔款支出	864.91	33.62	1.38	234.95
短期健康保险赔款支出	971.83	2.53	34.57	206.84
意外伤害保险赔款支出	657.62	11.63	114.66	312.01
其他保险赔款支出	2690.53	22.45	42.34	353.68

表21.31 每个聚类的样本数统计表

每个聚类中的个案数目

聚类	1	1.000
	2	34.000
	3	4.000
	4	3.000
有效		42.000
缺失		.000

结论：人保财险各类保险的赔款支出都非常高；大地、天安、永安、安邦等除信用保证保险赔款支出、农业保险赔款支出最低外，其他保险保费收入都较低；中华联合、太保产险、平安产险等各类保险的赔款支出都较高；其余财险公司除信用保证保险赔款支出、农业保险赔款支出较低外，其他保险赔款支出都最低。

21.4　研究结论

根据以上所做的分析，我们可以比较有把握地得出以下结论：

- 简单相关分析表明：构成"保费收入合计"的9个组成部分，除"信用保证保险保费收入"与其他变量相关关系较弱外，其他变量之间都具有很强的相关性，都在0.01的显著性水平上显著。

- 偏相关分析表明：在控制住"保费收入合计"的前提下，构成"保费收入合计"的 9 个组成部分中，"企业财产保险保费收入""货物运输保险保费收入""责任保险保费收入"与"其他保险保费收入"之间，以及"意外伤害保险保费收入"和"农业保险保费收入"之间相关性非常显著，其他各变量之间，除"信用保证保险保费收入"与其他变量相关关系很弱外，都具有一定程度的相关性。

- 简单相关分析表明：构成"赔款支出合计"的所有变量之间都具有比较强的相关性，大部分的相关性还很强，在 0.01 的显著性水平上显著。

- 偏相关分析表明：在控制住"赔款支出合计"的前提下，构成"赔款支出合计"的 9 个组成部分中，"企业财产保险赔款支出""机动车辆保险赔款支出""货物运输保险赔款支出""责任保险赔款支出""农业保险赔款支出""其他保险赔款支出"之间，以及"意外伤害保险赔款支出""机动车辆保险赔款支出""责任保险赔款支出""短期健康保险赔款支出"之间相关关系非常显著，有的是正相关，有的是负相关。

- 简单相关分析表明：我国财产保险公司的"保费收入合计""赔款支出合计""总人数"这 3 个变量之间相关性很强。

- 简单相关分析表明：我国财产保险公司的"赔案件数""赔款支出合计""未决赔款"这 3 个变量之间相关性很强。

- 经过多重线性回归分析可以发现，我国财产保险公司的总保费收入水平与公司职员的性别并无显著关系，与公司职员的年龄、职称、文化水平有一定的显著关系。具体而言，中级职称、大专、中专以下、博士学历或者四十六岁以上的职员对公司的总保费收入有拉动效应，尤其是博士学历的职员，每增加一个单位会带来保费收入的 140 多倍的增加；高级职称或者三十六岁到四十五岁的职员对公司的总保费收入有拖后效应。

- 经过多重线性回归分析可以发现，我国财产保险公司的赔款支出总水平与公司职员的性别、年龄并无显著关系，与公司职员的职称、文化水平有一定的显著关系。具体而言，中级职称或者中专以下文化水平的职员对公司的总赔款支出有拉动效应，初级职称或者具有博士学历的职员对公司的总保费收入有降低效应，尤其是博士学历的职员，每增加一个单位会带来赔款支出的 110 多倍的减少。

- 因子分析表明：可以对构成我国财产保险公司"保费收入合计"的 9 个组成部分提取两个公因子，其中一个公因子主要反映除信用保证保险保费收入以外的变量的信息，第二个公因子反映的是信用保证保险保费收入这一变量的信息。

- 因子分析表明：基于变量之间的高相关性，对构成我国财险公司"赔款支出合计"的 9 个组成部分提取一个公因子已足以反映这些变量的信息。

- 聚类分析表明：人保财险各类保险的保费收入都非常高，是我国财产保险行业的"巨无霸"；中华联合、太保产险、平安产险信用保证保险保费收入很低，农业保险保费收入较低，其他保险保费收入都较高；大地、中国保险、太平、阳光财险、天安、永安、安邦的农业保险保费收入很低，其他保险保费收入较低；剩余的大部分的财险公司都是信用保证保险保费收入较高，而其他险种保费收入都很低，机动车辆保险保费收入和信用保证保险保费收入是其保费收入的最大来源。

- 聚类分析表明：人保财险各类保险的赔款支出都非常高；大地、天安、永安、安邦等除信用保证保险赔款支出、农业保险赔款支出最低外，其他保险保费收入都较低；中华联合、太保产险、平安产险等各类保险的赔款支出都较高；其余的财险公司除信用保证保险赔款支出、农业保险赔款支出较低外，其他保险赔款支出都最低。

经过以上研究，我们可以从一种宏观的视角上对我国的财产保险公司有一个比较全面的了解，这对于以后我国财产保险公司的发展有重要的借鉴和指导意义，如根据回归分析部分的结论，为提高总保费收入水平，我国财产保险公司在招聘员工的时候应该注意多招一些中级职称或者大专、中专以下、博士学历或者四十六岁以上的职员，尤其是注重博士学历人才的引进，因为这种人才不仅可以大大增加保费收入，还可以在很大程度上减少赔款支出，另外因为性别对保费收入和赔款支出没有显著影响，所以不要有性别歧视。再如，聚类分析表明，人保财险在我国是一枝独秀，大部分的财产保险公司无论是保费收入还是赔款支出都与之相差甚远，所以为使我国财产保险业能以一种更加健康的充满竞争的方式成长，政府有必要做一些努力以改变这种情况。

21.5　本章习题

使用《中国保险年鉴 2007》上的《中国 2006 年各保险公司人员结构情况统计》和《中国 2006 年各财产保险公司业务统计》数据（数据已整理入 SPSS 中），进行以下分析。

（1）相关分析

- 第一，对"保费收入合计"的 9 个组成部分："企业财产保险保费收入""机动车辆保险保费收入""货物运输保险保费收入""责任保险保费收入""信用保证保险保费收入""农业保险保费收入""短期健康保险保费收入""意外伤害保险保费收入""其他保险保费收入"进行简单相关分析。
- 第二，在控制"保费收入合计"的前提下，对"企业财产保险保费收入""机动车辆保险保费收入""货物运输保险保费收入""责任保险保费收入""信用保证保险保费收入""农业保险保费收入""短期健康保险保费收入""意外伤害保险保费收入""其他保险保费收入"进行偏相关分析。
- 第三，对"赔款支出合计"的 9 个组成部分："企业财产保险赔款支出""机动车辆保险赔款支出""货物运输保险赔款支出""责任保险赔款支出""信用保证保险赔款支出""农业保险赔款支出""短期健康保险赔款支出""意外伤害保险赔款支出""其他保险赔款支出"进行简单相关分析。
- 第四，在控制"赔款支出合计"的前提下，对"企业财产保险赔款支出""机动车辆保险赔款支出""货物运输保险赔款支出""责任保险赔款支出""信用保证保险赔款支出""农业保险赔款支出""短期健康保险赔款支出""意外伤害保险赔款支出""其他保险赔款支出"进行偏相关分析。
- 第五，对"保费收入合计""赔款支出合计""总人数"这 3 个变量进行简单相关分析。
- 第六，对"赔案件数""赔款支出合计""未决赔款"这 3 个变量进行简单相关分析。

（2）回归分析

● 第一，以"保费收入合计"为因变量，以"男""女""博士""硕士""学士""大专""中专以下""高级""中级""初级""三十五岁以下""三十六岁到四十五岁""四十六岁以上"为自变量，进行多重线性回归。
● 第二，以"赔款支出合计"为因变量，以"男""女""博士""硕士""学士""大专""中专以下""高级""中级""初级""三十五岁以下""三十六岁到四十五岁""四十六岁以上"为自变量，进行多重线性回归。

（3）因子分析

● 第一，对构成保费收入的各个变量提取公因子。
● 第二，对构成赔款支出的各个变量提取公因子。

（4）聚类分析

● 第一，使用构成保费收入的各个变量对各个财险公司进行聚类。
● 第二，使用构成赔款支出的各个变量对各个财险公司进行聚类。

第 22 章 SPSS 软件在银行业中的应用举例

自深圳发展银行在深交所上市，成为第一个上市银行以来，目前，我国已有几十家上市银行，并且众多中小商业银行的上市工作也正在紧锣密鼓地进行中。由此，金融市场对银行股票价格给予了更多的关注。对于上市公司来说，一些重要财务指标的会计信息与股票价值相关性研究是理论界一个长期关注和重视的热点，但该相关性研究还尚未单独对银行类股票全面展开。

22.1 研究背景及目的

22.1.1 研究背景

会计信息与股票价格关系研究是指对会计信息披露与证券的价格之间是否具有统计意义的显著相关性研究，也就是说该会计数据向证券市场是否传递了新的有用信息。西方学者 Ball 和 Brown 在 1968 年的会计收益的经验研究表明：如果非预期的会计盈余为正，则股票异常报酬率将为正；如果非预期的会计盈余为负，则股票异常报酬率将为负。这表明了会计数据向证券市场传递了新的有用信息。关于会计信息与股票价格关系的研究，到目前为止，主要形成了两大基本理论：信息观和计价模型观。

20 世纪 60 年代后期，由于资本市场的发展，会计学家、经济学家们开始关注会计与资本市场的关系研究。信息观主要研究会计盈余信息与证券价格之间的关系。在信息观产生之后的数十年中，该理论在证券市场研究中一直占据主导地位。直到 20 世纪 80 年代末 90 年代初，人们发现会计盈余与股票收益的相关性非常弱，会计收益信息对股票价格的影响不像想象中的那样有用。同时信息观下的股票价格不仅反映了正常信息，还反映了非理性交易者的扰动信息，出现了股票市场过度反应等异常现象，从而认为股票市场可能并没有人们所假设的那样有效。对有效市场假说的怀疑，使得人们开始重视股票的内在价值研究（利用模型说明财务信息对股票价格的影响），于是计价模型观应运而生。

在信息观和计价模型观两大基本理论的指导下，西方众多学者对于会计信息与股票价格之间的关系进行了大量的经验验证。我国的证券市场发展较晚，关于会计信息与股价相关关系的研究，我国学者主要进行了信息观的经验研究，研究发现我国的会计信息向证券市场传递了新信息，即我国的会计信息在证券市场上是有用的。一部分学者采用事项研究法对上海证券市场中上市公司的会计盈余的信息含量进行了考察，结果发现未预期会计盈余的符号与股票非正常报酬率的符号之间存在统计意义的显著相关。另一部分学者在交易量分析的基础上，运用回归分析方法，以我国深、沪两地的 A 股公司为对象，对会计盈余信息的有用性进行了大样本检验，结果显示股市对盈余公告有显著的反应，并因而发现会计信息与股票价格之间存在着一定的函数关系。

整体而言，无论是信息观下的研究，还是基于计价模型观的研究，以前学者考察会计信息与股票价格相关关系时，运用的会计数据较少，忽略了大量有价值的会计信息。我们有必要更充分地利用已有的会计资料，揭示财务报表中更多的财务指标与银行业股票价格之间的相关关系。

22.1.2 研究目的

银行业股票价格是银行股票在市场上出售的价格。它的决定及其波动受制于各种经济、政治因素，并受投资心理和交易技术等的影响。概括起来，影响股票市场价格及其波动的因素，主要分为两大类：一是基本因素；另一种是技术因素，其中最重要的是基本因素。所谓基本因素，是指来自股票市场以外的经济、政治因素以及其他因素，其波动和变化往往会对股票的市场价格趋势产生决定性影响。一般来说，基本因素主要包括经济性因素、政治性因素等。其中，影响银行股票价格的经济因素中主要的、公认的要数财务因素的影响。

本案例的研究目的是分析银行业上市公司的财务数据，从而分析股票价格的财务影响因素，为对银行业上市公司的投资提供科学的依据。

22.2 研究方法

本案例的分析思路如下：首先搜集银行业上市公司的财务数据来分析股票价格的财务影响因素，观测流动比率、净资产负债比率、固定资产比率、每股收益、净利润、增长率、股价和公布时间等数据，利用描述性分析对银行业上市公司的财务数据进行基础性描述，以便对整个行业形成直观的印象；然后利用因子分析提取对银行业上市公司股票价格影响较为明显的因素，分析银行业上市公司股价的决定因素；最后利用回归分析方法确定这些因素对股票价格的影响方向和强弱。

采用的数据分析方法主要有描述性分析、因子分析和回归分析。

- 描述性分析。描述性分析主要是对银行业股票价格信息以及各种财务信息数据进行基础性描述，主要用于描述变量的基本特征。
- 因子分析。因子分析是一种数据简化的技术，通过研究众多银行业财务变量之间的内部依赖关系，探求观测财务数据中的基本结构，并用少数几个独立的不可观测变量来表示其基本的数据结构。
- 回归分析。回归分析是研究一个因变量与一个或多个自变量之间的线性或非线性关系的一种统计分析方法。

22.3 研究过程

22.3.1 数据的搜集及 SPSS 数据文件的建立

为研究银行业股票价格与财务信息的关系，首先我们必须解决的问题是数据的搜集和整理。

本案例为了研究的准确性和普遍性,一共搜集了 23 家上市的金融银行类股票在一定时刻的股票价格。同时为了准确反映上市公司财务报表呈现的财务信息与股票价格的关系,我们搜集了流动比率、净资产负债率、资产固定资产比率、每股收益、净利润、增长率等财务指标。具体的部分指标数据信息如表 22.1 所示。

表 22.1　银行股票价格与财务指标

股票价格(元)	流动比率	净资产负债比率	资产固定资产比率	每股收益(元)	净利润(亿元)
1.07155500	0.020515	27.041670	0.192533	17.766670	1.07155500
1.01810650	0.009379	113.224400	0.130000	14.770400	1.01810650
1.04694700	0.013588	85.340020	0.223000	14.297730	1.04694700
1.03975650	0.013137	93.344400	0.275167	14.722630	1.03975650
1.02159967	0.013970	88.401770	0.119667	14.103330	1.02159967
0.96065900	0.013284	93.588960	0.185000	16.602530	0.96065900
0.92562475	0.011708	102.880600	0.236500	14.975750	0.92562475
0.94239800	0.011860	103.239400	0.304000	13.517950	0.94239800
0.91639725	0.011641	103.531700	0.091500	14.449380	0.91639725
0.87541375	0.010129	112.474600	0.172000	13.294650	0.87541375
0.90080725	0.009532	127.283900	0.260500	12.813330	0.90080725
0.88136280	0.009450	133.404000	0.324000	11.507880	0.88136280
0.89066780	0.008080	128.082900	0.111600	12.959120	0.89066780
0.86292560	0.009338	236.141300	0.190180	11.824480	0.86292560
0.86337380	0.009430	117.573100	0.284600	11.624500	0.86337380
0.84941880	0.010992	107.082400	0.347020	10.305200	0.84941880
0.86368900	0.010824	105.041700	0.111860	12.083760	0.86368900
0.85767500	0.011688	110.306100	0.184860	10.911340	0.85767500
0.87430380	0.009964	98.115880	0.306600	11.583120	0.87430380
0.88475000	0.010763	116.043800	0.374360	10.417980	0.88475000
0.89625000	0.009194	97.980650	0.115800	11.394800	0.89625000

根据我们搜集到的数据资料,要建立 SPSS 数据文件才可以进行下一步的分析和研究。

01 在 SPSS 变量视图窗口中,我们建立变量"流动比率""净资产负债比率""资产固定资产比率""每股收益""净利润""增长率""股价",分别用来表示流动比率、净资产负债比率、资产固定资产比率、每股收益、净利润、增长率、股价和业绩公布时间,数据类型我们设定为"数值",测量标准设为"度量",如图 22.1 所示。

02 打开 SPSS Statistics 数据编辑器窗口,在活动数据文件的数据视图中把"流动比率""净资产负债比率""资产固定资产比率""每股收益""净利润""增长率""股价"的相关数据输入到各个变量中,输入完毕后效果如图 22.2 所示。

图 22.1 SPSS Statistics 数据编辑器窗口

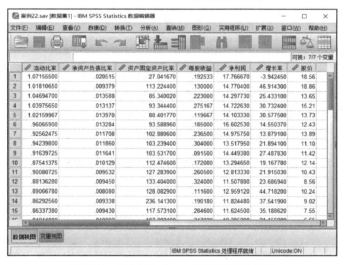

图 22.2 SPSS Statistics 数据编辑器窗口

22.3.2 银行业股价及财务指标的描述统计分析

📹	下载资源\video\chap22\...
🖥️	下载资源\sample\22\正文\原始数据文件\案例22.sav

（1）操作步骤

01 打开数据文件，进入 SPSS Statistics 数据编辑器窗口，然后在菜单栏中选择"分析" |"描述统计"|"描述"命令，在打开的"描述"对话框中将变量"流动比率""净资产负债比率""资产固定资产比率""每股收益""净利润""增长率""股价"选入"变量"列表框，如图 22.3 所示。

02 单击"选项"按钮进入"描述：选项"对话框，如图22.4所示。选中"最大值""最小值""范围""标准误差平均值""标准差"和"方差"复选框，然后单击"继续"按钮，返回"描述"对话框。

图22.3　"描述"对话框　　　　　图22.4　"描述：选项"对话框

03 单击"确定"按钮，输出统计分析结果。

（2）结果分析

由表22.2可知，在从2001~2008年的各个季度中，我国银行业上市公司股价的平均值为10.3439元，最大值与最小值之间的范围统计为13.19元，标准差为3.97元，可见我国银行业上市公司的股价在样本期间波动幅度较大。另外，就净利润指标来看，我国银行业上市公司净利润均值为13亿元，可见在样本期间我国银行业经营状况良好。

表22.2　银行业股价及财务指标的描述分析结果

	个案数	范围	最小值	最大值	平均值		标准差	方差
	统计	统计	统计	统计	统计	标准误差	统计	统计
流动比率	22	.29755500	.77400000	1.07155500	.9189855120	.0163809879	.0768336436	.006
净资产负债比率	23	.013526	.006989	.020515	.01108852	.000565831	.002713630	.000
资产固定资产比率	23	209.099630	27.041670	236.141300	111.3977804	7.483333386	35.88880615	1288.006
每股收益	23	.298500	.091500	.390000	.22505857	.018799253	.090158050	.008
净利润	23	7.461470	10.305200	17.766670	13.00979348	.407439344	1.954010448	3.818
增长率	23	68.552230	-3.942450	64.609780	27.42802000	3.096638967	14.85095878	220.551
股价	23	13.19	5.67	18.86	10.3439	.82808	3.97134	15.772
有效个案数（成列）	22							

描述统计

22.3.3　银行业上市公司财务指标的因子分析

📹	下载资源\video\chap22\...
🖼️	下载资源\sample\22\正文\原始数据文件\案例22.sav

（1）操作步骤

01 打开数据文件，进入SPSS Statistics数据编辑器窗口，在菜单栏中选择"分析"|"降维"|"因子"命令，将"流动比率""净资产负债比率""资产固定资产比率""每股收益""净

利润""增长率""股价"变量选入"变量"列表框,如图 22.5 所示。

[02] 单击"描述"按钮,在弹出的对话框中选中"初始解"和"KMO 和巴特利特球形度检验"复选框,单击"继续"按钮,保存设置结果,如图 22.6 所示。

图 22.5 "因子分析"对话框   图 22.6 "因子分析:描述"对话框

[03] 单击"旋转"按钮,在弹出的对话框中选中"最大方差法"单选按钮,其他为系统默认选择,单击"继续"按钮,保存设置结果,如图 22.7 所示。

[04] 单击"得分"按钮,在弹出的对话框中选中"保存为变量"和"显示因子得分系数矩阵"复选框,单击"继续"按钮,保存设置结果,如图 22.8 所示。

图 22.7 "因子分析:旋转"对话框   图 22.8 "因子分析:因子得分"对话框

[05] 单击"确定"按钮,输出统计分析结果。

(2)结果分析

表 22.3 给出了 KMO 和巴特利特的检验结果,其中 KMO 值越接近 1,表示越适合做因子分析,从该表可以得到 KMO 的值为 0.743,表示比较适合做因子分析。巴特利特球形度检验的原假设为相关系数矩阵为单位阵,显著性为 0.000,小于显著水平 0.05,因此拒绝原假设即表示变量之间存在相关关系,适合做因子分析。

表 22.4 给出了每个变量共同度的结果。该表左侧表示每个变量可以被所有因素所能解释的方差,右侧表示变量的共同度。从该表可以得到,因子分析的变量共同度都非常高,表明变量中的大部分信息均能够被因子所提取,说明因子分析的结果是有效的。

表 22.3　银行业财务指标的 KMO 和巴特利特的检验结果　　表 22.4　银行业财务指标的变量共同度

KMO 和巴特利特检验		
KMO 取样适切性量数。		.743
巴特利特球形度检验	近似卡方	95.892
	自由度	21
	显著性	.000

公因子方差		
	初始	提取
流动比率	1.000	.818
净资产负债比率	1.000	.861
资产固定资产比率	1.000	.606
每股收益	1.000	.565
净利润	1.000	.895
增长率	1.000	.664
股价	1.000	.870
提取方法：主成分分析法。		

表 22.5 给出了因子贡献率的结果。该表中左侧部分为初始特征值，中间为提取载荷平方和，右侧为旋转载荷平方和。"总计"是指因子的特征值，"方差百分比"表示该因子的特征值占总特征值的百分比，"累积%"表示累积的百分比。其中只有前两个因子的特征值大于1，并且其特征值之和占总特征值的 75.392%，因此，提取前两个因子作为主因子即可。

表 22.6 给出了旋转后的因子载荷值，其中旋转方法是 Kaiser 标准化的正交旋转法。通过因子旋转，各个因子有了比较明确的含义。第一个因子与流动比率和净资产负债比率相关性最强，因此将流动比率作为对第一个因子的解释。第二个因子与净利润最为相关，因此将净利润作为对第二个因子的代表。

表 22.5　银行业财务指标的因子贡献率　　　表 22.6　银行业财务指标的旋转后因子载荷

总方差解释								
成分	初始特征值			提取载荷平方和			旋转载荷平方和		
	总计	方差百分比	累积 %	总计	方差百分比	累积 %	总计	方差百分比	累积 %
1	3.916	55.938	55.938	3.916	55.938	55.938	2.718	38.830	38.830
2	1.362	19.454	75.392	1.362	19.454	75.392	2.559	36.562	75.392
3	.731	10.443	85.835						
4	.545	7.779	93.614						
5	.197	2.813	96.427						
6	.193	2.753	99.180						
7	.057	.820	100.000						
提取方法：主成分分析法。									

旋转后的成分矩阵[a]		
	成分	
	1	2
流动比率	.742	.517
净资产负债比率	.400	.837
资产固定资产比率	-.247	-.738
每股收益	-.686	.308
净利润	.833	.449
增长率	.071	-.812
股价	.882	.304
提取方法：主成分分析法。		
旋转方法：凯撒正态化最大方差法。		
a. 旋转在 3 次迭代后已收敛。		

22.3.4　银行业股价与主因子财务指标的回归分析

📹	下载资源\video\chap22\...
💻	下载资源\sample\22\正文\原始数据文件\案例22.sav

下面利用因子分析得到的主因子通过回归分析，进一步发掘我国银行业股价与其主要财务指标的关系。

由上文对银行业财务指标的因子分析可以发现，可用两个主因子（流动比率、净利润）来代替解释所有 6 个财务指标提供的近 80%的信息，因此下面将利用分析的两个主因子——流动比率、净利润作为自变量，对银行业上市公司的平均股价（因变量）进行回归分析。

（1）操作步骤

01 打开数据文件，进入 SPSS Statistics 数据
编辑器窗口，在菜单栏中选择 "分析"|"回归"|
"线性"命令，打开"线性回归"对话框，将"股
价"变量选入"因变量"列表框，将"流动比率"
和"净利润"变量选入"自变量"列表框，如图 22.9
所示。

02 单击"统计"按钮，打开"线性回归：统
计"对话框，选中"估算值""模型拟合"和"德
宾-沃森"复选框，然后单击"继续"按钮，保存设
置，如图 22.10 所示。

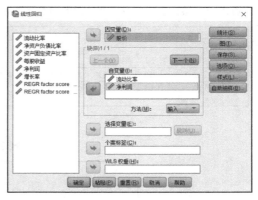

图 22.9　"线性回归"对话框

03 单击"选项"按钮，打开"线性回归：选项"对话框，选中"在方程中包括常量"
复选框，然后单击"继续"按钮，保存设置，如图 22.11 所示。

图 22.10　"线性回归：统计"对话框

图 22.11　"线性回归：选项"对话框

04 单击"确定"按钮，输出统计分析结果。

（2）结果分析

表 22.7 给出了评价模型的检验统计量。从该图中可以得到 R、R 平方、调整后的 R 平方、
标准估算的错误及德宾-沃森统计量，如本实验中回归模型调整后的 R 平方是 0.838，说明回归
的拟合度非常高，并且德宾-沃森为 2.209，说明模型残差不存在自相关，该回归模型非常优良。

表 22.8 给出了方差分析的结果。由该图可以得到回归部分的 F 值为 55.224，Sig 为 0.000，
小于显著水平 0.05，因此可以判断由流动比率、净利润两个财务指标对银行业上市公司的平均
股价解释能力非常显著。

表 22.9 给出了线性回归模型的回归系数及相应的一些统计量。从该表可以得到线性回归
模型中的流动比率和净利润的系数分别为 21.352 和 1.125，说明流动比率的小部分增加会带动
银行业上市公司股价近 21 倍的增加，说明并证实了银行业公司的股价与银行资产的流动性高
度相关的现实状况，这是因为银行资产的流动性决定了该银行的经营稳健性，是利润产生的根
本前提。另外，线性回归模型中的流动比率和净利润两个指标的 T 值分别为 2.890 和 3.927，
相应的概率值为 0.009 和 0.001，说明系数非常显著，这与上表方差分析的结果十分一致，即
银行业股价高度受流动比率和净利润两个财务指标的影响。

表22.7 银行业财务指标评价模型的检验统计量

模型摘要[b]

模型	R	R 方	调整后 R 方	标准估算的误差	德宾-沃森
1	.924[a]	.853	.838	1.59817	2.209

a. 预测变量: (常量), 净利润, 流动比率
b. 因变量: 股价

表22.8 银行业财务指标的方差分析表

ANOVA[a]

模型		平方和	自由度	均方	F	显著性
1	回归	282.102	2	141.051	55.224	.000[b]
	残差	48.529	19	2.554		
	总计	330.631	21			

a. 因变量: 股价
b. 预测变量: (常量), 净利润, 流动比率

表22.9 回归系数

系数[a]

模型		未标准化系数		标准化系数	t	显著性
		B	标准误差	Beta		
1	(常量)	-23.800	4.486		-5.306	.000
	流动比率	21.352	7.388	.413	2.890	.009
	净利润	1.125	.286	.562	3.927	.001

a. 因变量: 股价

22.4　研究结论

根据以上所做的分析，我们可以比较有把握地得出以下结论。

（1）通过银行业上市公司股价及财务指标的描述统计分析发现

一般而言，我国银行业上市公司的股价在样本期间波动幅度比较大，但相对于制造业波动较小。另外，就净利润指标看，我国银行业上市公司净利润的均值为13亿元，可见在样本期间我国银行业经营状况良好。

（2）通过银行业上市公司的"每股收益"的时间序列分析发现

我国银行业上市公司的每股收益指标呈波动上升态势，并且样本期间的波动不是很大。但是就净利润指标来看，我国银行业上市公司净利润均值为13亿元，可见在样本期间我国银行业经营状况良好。

（3）通过银行业上市公司的各个财务指标的因子分析发现

在银行业数据中，可以用两个主因子（流动比率、净利润）来代替解释所有 6 个财务指标提供的近 80%的信息。因子分析的变量共同度都非常高，表明变量中的大部分信息均能够被因子所提取，说明因子分析的结果是有效的。

其中，第一个因子与流动比率和净资产负债比率相关性最强，因此将流动比率作为对第一个因子的解释。第二个因子与净利润最为相关，因此将净利润作为对第二个因子的解释。

（4）通过对银行业股票价格与主因子财务指标的回归分析发现

银行业股价高度受流动比率和净利润两个财务指标的影响，其中流动比率的小部分增加会带动银行业上市公司股价近 21 倍的增加，说明并证实了银行业公司的股价与银行资产的流动性高度相关的现实状况，这是因为银行资产的流动性决定了该银行的经营稳健性，是利润产生的根本前提。

根据研究结论，总结如下：

银行业股票价格的整体波动性较小，盈利水平较高。
银行业财务信息中主要的变量是流动性比率和净利润指标。
影响银行业股价的最主要因素是银行资产的流动性水平。

22.5　本章习题

请读者通过网络或者上市公司数据库等途径自行搜集我国造纸业上市公司的股票价格，为分析上市公司财务报表呈现的财务信息与股票价格的关系，搜集上市公司的流动比率、净资产负债比率、资产固定资产比率、每股收益、净利润、增长率等财务指标。并做以下练习：

（1）将搜集的数据进行整理并绘制成表格，如表 22.10 所示。同时将数据导入 SPSS 数据文件。

表 22.10　股票价格与财务指标

股票价格	流动比率	净资产负债比率	资产固定资产比率	每股收益（元）	净利润（亿元）
1.07155500	0.020515	27.041670	0.192533	17.766670	1.07155500
1.01810650	0.009379	113.224400	0.130000	14.770400	1.01810650
1.04694700	0.013588	85.340020	0.223000	14.297730	1.04694700
1.03975650	0.013137	93.344400	0.275167	14.722630	1.03975650
1.02159967	0.013970	88.401770	0.119667	14.103330	1.02159967

（2）打开数据文件，并进行初步的描述性统计分析，主要输出的变量有"最大值""最小值""平均数""标准差""均值"和"方差"。

（3）将"流动比率""净资产负债比率""资产固定资产比率""每股收益""净利润""增长率"等财务指标进行因子分析，在提取主因子的同时计算各个因子得分。

（4）利用因子分析得到的主因子进行回归分析，进一步发掘我国造纸业股价与其主要财务指标的关系。

第 23 章　SPSS 软件在股票市场中的应用举例

现代主流金融学建立在完全理性的假设前提下，利用一般均衡分析和无套利分析建立了以有效市场假说（EMH）为基石的证券定价理论，主要有 Markowitz（1952）的现代组合理论、资本资产定价模型（CAPM）、套利定价模型（APT）、期权定价模型（B-S）等。在理性假设下，Markowitz（1952）提出用"均值-方差"衡量证券的期望收益率与风险水平，同时论证了投资者的有效资产组合边界。其后，由 Sharpe（1964）、Lintner（1965）和 Mossin（1966）独立推导出来的资本资产定价模型（CAPM）将无风险资产引入 Markowitz 的有风险资产中，建立了一个一般均衡框架下的投资者行为模型，该模型阐述了在所有理性投资者追求"均值-方差有效性"的条件下，如何形成证券市场价格的均衡状态。Fama 后来利用三因素模型对美国证券市场中股票的平均收益率横截面数据进行实验研究，得出的三因素模型大体上能够解释股票收益率横截面数据的变动。本章将介绍 SPSS 如何估算 CAPM 及 FF 模型在我国股票市场上的表现。

23.1　研究背景及目的

23.1.1　研究背景

对于资产定价的研究，可以归结于如何找到解释证券收益及其风险溢价的因子。Sharpe、Lintner 和 Mossin 的资本资产定价模型（以下简称 CAPM）、Ross 的套利定价模型（以下简称 APT）、Fama 和 French 的多因子定价模型（以下简称 FF 多因子模型）等都是经典之作。

从因子的表现形式来看，CAPM 属于单因子模型，它把市场投资组合收益作为解释因子；FF 则属于多因子模型，它是在 CAPM 模型的基础上引入了公司规模（以下简称 Size）、公司账面值与市值比（以下简称 BE/ME）等因子。APT 则是从套利角度出发的定价模型。

对于单因素资本资产定价模型（CAPM），股票的 β 值与期望收益率呈正比例关系，β 值为通常收益率的解释因素。该模型可以表示为：

$$r_{it} - r_{ft} = a_i + \beta_i \times (r_{mt} - r_{ft}) + \varepsilon_{it}$$

其中 r_{it}、r_{mt} 分别表示股票的收益率和市场组合的收益率。可见，单因素模型认为股票市场上的单个股票收益率仅仅与市场组合带来的风险有关，并且这种相关性表现在贝塔值（β_i）上。当贝塔值大于 1 时，表明该证券的波动性要大于市场组合的波动；当贝塔值大于 0 且小于 1 时，表明该证券的波动性小于市场组合的波动，或者说相对于市场组合不敏感；当贝塔值小于 0 时，表明该证券的波动方向与市场组合相反。

但是，美国著名金融经济学家 Fama（1992）的实验研究表明，贝塔值对股票收益率横截面数据的解释能力很低或者说基本上没有多大的解释能力，但加上公司规模、公司账面值与市值比后，则对股票横截面数据解释的显著性很高。多因素模型以 Fama、French 等人提出的三因素模型为主。三因素模型中首先要构建 6 个投资组合，构建的方法如下：首先以市值 MV（市场价值）为基准，按照市值从小到大将样本股票池中的股票平均分成 S、B 两组；然后以 BM（账面价值）为基准，从小到大分成 L、M、H 三组，再选出 S 和 L 组中相同的股票构成 SL 证券组合，依次类推，取 S 组与 M 组、S 组与 H 组、B 组与 L 组、B 组与 M 组、B 组与 H 组各自的交集分别构成证券组合 SL、SM、SH、BL、BM、BH；最后假设以上证券组合中每支股票所占份额相等，以数学平均法为计算方法，计算这 6 个证券组合的数学平均日回报率或者周回报率（以后用 SL、SM、SH、BL、BM、BH 代表这 6 个证券组合各自的回报率）。FF 模型的公式如下：

$$r_{it} - r_{ft} = a_i + \beta_{1i} \times (r_{mt} - r_{ft}) + \beta_{2i} \times SMB_t + \beta_{3i} \times HML_t + \varepsilon_{it}$$

其中，SMB_t 与 HML_t 表示利用上述 6 个投资组合构建的两个证券投资组合，构建方法如下：

$$SMB_t = 1/3（SL+SM+SH）-1/3（BL+BM+BH）$$
$$HML_t = 1/2（BL+SL）-1/2（BH+SH）$$

Fama 后来用三因素模型对美国证券市场中股票的平均收益率横截面数据进行实验研究，得出三因素模型大体上能够解释股票收益率横截面数据的变动，且股票平均收益率反常现象在三因素模型中趋于减弱或消失。

在世界主要证券市场上采用最近三十年的横截面数据对三因素模型进行了实证研究，可以得出两个结论：①在 13 个证券市场中有 12 个证券市场的价值型股票的业绩回报高于成长型股票；②在 16 个主要证券市场中有 11 个证券市场上的小公司业绩回报高于大公司，证明公司规模对股票横截面收益率的显著性很高。

23.1.2　研究目的

我国证券市场经过十几年的积累，上市公司的数目和资金规模有了飞速的发展，对中国证券市场的研究也越来越多，那么 Fama、French 的三因素模型在我国证券市场上能否很好地解释股票收益率横截面数据的变动呢？

本案例的研究目的是利用我国上证指数的成分股的数据来判断我国证券市场中 CAPM 与 FF 模型是否能够表现出更强的解释能力。

23.2　研究方法

本案例的分析思路如下：首先搜集从 1999 年 1 月份到 2009 年 9 月份我国上海证券市场中金融银行类股票的月度收益率数据。本案例按照 FF 模型的方法将上海证券市场的股票根据 MV（市场价值）和 BM（账面价值）分为 6 组（SL、SM、SH、BL、BM、BH），利用描述性分析对 6 个证券组合进行一系列描述性分析，以便对整个投资组合收益率形成直观的印象；

然后利用一元线性回归方法对单因素模型进行建模分析，分析单因素模型在我国证券市场的表现以及贝塔值的显著性；最后利用多元线性回归方法来对三因素模型建模分析，分析三因素模型中 SMB 与 HML 的显著性。

采用的数据分析方法主要有描述性分析、回归分析。

23.3　研究过程

23.3.1　数据的搜集及 SPSS 数据文件的建立

为研究 CAPM 与 FF 模型在我国的应用情况，我们首先必须解决的问题是数据的搜集和整理。本案例的数据来源于国泰安数据库。

本案例为了研究的准确性和普遍性，一共搜集了 300 多家上市的金融银行类股票近 10 年来的月度股票价格收益率。其中，"601166""000001""600000""601988""601398""601939""600016" 分别表示"兴业银行""深发展""浦发银行""工商银行""中国银行""建设银行""民生银行"；每只股票的时间长度从 1999 年 1 月份到 2009 年 9 月份。按照 FF 模型的方法将上海证券市场的股票根据 MV（市场价值）和 BM（账面价值）分为 6 组（SL、SM、SH、BL、BM、BH）。其中 SL 组的部分数据信息如表 23.1 所示。

表 23.1　部分股票收益率数据

股票 观测序列	601166	000001	600000	601988	601398	601939	600016
1	-0.0288	-0.12387	0.092593	0.058617	-0.05712	-0.06459	0.044118
2	-0.08154	0.005063	-0.04068	-0.10521	-0.03512	-0.04762	-0.07606
3	0.143664	0.036104	0.161366	0.028465	0.086442	0.13625	0.085366
4	-0.15455	-0.094	-0.06694	-0.06137	-0.05695	-0.0023	0.067416
5	-0.04007	0.118068	0.021739	-0.00256	0.007993	0.076075	-0.05526
6	0.147826	0.1904	0.858723	0.424165	0.457477	0.203893	0.402507
7	-0.10152	-0.04973	-0.23363	-0.0723	-0.16012	0.021277	-0.03873
8	0.062395	-0.03536	0.006796	0.211089	0.051863	-0.01667	0.096074
9	0.007937	0.004399	-0.01639	-0.0996	0.007639	-0.04249	-0.05278
10	-0.0378	0.045985	-0.08039	-0.11597	0.247416	-0.04219	-0.12338
11	0.06383	0.014655	-0.01066	-0.01615	0.033149	0.098407	0.013621
12	-0.10769	-0.05158	-0.1056	-0.11692	0.048663	-0.12713	-0.14446
13	0.035345	0.083394	0.245783	0.171893	0.176951	0.043988	0.086387
14	0.153206	0.111111	0.584139	0.099108	0.039861	0.323097	0.127711
15	0.195668	0.086145	-0.05311	0.021641	0.118707	0.033994	0.067308
16	-0.08152	-0.01941	0.071567	0.048544	0.031208	0.045205	0.029029

（续表）

股票观测序列	601166	000001	600000	601988	601398	601939	600016
17	0.040105	0.323974	-0.07581	0.159091	0.011842	-0.00983	0.269455
18	0.068268	-0.01073	-0.06706	-0.03123	-0.01951	0.041032	0.00212
19	-0.01775	-0.02543	-0.01605	0.035982	0.050398	0.048951	0.00077
20	0.016867	-0.01912	0.041135	0.150507	-0.07197	-0.04	-0.01078
21	0.137441	-0.08146	0.364441	0.066311	-0.08367	-0.00631	-0.1214
23	-0.04583	0.065832	0.068897	0.093491	0.005197	0.036849	0.086802
23	0.077511	0.007147	0.018216	-0.05681	0.048744	0.159398	0.041565
24	-0.00304	0.059301	0.008716	0.218533	0.034507	0.056494	0.110329
25	-0.06047	-0.07273	-0.04957	0.114068	-0.01974	0.050165	0.015504
26	-0.09947	-0.08204	-0.04546	0.114903	-0.06383	-0.07612	-0.0576
27	0.109677	0.051152	0.147368	0.130612	0.076923	0.213068	0.045655
28	0.044186	-0.02139	-0.03495	0.066336	-0.01948	0.039813	-0.0007
29	0.126236	0.106557	0.037574	0.132754	0.142016	0.081081	0.123043
30	-0.06064	0.068148	-0.08377	0.188441	-0.00193	0.019218	0.049149

　　同时为了正确衡量市场收益率，本案例搜集了上证综合指数的月度收益率作为市场收益率的代理变量，相关数据如表 23.2 所示。

表 23.2　市场指数收益率数据

日期	收盘指数	指数收益率
1999/01/29	1208.13	-0.00943
1999/02/09	1160.58	-0.03936
1999/03/31	1232.69	0.062133
1999/04/30	1192.67	-0.03247
1999/05/31	1357.94	0.138571
1999/06/30	1790.21	0.318328
1999/07/30	1700.24	-0.05026
1999/08/31	1728.61	0.016686
1999/09/30	1668.91	-0.03454
1999/10/29	1599.04	-0.04187
1999/11/30	1525.19	-0.04618
1999/12/30	1451.9	-0.04805
2000/01/28	1631.52	0.123714
2000/02/29	1825.07	0.118632
2000/03/31	1915.6	0.049604
2000/04/28	1953.86	0.019973
2000/05/31	2012.02	0.029767

根据我们搜集到的数据资料，需要建立SPSS数据文件后才可以进行下一步的分析和研究。

由于我们有 SL、SM、SH、BL、BM、BH 这 6 组数据，每组数据由 9~10 支个股股票的月度收益率组成，因此我们先要建立 6 个 SPSS 数据文件，将 6 组数据分别导入 SPSS 数据文件中，然后进行数据的分析和处理。下面以 SL 组为例，展示如何在 SPSS Statistics 数据编辑器窗口建立数据文件。

在 SPSS 变量视图窗口中，我们建立变量"a""b""c""d""e""f""g""h""i""j""k"，分别用来表示 SL 组的 11 支个股的月度收益率数据，数据类型设定为"数值"，测量标准设定为"度量"，如图 23.1 所示。

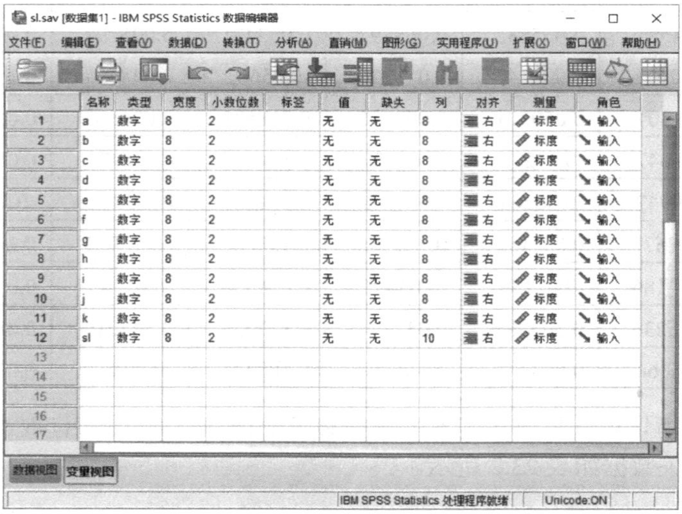

图 23.1　SPSS Statistics 数据编辑器窗口

打开SPSS Statistics数据编辑器窗口，然后在活动数据文件的数据视图中把11支股收益率的相关数据输入到各个变量中，输入完毕后如图23.2所示。

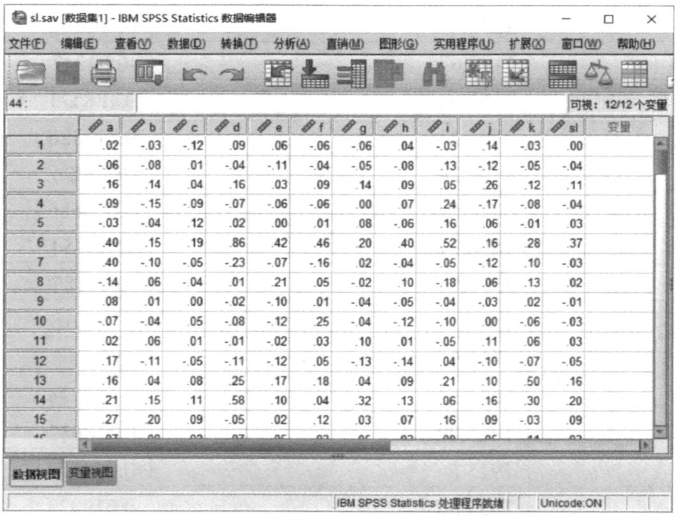

图 23.2　SPSS Statistics 数据编辑器窗口

按照同样的步骤将其他5组数据分别导入到SPSS数据文件中，并分别命名为"SM""SH"
"BL""BM""BH"。

23.3.2　股票组合收益率序列的计算

下载资源\video\chap23\...
下载资源\sample\23\正文\原始数据文件\bh.sav、bl.sav、bm.sav、sh.sav、sl.sav、sm.sav

（1）计算6个证券组合的平均收益率

01 打开数据文件"SL"，选择"转换"|"计算变量"命令，弹出如图23.3所示的对话框。

02 假设以上证券组合中每支股票所占份额相等，以数学平均法为计算方法，计算这6个证券组合的数学平均月回报率。我们在"数字表达式"中输入以下表达式:（a+b+c+d+e+f+g+h+i+j+k）/11，并在"目标变量"文本框中命名变量为"sl"，如图23.4所示。

图23.3　"计算变量"对话框

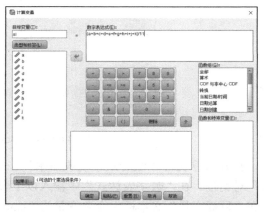

图23.4　输入计算表达式

03 输入表达式并命名变量后，单击"确定"按钮即可在SPSS Statistics数据编辑器窗口得到SL投资组合的平均收益率序列，如图23.5所示。

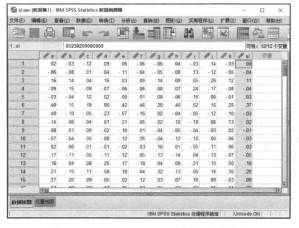

图23.5　SPSS Statistics数据编辑器窗口

04 按照同样的步骤可在“SM”“SH”“BL”“BM”“BH”数据文件中分别生成相应投资组合的平均收益率数据。

（2）构建证券投资组合

新建一个 SPSS 数据文件，并命名为“组合及市场收益率”。把计算所得的 6 个证券组合的平均收益率序列分别导入到该数据文件下，同时建立市场组合收益率序列，命名为“RM”，如图 23.6 所示。

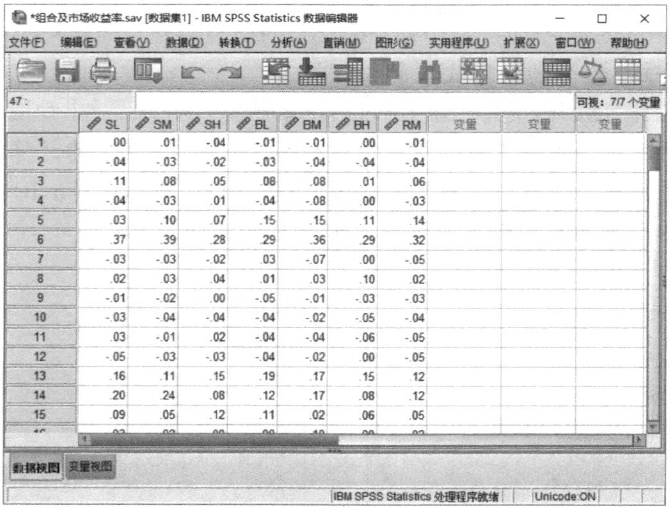

	SL	SM	SH	BL	BM	BH	RM
1	.00	.01	-.04	-.01	-.01	.00	-.01
2	-.04	-.03	-.02	-.03	-.04	-.04	-.04
3	.11	.08	.05	.08	.08	.01	.06
4	-.04	-.03	.01	-.04	-.08	.00	-.03
5	.03	.10	.07	.15	.15	.11	.14
6	.37	.39	.28	.29	.36	.29	.32
7	-.03	-.03	-.02	.03	-.07	.00	-.05
8	.02	.03	.04	.01	.03	.10	.02
9	-.01	-.02	.00	-.05	-.01	-.03	-.03
10	-.03	-.04	-.04	-.04	-.02	-.05	-.04
11	.03	-.01	.02	-.04	-.04	-.06	-.05
12	-.05	-.03	-.03	-.04	-.02	.00	-.05
13	.16	.11	.15	.19	.17	.15	.12
14	.20	.24	.08	.12	.17	.08	.12
15	.09	.05	.12	.11	.02	.06	.05

图 23.6 SPSS Statistics 数据编辑器窗口

打开数据文件“组合及市场收益率”，选择“转换”|“计算变量”命令，弹出“计算变量”对话框。在“数字表达式”中输入以下表达式：1/3（SL+SM+SH）−1/3（BL+BM+BH），并在“目标变量”文本框中命名变量为“smb”；利用同样的方式建立变量 hml=1/2（BL +SL）−1/2（BH+SH），结果如图 23.7 所示。

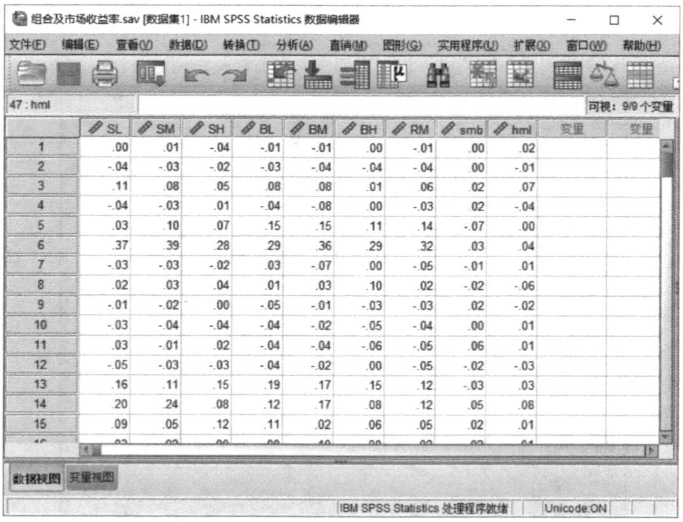

	SL	SM	SH	BL	BM	BH	RM	smb	hml
1	.00	.01	-.04	-.01	-.01	.00	-.01	.00	.02
2	-.04	-.03	-.02	-.03	-.04	-.04	-.04	.00	-.01
3	.11	.08	.05	.08	.08	.01	.06	.02	.07
4	-.04	-.03	.01	-.04	-.08	.00	-.03	.02	-.04
5	.03	.10	.07	.15	.15	.11	.14	-.07	.00
6	.37	.39	.28	.29	.36	.29	.32	.03	.04
7	-.03	-.03	-.02	.03	-.07	.00	-.05	-.01	.01
8	.02	.03	.04	.01	.03	.10	.02	-.02	-.06
9	-.01	-.02	.00	-.05	-.01	-.03	-.03	.02	-.02
10	-.03	-.04	-.04	-.04	-.02	-.05	-.04	.00	.01
11	.03	-.01	.02	-.04	-.04	-.06	-.05	.06	.01
12	-.05	-.03	-.03	-.04	-.02	.00	-.05	-.02	-.03
13	.16	.11	.15	.19	.17	.15	.12	-.03	.03
14	.20	.24	.08	.12	.17	.08	.12	.05	.08
15	.09	.05	.12	.11	.02	.06	.05	.02	.01

图 23.7 SPSS Statistics 数据编辑器窗口

23.3.3　投资组合和市场组合收益率数据的描述统计分析

📹	下载资源\video\chap23\...
🖥	下载资源\sample\23\正文\原始数据文件\组合及市场收益率.sav

操作步骤如下：

01 打开数据文件，选择"分析"|"描述统计"|"描述"命令，弹出如图 23.8 所示的对话框。在该对话框的左侧列表框中选择"SL""SM""SH""BL""BM""BH""smb""hml""RM"并单击 ➡ 按钮使之进入"变量"列表框。

02 单击"选项"按钮，弹出如图 23.9 所示的对话框，依次选中"平均值""标准误差平均值""最小值""最大值""偏度"和"峰度"复选框，然后单击"继续"按钮，返回"描述"对话框。

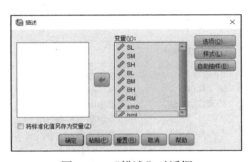

图 23.8　"描述"对话框　　　　　图 23.9　"描述：选项"对话框

03 单击"确定"按钮，输出统计分析结果。

结果分析如表 23.3 所示。

表 23.3　投资组合和市场组合收益率数据的描述分析结果

	个案数	最小值	最大值	平均值		标准差	偏度		峰度	
	统计	统计	统计	统计	标准误差	统计	统计	标准误差	统计	标准误差
SL	129	-.29	.37	.0176	.01059	.12023	.446	.213	.762	.423
SM	129	-.32	.39	.0168	.01033	.11736	.438	.213	1.234	.423
SH	129	-.33	.42	.0147	.00957	.10874	.370	.213	1.630	.423
BL	129	-.28	.42	.0153	.00962	.10923	.526	.213	1.824	.423
BM	129	-.29	.46	.0184	.00973	.11052	.610	.213	2.957	.423
BH	129	-.29	.46	.0207	.00924	.10494	.556	.213	2.754	.423
RM	129	-.25	.32	.0107	.00781	.08865	.099	.213	1.577	.423
smb	129	-.10	.11	-.0018	.00295	.03345	.212	.213	1.459	.423
hml	129	-.10	.10	-.0013	.00336	.03813	.006	.213	.202	.423
有效个案数（成列）	129									

由表 23.3 可知，在近十年我们构建的 6 个投资组合中，收益平均值最大的是 "BH" 投资组合，平均值最小的是 "SH" 投资组合，其收益率为 1.47%，但是仍然比市场组合 "RM" 收益率的平均值大得多。与它们不同的是，我们利用 6 个投资组合构建的投资组合 "smb" "hml" 的收益率平均值却为负值。从 9 个组合的分布来看，大多数组合的分布都不太相同，但基本服从正态分布。

23.3.4 投资组合收益率的 CAPM 建模

	下载资源\video\chap23\...
	下载资源\sample\23\正文\原始数据文件\组合及市场收益率.sav

操作步骤如下：

01 打开数据文件，选择 "分析" | "回归" | "线性" 命令，弹出如图 23.10 所示的对话框。在该对话框的左侧列表框中选择 "SL" 并单击 → 按钮，使之进入 "因变量" 列表框，选择 "RM" 并单击 → 按钮，使之进入 "自变量" 列表框。

02 单击 "统计" 按钮，弹出如图 23.11 所示的对话框，依次选中 "估算值" "模型拟合" "描述" 和 "德宾-沃森" 复选框。

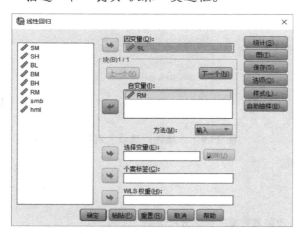

图 23.10 "线性回归" 对话框

图 23.11 "线性回归：统计" 对话框

03 单击 "保存" 按钮，弹出如图 23.12 所示的对话框，选中 "包含协方差矩阵" 复选框。

04 单击 "选项" 按钮，弹出如图 23.13 所示的对话框，选中 "在方程中包括常量" 复选框，并单击 "继续" 按钮返回。

05 单击 "确定" 按钮，输出统计分析结果。

结果分析如下：

- 表 23.4 给出了回归模型主要变量的描述性统计量，通过该表格我们可以看到：投资组合 SL 收益率序列的平均值为 1.76%，标准差为 0.12023，观测值数目为 129 个；市场组合收益率 RM 序列的平均值为 1.07%，标准差为 0.08865，观测值数目为 129 个。

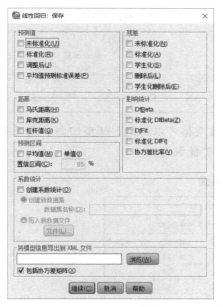

图 23.12 "线性回归：保存"对话框

图 23.13 "线性回归：选项"对话框

- 表 23.5 给出了模型中变量的皮尔逊的相关性，通过该表格可以得到：投资组合 SL 收益率序列和市场收益率 RM 序列的皮尔逊相关系数为 0.736，其相关系数的显著概率为 0.000，因此拒绝不相关的原假设，说明投资组合 SL 收益率序列和市场收益率 RM 序列是非常相关的。

- 表 23.6 给出了模型估计的方式，通过该表格可以得到：模型估计的方法是"输入"方法，由于本案例的解释变量只有一个，因此最终进入回归模型的变量为 RM。

表 23.4 描述性统计量

描述统计

	平均值	标准偏差	个案数
SL	.0176	.12023	129
RM	.0107	.08865	129

表 23.5 相关性统计量

相关性

		SL	RM
皮尔逊相关性	SL	1.000	.736
	RM	.736	1.000
显著性（单尾）	SL	.	.000
	RM	.000	.
个案数	SL	129	129
	RM	129	129

表 23.6 模型估计方式

输入/除去的变量[a]

模型	输入的变量	除去的变量	方法
1	RM[b]		输入

a. 因变量：SL

b. 已输入所请求的所有变量。

- 表 23.7 给出了模型汇总的结果，通过该表格可以得到，该模型回归的 R 平方为 0.542，调整后的 R 平方为 0.538，说明该回归模型的拟合度还是比较高的；模型回归的德宾-沃森值为 1.647，比较接近 2，表示该模型回归的残差中自相关情况并不严重。

- 表 23.8 给出了模型系数的估计结果，这也是一元线性回归模型最重要的回归结果。通过该表格可以得到，模型回归的常数项为 0.7%，显著性概率为 0.34，不能拒绝该系数为零的原假设，因此该常数项不仅在经济上没有显著性，而且在统计上也没有显著性；模型回归的 RM 的系数（即贝塔值）为 0.999，并且显著性概率为 0.000，拒绝了贝塔系数为零的原假设，因此我们判断该投资组合 SL 的贝塔值为 1，并且十分显著，表示该投资组合 SL 与市场组合的波动率几乎一致。

表 23.7　模型汇总

模型摘要[b]

模型	R	R方	调整后 R 方	标准估算的误差	德宾-沃森
1	.736[a]	.542	.538	.08168	1.647

a. 预测变量: (常量), RM
b. 因变量: SL

表 23.8　模型系数估计结果

系数[a]

模型		未标准化系数		标准化系数	t	显著性
		B	标准误差	Beta		
1	(常量)	.007	.007		.958	.340
	RM	.999	.081	.736	12.262	.000

a. 因变量: SL

- 表 23.9 给出了模型估计的残差统计量。通过该表格可以得到，模型回归的残差平均值为 0，表示该线性模型的残差项分布基本服从前提假定。

表 23.9　残差统计量

残差统计[a]

	最小值	最大值	平均值	标准偏差	个案数
预测值	-.2387	.3248	.0176	.08852	129
残差	-.26442	.25441	.00000	.08136	129
标准预测值	-2.895	3.470	.000	1.000	129
标准残差	-3.237	3.115	.000	.996	129

a. 因变量: SL

对 SM、SH、BL、BM、BH 组合收益率序列重复上述步骤，分别对市场组合收益率序列 RM 进行线性回归，可以得到下列 5 个回归系数的表格（表 23.10~表 23.14，解释方法完全同上，本章将在研究结论部分进行汇总分析介绍，在此不做重复说明）。

表 23.10　SM 组合的模型系数估计结果

系数[a]

模型		未标准化系数		标准化系数	t	显著性
		B	标准误差	Beta		
1	(常量)	.005	.006		.863	.390
	RM	1.089	.067	.822	16.293	.000

a. 因变量: SM

表 23.11　SH 组合的模型系数估计结果

系数[a]

模型		未标准化系数		标准化系数	t	显著性
		B	标准误差	Beta		
1	(常量)	.004	.006		.735	.464
	RM	.970	.067	.791	14.566	.000

a. 因变量: SH

表 23.12　BL 组合的模型系数估计结果

系数[a]

模型		未标准化系数		标准化系数	t	显著性
		B	标准误差	Beta		
1	(常量)	.005	.006		.824	.411
	RM	.976	.067	.792	14.627	.000

a. 因变量: BL

表 23.13　BM 组合的模型系数估计结果

系数[a]

模型		未标准化系数		标准化系数	t	显著性
		B	标准误差	Beta		
1	(常量)	.007	.006		1.334	.185
	RM	1.026	.063	.823	16.342	.000

a. 因变量: BM

表 23.14　BH 组合的模型系数估计结果

系数[a]

模型		未标准化系数		标准化系数	t	显著性
		B	标准误差	Beta		
1	(常量)	.010	.005		2.079	.040
	RM	1.022	.053	.864	19.300	.000

a. 因变量: BH

23.3.5　投资组合收益率的 FF 建模

📷	下载资源\video\chap23\...
🖥	下载资源\sample\23\正文\原始数据文件\组合及市场收益率.sav

下面我们将利用多元回归分析方法，对 FF 模型进行回归估计。

操作步骤如下：

01 打开数据文件，选择"分析"|"回归"|"线性"命令，弹出如图 23.10 所示的"线性回归"对话框。在该对话框的左侧列表框中选择"SL"并单击 ➡ 按钮，使之进入"因变量"列表框，选择"RM""smb""hml"并单击 ➡ 按钮，使之进入"自变量"列表框。

02 单击"统计"按钮，在"线性回归：统计"对话框中依次选中"估算值""模型拟合"和"描述"复选框。

03 单击"保存"按钮，在"线性回归：保存"对话框中选中"包含协方差矩阵"复选框。

04 单击"选项"按钮，在"线性回归：选项"对话框中选中"在方程中包括常量"复选框，并单击"继续"按钮返回。

05 单击"确定"按钮，输出统计分析结果。

结果分析如下：

- 表 23.15 给出了回归模型主要变量的描述性统计量，通过该表格我们可以看到：投资组合 SL 收益率序列的平均值为 1.76%，标准差为 0.12023，观测值数目为 129 个；市场组合收益率 RM 序列的平均值为 1.07%，标准差为 0.08865，观测值数目为 129 个。另外，构建的两个投资组合收益率的平均值分别为 0.18%和 0.13%。

- 表 23.16 给出了模型中变量的皮尔逊相关性，通过该表格可以得到：投资组合 SL 收益率序列和市场收益率 RM 序列的皮尔逊相关系数为 0.736，其中相关系数的显著概率为 0.000，拒绝了不相关的原假设，说明投资组合 SL 收益率序列和市场收益率 RM 序列是非常相关的。另外，SL 与构建的投资组合 smb 和 hml 的相关系数分别为 0.435 和 0.432，相应的显著性概率值为 0.000，都在 5%的水平上拒绝了不相关的原假设，说明 SL 组合与构建的投资组合 smb 和 hml 是显著相关的。

- 表 23.17 给出了模型估计的方式，通过该表格可以得到：模型估计的方法是"输入"，本案例的解释变量有 3 个，并且最终进入回归模型的变量为 RM、smb、hml。

- 表 23.18 给出了模型汇总的结果，通过该表格可以得到，该模型回归的 R 平方为 0.790，调整后的 R 平方为 0.785，说明该回归模型的拟合优度还是非常高的；模型回归的德宾-沃森值为 1.986，非常接近 2，表示该模型回归的残差中无自相关情况。因此我们判断 FF 模型的拟合情况总体要比 CAPM 的拟合情况良好。

表 23.15　描述性统计量

描述统计

	平均值	标准偏差	个案数
SL	.0176	.12023	129
RM	.0107	.08865	129
smb	-.0018	.03345	129
hml	-.0013	.03813	129

表 23.16　相关性统计量

相关性

		SL	RM	smb	hml
皮尔逊相关性	SL	1.000	.736	.435	.432
	RM	.736	1.000	.029	-.021
	smb	.435	.029	1.000	.498
	hml	.432	-.021	.498	1.000
显著性（单尾）	SL		.000	.000	.000
	RM	.000		.372	.408
	smb	.000	.372		.000
	hml	.000	.408	.000	
个案数	SL	129	129	129	129
	RM	129	129	129	129
	smb	129	129	129	129
	hml	129	129	129	129

表 23.17　模型估计方式

输入/移去的变量[a]

模型	输入的变量	除去的变量	方法
1	hml, RM, smb[b]		输入

a. 因变量：SL
b. 已输入所请求的所有变量。

表 23.18　模型汇总

模型摘要[b]

模型	R	R 方	调整后 R 方	标准估算的误差	德宾-沃森
1	.889[a]	.790	.785	.05569	1.986

a. 预测变量：(常量)，hml, RM, smb
b. 因变量：SL

- 表 23.19 给出了模型系数的估计结果，通过该表格可以得到，模型在经济上没有显著性，但是在统计上却是显著的；模型回归的 RM 系数（即贝塔值）为 0.998，并且显著性概率为 0.000，拒绝了贝塔系数为零的原假设，因此我们判断该投资组合 SL 的贝塔值为 1，并且十分显著，表示该投资组合 SL 与市场组合的波动率几乎一致。同时，解释变量 smb 和 hml 的系数分别为 0.91 和 1.013，并且是非常显著的。由于 smb 是 Size 因子的模拟组合收益率；hml 是 BE/ME 因子的模拟组合收益率，因此我们判断 SL 收益率不仅与市场组合收益率密切相关，同时与公司的规模大小以及账面市场价值比有很大关系。

- 表 23.20 给出了模型估计的残差统计量。通过该表可以得到，模型回归的残差均值为 0，表示该线性模型的残差项分布基本服从前提假定。

表 23.19　模型系数估计结果

系数[a]

模型		未标准化系数 B	标准误差	标准化系数 Beta	t	显著性
1	(常量)	.010	.005		1.991	.049
	RM	.998	.056	.736	17.943	.000
	smb	.910	.170	.253	5.358	.000
	hml	1.013	.149	.321	6.798	.000

a. 因变量：SL

表 23.20　残差统计量

残差统计[a]

	最小值	最大值	平均值	标准偏差	个案数
预测值	-.2135	.3982	.0176	.10689	129
残差	-.23127	.24791	.00000	.05504	129
标准预测值	-2.162	3.561	.000	1.000	129
标准残差	-4.153	4.451	.000	.988	129

a. 因变量：SL

对 SM、SH、BL、BM、BH 组合收益率序列重复上述步骤，分别对市场组合收益率序列 RM、规模因子的模拟组合收益率 smb 以及 BE/ME 因子的模拟组合收益 hml 进行多元线性回归，可以得到下列 5 个回归系数的表格（表 23.21~表 23.25，解释方法完全同上，本章将在研究结论部分进行汇总分析介绍，在此不做重复说明）。

表 23.21 SM 组合的模型系数估计结果

系数^a

模型		未标准化系数		标准化系数		
		B	标准误差	Beta	t	显著性
1	(常量)	.007	.005		1.465	.146
	RM	1.083	.055	.818	19.621	.000
	smb	.827	.169	.236	4.901	.000
	hml	.423	.148	.137	2.856	.005
a. 因变量: SM						

表 23.22 SH 组合的模型系数估计结果

系数^a

模型		未标准化系数		标准化系数		
		B	标准误差	Beta	t	显著性
1	(常量)	.006	.005		1.123	.263
	RM	.961	.060	.783	15.931	.000
	smb	.864	.184	.266	4.690	.000
	hml	.024	.162	.008	.148	.883
a. 因变量: SH						

表 23.23 BL 组合的模型系数估计结果

系数^a

模型		未标准化系数		标准化系数		
		B	标准误差	Beta	t	显著性
1	(常量)	.006	.005		1.119	.265
	RM	.984	.059	.799	16.791	.000
	smb	-.039	.179	-.012	-.219	.827
	hml	.877	.157	.306	5.586	.000
a. 因变量: BL						

表 23.24 BM 组合的模型系数估计结果

系数^a

模型		未标准化系数		标准化系数		
		B	标准误差	Beta	t	显著性
1	(常量)	.008	.005		1.452	.149
	RM	1.037	.059	.832	17.663	.000
	smb	-.366	.179	-.111	-2.042	.043
	hml	.716	.157	.247	4.550	.000
a. 因变量: BM						

表 23.25 BH 组合的模型系数估计结果

系数^a

模型		未标准化系数		标准化系数		
		B	标准误差	Beta	t	显著性
1	(常量)	.010	.005		2.039	.044
	RM	1.021	.053	.862	19.186	.000
	smb	.007	.163	.002	.041	.968
	hml	-.134	.143	-.049	-.937	.350
a. 因变量: BH						

23.4 研究结论

根据以上所做的分析，我们对 CAPM 和 FF 模型回归估计的结果进行整理，如表 23.26 和表 23.27 所示。

表 23.26 CAPM 回归统计结果

	SL	SM	SH	BL	BM	BH
C	0.07	0.005	0.04	0.05	0.007	0.01
BM	0.999	1.089	0.97	0.976	1.026	1.023
Prob（C）	0.340	0.390	0.490	0.411	0.185	0.04
Prob（BM）	0.000	0.000	0.000	0.000	0.000	0.000

表 23.27 FF 模型回归估计结果

	SL	SM	SH	BL	BM	BH
RM	0.998	1.083	0.961	0.984	1.037	1.021
SMB	0.910	0.827	0.864	-0.039	-0.366	0.007

	SL	SM	SH	BL	BM	BH
HML	1.013	0.423	0.024	0.877	0.716	-0.134
Prob（RM）	0.000	0.000	0.000	0.827	0.000	0.000
Prob（smb）	0.000	0.000	0.000	0.043	0.043	0.968
Prob（hml）	0.000	0.005	0.883	0.000	0.000	0.350

根据上面两个表的结果，我们可以得到以下结论。

（1）CAPM 模型拟合效果较为显著

从表 23.26 中可以发现，在 CAPM 模型中的常数值 C 一般都非常小，并且它们的显著性概率值 Prob（C）大多不能拒绝原假设，因此我们判断大多数组合的阿尔法值是不显著且为零的。另外，每个模型的贝塔值都非常显著，具体表现为它们的概率值为 0.000，拒绝了为零的原假设。同时我们发现每个组合的收益率的贝塔值都在 1 附近徘徊，说明我国证券市场的市场风险非常大。

（2）FF 多因素模型同样适合我国证券市场

我们发现，其参数估计的最小二乘法都通过了计量检验，说明 FF 多因子模型对我国股市同样适用。由于 FF 多因子模型主要针对投资组合，因此在实践中该模型对于投资基金具有很强的指导性。自从 Fama 和 French 在 1993 年提出 FF 多因子定价模型以来，FF 多因子定价模型的适用性已经得到多个国家股票市场的验证。FF 多因子定价模型对于我国这样一个新兴股票市场的适用性结论，无疑是一个具有重要实践意义的结果。

（3）smb 因子的解释力度比 hml 因子大致相同

smb 是 Size 因子的模拟组合收益率，而 hml 是 BE/ME 因子的模拟组合收益率。从对 FF 模型回归的结果统计来看，我们发现 smb 组合与 hml 组合收益率的显著性概率值 Prob（smb）大部分在 5% 的水平上拒绝了显著为零的原假设，都是只有两个投资组合收益率序列的结果没有拒绝为零的原假设，这说明 smb 因子的解释力度与 hml 因子大致相同。

（4）我国股市存在明显的小公司效应

小公司效应主要是指收益率具有随公司的相对规模上升而下降的趋势。小公司效应是针对美国股市得出的结论，它对于我国股票市场是否适用还是一个问题。对于本章中的 FF 模型，smb 的均值都是正的；对于小公司的投资组合（如组合 SL、SM、SH），smb 的系数都是正的；对于大公司的投资组合（如组合 BL、BM），smb 的系数都是负的。所有这些都表明：在我国股市，小公司的收益仍具有相对优势。

根据研究结论，总结如下：

- 每个组合的收益率的贝塔值都在 1 附近徘徊，说明我国证券市场的市场风险非常大。
- FF 多因子模型对我国股市同样适用。
- smb 因子的解释力度与 hml 因子大致相同。
- 在我国股市，小公司的收益仍具有相对优势。

23.5　本章习题

本章下载素材中的习题数据文件给出了两个投资组合 R1 和 R2 的收益率数据、市场组合 RM 收益率数据、SMB 及 HML 构建组合的收益率数据，如表 23.28 所示。

表 23.28　习题数据

R1	R2	RM	SMB	HML
−0.01	0.00	−0.01	0.00	0.02
−0.04	−0.04	−0.04	0.00	−0.01
0.08	0.01	0.06	0.02	0.07
−0.08	0.00	−0.03	0.02	−0.04
0.15	0.11	0.14	−0.07	0.00
0.36	0.29	0.32	0.03	0.04
−0.07	0.00	−0.05	−0.01	0.01
0.03	0.10	0.02	−0.02	−0.06
−0.01	−0.03	−0.03	0.02	−0.02
−0.02	−0.05	−0.04	0.00	0.01
−0.04	−0.06	−0.05	0.06	0.01
−0.02	0.00	−0.05	−0.02	−0.03
0.17	0.15	0.12	−0.03	0.03
0.17	0.08	0.12	0.05	0.08
0.02	0.06	0.05	0.02	0.01
0.10	0.00	0.02	−0.02	0.01
0.03	0.06	0.03	0.01	−0.01
0.00	0.06	0.02	−0.02	−0.04
0.03	0.08	0.05	−0.01	−0.04
0.01	0.01	0.00	0.02	0.02

（1）首先对该数据文件的 5 个变量进行描述性分析，输出均值等基本统计量。

（2）将 R1、R2 分别对 RM 进行回归，构建 CAPM 模型。

（3）将 R1、R2 分别对 RM、SMB、HML 进行回归，构建 FF 模型。

（4）对 CAPM 和 FF 模型回归的结果进行比较分析。